本研究项目获武夷学院科研出版基金资助

中国民俗旅游学新论

周作明　著

旅游教育出版社
·北　京·

目录

第一章　民俗文化的产业化发展 …… 1
第一节　中国民俗的形成、特征与分类 …… 1
一、中国民俗的形成 …… 1
二、中国民俗的特征 …… 3
三、中国民俗的分类 …… 6
第二节　民俗的旅游业意义 …… 7
一、对中国民俗旅游业的思考 …… 7
二、民俗旅游的定义与特点 …… 9
三、民俗旅游的产业价值 …… 12
第三节　世界民俗旅游发展回眸 …… 16
一、国外民俗旅游概述 …… 16
二、中国民俗旅游回顾 …… 19

第二章　民俗旅游学科讨论与理论构成 …… 28
第一节　民俗旅游学科讨论 …… 28
一、民俗旅游的学科定义 …… 28
二、中国民俗旅游学研究的任务与内容 …… 29
三、民俗旅游的学科特征 …… 30
第二节　民俗学与旅游学理论 …… 30
一、民俗学理论 …… 31
二、旅游学理论 …… 31
第三节　社会学与民族学理论 …… 33
一、社会学理论 …… 33
二、民族学理论 …… 35

第四节　旅游经济学理论 …… 36
一、旅游产品生命周期理论 …… 37
二、旅游供给规律理论 …… 37
三、旅游市场理论 …… 38
第五节　民俗文物学与博物馆学理论 …… 40
一、民俗文物学理论 …… 40
二、博物馆学理论 …… 41
第六节　社会发展学理论 …… 42
一、平衡发展与不平衡发展理论 …… 43
二、梯度理论 …… 43
三、网络发展模式理论 …… 44
四、科学发展理论 …… 45

第三章　中国民俗旅游资源概述 …… 48
第一节　民俗旅游资源研究 …… 48
一、民俗旅游资源的价值 …… 48
二、民俗旅游资源的甄选 …… 50
三、拒绝伪民俗 …… 50
第二节　中国民俗旅游资源的类型 …… 51
一、生产民俗旅游资源 …… 52
二、生活民俗旅游资源 …… 62
三、文化民俗旅游资源 …… 103
第三节　民俗旅游资源调查与评价 …… 118
一、民俗旅游资源调查 …… 118
二、民俗旅游资源评价 …… 123

第四章　中国民俗旅游区划论辩 …… 128
第一节　民俗旅游区划的理论来源 …… 128
一、区划的一般理论 …… 128
二、文化圈与民俗文化圈 …… 132
三、旅游区划 …… 135
第二节　中国民俗旅游区划 …… 138

一、民俗旅游区划的原则 …………………………………… 138
二、民俗旅游区划程序与方法 ………………………………… 139
三、中国民俗旅游区划的类型与方案 …………………………… 140
第三节 民俗旅游区划与旅游业 ………………………………… 146
一、民俗旅游资源开发的基础 ………………………………… 146
二、民俗旅游线路设计依据 …………………………………… 147
三、旅游企业发展区位参佐 …………………………………… 147
四、旅游设施布局根据 ……………………………………… 148
五、旅游者出行决策参考 …………………………………… 149

第五章 民俗旅游产品与项目研究 ……………………………… 150
第一节 民俗旅游模式 ……………………………………… 150
一、民俗旅游模式 ………………………………………… 150
二、民俗旅游需求 ………………………………………… 153
第二节 民俗旅游的文化创意 ………………………………… 154
一、文化与创意产业 ……………………………………… 154
二、"创意旅游"与"创意民俗旅游" ……………………………… 155
第三节 民俗旅游产品策划 …………………………………… 156
一、民俗旅游体验产品 ……………………………………… 156
二、民俗旅游服务产品 ……………………………………… 162
三、民俗旅游产品策划的原则 ………………………………… 163
第四节 民俗旅游项目规划 …………………………………… 165
一、基本规划原则 ………………………………………… 165
二、基本规划模式 ………………………………………… 166
三、民俗体验旅游项目设计 …………………………………… 173

第六章 民族民俗旅游研究 …………………………………… 180
第一节 民族民俗旅游资源分析 ………………………………… 180
一、差异价值 …………………………………………… 180
二、美学价值 …………………………………………… 181
三、生活价值 …………………………………………… 182
第二节 民族民俗旅游类型 …………………………………… 183

一、民族民居民俗旅游 …… 183
二、民族服饰民俗旅游 …… 184
三、民族饮食民俗旅游 …… 186
四、民族“年”、“节”、“会”民俗旅游 …… 187
五、民族民俗歌舞旅游 …… 188
六、民族体育民俗旅游 …… 191
七、民族工艺民俗旅游 …… 193
第三节　民族民俗旅游项目 …… 194
一、民族民俗博物馆与民族民俗旅游村 …… 194
二、民族风情园 …… 197
三、民族民俗旅游博览会 …… 199
第四节　民族民俗旅游县建设 …… 199
一、建设原则 …… 200
二、旅游定位 …… 201
三、建设内容 …… 202
四、品牌建设 …… 203

第七章　乡村民俗旅游研究 …… 205
第一节　乡村民俗旅游资源分析 …… 205
一、乡村民俗旅游资源类型 …… 205
二、乡村民俗旅游资源价值评估 …… 207
第二节　乡村民俗旅游规划 …… 207
一、规划思想 …… 208
二、规划原则 …… 210
第三节　乡村民俗旅游的类型 …… 212
一、乡村生产民俗旅游 …… 212
二、乡村生活民俗旅游 …… 213
三、乡村文化民俗旅游 …… 213
第四节　乡村民俗旅游项目 …… 214
一、民俗村 …… 214
二、乡村乐 …… 217
三、乡村民俗年节 …… 221
四、国际民俗旅游社区 …… 221

第五节 乡村民俗旅游建设与发展 …… 222
一、纳入规划范畴 …… 222
二、引导组织 …… 223
三、资金扶持 …… 224

第八章 城市民俗旅游规划 …… 225
第一节 城市民俗旅游资源认识与民俗旅游项目构成 …… 225
一、城市民俗旅游资源 …… 225
二、城市民俗旅游项目构成 …… 226
第二节 城市节庆、灯会与庙会民俗旅游 …… 227
一、城市节庆民俗旅游 …… 227
二、城市灯会民俗旅游 …… 228
三、城市庙会民俗旅游 …… 229
第三节 城市民俗街与民俗公园 …… 230
一、城市民俗街 …… 230
二、城市民俗公园 …… 232
第四节 城市民俗博物馆与城市民俗艺术博览会 …… 234
一、城市民俗博物馆 …… 234
二、城市民俗文化艺术博览会 …… 236
第五节 民俗旅游城市 …… 243
一、民俗旅游城市的内涵 …… 243
二、民俗旅游城市的类型 …… 244
三、民俗旅游城市建设 …… 244

第九章 民俗旅游经营管理研究 …… 248
第一节 经营管理机制、原则与模式 …… 248
一、经营管理机制 …… 248
二、经营管理原则 …… 250
三、经营管理模式 …… 252
第二节 民俗旅游市场营销 …… 253
一、市场营销典型理论 …… 254
二、民俗旅游市场营销规划 …… 255

三、市场营销管理 …… 260
第三节 民俗旅游产业管理 …… 265
一、民俗旅游产业管理现状 …… 265
二、民俗旅游产业管理的任务 …… 268
三、产业标准化管理 …… 270
四、经营过程管理 …… 277
五、行业自律管理 …… 282

第十章 民俗旅游业发展研究 …… 284
第一节 民俗旅游与民俗文化传承 …… 284
一、民俗文化内涵传承与民俗旅游吸引力 …… 284
二、民俗文化传承与创新 …… 285
三、民俗文化传承与民俗旅游发展机遇 …… 286
第二节 民俗旅游与民俗文化环境 …… 288
一、民俗文化环境的理论思考 …… 288
二、民俗文化环境与民俗旅游 …… 290
三、民俗文化环境保护 …… 292
第三节 民俗旅游与民俗旅游资源保护 …… 298
一、民俗旅游资源开发之状况 …… 298
二、善待民俗文化 …… 301
三、民俗旅游资源的动态与静态保护 …… 302
第四节 民俗旅游可持续发展 …… 304
一、民俗旅游发展战略 …… 304
二、民俗旅游发展运筹 …… 306
三、民俗旅游发展的推动 …… 307

参考文献 …… 310

后 记 …… 316

第一章 民俗文化的产业化发展

民俗是民俗旅游学的核心。对于“民俗”，民俗学家有多种不同的解释。通俗地说，民俗，即民间风俗，指一个国家或民族中由广大民众所创造、享用和传承的生活文化。流行于一个国家、一个地区或一个民族间的风俗习惯，涵盖整个人类社会生活的各个方面，包括抽象的观念、喜好、信仰崇拜和物化的生产、衣、食、住、行与娱乐。民俗文化应用于旅游产业，便形成民俗旅游。

第一节 中国民俗的形成、特征与分类

民俗是一定人类历史一定发展阶段的产物，有其形成的原因和条件，有其文化特征和分类。要将中国民俗作为旅游资源来发展民俗旅游业，需要了解中国民俗形成的原因、文化特征和内容分类。

一、中国民俗的形成

民俗是人类社会普遍存在的一种文化。可以说，不同社会历史的国家都会有不同的民俗，不同肤色的民族都会有不同的民族民俗，不同的地域都会有不同的地域民俗，不同的行业也都会有不同的行业民俗。研究中国民俗的形成，首先要理解和认识以下几个方面问题：

（1）民俗，一定是约定俗成，法律与制度不能限定和规定，但可以通过倡导等，促成民俗的形成。如，孔子以及以后的孟子等对仁、义、礼、智、信的阐发，形成了中国传统的道德伦理与行为规范之俗。

（2）民俗必须是一些人集体奉行，或在一些人中流行的，具有集体性。当然，这个集体性可以是整个国民的行为，如春节之俗；也可以是在一个民族、一个地区，或某个年龄范围的集体中流行。两个人的行为不能构成民

俗,民俗必须是大众的流行,是集体的流行。民俗的集体性,又体现出限定性和规定,如在青年集体中流行的时尚,就不可能在老年集体中流行。

从民俗集体性的广泛意义而言,社会上的每一个人都是民俗人,随着时间的推延和历史的变迁,形成历朝历代的民俗;集体所奉行的习俗,随着行业、地域、学业的变化而产生民俗属性的移动、变迁和演化,形成行业民俗和地域民俗。

(3)民俗必须有一个流行时段,即现即失的思想与行为不能算做民俗。这个时段最短可以年为计。

(4)民俗形成的基础除了社会经济外,重要的还有社会理念。只有社会理念认同,才会有社会民俗的流行。

(5)民俗可以修正和塑造。民俗的修正和塑造,可以通过政府有效的社会行为督导、引导和社会批评等方式进行。社会的督导、引导和批评可以使良俗得到认同与流传,使恶习因受到社会的批评而遏制。

(6)民俗得以流行,在于民俗链的连续不断地认同,民俗的流行是文化认同的流行,包括恶习。如果不良社会风气得到社会的认同,就可能演化为社会习俗。认同链断裂,民俗流行就会终结。

民俗的形成经过了一个长期的历史过程,受到人们,特别是聚族而居的民族的社会生产与生活实践、居住自然地理环境、观念意识等诸多因素的影响。从客观物质与主观意识两方面探讨,一种民俗的形成起码要受到来自四个方面的影响。

第一,受居住区域地理环境和自然条件的影响。每一个聚居群落都在一定的地域环境下生存与发展,都在不断地运用智慧和能力来适应居住地的地理环境和自然条件,在长期的适应过程中,逐渐形成了反映居住地域地理环境和自然条件特点的民俗。故而,有"百里不同风,千里不同俗"之说。民俗受不同民族所居地的地理环境和自然条件的影响,都按一定规律突出地表现在服饰、居宅、饮食、娱乐、信仰等多个方面。

第二,受区域社会生产的影响。一个聚居群落的人民要生存与发展,除要适应固有的地理环境和自然条件之外,其思想情趣与起居饮食还要受制于所从事的社会生产活动。北方草原民族住毡房,除气候的原因外,还受制于所从事的游牧生产。经常性的游牧生产,要求毡房易拆易搬,以适应依水草而居的游牧流动生产的特点。而且,牧业生产皮毛,也为搭毡房所需的毡子准备了条件。从中原地区到南方各族,种植麦、稻、粱、玉米等农作物,农作物生产需要长年看护,需要有稳定的居室以耕耘稻粱,故而,稻作生产地区的人们,或夯土为房,或立柱为屋,或干栏为楼。同时,农耕地区产竹木,也为房屋建筑提供了物质条件的保障。

第三，受社会历史形态的影响。任何民俗都是一定社会历史形态下的民俗，受一定社会发展阶段历史的影响和制约。在原始社会，不发达的经济、文化、社会组织，人们对天地万物的自然变化，一是靠体能去适应自然和改造自然，二是相信“万物有灵”，凭想象去征服自然和支配自然。原始人的体能相对于天地万物的力量，就犹如小草对于泰山，显得太渺小。于是，“万物有灵”的思想，使原始人相信冥冥之中存在着一种不可名状的强大力量，可以帮助他们战胜自然，就形成了巫术文化，他们相信借助巫术的法器、咒语、傩舞，可以获得对自然的征服。进入阶级社会，中国逐渐形成纲常礼教和发达的等级制度，规定社会成员的等级和他们的衣食住行规范，强调上下尊卑之序，形成“三纲五常”、“三从四德”的生活规范。“君为臣纲，父为子纲，夫为妻纲”的“三纲”，强调君对臣、父对子、夫对妻有绝对的支配权力和绝对服从的道德关系。“五常”强调仁、义、礼、智、信等五种人伦关系原则。“三从四德”的礼教，要求“妇人，从人者也，幼从父兄，嫁从夫，夫死从子”；要求“教以妇德、妇言、妇容、妇功”“四德”。[①] 班昭在《女诫》中解释“四德”道：“清闲贞静，守节整齐，行己有耻，动静有法，是谓妇德；择辞而说，不道恶语，时然后言，不厌诟辱，是谓妇言；盥浣尘秽，服饰鲜，沐浴以时，身不垢污，是谓妇容；专心纺绩，不好戏笑，赍(齍)酒食，以奉宾客，是谓妇功。”在强调“三从四德”的婚姻中，又形成了“父母之命，媒妁之言”的习俗。

第四，受观念意识的影响。一个聚居群落与社会习俗文化的形成，要受到诸多文化因素的影响，其中以受观念意识的影响尤为显著。一个聚居群落的人民往往观念意识具有同质性，共同的观念意识形成了同一个聚居群落人们行动的趋同性，由此形成整个聚居群落与社会信仰同一种宗教，在生活上形成相同的习惯。

在中国传统社会中，民间受到自然观念意识的影响，形成对天地、祖先、动物、神灵、鬼魂等迷信与崇拜，形成不同的民俗文化事象。社会民俗的形成相当复杂，还可以进行多方面的研究和探讨。

二、中国民俗的特征

民俗是一种复杂的社会文化现象，千变万化的民俗事象，表现出不同的

① 十三经注疏·礼记·婚义上册[M].北京：中华书局，1980.

特征。研究民俗特征,可以从民俗形成的固定因素和流动因素两个方面进行思考。中国民俗在文化上主要表现有七个基本特征。

(一)社会特征

民俗事象是社会普遍传承的风尚和喜好,是人们在共同生活中相互约定和形成的风俗习惯,并靠社会流传下来。个人的生活习惯、爱好,受到社会民俗的规范,只有同社会习俗相结合,才会得到社会承认,融于社会的民俗群体之中。故而,有学者将此总结为民俗的“群体特征”。民俗因其社会特征,具有了雅俗共赏的特性,具有平民性特色,具有最广泛的认同性。

(二)传承特征

民俗在传播过程中,表现为上一代人将习俗向下一代的子孙后代传授,下一代人向上承接父辈下传的特征,就叫传承特征。民俗是一种传统文化生活方式,这种传统文化生活方式是由一代一代通过上传下承的程式,把祖先遗留下来的生活流传下去。民俗的传承特征表现十分普遍,比如一些全民族性的节日习俗,北方春节除夕习俗吃饺子,农历正月十五的元宵节灯会与吃元宵,三月清明节的祭祖扫墓与踏青郊游,五月初五端午节的挂菖蒲和艾叶、赛龙舟、吃粽子、饮雄黄酒,八月十五的中秋节赏月与吃月饼,大年三十的团圆饭与辞旧迎新等,都是传袭了上千年的习俗。这些节日在各代、各族、各地的口头和行为的流传中,虽多少有些差异和变化,但习俗的核心和“母题”部分都保留了下来,所标志的民俗的主要内容和形式都大致相同。民俗在流传与发展过程中的传承特征,相对稳定,为研究民俗的发展渊源提供了丰富的资料。

(三)民族特征

一个聚居群落的人民往往是具有共同亲缘关系的一个“民族”。由于民族的不同,在民俗上便表现出不同的文化区别,即一个民族具有不同于其他民族的风俗习惯,带有民族个性的民族特征。我国民俗的民族特征,一是表现为国内各族都有着自己习惯的居住、服饰、饮食、婚丧等方面的生活习俗,二是我国各民族的习俗又体现出整体的中华民俗文化的特征,与世界其他民族习俗相区别。民族特征最为显著的外在特征是服饰,几乎有多少个民族就有多少种民族服饰。民俗是一个民族最基础的文化,最能够体现一个民族的文化精髓,揭示民族文化的真谛,保留民族文化的传统。

(四)稳定特征

民俗是一种流动的文化,在流播过程中,自始至终相对稳定地保持相同或相似的内容,有大致相同的形式,体现出民俗的稳定特征。民俗又是一种稳定的文化,其形成需要较长的时间。民俗一旦形成,便具有相对的稳定性。因为,民俗是社会成员对生活的共同约定,大家都必须共同遵守,并成为约束行为的标准,不会轻易被否定。而且,民俗一旦成为社会生活行为模式,就将代代相传。

(五)变异特征

一种民俗在其流传过程中,由于受不同区域地理环境、不同历史时代、不同民族文化传统和民族融合等诸多因素的影响,在内容和形式上会发生某些变化,或者完全革除,表现出某些变异特征。如中国舞狮习俗,在流传中发生某些变化,有北狮与南狮、文狮与武狮之分。南狮,不仅广东广西两省在狮的造型与舞动的技法、形式上有不同,广西各地市都有变异,桂北的狮头较小,而桂南的狮头较大。社会习俗发生完全革除的现象,如历史上"三从四德"、"三纲五常"等一些束缚人性的陋习,在现今社会礼制上已被革除。

在人类社会的历史发展过程中,新俗取代旧俗,某些传统习俗的全部或部分发生变异,使某些民俗以鲜明的时代色彩成为特定历史阶段的标志。民俗的变异是一种社会的变异,因而,民俗的更替与变异极为缓慢,所表现出的历史特征不像历史事件以年月日时为标志,而是以一个相当长的历史阶段为特色。民俗在发展过程中,变异性不断产生,并对民俗的发展产生深远的影响。

(六)历史特征

任何一种民俗,都是历史的民俗,因而具有历史性,或称民俗的"历史特征",亦称"时代特征"。民俗历史特征是民俗在纵向发展时段上所呈现的特征。历史上的每一个时段,都有相对稳定的经济、政治、文化系统,影响着一个时段的社会民俗。随着历史的推移,朝代经济、政治、文化系统的更替,社会民俗便相应地发生变异,形成了带有某一历史时段印记的民俗文化,如汉代民俗、唐代民俗、宋代民俗、清代民俗、民国民俗等。对民俗历史特征的研究,要求我们不能把几千年的民俗混为一谈,应看到民俗发展的历史阶段性,看到民俗在各历史发展阶段中的联系与区别。

(七)地域特征

民俗的传播性,还表现在空间的地域性上,或称民俗的地方特征,亦称"地理特征"、"地域特征"或"乡土特征"。每一种民俗的形成、发展和消失,均受一定地域的生产、生活条件和地缘关系的制约,或多或少总要染上地方色彩。最能说明民俗的地方特征的就是我国不同地方的特色菜系,我国民间常说"南甜、北咸、东辣、西酸",大致反映了地方性饮食习俗特点。再如民间的搬运习惯,也具地方特征,东北农村的爬犁、中原农村的推车、大江南北的扁担、西南山寨的背篓、西北的驮子,至今已成了各地行旅的特殊标记。

民俗在文化传承过程中所表现出的七个基本特征不是孤立的,也不是对立的,它们之间互有联系,甚至互为因果。因此,研究民俗特征需要进行横向与纵向的联系分析,进行多侧面、多角度思考,才能对民俗特征有一个全面的正确的认识。认识民俗特征是为了在民俗旅游规划和民俗旅游组织中,更好地体现民俗特色。

三、中国民俗的分类

民俗是一种丰富而繁杂的社会文化现象,关于其分类,至今国内外学术研究尚没有统一意见。

1890 年,英国人高梅氏(Sir Lourenme Gomne)主编《民俗学概论》,将民俗内容分为观念和迷信的信仰、旧传的风俗、旧传的叙事谈、民间成语四类。法国民俗学者塞比约在所著《法兰西民俗》一书中,将民俗内容分为天空和土地、海洋与江湖、动物与植物、人类与史实。①

我国学者张紫晨先生的《中国民俗与民俗学》将中国民俗内容分为巫术民俗、信仰民俗、服饰饮食居住民俗、建筑民俗、制度民俗、生产民俗、岁时节令民俗、人生礼仪民俗、商业贸易民俗、文艺游艺民俗等 10 类。张紫晨先生的分类普遍为学术界所接受和采用。另外,乌丙安、陶立璠、刘魁立等先生的民俗分类都具有代表性。

民俗分类上的分歧,主要因学者所依据归类的原则不同,如有学者认为人类社会的文化不外为物质与精神两部分,就将中国民俗内容分为物质民俗和精神民俗。有的学者认为民俗的分类应以人类的生活为依据,人类生活的内容大体可以总归为生产、生活、文化三大范畴,因而,中国民俗的分类应以人类活动的主体内容为依据,可以分为生产民俗、生活民俗、文化民俗三大类。生产民俗包括农、林、牧、渔、手工业各类生产民俗;交换、贸易民俗;交通运输民俗等。生活民俗包括起居、饮食民俗;服饰冠履民俗;家庭、宗族、村落、社团民俗;生养、婚姻、丧葬民俗等。文化民俗包括信仰崇拜;占卜巫术禁忌;岁时节日;游艺工艺;交往礼仪;神话传说;歌谣艺术等。

中国民俗的分类,都是民俗学家依据自己对民俗的理解,对民俗内容的一种概括,每一种分类法都试图反映人类社会民俗文化的全貌。但民俗是

① 陶立璠.民俗学概论.北京:中央民族学院出版社,1987.

一种综合性的文化事象,具有多样性和多重性特征,任何对民俗内容的分类都是相对的,没有哪一种民俗事象纯属某一类型。各种民俗分类都只是为民俗研究工作提供一种参考。

第二节 民俗的旅游业意义

在人类社会的发展史上,人类第一位的活动是生产活动,人们通过生产活动,从自然界获得生存、繁衍与发展的物质保障。人类的思想、文化、交往、发明与创造,都是以富有成效的生产活动为基础的。人类在不断地提高生产力、生产活动范围和生产物质储备。当人类生产的物质超出生存需要和具有富余时间的条件时,人类就开始产生旅行与旅游行为。

人类的"旅行"行为早于"旅游"行为,"旅行"属于个体行为,是在社会整体经济发展不充分情况下的个体的某种探寻行为,不能也不会造就一个体验经济产业。在近代机械工业的支持下,社会经济的发展和出行交通的改善,"旅行"逐渐成为更多人的需求,"旅行"就进入了"旅游"阶段,而且"旅游"改变了"旅行"的性质和功能,逐渐发展成人类生活的一部分。旅游首先是城市居民的需求,是城市人们舒缓紧张工作的一种方式,身居密布高楼大厦的都市的人们开始走向广阔的旷野。旅游兴起于观光旅游——山水观光和民俗观光。民俗观光是民俗旅游的最早形式,进一步发展为民俗休闲旅游和民俗度假旅游。随着乡村经济的发展,乡村的人们也将从看惯的田野走进繁华的城市。城市旅游也将循着从城市民俗观光旅游到城市民俗休闲旅游和民俗度假旅游的发展规律。

经济与科学的发展,不同地域风光和民俗文化的吸引,人们交往交通的便利,形成了20世纪到21世纪的人类旅游浪潮。可以预测,旅游将是21世纪的人类生活不可缺少的部分,中国民俗文化旅游将从发展走向繁荣。

一、对中国民俗旅游业的思考

民俗是异地异族最基本的,也是最深刻、最神秘的文化。旅游是人类生活中一种暂时离开居住生活地到他地获取经历体验的活动,这种经历体验对象不外两类,一类为自然山川风光体验,一类为人类历史民族文化的体验。总结世界各国旅游业发展的进程与规律,几乎都开始于自然观光旅游,由自然观光旅游发展到人文旅游,从人文旅游又到自然旅游,而人文旅游将最终成为人类旅游发展的趋向。人文旅游的核心是民俗旅游。

中国民俗文化日益受到世界各国旅游者的青睐,原因主要在于中国长期以来的封闭,形成了中国民俗文化的神秘性。随着中国逐渐向世界敞开大门,中国民俗文化成为世界各国旅游者来中国旅游的重要对象。民俗旅游是世界人们正确认识中国和破解中国民俗文化神秘性的重要形式,旅游者通过民俗旅游观察、了解、审视民俗文化。因而,民俗使旅游活动具有了文化体验的旅游产业意义,民俗旅游担当着宣传民俗文化的重要媒介作用。具体来说,民俗文化的旅游业意义在于以下几点。

第一,民俗文化应用于旅游业,形成民俗旅游业。民俗旅游是一种广泛深入认识人类社会生活本质的文化活动。在旅游活动中,旅游者会注意不同民族饮食中色、香、味、形、刀工、烹制、用料、火候的变化;注意不同民族歌舞、曲艺中的道具、唱腔,动作的运用;注意不同民族对生产中的灌溉、耕作、播种、收获、施肥工具的使用差异;注意不同民族手工艺品的取材、加工、制作、装饰的不同处理;注意不同民族节日传说、祭祀、庆典的不同;注意不同民族服饰布料、剪裁、制作、装饰的特殊处理;注意不同民族礼仪、信仰、祭祀、传说的神秘等方面。对陌生的旅游者来说,旅游地居民本身就是最好的旅游资源,因为旅游地居民的言行具体再现了一个国家、城市、民族的深层内涵,所演绎的礼仪、风尚,都能使旅游者产生浓厚的兴趣和旅游冲动。旅游者出游的一个重要目的便是对目的地特色民俗进行体验、欣赏和比较。民俗文化日益受到旅游者青睐,使民俗文化的生存与发展空间得到了拓宽。

第二,旅游最终是文化,是民俗文化。旅游的吸引物和目的地,最初普遍指向自然山川,属于自然旅游。自然旅游的趋先性,得益于山川、河流、草原、岩洞等自然景观资源为上苍所赐,无须打造,建设投资少,旅游开发的工作也相对简单。同时,近代工业带来的城市发展,也使城市居民趋于走向自然。所以山川自然景色,就成为城市居民的最初向往。

民俗旅游是一种文化旅游,是旅游者对民俗文化知识的需求活动。民俗文化中的歌谣、传说、故事、音乐、舞蹈、信仰、建筑、饮食、服饰、绘画、工艺等,都是认识和理解民俗旅游的知识。所以,逐渐地,人们对仅仅领略自然景观会感到不满足,会萌发了解旅游地民族风情和社会风俗的欲望。可以预测,随着社会经济的发展,人们会更加趋向于文化旅游,趋向具有文化深度的民俗旅游。

第三,民俗是一个社会最基本性的文化,也是一个国家最具魅力的文化。发展民俗旅游,可以让一个国家、一个城市、一个民族的优秀文化传统为世人所了解,融入世界文化长河;发展民俗旅游,可以让旅游者认识一个国家的历史,感受一个城市的文化,体会一个民族的传统。

将旅游引入民俗,可以使旅游更具有文化意义;将民俗引入旅游,可以使旅游更具有发展前景。让旅游者走进民俗,就是让旅游者走进民间,让旅游者走进民间生活。作为旅游吸引物的民俗,是活生生的生活。离开生活的民俗,就会索然无味。

第四,民俗旅游是一种高层次的文化旅游,能满足游客"求新、求异、求乐、求知"的旅游心理需求。民俗文化之所以对旅游者有磁铁般的吸引力,还在于国外旅游者对中华传统文化的追求,国内旅游者对于乡村风情的向往。

世界各国旅游者固然对长城、兵马俑、桂林山水很感兴趣,但更感兴趣的还是"中国人",是中国人的生活民俗文化。数千年的悠久历史形成了中国人独特的思维方式和风俗习惯,民俗已经成为满足西方人对中国人的想象,了解中国人生活方式的一种途径。

实际上,不但国外旅游者对民俗风情有特别的兴趣,国内旅游者的兴趣随着生活水平和知识水平的提高,也逐渐从山水旅游转向对异国、异地民俗风情的旅游欣赏。民俗旅游,既是对传统文化的回归、反思,也是对民俗文化的重新认识,重新体验,重新评价。旅游者对民俗文化的认同与追求和民俗旅游的兴起,都是由民俗的淳朴、自然和丰富多彩的文化特性所决定的。随着国家与地区间经济与文化的发展,民俗风情将成为国家与地区间文化形象的符号。

民俗作为一种传承文化代代相传,保持着社会文化意识的连续性和稳定性,维系着国家形象和民族情感。对于国外游客,通过参与体验中国民俗的旅游活动,可以获得对中国和中国人最生动最具体的认识;对于海外华人,通过体会祖先的生活方式,可以加深对祖国的历史和现状的了解,密切对祖国的情感联系;对于国内游客,可以深入体会各地区各民族所传承的民俗风情,感受中华文化的源远流长和丰富多彩,受到生动的爱国主义教育。

因此,将民俗文化融入旅游是当今旅游业发展的需要,也是满足旅游者民俗旅游愿望的需要。民俗文化已成为旅游产业经济发展的重要战略性资源。

二、民俗旅游的定义与特点

在人文旅游的体系范畴中,历史文化旅游和民俗文化旅游是重要的和核心的内容,人们总是对他地域、他民族的历史文化和民俗文化十分好奇,有着渴求体验的愿望。民俗旅游适应了旅游业发展的市场需求,也将成为未来旅游文化发展的趋向。

（一）民俗旅游的定义

“民俗旅游”或称“民俗风情旅游”。我国民俗旅游开始于20世纪80年代。由于民俗旅游兴起的时间较短，对于民俗旅游的理论研究大多尚无定论。对于民俗旅游的定义，学者有多种说法。

（1）西敬亭、叶涛先生认为：民俗旅游是民俗与旅游的结缘，是以民俗事象为主体内容的旅游活动。①

（2）肖建春先生归纳：民俗旅游是以旅游地域的民俗风情为主要观赏内容及体验对象而进行的一种文化旅游活动。②

（3）魏小安先生认为，民俗旅游可以简单地定义为：以民间风俗习惯及自然与社会生态为主体的旅游活动。首先，民间风俗习惯是主导性的，所以才能称作民俗旅游。其次，以自然生态和社会生态为基础，农村的民俗旅游，其自然生态是主体；城市的民俗旅游，其社会生态为主体。③

（4）刘印其先生认为，民俗旅游是借助民俗来开展的旅游项目，如寻根祭祖、朝山进香、民间艺术表演、民俗展览、民俗表演（婚礼表演等）、节庆活动、风味食品、旧式交通工具、住民房等，一句话，就是“到民间去旅游”，到民俗氛围里去切身体验。④

（5）温锦英先生认为，民俗旅游就是借助民俗来开展的旅游项目，它以一个国家或地区的民俗事象和民俗活动为旅游资源，在内容上和形式上具有鲜明突出的民族性和独特性，给人一种与众不同的新鲜感，它的魅力就在于其深厚的文化内涵。⑤

（6）沈祖祥先生认为，民俗旅游属高档次的文化旅游范畴，是指旅游者被异域或异族独具个性的民俗文化所吸引，以一定的旅游设施为条件，离开自己的居所，前往旅游地（某个特定的地域或特定的民族区域），进行民俗文化消费的一个动态过程的复合体，是人类文明进步所形成的一种文化生活形式。⑥

以上多种民俗旅游定义在根本上没有多大差异，或繁或简，更多是用词表述上的不同，可以看出有两点是共同的：一是民俗旅游是一种旅游，具有旅游的一般特性；二是民俗旅游是以民俗事象为主体内容的文化旅游，具有

① 西敬亭，叶涛．民俗旅游，一个尚待开拓的领域．民间文艺季刊，1990（3）．

② 肖建春．四川民俗旅游产业的整合营销构想．西南民族大学学报，2008（3）．

③ 魏小安．民俗旅游的发展分析．中国旅游报，2006，9（12）．

④ 刘印其．让游客到民俗气氛中去感受异域风情．民俗研究，1995（1）．

⑤ 温锦英．文化，民俗旅游开发的灵魂．广东民族学院学报，1997（3）．

⑥ 沈祖祥．中国民俗旅游．福州：福建人民出版社，1999：14．

旅游特征。归纳学术界的研究,可以将“民俗旅游”定义为:民俗旅游是旅游者把异地的民俗事象作为观赏和消费主体的文化旅游活动。民俗旅游可以分为民族民俗旅游、乡村民俗旅游和城市民俗旅游。

(二)民俗旅游的特点与类型

民俗旅游的精髓是民俗文化。民俗文化是一个地区的人们在生产实践和创造生活中凝结的智慧结晶,游客可以从中感受到浓浓的民俗文化氛围。民俗旅游作为一种文化旅游,特别是作为以民俗事象为观赏和消费主体的文化旅游,具有与其他旅游形式不同的特点。主要表现为如下几点。

1. 民族性与地域性

从世界范围来看,不同的民族有不同的民俗风情。民俗往往被看做是民族的标志。从衣、食、住、行等日常习俗,到信仰、道德等精神意识,每一个民族都有自己独特的民俗文化系统,突出地表现出每个民族独特的文化特征。我国56个民族的区别最终在于民俗文化的区别。由于我国幅员辽阔,各民族文化带有很强的地域性,即使是同一个民族,居住在不同的地域,也会形成风格迥异的民俗文化特色,形成民俗旅游的民族性和地域性,使得我国的民俗旅游绚丽多彩,丰富无比。

2. 文化性与艺术性

文化是旅游的灵魂。旅游的本质是一种文化活动,每一个环节都充满了浓郁的文化气息。民俗旅游的文化性涉及的民俗文化范围非常广泛,从建筑、服饰、饮食到节日、仪礼、宗教信仰、艺术,几乎囊括文化的各个方面。民俗文化是广大人民生活智慧和生活艺术的结晶,一件普通的民俗生活物品和生产工具就常常是一件令人爱不释手的民俗文化艺术品。民俗旅游的艺术性充分体现在民族歌舞、民族工艺、民族建筑、民族服饰等方面。

3. 大众性与参与性

民俗旅游是利用民俗文化资源开发的一种旅游形式,民俗的创造者、表现者都是民间大众,自然具有大众性的特点。民俗旅游是以民俗文化作为观赏对象的旅游活动,离不开对各种民俗文化活动的参与。众多游客参加民俗旅游的动机之一,就是走进一个国家、一个区域、一个民族的民众之中,体验不同国度、不同区域、不同民族的各种习俗,体现出旅游观赏的大众性。民俗旅游的参与性,一方面体现在民俗旅游开发建设时,需要大众的支持、配合和参与。另一方面,对旅游者来说,大量民俗旅游活动都可以参与体验,不仅仅可以观看民俗表演,还可以参加民俗表演,不仅仅可以观看民间生产活动,也可以参与民间生产活动。民俗活动的大众性决定了民俗旅游的参与性,这是民俗旅游最富有魅力的地方。

4. 多样性与神秘性

民俗是一种多样性文化，从物质民俗、精神民俗到社会民俗等，涉及生活的方方面面。民俗文化的多样性决定了民俗旅游内容和形式的多样性。民俗是一种深层次的地方民间文化，对外来游客来说，常常是陌生的，甚至是神秘的。民俗文化的神秘性可以激发人们的好奇心和求知欲、探索欲，使游客在民俗旅游活动中始终保持着观赏、了解、参与异地民俗文化体验的强烈兴趣。

民俗旅游特点与民俗文化特点是相一致的。民俗旅游所表现出的特点，就是民俗文化本身所蕴涵的文化特点。民俗文化特点在民俗旅游活动中形成民俗旅游类型。按照民俗文化在民俗旅游活动中所表现出的差异性，可以将民俗旅游分为多种类型。宏观可分为民族民俗旅游、乡村民俗旅游和城市民俗旅游；中观可分为生产民俗旅游、生活民俗旅游、文化民俗旅游；微观可分为村落民俗旅游、起居民俗旅游、民居民俗旅游、服饰民俗旅游、饮食民俗旅游、节庆民俗旅游等。当然，还可以按照提供的旅游功能进行分类，如分为民俗休闲旅游、原生态民俗旅游等。客观上，民俗旅游是一种文化涵盖广泛的文化旅游，很难将某一种民俗旅游活动严格地限定在某一种类型上，任何一种分类都是相对的，是学术研究和产业实践的一种需要。

三、民俗旅游的产业价值

在经济全球化背景下，旅游已经成为全球化的一种具体表征，越来越成为人们娱乐心身、休闲度假、摆脱生活与工作压抑的一种方式。发展民俗旅游意义重大。就国家与民族而言，有利于抢救、保护和弘扬民族文化遗产，守望民族的精神家园；能激发和提高民族文化认同感，增强民族凝聚力，维护民族文化的安全度；有助于建设和谐社会，打造群体间、民族间、区域间、国际间文化交流的广阔平台。对于国民经济而言，发展民俗旅游是社会经济的新增长点，能够大大促进整个第三产业及文化创意产业的发展。发展民俗文化，推动民俗旅游业发展，可以为旅游业带来可观的社会效益、经济效益和环境效益。

民俗文化必须通过旅游规划来实现旅游资源的旅游产业化转变。民俗文化资源与旅游业之间的关系是互动的。民俗文化运用于旅游业，可以使旅游业获得发展的空间和市场。旅游业的发展，需要对民俗文化进行调查、分析、整理，治理民俗文化环境，使民俗文化获得保护、继承和发展。民俗与旅游业的关系是互动的，是不断变化的，既产生机遇，又具有挑战。

发展民俗旅游,为旅游者提供了体验民俗审美文化的良好机会。民俗旅游作为一种文化旅游,在某种程度上代表了未来旅游的发展方向。民俗旅游是一个产业典型,是一个将文化资源变成经济资源,将经济资源变成规模产业的典型。民俗旅游的兴起与发展,推动着我国城乡社会文化经济的发展,具有多方面的旅游产业价值。

(一)投资少,效益大

民俗旅游,特别是利用少数民族自然村寨开发的民俗旅游,一般不需要太多的资金,只要修通旅游公路,提供旅游交通的可达性和便利性;搞好村庄的卫生环境,提高旅游环境的舒适性;规划好游览线路,就可以接待来访的游客。民俗旅游投资少,效益大。只要保持民俗村寨的自然风貌,就是成功的民俗旅游村。国外游客对我国保持自然风貌的民俗旅游有较大的兴趣,已带来当地旅游产业经济的发展。

(二)促进对传统民俗文化的保护

民俗旅游体现了民俗文化的价值,引起人们对民俗文化的关注,促进了旅游目的地对民俗事物的保护和对民间艺术的挖掘、恢复与保护。如通过设计旅游项目,建立民俗生态村、民俗博物馆,都是促进民俗文化保护的典型案例。同时,民俗旅游的发展也促进了民俗研究,为民俗文化重新焕发生命提供了契机。云南东巴文化研究所、吴文化公园的吴文化研究所,都是对当地民俗文化进行整理、保护和开发作出贡献的民间研究机构。民俗旅游还使一些失传的民间工艺起死回生,如中国失传了千余年的马球,由于适应旅游的需要而在西安得以重现。

(三)促进文化交流

民俗旅游为不同地区、不同民族、不同种族的人们提供了交流和了解的机会。民俗作为世代传承的文化,保持着文化的连续性和稳定性,维系着民俗群体成员的情感。通过对异地、异族不同民俗文化的认识和了解,可以消除相互之间的隔阂、偏见,取长补短,促进共同发展。文化的交流与了解能增进各国人民之间的友谊和交往,扩大国际间的合作,促进世界的和平与稳定。

(四)唤醒城市文化生命

城市是历史民俗文化的重要聚集区,城市的民俗文化是在长期的历史过程中形成的。我国城市的民俗文化曾在“破四旧,立四新”批判“封资修”的文化运动和旧城改造运动中,受到了冲击。城市的佛寺、道观、城隍庙、会馆、名宅、名楼、城门、民居等,面目全非;城市的历史民俗文化街区,一夜之间化为瓦砾。城市失去了历史,就失去了文化,失去了民俗。于是,在 20 世纪的80年代与90年代,几乎全国的城市都变成了一个个方格模式的“盒子”城市。随着旅游产业的兴起,特别是民俗旅游的推动,人们开始追惜城市曾有过的辉煌历史,要找回城市的民俗文化。从20世纪90年代后期开始,人们以修建民俗文化街的形式来重现城市的民俗文化。如1995年,无锡市政府将位于无锡城中心的文渊坊街区进行立项规划,2001年启动建设工程,2003年年底修缮完成对外开放。在15 000平方米的文渊坊街区,充分展示明代、清代、民国各个时期具有无锡传统风格的紫砂作坊、泥人作坊、锡绣作坊、竹雕作坊等街坊、民宅,以及精巧典雅、幽深秀丽的江南楼阁花园,游客在欣赏江南建筑的同时,可以领略江南水乡的民风民俗。①

从此,我国城市民俗旅游文化街区的建设方兴未艾。如历时三年打造的有“成都版清明上河图”之称的四川省成都市武侯祠旁的锦里民俗休闲街,于2004年11月1日正式开市。街区全长350余米,为传统川西古镇建筑风格,有茶坊、客栈、酒楼、酒吧、戏台和各种风味小吃、工艺品、土特产等,融旅游购物、休闲娱乐为一体。② 2007年5月9日,北京前门大街开始大规模修缮整治工程,2008年8月7日正式开街;③2009年1月17日,重庆磁器口民俗文化街开街④等。城市民俗旅游文化街区的建设,唤醒了城市的文化生命。

民俗旅游不仅唤醒了城市文化生命,也给城市发展带来了人流、物流、资金流、信息流,加快了民族地区城市化建设的进程,带动了城市经济的发展。

(五)改变乡村产业结构

民俗旅游业的主要旅游目的地在乡村,民俗旅游业相对于工矿业等传统产业,具有投资少的特点。于是,民俗旅游经济在我国很多地区,特别是农村、渔村、牧区,发展成了最大的优势经济和特色经济,促使乡村产业结构发生重大转变。北京市昌平区是京郊旅游资源大区,以发展乡村民俗旅游作为山区农民致富的突破口和切入点,积极培育和发展民俗旅游业。过去山区农民主要以种植业为主,现在民俗村的农民以旅游接待为主产业。山上的几棵果树和山坡上的几分地,已成为农家用以丰富民俗餐的小基地,以无公害的绿色食品招待远方的客人,深受城里人喜欢。由于民俗旅游产业

① 无锡打造民俗文化街.扬子晚报,2002,11(18).

② 成都锦里民俗休闲街.www.ug8888.com,2005-12-23.

③ 北京前门大街正式开街.新华网,2008-08-07.

④ 磁器口民俗文化街开街.重庆时报,2009,1(20).

规模的不断扩大，民俗村的农副产品已供不应求，而且农副产品的附加值也大大提高。发展民俗旅游以来，不但转变了山区的产业结构，推动了民俗村经济的提高，也带动了周边村镇的经济发展，形成了一条良性循环的旅游产品产业链。①

乡村民俗旅游不仅有利于实现乡村资源的高效利用，产生较好的经济效益、社会效益、环境效益，更重要的是可以缓解乡村经济中的产业单一、劳动力过剩等矛盾，促进乡村经济的稳定发展。

（六）推动了山区脱贫致富工程的快速发展

民俗旅游业的客源市场主要是城市居民，山区具有吸引城市居民旅游，脱贫致富的民俗旅游资源。如昌平区位于京城西北 35 公里，地处温榆河冲积平原和军都山的结合地带，北倚燕山西段支脉军都山，南俯北京小平原，2/3 为山区、半山区，形成了得天独厚的自然景观、生态环境和丰富的民俗文化。1998 年，昌平区区委、区政府在长陵镇麻峪房子成立的第一个民俗旅游度假村开业。当年开业 4 个月全村民俗旅游收入就达 46 万元，收入最高户达 3 万～4 万元，最低的也有 3000～5000 元。第一个由全区倒数第二的贫困村发展为富裕村，人均收入由原来的不足 800 元，达到人均 6000 多元，村集体年收入由原来的 22 万元发展到 160 多万元，甩掉了贫困的帽子。2008 年 7 月，北京市旅游局和市农委在当地举行了首次民俗村揭牌仪式，成为京郊民俗旅游的典范，被京城多家媒体誉为“京郊民俗旅游第一村”。②

（七）加快民族地区的经济和社会发展

我国的民俗旅游资源主要分布在民族地区，发展民俗旅游就促进了民族地区经济和社会的全面发展。据对四川阿坝州理县桃坪羌寨的调查，1997 年发展民俗旅游业前，该寨经济收入主要来自种植果树（苹果、核桃和樱桃）、蔬菜、粮食和外出打工，村民生活十分困难，许多村民连买盐都成问题。发展民俗旅游业之后，村寨经济得到了较大的改观，至 2007 年，全寨 105 农户中有 1/3 的农户搞旅游接待，旅游业占其收入的 70% 以上，旅游大户如“小琼羌家”的年旅游收入已超过 10 万元，小户一年的旅游收入也有几千元。而其余 2/3 没有搞民俗旅游接待的农户，也能从每年的门票收入中获取一定的分红（例如 2001 年每户从门票收入中分得 400 元），旅游旺季他们还可帮本寨的民俗旅游户打小工、卖水果获得一些收入。③

① 昌平区民俗旅游发展现状. 昌平新闻网，2008－10－17.

② 李万佰. 加快民俗旅游业发展. 昌平区网站，2008－07－21.

③ 郭玉坤. 民俗旅游与民族地区经济发展[J]. 西南民族大学学报，2007(12).

又如，广西龙胜各族自治县的“龙脊梯田”自开发以来，给周围瑶族壮族人民带来了实惠。许多过去缺乏经商意识的少数民族，也能够热情主动地进行旅游工艺品的制作和销售。大理、丽江的“洋人街”把白族和纳西族等民族风情浓缩在一条并不起眼的小街上，吸引着海内外游客。街上的民俗旅游工艺品，如珠宝玉石、蝴蝶标本、各式木雕、民族服饰，绝大多数出于少数民族之手。

民俗旅游作为我国文化旅游的一种主要形式，直接影响我国旅游业的整体和未来。在 21 世纪，由民俗旅游所带来的生态价值和社会文化价值，将远远大于它产生的经济价值。民俗旅游促进了民俗旅游目的地的生态环境建设，改善了当地的生态状况，为社会经济和社会文化的持续发展提供了良好的环境动力。民俗旅游不仅体现了民俗文化的旅游产业价值，重要的是起到了展示民俗文化、宣扬民俗文化、传播民俗文化、发展民俗文化的作用。社会发展实践已经证明，文化是社会发展的决定因素，未来的生存竞争是文化竞争，文化是社会进步的真正土壤。

当前，我国学术界对民俗旅游的研究，主要集中在三个方面，第一，是对民俗旅游基本理论的探讨，如民俗旅游的概念、特点、价值以及与资源开发有关的理论等方面；第二，是关于民俗旅游的微观研究，研究地方或区域民俗旅游的模式、旅游产品、旅游项目、旅游品牌等问题；第三，对民俗旅游可持续发展的研究。虽然我国学术界对民俗旅游的研究略迟于其他类型旅游的研究，但民俗旅游研究是我国旅游科学研究的组成部分，随着民俗旅游的发展，必将推动民俗旅游研究的新发展。

第三节　世界民俗旅游发展回眸

在世界范围内，民俗文化都是一个国家或地区最具吸引力的旅游资源，民俗旅游都是最具魅力的旅游产品。世界各国民俗文化正是通过民俗旅游的形式，进行传播和交流。世界各国独特的民俗文化推动着世界民俗旅游的发展。

一、国外民俗旅游概述

民间传统文化遗迹的保护和旅游开发在世界各国都非常受重视，民俗旅游活动随处可见，民俗旅游在各国旅游业中占有重要地位。有关资料显示，无论发达国家还是发展中国家，民俗旅游均有较好的发展。

(一)大力发掘和展示传统生活民俗文化吸引游客

最为典型的是位于美国东海岸波士顿以南的普利茅斯垦殖园博物馆,发掘和展示17世纪初期欧洲移民到美国的生活民俗文化,人称"活人博物馆"。博物馆建成一座四周围着板桩的菱形村落,占地100多英亩。村内的房屋、棚圈、菜园、碉堡等,均仿照300年前的移民村风格建造。"村子"入口是一座木结构的碉堡,瞭望台上安放着几门土炮,下面是村民会议厅。村道两侧稀疏地排列着十几幢简陋的房屋。房前屋后是长着各种蔬菜的菜园,屋旁是饲养鸡的圈棚。室内石块砌成的床上面铺着兽皮或粗呢毯,火塘上的屋梁上挂着干鱼、腌肉、蔬菜及食物。博物馆的工作人员身着17世纪英国劳动者的服装,操着当时的英国语言,以"移民村居民"的身份向游人介绍"他们"的"身世"及横渡大西洋等经历,表演17世纪20年代英国移民用弓形扁担挑水、用原始农具耕作、用独轮手推车运东西、用柳条和泥巴做的烘炉烤面包等劳动、生活、休息及娱乐的情景。游客到此,可以观赏,也可以走进餐室品尝按照移民食谱烹制的各种食物。普利茅斯垦殖园博物馆类似于我国兴建于20世纪90年代的主题民俗文化村。

(二)将民俗旅游与历史文化融为一体

文化旅游在欧美等地比较发达,文化旅游的主要形式是民俗文化旅游。欧洲遍布各地的古堡,既是珍贵的历史文化遗迹,也是民俗文化的重要体现物。如今爱尔兰、德国、法国、英国、芬兰等五国的古城堡,已串联成了一条欧洲古堡探秘之旅路线。

新加坡的"牛车水"是将民俗旅游与历史文化融为一体的典例。牛车水可以说是新加坡的唐人街。1819年英国人莱佛士在新加坡登陆时,从中国来的华人大部分居住在牛车水区。1828年莱佛士便将牛车水划为华人居住区。莱佛士在设计城市时,规定所有建筑物前都必须有一道宽约1.5米、有顶盖的人行道或走廊,向外籍人提供做生意的场所。从此,新加坡出现了由连接的廊柱构成的外廊结构的建筑,这就是新加坡骑楼街区。临街的骑楼作为商铺有各种风味的咖啡厅、美食小站,外观颜色丰富,鲜艳夺目;行走在牛车水,每一扇窗户每一个门,都有不同的特色和文化内涵,这就让牛车水成为新加坡独具魅力的旅游胜地。武吉巴梳被称为"会馆街",多所华族文化与宗乡会馆均坐落于此;史密斯街被称为"牛车水美食街",其采用了户外摊档的概念,汇集了富有特色的各种新加坡美食;直落亚逸则以寺庙和回教堂闻名,有被重新修建为博物馆的福德祠庙、天福宫、纳哥德卡殿和阿布拉回教堂等,充满异域风情和特征。

历史文化是具体时空下民俗文化的产物,历史文化是地方文化的集合,民俗文化是地方文化的源泉和主要组成部分。将民俗旅游与历史文化融为一体,成为世界民俗旅游发展的特点。

(三)传统节庆活动是民俗旅游的重要内容

世界各国的传统节庆,如巴西的狂欢节、德国慕尼黑的啤酒节、西班牙的斗牛节等,每年都吸引大量的游客,传统民俗活动在这些节日里大放异彩。巴西狂欢节被称为世界上最大和最奔放的狂欢节,尤以里约热内卢最为著名,成为最令人神往的盛会。慕尼黑是德意志南部最瑰丽的宫廷文化中心,盛产啤酒,有"啤酒之都"的美名。慕尼黑啤酒节是慕尼黑的民间传统节日,以优质的啤酒、欢乐的民俗气氛和丰富多彩的节日为啤酒节引来了数百万游客。西班牙斗牛节起源于西班牙古代杀牛供神的宗教活动,13 世纪西班牙国王阿方索十世将祭神活动演变为赛牛表演,18 世纪中叶从皇宫传到了民间,演变为隆重的斗牛赛和奔牛节。在欧洲,每当这些传统节庆到来,都带来民俗旅游的热潮。

(四)民俗博物馆在民俗旅游中具有重要地位

法国建有 4000 家博物馆,而且很多属专业博物馆,如手工艺与纺织博物馆、铁路博物馆、鞋业博物馆、造船博物馆等。德国也建有 2000 多家博物馆,分布在德国大小数百个城镇,其中,图林根民俗博物馆,有着丰富的乡村风格的实用文化收藏品;[①]四大文明古国之一的埃及,建有开罗农业博物馆、古埃及博物馆和纸莎草纸博物馆、民族、考古学、纺织等博物馆等,利用博物馆保护与开发民俗文化旅游。如建在埃及首都开罗的纸莎草纸博物馆,演示将纸莎草茎制成纸莎草纸的生产过程,并在纸上画上仿法老时代的画卖给游客。1983 年,日本在千叶县佐仓市,建成了第一所日本国立历史民俗博物馆,展现日本历史上民众的日常生活。1989 年,纽约建成的美国民俗博物馆,展品包括早期美国妇女缝制的拼花被褥、雕刻、油画,以及美国印第安人部落中的艺术品。游人在博物馆里可以得到民俗文化的体验。

(五)主题文化公园创造了民俗旅游的辉煌

1955 年,富有想象力和创造精神的美国动画片先驱沃尔特·迪斯尼(Walt Disney)在加利福尼亚州创办了第一座现代化的迪斯尼乐园(Disneyland,正式全名为 Disneyland Park),标志着世界主题公园的诞生。此后,1964 年,沃尔特·迪斯尼建造了奥兰多迪斯尼世界、1982 年建造了东京迪斯尼乐园、1992 年建造了巴黎迪斯尼乐园、2001 年建造了东京迪斯尼海洋世界主题

① 德国民俗旅游风情. http://travel. VeryEast. Cn,2006 - 11 - 18.

公园、2007年建造了香港迪斯尼乐园。乐园里的建筑、设施、游乐项目尽量体现历史和地方民俗文化特点。

(六)人造民俗景点的补充和点缀

世界民俗旅游中,人造民俗景点是民俗旅游深入发展的产物,大体可以分为两大类,一是为了保护古建筑和传统文化而建造古堡、古桥、古塔,二是为城市旅游发展而建造在城郊的民俗文化村,如日本爱知县的明知村、斐济首都苏瓦市附近的古代文化村、韩国京畿道龙仁市器兴邑甫罗里的韩国民俗村、美国的普利茅斯镇垦殖园等。总体而言,人造民俗景点在国外民俗旅游中数量不多,只是作为其他旅游形式的补充和点缀。

国外民俗旅游发展的形式和做法给了我们启示,如何去整理曾经有的生活,整理曾经创造的文化,并将其转变成一种产业资源,形成民俗旅游业。民俗旅游收藏了记忆、历史、生活与情趣,收获了社会效益、经济效益与文化效益。

二、中国民俗旅游回顾

民俗旅游是我国旅游业的重要组成部分。我国的民俗旅游开始于20世纪80年代,在90年代,民俗旅游得到了迅速的发展,各地纷纷推出民俗旅游项目,民俗旅游以其独特的魅力和风采受到广大旅游者的青睐。1995年,中国民俗旅游发展达到一个高潮,国家旅游局把这一年的旅游主题定为"民俗风情游",在全国范围内开展了大规模的民俗旅游活动。进入21世纪,民俗旅游在我国方兴未艾,呈现出蓬勃生机,已成为我国旅游业一道亮丽的风景线。

(一)中国民俗旅游的发展阶段

我国民俗旅游伴随中国旅游业的发展而发展,发展历程可划分为三个阶段。

1.起步阶段

1978年—1983年,是我国现代旅游业的起步阶段,也是民俗旅游发展的起步阶段。改革开放后,旅游业真正迎来了自己的春天,旅游事业有了良好的发展环境,民俗旅游也开始起步。民俗旅游首先出现在20世纪70年代末的山东青岛、烟台、威海、潍坊、济南、泰安、济宁、淄博等地。1978年,青岛接待了由8个美国人组成的旅行团,安排访问青岛市延安二路10户城市居民家庭,组织了中国第一个民俗旅游活动。民俗旅游项目仅限旅游者到城市或农村的居民家庭访问、做客,时间一般为半天,并要办理一定的审批手续。1983年11月,山东潍坊安丘石家庄接待了来自日本的一批客人,日本客人与当地农民同吃、同住、同劳动，度过了愉快的三天，创造了吃农家饭、住农家房、干农家活的民俗旅游形式。中央电视台和中央人民广播电台播出这一消息后，引起国内外旅游界的震动，一时间安丘石家庄遐迩闻名。此后，民俗旅游开始成为我国一种新的旅游形式。

由于这一时期我国农村的旅游基础设施落后，全国旅游仍以山水观光旅游为主，民俗旅游多作为风光旅游与历史文化旅游的补充。驰名中外的云南石林风景区，也主要以独特的喀斯特地貌来吸引旅游者，当地彝族丰富多彩的民族风情却只是一种点缀。

这一阶段民俗旅游的主要特点是：民俗的旅游价值开始受到重视，民俗旅游基本是零星开发，规模不大，开发局限在少数地区。

2. 快速发展阶段

1984 年—1995 年，是我国民俗旅游的快速发展阶段。1984 年 7 月 7 日，位于桃园县龙潭乡的台湾著名主题游乐园“小人国”建成开园。1989 年，深圳华侨城旅游度假区锦绣中华主题公园破土动工，1991 年深圳锦绣中华建成开园，标志着我国的民俗旅游达到了相应的规模和层次，进入到快速发展阶段。1995 年，国家旅游局将旅游主题定为“民俗风情游”，标志着我国民俗旅游得到了国家的认同。

在这一阶段，我国出现了许多著名的民俗旅游风景点。深圳华侨城自“锦绣中华”之后，1994 年 6 月 18 日世界之窗开园，云南民族村、桂林漓江民族风情园、江苏吴文化公园、北京世界公园、中华民族园等。由于深圳“锦绣中华”、中华民俗文化村取得成功，各地兴建民俗文化村、民俗主题公园一时呈遍地开花之势，推出了多种民俗旅游线路，民俗旅游产品丰富多彩，如以广东、海南、福建民俗景点为主的南国风景窗；以西藏、广西、贵州、云南、四川各地的民俗村寨为主的西南民族风情游线；以江南古镇和城市民俗活动为主的江南水乡风物集锦；以西北民族风情和塞外风光为主的大漠丝路情怀的游线；以山东、北京、天津、河北、河南的民间传统活动和城市民俗景点为主的中原民俗画廊；以辽宁、吉林、黑龙江、内蒙古各族人民风情展示为主的北方风情。昆明云南民族村也展示了云南 25 个少数民族的风俗。

这一阶段中国民俗旅游发展的特点，表现为民俗旅游景点建设步伐大大加快，民俗旅游活动遍及全国，游客民俗旅游需求旺盛，民俗产品从单一向多样化发展，从观赏型向参与型发展。

3. 深化与成熟阶段

1995 年至今，是我国民俗旅游的深化与逐渐成熟阶段。民俗旅游作为一种独立的旅游形式，已经与自然观光旅游、历史文化旅游成三足鼎立之势。从我国旅游业对未来几年旅游主题的选择,就能看出民俗旅游在当前我国旅游业发展中的价值与地位。如果说,1995 年的"民俗风情旅游"年还是缺少民俗类型细分的大概念"民俗旅游"的话,进入 21 世纪,中国的民俗旅游就进入了一个深化与成熟的发展阶段。

从 1995 年的旅游主题"民俗风情游"到 2002 年的旅游主题"中国民间艺术游"、2003 年的旅游主题"中国烹饪王国游"、2004 年的旅游主题"中国百姓生活游",从笼统的"民俗风情"概念到具体的"民间艺术"、"烹饪"、"百姓生活"等民俗主题,说明中国民俗旅游的开发正走向深入与成熟。深入与成熟还表现在,中国民俗旅游从 20 世纪 80、90 年代以满足城市居民休闲为主的四川农家乐、湖南农家乐、北京农家乐和基于大规模观光基础上发展起来的云南的民族风情旅游,发展到民俗文化体验型旅游,如 1996 年台湾南投县的民俗体验旅游地。①

在这一阶段,各地民俗旅游节庆空前活跃,涌现了著名的民俗旅游节庆品牌。如洛阳牡丹节、青岛财神民俗旅游节、福建湄州妈祖文化旅游节、四川自贡灯会、安徽凤阳花鼓文化旅游节、海峡两岸(福建东山)关帝文化旅游节、广西南宁国际民歌节等,吸引了国内外,特别是世界各地旅游者的目光与参与的热情。民俗旅游节庆期间,带来大量的中外游客,推动了旅游产业的发展。

民俗旅游不仅是云南、广西、西藏等民族地区发展旅游的重头戏,而且在其他少数民族文化色彩不太明显的地区,旅游部门都千方百计挖掘当地民俗文化资源,对地域文化中富有特色的民俗资源进行开发研究,或复原整修一些民俗遗迹,或重新恢复一些民俗活动,或赋予一些旧民俗新的时代内涵,或根据社会发展形成一些新民俗活动等。如山西就把平遥古城、乔家大院、祁家大院等古民居都作为该省旅游龙头产品向外推出。

中国民俗旅游深化与成熟的标志,还表现在民俗旅游资源,即民俗民间文化遗产,受到了国家与政府的重视和保护。国家与政府的重视和保护,一是将民俗文化作为遗产加以保护。2006 年,国务院颁布第一批国家级非物质文化遗产名录,在 518 项代表作中,民俗文化有 70 项,占总数的 13.5% 强。2007 年,文化部命名了闽南文化生态保护实验区和徽州文化生态保护实验区。2008 年,在"文化遗产日"期间,文化部公布了第一批民间文学、杂技与竞技、民间美术、传统手工技艺、传统医药等五大类的 226 名国家级民间

① 黄宗祥.借鉴经验发展民俗休闲旅游.云南旅游业协会网,2008-09-08.

文化项目代表性传承人,产生了广泛的社会影响。[①] 说明我国进入21世纪之后,随着国家现代化建设的进展、国力的增长和民众文化保护意识的增强,民俗民间文化遗产抢救保护的必要性和紧迫性已成为社会共识,受到广泛的关注。二是2007年,国家规定端午节、中秋节等传统节日的假期。这一举措本身就是对民间情感与民俗文化的尊重和重视。根据新的节假日调整方案,2008年开始,"五一"、清明节、端午节、中秋节、元旦都有一天的法定假期,加上挪过来的周末,可以形成五个三天的小长假,除了清明节不太适合旅游之外,端午节、中秋节、元旦等都成为出游的新黄金时段,尤其是中秋节和端午节。

地方政府对民俗旅游的重视,一是对内加强对民俗旅游经营的管理,在北京、四川等省市,出台了一系列民俗旅游经营管理的规章制度。二是对外加强区域的民俗旅游协作与联合。

这一阶段的主要特点是,民俗旅游在产品开发、市场营销、民俗旅游经营管理等各方面深入发展,形成了新的旅游品牌;国家与政府重视和保护民俗民间文化遗产,国家假期和市场营销同步作用,中国民俗旅游开始走向深层次的区域联盟的发展新阶段。可以预见,随着中国民俗旅游的发展,将涌现出大量的民俗游品牌,再次将民俗旅游推向高潮。

(二)中国民俗旅游的发展成就

一般而言,对旅游产业发展的评价,需要建立旅游数据统计体系,通过各种数据进行衡量和评定。由于我国民俗旅游尚没有建立旅游数据统计体系,所以对我国民俗旅游的发展成就进行评价,一方面根据一些间接的统计资料和游客反馈意见,来衡量民俗旅游发展的水平;另一方面根据旅游业的整体发展状况,同时结合一些有代表性的民俗旅游景区(点)来对民俗旅游进行综合性评价。

1. 对我国旅游业发展的贡献

民俗旅游在我国兴起之后,迅速受到国内外广大游客的青睐。如深圳中华民俗文化村,1991年建成开园后,1992年日均客流量达1.2万人次以上,推动我国旅游业的快速发展。民俗旅游对旅游业的贡献还表现在增强旅游业整体的创收能力上,以1995年"民俗风情旅游"年为例,据国家旅游局统计,1995年来华旅游的入境人数达4638.65万人次,外汇收入达87.33亿美元,分别比上一年增长6.2%和19.3%,创历史最高纪录。国内游客也

① 2008年中国民俗民间文化遗产发展现状分析报告.中国民俗网,2008-08.

达创纪录的6.29亿人次,旅游收入达1375.70亿元人民币,分别比前一年增长20.0%和34.4%,为我国旅游业在1996年实现外汇收入首次突破100亿美元打下了良好的基础。

民俗旅游的开发对地方旅游业的促进作用明显。如南京夫子庙秦淮河风光带的开发建设就成为南京旅游快速发展的一个重要动力。1984年,南京市政府挖掘地方历史文化旅游资源,开发久享盛名的“十里秦淮”风光带,集中展现江南的风土人情和文化特色,每天客流量达到15万~20万人次,节假日可达30万人次。1999年,“十里秦淮”景区被评为全国4A级景区。

2. 确立了民俗旅游在我国旅游业中的地位

经过二十多年的发展,我国民俗旅游已经树立了在旅游业中的稳固地位,民俗旅游与自然风光旅游、历史文化旅游成为我国旅游的三大支柱。民俗旅游地位的确立主要表现在以下方面:

其一,开发规模不断壮大。改革开放之初,民俗旅游项目规模很小,主要是少数景点的一些简单的民族歌舞表演,或让导游及服务人员穿一穿民族服装。由于规模小,内容不丰富,不能多方面反映民俗文化的旅游价值,难以给游客留下深刻印象。现今,民俗旅游的开发规模已大大提高,许多主题民俗公园的开发投资都在1亿元人民币以上,占地数百亩甚至数千亩。如北京世界风情园占地600亩,投资3亿元;河北吴桥中国杂技大世界占地3000亩,投资1亿元;海南中华民族文化村占地600亩,投资1亿多元。

其二,形成一大批著名的民俗旅游景区。民俗旅游的大力开发,培育出一大批民俗旅游著名景区(点),如深圳华侨城、北京世界公园、浙江杭州宋城、江苏无锡吴文化公园、云南民族村、河北吴桥中国杂技大世界等,都已成为当地旅游业的精品项目。

其三,开发的民俗范围和空间区域不断扩大。民俗旅游已从最初的歌舞、服装开发开始向民俗文化的各个方面进行开发挖掘,民间建筑、民间节日、民族礼仪、民间传说、民间信仰等都受到开发者的重视。民俗旅游的开发遍及全国,各省市基本都有民俗旅游景区(点)。

其四,开发的形式和内容日益多样化。最初民俗项目的开发形式单一,内容贫乏,产品的组合度、丰富度较差,现在的开发已向多样化、系列化发展,综合开发成为民俗旅游发展的主流。

3. 民俗旅游促进了生态效益、经济效益、社会效益、文化效益的统一

为了适应当地的旅游发展,一些地区加大了环境保护力度。云南在发展民俗旅游过程中,非常重视旅游环境的保护,将滇池、泸沽湖等地的环境保护与治理作为当地政府的重要任务,使旅游的发展生态环境大为改善。

民俗旅游带来的经济效益也十分明显。深圳华侨城的“锦绣中华”景区,在10年左右的时间里,营业收入总额达18亿元人民币,创利6亿元人民币,取得了让全国同行业瞩目的经济效益。民俗旅游带来的社会效益,首先是满足了广大游客的旅游愿望,丰富了人们的物质文化生活,促进了社会消费;其次,扩大了社会就业机会,为许多人提供了到旅游行业工作服务的机会,对缓解当前我国严峻的就业压力有积极作用;再次,民俗旅游在经济不发达地区的发展,为当地经济发展注入新鲜血液,提高了当地经济发展水平,加快了一些地区脱贫致富的步伐。此外,民俗旅游还促进了对我国传统优秀文化的抢救、挖掘和保护,对弘扬民族文化、发扬民族精神、培养爱国情操具有重要的现实意义。

(三)中国民俗旅游存在的问题

经过二十多年的发展,我国民俗旅游已经取得了令人瞩目的巨大成绩。民俗旅游的发展,带来巨大经济效益和社会效益,使各级政府和旅游部门,认识到了民俗文化的旅游价值,都开始努力发展民俗旅游。但由于多方面条件的限制,我国民俗旅游还存在着不少亟待解决的问题。

1. 民俗旅游环境受到不同程度破坏

民俗旅游环境是民俗旅游借以发展的自然环境和社会文化环境,一般是指民俗原生地的地理条件和当地人民的生活方式、经济水平、社会形态、历史文化、精神意识等综合环境。民俗旅游环境的破坏,主要表现在城市改造建设和社会主义新农村建设过程中。改革开放以后,我国各地经济迅猛发展,原有的城市格局不能满足现代城市发展的需要,于是,许多城市在改建、扩建过程中,毫不吝惜地拆毁珍贵的古民居、古城区,把上千年的古城墙推倒,使城市经历了一次现代化“洗礼”。如北京的古城墙已大部分被拆除,部分四合院被拆除。可以想见,没有了古城墙和四合院的北京,如何让人们去理解北京的历史和北京的民俗。苏州在城市建设中,有60%以上的古典园林和庭院遭到破坏,曾经繁盛一时的西园、济园、梅园、无峰园、芳草园、瑞云园等已从地图上消失。如今游览苏州园林,只能在现代化建筑包围之中去感受苏州城市的那种古典氛围。幸运的是,随后我们的城市从错误中醒悟过来。然而,进入21世纪的社会主义新农村建设,又在用在城市里看惯的钢筋水泥大楼来取代传统的乡村民居,用城市面貌来取代乡村风貌,希望这一梦魇尽快醒来。

2. 民俗风情的商业化和庸俗化

在商业活动中,以现代艺术形式包装民俗文化,将其舞台化、程序化,是目前旅游开发的主要手段。这样的后果是使民俗文化失去了本来的乡土气息，淳朴的民俗被歪曲，甚至有些地区为了吸引游客，将迷信的、不健康的习俗加以渲染。许多地方把民俗文化旅游开发进行庸俗化的理解，迎合部分人的庸俗低级心理，不是开发民俗的美，而是盯住民俗中的丑和糟粕性的部分。由此我们认为，开发民俗旅游资源最基本的原则是尊重民俗文化的原貌，弘扬优秀民俗文化。民俗旅游庸俗化，只能是破坏民俗文化的形象，造成民俗旅游的丑化和影响民俗旅游的健康发展。因此，在发展民俗旅游过程中，对民俗旅游资源保护的任务非常艰巨，必须杜绝民俗旅游庸俗化，维护民俗文化的纯洁和真实，保证民俗旅游的正常发展。

3. 民俗文化的变异与同化

民俗风情的同化，是指民俗旅游目的地的民俗风情受异族、异地的民俗与风尚影响，逐渐向外来文化转化，并最终被其取代。当今世界，国家与国家之间，地区与地区之间，民族与民族之间，政治、经济、文化交往日益频繁，人民的交流也日渐增多，民俗取向某些方面的同化不可避免。在我国民俗旅游中，民俗旅游地的民俗风情逐渐被同化以至消亡的现象时有发生。民俗旅游地长期接待一批又一批来自四面八方的游客，长期处于外来异地文化的强烈冲击之下，自然而然，本地文化渐渐淡化，取而代之的是异地文化。如河北涞水县野三坡，长期以来一直保持着明代的民俗习惯，引起了国内外旅游者的浓厚兴趣，1985 年野三坡开始发展旅游业，对外开放，1988 年被列为国家重点风景区。经过数年外来旅游者潜移默化的影响，野三坡的传统民俗民风正在退化，原来的三坡服仅作为接待用服，平时多穿流行的夹克衫、西服，乡邻关系由亲密而疏远，淳朴之风削弱了，经济意识增强了。

4. 缺乏资金，缺乏人才

我国的民俗旅游业是在缺乏建设资金和缺乏人才的情况下发展起来的。在少数民族地区缺乏建设资金和缺乏人才，导致资源开发水平不高，形式单一，档次低下。缺乏资金也使得一些民俗旅游资源开发受限。现代旅游业是一个综合性的产业，从业人员既要数量多又要素质高。目前，从事民俗旅游的工作人员仍然不能满足行业的需要。人才匮乏，导致经营管理效率低、服务质量不到位等问题。另外，受经济利益的影响，民族地区一些优秀的民俗文化人才流失到东部沿海或其他地区，使民俗旅游的文化含量下降。

5. 民俗旅游开发雷同和模仿之风很盛

我国民俗旅游开发雷同，首先是民俗旅游景区开发雷同。在 20 世纪 80 年代末 90 年代初，深圳华侨城“锦绣中华”主题公园人造微缩景观开发获得成功，一时间，由南而北，在全国掀起了一个人造景观建设热潮。珠海宣布要建立一个华夏五千年旅游景区，上海浦东也筹建华夏明珠文化城，怀柔县建中国民族文化城。我国的主题公园的兴建不仅一哄而上，而且相互模仿，缺乏创意，不做深层次的旅游定位，造成人造景观重复雷同，到处泛滥。造得最烂的是西游记宫。据不完全统计，全国有大的西游记宫15座，小的更是不计其数。据悉，全国数十家西游记宫已关了不少，更为可惜的是，北京某园花800多万元建造的西游记宫无人光顾而自行爆炸拆毁。

人造旅游景观雷同现象的出现，客观原因，一是旅游项目创意极易抄袭，不像工业产品那样可以申请专利保护；二是审批体制不规范不健全，旅游部门对人造景观普遍无会审权，加上一些地方政府着眼于招商引资和改善地区文化娱乐环境，忽视项目本身效益，未能综合考虑地方利益和企业利益；三是旅游市场发展快速多变，一些企业无充足时间审慎研究，又缺乏高水平的可行性研究和市场调研人员。主观原因，一是在经济转轨时期国人急功近利的浮躁心理；二是我国民俗旅游开发历史不长，开发商缺乏策划经验，没有充分重视创造性思维；三是一些先建的旅游景区针对创意易被抄袭模仿的问题，为追求自身利润最大化而将项目主动推向全国各地，形成产业化批量建设（如正定西游记宫），对旅游项目雷同建设推波助澜。

旅游项目的雷同建设客观上造成了项目独特性丧失和市场辐射范围缩小，造成游客量和利润量的下降，增加了投资风险和经营难度。然而，在一个市场进入障碍较低的市场环境中，完全杜绝雷同的旅游景区建设是不可能的。以中国地域之大、人口之众、经济消费能力之有限及交通运力之紧张，大区域内少数景点重复建设也许可行，但近地域的重复建设应当避免。因为，近地域同类主题的人造旅游景观，在市场的竞争中难以生存。①

在我国民俗旅游中，存在的这些问题不是个别旅游景区的个别现象，具有一定的普遍性，严重影响了民俗旅游的健康发展，制约和阻碍着民俗旅游的发展步伐。如何使民俗旅游消除这些不和谐因素，实现持续、稳定、快速的发展，是民俗旅游要研究和解决的重要问题。2007年8月24日，全国少数民族自治区城市市长联席会议第二十一次会议在延吉市召开。来自联席会的延吉市、南宁市、拉萨市、银川市、呼和浩特市、乌鲁木齐市、鄂尔多斯市、北海市等八个成员城市的60名代表围绕着“弘扬民族文化，发展民俗旅游”的主题开展了经验交流，达成了六点共识：第一，深入挖掘民族文化，努力培育民族品牌是加快少数民族地区旅游积极发展的重要课题，各少数民族自治区城市要充分依托民俗资源发展旅游产业；第二，政府为主导，企业

---

① 陈南江.同类主题人造景观的竞争与发展策略——以广州世界大观与深圳世界之窗为例.广东旅游网.

为主体,市场为导向,富民为目标,构建“大旅游、大文化、大产业、大市场、大服务”的格局是推动民俗旅游发展的方针;第三,因地制宜,利用本地区独特的资源条件创造性地开发民族风情旅游特色产品是发展民俗旅游的基本原则;第四,丰富民俗旅游的形式和内涵,提高旅游的趣味性和可参与性是充分发挥民俗旅游魅力和潜能的有效途径;第五,加强民俗文化旅游人才培养是弘扬民族文化、发展民俗旅游的关键;第六,充分整合和利用媒体网络节庆会展等平台,加强旅游形象的策划包装和宣传,将民族文化转化为经济效益,是发展民俗旅游的重要目标。①

(四)民俗旅游规划,使民俗旅游走上科学发展道路

任何国家的民俗旅游产业的发展都需要经过探索阶段,在探索中改正错误,在探索中找到科学理性的旅游发展战略。中国的民俗旅游产业的发展也将如此,将在发展的探索中聪明起来,走向辉煌的发展道路。

民俗旅游要获得发展,科学规划是重要的保证。民俗旅游规划可以使民俗旅游明确发展的目标、战略、定位,可以使民俗旅游规划与旅游总体规划相衔接,纳入当地国民经济和社会发展的大规划,可以防止旅游发展行为不当造成环境污染和生态破坏,可以使民俗旅游更具有特色,市场更广阔,前景更远大。

① 8个城市交流民俗旅游经验.全国少数民族自治区城市市长联席会第二十一次会议在延吉召开.延边新闻网,2007-08-27.

第二章 民俗旅游学科讨论与理论构成

中国民俗旅游学产生于民俗旅游业发展实践，是一种文化与经济产业相结合的产物。

第一节 民俗旅游学科讨论

民俗是一种文化，民俗旅游是一种生活，民俗旅游学是一门学问。将民俗文化应用于旅游，形成民俗旅游；对民俗旅游进行学科研究，就形成民俗旅游学。

一、民俗旅游的学科定义

中国民俗旅游学是随着民俗旅游发展的实践需要而形成的一门新型的综合性科学。在以往关于中国民俗旅游学的研究中，经常见到的是“民俗旅游”或“中国民俗旅游”，尚没有使用“中国民俗旅游学”的概念。由“民俗旅游”到“民俗旅游学”，体现了一个学科发展形成的过程。

就“民俗旅游”或“中国民俗旅游”的学术概念而论，主要是体现一个特殊的旅游类型，以“民俗”为旅游对象和主题的旅游类型，区别于“历史旅游”、“文化旅游”、“山水旅游”。“民俗旅游”或“中国民俗旅游”，不能算作一个学科的概念。作为一个学科，“民俗旅游”的研究，不仅是对“民俗旅游”产生的原因，民俗旅游的内容、方式与路线等的研究，还要研究民俗旅游理论、民俗旅游模式，研究民俗旅游发展规律等问题。经过近二十年的发展，我国的专家学者已为“中国民俗旅游学”的形成奠定了学科基础。

从20世纪90年代中期以后，我国旅游高等院校为适应国内民俗旅游发展形势的需求，逐步开列了“中国民俗旅游”课程，将中国民俗旅游发展实践中的经验和研究成果引进了大学课堂。从已出版的《中国民俗旅游》教材来看，教学内容的组织虽然不免处在“民俗”加“旅游”的简单组合上，但已经逐渐形成了一个学科的框架，为“中国民俗旅游学”的形成打下了重要的基础。如就有学者研究认为，“民俗旅游学是由民俗学和旅游学相互交叉而建立起来的边缘学科，是运用民俗学的有关资料、观点和方法，结合旅游学的基本理论、成果，对旅游同民俗事象相互密切关联的本质、规律等，进行综合性研究的一门人文学科。”①

中国民俗旅游学是一门以研究中国民俗旅游理论、民俗旅游资源、民俗旅游资源开发与保护、民俗文化环境保护、民俗旅游模式、民俗旅游区划、民俗旅游产品与项目规划、民族民俗旅游、乡村民俗旅游、城市民俗旅游、民俗旅游经营与管理、民俗旅游业发展等理论、实践与发展规律为主的学科。中国民俗旅游学的学科体系和研究的内容是不断充实和完善的，随着我国民俗旅游的发展而发展。

二、中国民俗旅游学研究的任务与内容

中国民俗旅游学，实质上是中国民俗学与旅游学相关的学科理论与知识综合运用于旅游产业社会实践的产物，是一门介于中国民俗学与旅游学的边缘性学科与交叉性学科。

中国民俗旅游学研究的任务与内容，依据学科的理论组合与构成，主要包括中国民俗研究、旅游研究、民俗旅游研究三大部分。中国民俗研究是整个学科的基础，提供可资旅游产业利用的民俗旅游资源，以及对民俗调查、整理、鉴别、评价；旅游研究是整个学科的核心，提供民俗文化的旅游产业规划、民俗旅游产业的构成模式、民俗文化与旅游产业组合的框架与规律、民俗旅游业发展等理论与知识；民俗旅游研究主要是学科的应用性研究，提供民俗旅游产品与项目规划、民族民俗旅游、乡村民俗旅游、城市民俗旅游、民俗旅游经营与管理等的理论与方法。中国民俗旅游学将对中国民俗、旅游、民俗旅游三大部分进行研究，围绕着旅游产业，将之整合为一个学科体系。

就学科性质而言，中国民俗旅游学的民俗是旅游学研究的范畴，“旅游”是民俗旅游学研究的着眼点、出发点和最终目的。就是说，中国民俗旅游学

① 吴忠军. 民俗旅游学的几个问题. 桂林旅游高等专科学校学报，1999(1).

对民俗的研究最终是为了民俗旅游的产业实践，提供民俗文化旅游产业应用的理论与方法。从旅游出发，中国民俗旅游学所研究的民俗事象是有选择的，民俗文化的内容和形式必须符合“旅游吸引物”的要求，能够按照“旅游六要素”的要求，进行旅游产业规划、设计和安排。从民俗出发，中国民俗旅游学所研究的旅游模式、旅游产品和旅游项目，必须能反映民俗文化的内涵、特色和韵味，有利于民俗文化的保护、传承和发展。

三、民俗旅游的学科特征

中国民俗旅游学是一门随着中国民俗旅游业的发展而形成的新型学科。这门新型学科在建设与发展中，体现出了学科的多方面特征。

（一）文化特征

民俗旅游是人类旅游发展的高级文化旅游类型，因此，由研究民俗旅游而形成的中国民俗旅游学，便带有文化性学科的特征。

（二）多样性特征

民俗是涵盖人类社会生活各个方面的风俗习惯，是一种广泛性的社会文化。民俗文化的丰富性，形成了民俗旅游的多样性，使中国民俗旅游学带有了多样性的学科特征。

（三）综合性特征

民俗旅游学的学科研究，涉及多种学科。它与多门学科交叉与综合，在知识与理论构成、研究方法上体现出综合性学科特征。

（四）实践性特征

民俗旅游正处在蒸蒸日上的发展阶段，很多学科理论都来自旅游业的发展实践，与中国民俗旅游业紧密相连，而且，民俗旅游研究的成果最终要回到民俗旅游业，推动中国民俗旅游业的发展，体现出实践性的学科特征。

中国民俗旅游学的学科特征，直接受到中国民俗文化与中国民俗旅游业的影响，为中国民俗文化与中国民俗旅游业属性所决定。

第二节 民俗学与旅游学理论

民俗学和旅游学是中国民俗旅游学的核心和基本理论来源，为中国民俗旅游学提供民俗文化的旅游产业应用和民俗旅游产业组织与发展的基础理论。

民俗旅游学是一个综合性学科，所涉及的理论与知识十分广泛。民俗旅游学是研究将民俗文化应用于旅游产业的规律与科学的学科，因而，首先构成民俗旅游学基本理论的是民俗学和旅游学两个学科。同时，作为民俗旅游学基础理论来源的民俗学和旅游学也是交叉性和边缘性的综合学科。于是，民俗学和旅游学又与诸多学科有边缘交叉关系，涵盖多门学科的知识与理论。

民俗学与民族学、人类学、历史学、文化学、考古学、文物学、博物馆学、社会学等学科都有交叉与综合关系，这些学科都是民俗学的支撑学科，以及民俗旅游学的边缘知识与理论的支撑学科。旅游学与规划学、资源学、城市管理学、经济学、发展学、地理学、统计学、园林学、语言学等学科有交叉与边缘关系，旅游学需要借助于这些学科成熟的理论来构建形成学科理论。以民俗学和旅游学为理论框架，梳理和兼纳诸多不同领域的学科理论，就可以构建民俗旅游学的基本理论体系。

一、民俗学理论

民俗学的知识与理论主要由民俗构成知识与理论、民俗形成与演变的知识理论、各类民俗事象的知识与理论和民俗应用的知识与理论等四方面的系统的知识与理论构成。

目前，我国的民俗学研究，形成了理论民俗与应用民俗两大趋向，有学者还因此区分出理论民俗学和应用民俗学，认为，理论民俗学侧重理论规律的研究和学科体系的建设，应用民俗学则涵盖较广，诸如商品民俗学、消费民俗学、旅游民俗学、社交民俗学等，重在实际的应用，多采取具体的描写研究方法，使民俗文化在各领域的应用中获得实际效益。

民俗旅游属于应用民俗学范畴。民俗旅游与自然旅游的最大区别就是，民俗旅游是社会民俗的体验活动，旅游者在进行民俗旅游活动中，需要得到对社会民俗文化更广泛的了解、认识和体验满足。旅游者在旅游活动中的社会民俗文化需求，由民俗学的研究获得支持。

民俗学中的民俗形成理论、民俗等级理论、“自然村落”理论、民俗应用理论等，都在民俗旅游的规划、建设、发展与管理实践中，具有重要的理论指导意义。

二、旅游学理论

旅游学“是研究旅游者、旅游业以及双方活动对旅游接待地区社会文化、经济和环境之影响的科学。”①旅游学的知识与理论主要由旅游者旅游出行与活动规律的知识与理论、旅游产业系统构建的知识与理论、旅行社系统的知识与理论、旅游饭店系统的知识与理论、旅游经济系统的知识与理论、旅游市场营销系统的知识与理论、旅游资源系统的知识与理论、旅游商品系统的知识与理论、旅游可持续发展的知识与理论等九个方面的系统的知识与理论构成。旅游学提供民俗旅游学支撑的理论是多方面的,经常涉及的理论有,旅游产业系统构建的知识与理论中的旅游三要素理论、旅游设施功能理论、旅游者旅游出行与活动规律的知识与理论的旅游审美理论、游览观赏方法等。

(一)旅游三要素理论

“旅游主体”、“旅游客体”、“旅游介体”为旅游活动的三要素。旅游三要素既各自独立,各有特定的内涵,又相互联系,不能单独存在。三者只有紧密地联系起来,形成旅游产业时,才有存在的意义。旅游主体“旅游者”在没有实现旅游时,只是一个潜在旅游者;旅游客体如不被旅游者观览欣赏,就仍然保持着原有的自然形态或文化形态;没有旅游者的旅游,没有旅游客体可供观赏,旅游介体也就无法发挥作用。因此,只有旅游三要素三者联系和互动,才能构成旅游活动。就是说,潜在的旅游者由于受到求美、寻奇等旅游动机的冲击和旅游客体的吸引,在旅游业的介入下,才能实现旅游,在旅游过程中产生了欢快愉悦的心理状态和审美情绪。民俗旅游的三要素理论,作为“旅游客体”的民俗旅游资源必须是具有吸引力的特色民俗文化,才能将潜在的旅游者变成旅游者,在“旅游介体”的介入下,实现民俗旅游消费。

(二)旅游设施功能理论

旅游设施具有双重功能,既提供旅游活动所必需的物质条件,又提供旅游活动观赏对象。后一种功能使得旅游设施同一般社会服务设施区别开来。作为旅游设施需要讲求使用的功能要求,同时又要求与山水环境和谐统一,要求意境优美、格调雅致。如旅游饭店,不仅要为旅游者提供舒适的住宿条件、美味的饭食和丰富多彩的文化娱乐生活,同时,饭店建筑造型、环境和内部装修都要符合旅游者的某种审美需求。作为民俗旅游景区的旅游住宿设施,如北京的四合院、草原蒙古包、傣族小竹楼及西北土窑洞等,具有旅游设施需要的使用功能,同时具有民俗性功能,蓄含深刻的民俗文化观赏

① 李天元. 旅游学概论. 天津:南开大学出版社,2000.

品质。

（三）旅游审美理论

旅游者的审美需求和动机具有个性差异，形成多种多样的旅游审美需求和各不相同的审美动机。旅游者的审美可以分为自然审美、社会审美、艺术审美、生活审美等多种类型，各种类型中又有所侧重，自然审美型中，有的喜于游山，有的乐于观水；在社会审美型中，有的着迷于古物建筑，有的流连于风俗民情等。在民俗旅游中，需要尊重旅游者的审美趋向和不同的个性差异动机，筛选民俗旅游资源，推出多元的民俗旅游产品，精心安排民俗旅游项目，激起旅游者的审美想象，符合其期待的心理，给旅游者留下最为突出的旅游经历和体验。

（四）游览观赏方法

清代旅行家孙家淦说："游亦有术矣。"术就是方法。因为旅游客体的外部形态和内部底蕴各不相同，对不同的观赏对象需要采取不同的方法。观山水讲究距离、角度、时间，观园林要选择好观景线路和观赏点，观古建筑要从结构形式、群体组合、装饰色彩以及与周围环境的结合上来体会其完整、统一、和谐的美等。不讲究方法，不能针对不同的观赏对象采用适当的方式，就不可能在民俗旅游活动中，获得好的旅游观赏体验效果。

由民俗学与旅游学的交叉与融合所形成的民俗旅游学的知识与理论，主要包括民俗旅游构成的知识与理论、民俗旅游类型的知识与理论、民俗旅游资源的知识与理论、民俗旅游规划的知识与理论、民俗旅游区划的知识与理论、民俗旅游经营管理的知识与理论、民俗旅游环境保护的知识与理论、民俗旅游业发展的知识与理论等八方面的系统的知识与理论。

第三节　社会学与民族学理论

民俗旅游是广泛的社会旅游，与社会各种要素有广泛的联系。民俗旅游学是一门社会学科，需要获得社会学的理论支持。浓郁的民俗文化较多和较完整地保存在各民族的文化传承之中，民族学为此提供相关的理论指导，成为民族民俗旅游理论的重要部分。

一、社会学理论

社会学是以人类社会为研究对象的学科，根据研究的目标方向不同，社会学分为理论社会学与实用社会学。理论社会学的研究目标是社会现象或社会行为,分析社会事实,发现和建立人类团体生活的一般原理法则。民俗旅游学与理论社会学中的地理社会学、历史社会学、文化社会学、人类社会学、经济社会学、政治社会学、法律社会学、心理学、宗教社会学、伦理社会学、关系社会学、语言社会学、艺术社会学等,有知识与理论的联系。

(一)社会运行理论与事件分析理论

社会运行分析理论是一个系统化的社会学理论体系,强调从社会运行的角度研究社会。按照这一理论,社会的运行变化是研究民俗旅游发展的原则和出发点。民俗旅游的肇始和发展是社会运行发展使然,民俗旅游活动的要求和规律,随着社会运行的变化将有所不同。

事件分析理论是从人们的社会行动所形成的具体事件与动态过程之中,或社会现象的实践形态之中,去分析把握现实社会的理论。依据这一理论,民俗旅游的研究,必须要深入到旅游者的民俗旅游的活动之中,去观察和了解旅游者、旅游服务、旅游管理和旅游效益等具体民俗旅游事件,由此分析把握民俗旅游产业的发展进程和规律。

(二)结构与制度分析理论

结构与制度分析理论是从宏观的社会结构与制度角度来观察和解释社会现象的理论,强调社会结构和制度因素对人的行为的刺激、引导与约束作用。按照这一理论,可以认识到,不同的社会结构和制度对人们的民俗旅游行为是有影响的。我国的改革开放带来社会经济的发展,极大地影响了人们的生活方式和消费行为,使旅游走进了人们的生活。2007 年,国家规定了端午节、中秋节等传统节日的假期,活跃了民间民俗活动,推动了民俗旅游产业的发展。

(三)社区理论

社区是社会学研究的基本单位,把社区和与旅游整合到一起,形成旅游社区。依据社区理论,社区可分为"民俗社区"和"民俗旅游社区",旅游社区包括民俗旅游社区。旅游社区理论主要研究旅游发展与社区的相互关系,研究社区在旅游发展中的地位和作用。

在旅游社区理论中的民俗旅游社区理论研究,就是将民俗旅游作为民俗社区产业。民俗旅游产业把民俗社区作为一种资源,将民俗社区及其旅游当做旅游规划内容纳入研究视野,将民俗社区居民的想法和对民俗旅游的态度反映在规划中,使民俗旅游发展与民俗旅游社区利益和谐。将民俗社区旅游作为一种民俗旅游发展方式,意味着需要鼓励民俗社区居民参与民俗旅游发展,民俗社区居民需要动用自己的资源,明确自己的需要,并作出如何参与的决定。实践证明,在民俗旅游发展中,没有民俗社区居民的直接支持和参与,民俗旅游将不能成功。

民俗社区居民参与民俗旅游发展,可区分为象征式参与、被动式参与、咨询式参与、功能性参与、交互式参与、自我激励式参与、物质激励参与等方式。在社区民俗旅游发展中,需要对民俗社区居民参与民俗旅游发展的动力、参与机制以及参与分配等问题提出解决方案。

民俗社区居民参与民俗旅游获得经济利益,是促进民俗社区文化环境和促进民俗旅游发展的前提。当民俗社区居民与民俗旅游业发展发生经济利益冲突时,会对民俗文化环境保护和民俗旅游发展造成负面影响,需要多渠道保证民俗旅游社区居民享受到社区民俗旅游发展带来的利益,主动支持民俗旅游业,避免民俗社区居民与社区民俗旅游发展的矛盾冲突。

二、民族学理论

聚居是人类的基本生存方式。民族是同一语言、同一喜好、同一文化的聚居部落,是人们在一定的历史发展阶段形成的有共同语言、共同地域、共同经济生活以及表现于共同的民族文化特点上的共同心理素质的稳定的共同体。民族学以民族为研究对象,研究民族的起源、发展与消亡过程,研究民族的生产力和生产关系,研究民族的经济、意识与文化,研究民族的生活与习俗的学科。民族民俗旅游是民俗旅游的重要组成部分。民族学的理论与知识也是民俗旅游学理论的重要来源。

(一)民族特征理论

民族特征是民族基于语言、地域、经济生活、心理素质,在政治、经济、文化艺术、语言文字、风俗习惯、宗教信仰等方面表现出的特点。民族的每一个特征都有特定内容,内容之间相互联系、相互依赖、相互制约。由于历史、现实和民族自身形成发展的原因不同,表现出的民族特征也不同。民族特征决定民俗文化,民俗文化体现民族特征。民族特征在长期的历史发展中形成,并随着社会的发展,自然环境和生活条件的改变而不断变化。依据民族特征理论,民俗旅游发展需要从认识民族特征出发去认识民俗文化,认识民俗文化的民族特征,并在发展民俗旅游中,维护民俗文化的民族特征,防止民族民俗文化特征变异。

(二)民族心理理论

一个民族的心理活动决定一个民族的文化和社会状况。优良的民族心理素质创造高级的、先进的民俗文化,落后的民族心理素质,只能造成落后的民俗文化。民族的落后,关键是心理素质的落后,一个民族要改变落后的民俗文化,必须要提高民族的心理素质,通过提高民族的心理素质达到提高民族文化和社会状况的目的。民俗旅游有利于激励优良的民族心理素质，鼓励优秀民俗文化的发展。优秀的民俗文化是发展民俗旅游的重要资源。

（三）民族文化相对理论

任何民族文化都是相对某一民族和时代而言的，一个民族的文化，离开所属的民族和时代，就失去了意义。任何具体的民族民俗文化现象都是相对孤立自在的，不会重复，各具特点，各民族的民俗文化形态是无法比较的。各民族民俗文化之间有共性，也有个性。民族文化中没有共同民俗，就谈不上共同规律。一切民族民俗文化的价值都是相对的。由此理论出发，民族民俗文化的相对性决定民族民俗旅游的相对性，决定民族民俗旅游的区别，决定民族民俗旅游的价值。

"全人类都有着共同的自然禀赋、稳定的发展需求和不可抑制的创新能力，因而才有了如此多样的文化表达方式。多元文化不仅帮助人类的先民遍存于世界各地，且在各地不同的生态环境中达成可持续的平衡关系，还使得人与自然、人群与人群以及人类道德精神之间始终保持着一种理解、交流和互惠的关系。它不仅让人类的不同群体拥有了自信、尊严和生活意义，同时也使我们这个世界更加赏心悦目。我们有责任汇聚一堂，共同探讨这个问题并力求达成更多的共识，以期在多元多样的生态和文化基础上构建更为和谐、美好和可持续发展的世界。"①中国 56 个民族共同创造了多姿多彩的中华民俗文化，同时，每一个民族都相对有区别，都创造了各具民族特色的民俗文化，为每一个民族的民俗旅游创造了独具特色的内涵和形式，创造了独具民族魅力的民俗旅游。

第四节　旅游经济学理论

旅游经济学是现代经济学的一个分支，以经济学的一般理论为指导，研究旅游经济活动中各种经济现象及矛盾、经济关系和经济规律的科学。旅游经济学揭示旅游经济发展的规律及其条件、范围和表现形式，指导旅游经济健康发展。旅游经济学具有较强的应用性，属于应用经济学范畴。②

① 李德洙. 中国筹委会名誉主席李德洙致全球人类学民族学者的欢迎信. 国际人类学与民族学联合会第十六届世界大会筹委会网，2007－05－16.

② 罗明义. 旅游经济学. 天津：南开大学出版社，1998.

一、旅游产品生命周期理论

旅游产品生命周期理论认为，旅游产品从进入市场开始到最后撤出市场的全部过程，大体要经历推出期、成长期、成熟期、衰退期的周期性变化。一条旅游路线、一个旅游活动项目、一个旅游景区、一个旅游景点、一个旅游地等，一般都将经历这一由兴至衰的过程。时尚旅游产品属时令旅游产品，生命周期只有快速增长与显著暴跌两个阶段。大众性旅游产品、热销性旅游产品、功能性旅游产品（如饭店餐饮）等都属于延伸产品，生命周期较时尚旅游产品要长。可以通过旅游产品的形态创新，延伸旅游产品的生命周期。延伸旅游产品的生命周期，就是延伸旅游产品的成熟阶段，使之在市场上能保持一个较长时间的稳定销售额。

由于旅游产品存在着生命周期，民俗旅游企业需要通过对产品生命周期客观规律的认识，运用旅游产品改进、旅游市场开拓、旅游市场营销组合、旅游产品升级换代等经营策略，延长民俗旅游产品的成熟期，以获得民俗旅游的最佳经济效益、社会效益与环境效益。

二、旅游供给规律理论

旅游供给的变化受多种因素的影响和制约，不同的因素对旅游供给的变化具有不同的影响。旅游供给规律，其一，旅游供给量与旅游产品价格呈同方向变化。在其他因素不变的情况下，当旅游产品价格上涨时，必然引起旅游供给量增加；当旅游产品价格下跌时，必然引起旅游供给量减少。其二，旅游供给能力在一定条件下具有相对稳定性，旅游经营者能最大数量地提供旅游产品。由于旅游供给的不可累加性及环境容量的限制，决定了旅游供给在一定时间、一定空间条件下，其供给量必然受到旅游供给能力的制约。一旦达到旅游供给能力，即使旅游产品价格再高，旅游供给量也是既定不变的。其三，旅游供给水平变化不仅受旅游产品价格变动的影响，也受其他各种因素的影响。在旅游产品价格既定的条件下，旅游产品生产要素价格下降，必然引起旅游产品成本下降，增加旅游供给；反之，当旅游产品生产要素价格上升，必然引起旅游产品成本提高，导致旅游供给下降。这时，尽管旅游产品价格保持不变，旅游供给量已发生变化，上升或下降。

民俗旅游需要遵循旅游供给规律，保证高质量的民俗旅游供给，科学合理地制定价格政策，以使民俗旅游不失时机地随市场推进。

三、旅游市场理论

旅游市场是旅游产品交换的场所,是旅游需求市场或旅游客源市场。依据旅游市场理论,民俗旅游市场分广义民俗旅游市场和狭义民俗旅游市场。广义民俗旅游市场,是指在民俗旅游产品的交换过程中,所反映的各种经济行为和经济关系的总和。狭义民俗旅游市场,是指在一定时间、一定地点对某种民俗旅游产品具有支付能力的购买者。依据旅游市场理论,民俗旅游市场理论主要研究旅游市场四因素、旅游市场细分、旅游目标市场选择策略、旅游市场开拓策略等要点。

(一)旅游市场四因素

按照旅游市场理论,民俗旅游市场由旅游者、购买力、购买欲望和旅游权利四个主要因素构成。首先,民俗旅游市场大小取决于该市场上人口数量的多少,一个国家或地区总人口多,则潜在的旅游者就多,需要民俗旅游产品的基数就大。因此,人口的多少反映了民俗旅游产品潜在市场的大小。其二,民俗旅游市场大小取决于购买力。其三,民俗旅游市场大小还取决于购买欲望。其四,旅游者拥有购买某种民俗旅游产品的权利,能够自由地选择各种民俗旅游产品。民俗旅游市场的四个主要因素密切联系,缺一不可。人口因素是前提,没有旅游者就没有市场;人口多而居民收入又高的国家和地区才是真正具有购买潜力的市场;民俗旅游产品必须符合旅游者的需求,引起购买欲望,并使用旅游权利,使潜在旅游市场变成现实旅游市场。

(二)旅游市场细分

就整体上,旅游市场,按国境分为国内旅游市场和国际旅游市场;按旅游产品质量或旅游需求者消费水平,分为豪华旅游市场、标准旅游市场和经济旅游市场;按旅游目的,分为观光旅游市场、文化旅游市场、商务旅游市场、会议旅游市场、度假旅游市场、宗教旅游市场;按旅游组织形式,分为团体旅游市场和散客旅游市场;按季节,分为淡季、旺季旅游市场;按国别,分为不同的客源国市场等。

按旅游市场细分理论要求,需要根据旅游者需求的差异性,把一个整体旅游市场再划分为若干个旅游者群体,以帮助企业确定目标市场。依据旅游市场细分理论,民俗旅游市场可以从地理、人口、心理行为等方面细分民俗旅游市场。按地理细分,依旅游者所处地理位置,民俗旅游市场分为远程旅游市场和近程旅游市场;按旅游者流向,由近而远,分为一级市场、二级市场和机会市场;按旅游者所在国,分为不同国家旅游市场。

按人口细分,就是根据旅游者的年龄、性别、家庭规模、婚姻状况、家庭生命周期、收入水平、职业、文化程度、宗教、民族、种族、宗教信仰、社会阶层等因素进行细分。按民俗旅游者年龄,可分为老年、中年和青年旅游市场;按民俗旅游者性别,分为男性和女性旅游市场;按民俗旅游者婚姻状况,分为已婚者和未婚者旅游市场;按民俗旅游者受教育程度,分为受过大、中、初等教育的旅游者市场。每个细分市场都有其一定的特点和不同的需求,从而构成民俗旅游市场总体需求的多样性和每个细分市场的特殊性。

按心理行为细分,就是按民俗旅游消费者的性格、生活方式、旅游目的、购买方式、购买时间和所追求的利益等心理行为细分市场。如按旅游者的旅游目的需求,可将民俗旅游市场细分为度假、观光、会议、奖励等民俗旅游市场;按购买方式,民俗旅游市场可以细分为直接购买和通过旅行社购买两类市场。

(三)旅游目标市场选择策略

民俗旅游目标市场选择可采用无差异性市场策略、差异性市场策略和密集性市场策略。无差异性市场策略是大众观光阶段的市场策略,要求民俗旅游企业把整个市场看成是一个无差别的整体,所有旅游者对其产品和服务的需求是一样的,整个市场就是一个大目标市场,采用单一的市场营销组合来满足整个市场需求。

差异性市场策略和密集性市场策略是民俗旅游深入发展的策略。差异性市场策略要求民俗旅游企业在市场细分的基础上选择几个细分市场作为自己的目标市场,针对每一细分市场的需求特点,设计和组合不同的旅游产品,采取不同的旅游促销方式分别进行促销,以差别性产品和促销方式满足差异性的目标市场需求。密集性市场策略要求民俗旅游企业只选择一个细分市场作为目标市场,确定一种营销组合来适应其需要。

(四)旅游市场开拓策略

民俗旅游市场开拓理论包括旅游产品策略、旅游价格策略、旅游促销策略、销售渠道策略。旅游产品策略是决定用何种产品和服务来满足目标市场需求的理论。旅游价格策略理论要求根据目标市场上的旅游者需要和市场竞争状况,制定一个合理的有竞争力的旅游价格,包括新产品定价策略、心理定价策略和折扣与让价策略等。旅游促销策略理论要求民俗旅游目的地政府或企业激发旅游者的购买欲望,影响旅游者的消费行为,扩大民俗旅游产品的销售。销售渠道策略理论主要包括直接和间接渠道理论两种销售策略。依据直接渠道理论,旅游企业直接销售产品或通过自设的零售网点销售其产品给旅游者;间接渠道理论则是旅游企业将民俗旅游产品通过旅游批发商和旅游零售商,销售给旅游者。

旅游经济学给民俗旅游走向经济市场奠定了产业基础,使民俗旅游发展适应世界市场一体化的发展趋势,获得产业发展空间。

第五节 民俗文物学与博物馆学理论

民俗文物学与博物馆学是联系十分紧密的两个学科,前者重在鉴定,后者重在收藏陈列,两个学科的理论都是民俗旅游学的支撑理论。

一、民俗文物学理论

文物,是人类创造的物质文化遗存和精神文化的物化遗存,民俗文物是反映民间风俗、习惯等民俗事象的遗迹和遗物。民俗文物学是文物学分支学科。对文物的研究形成文物学,对民俗文物的研究形成民俗文物学。

民俗文物鉴定的基本方法,有传统的目测鉴定法和现代的科学技术分析测定法。对民俗文物进行目测鉴定,主要有辨识真伪、判明年代、属地认定、评定价值、确定名称等方面的目测鉴定方法。[①]

辨识真伪的具体方法是根据对象物的材料、工艺、造型和装饰等的形态特点,参照田野调查时所获取的信息和数据,选择一种或多种方法或技术,进行民俗文物的真伪辨识。某一种或某一类民俗物品在某个具体地点、某个具体时间生产制作,所采用的材料、工艺和装饰,便形成某种连带关系,这种关系是既定的、稳定的,因而是无法更改的。

判明民俗文物年代的主要方法有参照比对、文献检索、款识认定等。参照比对是利用已经知道年份的标准器物或事物作为参照物,对未知时期的民俗文物通过比对参照物而判明年代。文献检索是通过查对历史上遗留下来的文字材料和影像图画资料,来判明未知时期的民俗文物年代。款识认定是通过器物上的款识直接判明民俗文物年代。民俗文物的款识,可以归纳为名款、年款、地域款识、记事款识、工艺款识与其他等六大类,每大类包含若干小类。[②] 如名款,就有制作者名款、贩卖者名款、使用者名款、赠与者名款、持有者名款和物名款识等种类;年款有朝代年款、干支年款、纪念年款、混合年款等样式。不同类型的款识,以雕刻、嵌镶、髹饰、铸造、错金银、

① 徐艺乙.民俗文物的认定与鉴定.中国文物信息网,2007-10-23.

② 黄志农.台湾民俗文物款识之整理//中华民俗艺术基金会.两岸民俗文化学术研讨会论文集.台北:台湾省政府文化处,1999:191.

描绘、粘贴等形式表现在器物上,可以通过查阅文献资料进行确认,从而为民俗文物的鉴定提供依据。

属地认定主要是通过对民俗文物生产及其流传状况的考察来鉴定民俗文物。属地认定建立在对民俗文物田野调查作业的基础上。当民俗文物在一个相当长的时间在同一个地方制作,这个地方就认定是产品的原产地。当民俗产品在充分满足了本地区民众的社会生活的需求之后,又成为其他地方民众的社会生活中的必需品或必备品,这"其他地方"的区域就是产品的使用地。民俗文物中的精品被专业博物馆或有关展览单位所收藏,这些专业性博物馆或有关展览单位的所在地区就可以被认定为收藏地。属地认定有原产地认定、使用地认定和收藏地认定。

在评定民俗文物价值时,需要将具体的民俗文物置于与之相应的历史环境之中,确定其材质,鉴定其工艺,分析其形态,了解其用途,揭示其内涵,根据其所具有的历史、艺术、科学的价值,来确定其文物价值之高低。

确定民俗文物的名称时,按照一物一名的原则。若是一件物品有多个名称,定名时主要采用物品的本名、学名或约定俗成的名称,其他的名称如俗名、方言称呼,以注释方式予以说明。少数民族文物品有少数民族语言名称和汉语名称的,应采用少数民族语言名称,汉语名称可以用作注释或说明。不同地方而功能相近的民俗文物品使用同一个名称时,可以在名称的前面加上地名以示区别;不同少数民族文物使用同一名称时,可以在名称前加上少数民族的族名以示区别。确定名称要符合汉语规范,多字组成的单个名词要遵循汉语的构词要求,复合词的构成要考虑字与词或词与词搭配的逻辑关系,以不产生歧义为宜。确定民俗文物名称,总的要求,在字面上要一目了然,专家容易理解,外行能够接受。

现代科学技术分析测定法多是用来测定民俗文物的年代,主要有拉曼光谱法、电子能谱分析法、铀系法、古地磁法、碳 14 测定法、骨化石含氟量测定法、钾 - 氩法、热释光法等。在民俗文物的鉴定中,较多使用传统目测鉴定法,受到条件限制,较少利用依赖仪器的现代科学技术分析测定法。

在实践中,民俗文物学中的民俗文物鉴定方法,支持了民俗旅游资源的评价,确保了民俗旅游的特色。

二、博物馆学理论

博物馆学是研究博物馆的性质、特征、社会功能、实现方法、组织管理和博物馆发展规律的科学,分为传统博物馆学与新博物馆学。

传统博物馆学主要研究博物馆建设的基本原则,博物馆的性质、任务、功能和发展方向，博物馆的科学分类方法及各种类型博物馆的特点等；传统博物馆学探索博物馆的起源和发展历史，研究博物馆产生的社会、经济、文化背景，研究不同历史时期博物馆的特点以及博物馆自身的发展与科学技术、社会、文化发展的关系等；研究博物馆藏品的征集与保管，包括藏品收集的途径和征集工作的一般原则、范围和方法，文物、标本、资料的分类、登记、存放、编目和保护，以及藏品的修复与复制方法等；研究博物馆陈列、展览及建筑、设备等项工作。

新博物馆学在理论探讨和运用中，与传统博物馆有较大的区别，一是以人为本代替传统的以文物为本。以人为本不是反对藏品的收集，而是指在收集物品时不能盲目，而是要以观众的需要为出发点，有计划有目的地征集。博物馆不应该是文物的仓库，而应该是人们学习交流的场所。收藏，不是博物馆的目的，而是手段，是"完成教育与为公众服务的手段"。二是收藏与展示的内容应体现人与环境及多元文化。博物馆要能对不同的文化特质进行解释。藏品征集的范围应扩大，应将眼光投向普通下层人民的日常生活。三是博物馆应定位于社区服务者的角色上，与社区一起共建有特色的临时性展览等，并在此过程中，使社区人民积极参与。博物馆要参与社会发展，不能只将观众导向过去，也要向他们展示社会正在或将要发生的变化。四是展示手段的多样化。尽可能地利用最新的高科技手段，建设数字化博物馆，以扩大博物馆的观众面，提高博物馆的利用率。五是给予观众更多的权利。让观众更多地参与博物馆的工作，培养人们对博物馆的热情，使博物馆在未来有更好的发展。

博物馆学对民俗旅游的意义，就是提供民俗文化博物馆规划、建造、陈列、组织管理和博物馆发展规律的理论、知识和技术。从旅游产业的角度而言，民俗文化博物馆不仅是一种文化的陈列，而且是一种文化的宣传，是一个民俗旅游项目。民俗旅游需要兼纳传统博物馆学与新博物馆学之长，通过创新博物馆形式，实现博物馆的社会功能，以人为本，收藏与展示民俗的多元文化，运用最新的高科技手段，具体而生动地展现中国民俗文化的魅力，以获得社会效益、经济效益和环境效益。

第六节 社会发展学理论

社会发展学理论研究社会发展过程中带有普遍性、规律性的宏观问题。社会发展的问题就是经济增长的问题。在现代社会发展理论中，平衡发展、不平衡发展、梯度、网络开发模式、科学发展等理论对民俗旅游学理论的构建有借鉴意义。

一、平衡发展与不平衡发展理论

在社会发展学增长理论中，将经济增长分为平衡发展与非平衡发展两大类。平衡发展理论是指国民经济各部门必须同时协调发展的理论。平衡发展战略理论运用于发展民俗旅游，要研究和协调民俗旅游中的民俗住宿、民俗餐饮、民俗娱乐、民俗商品、民俗旅游景区等民俗旅游产业内部各结构间的平衡发展，要研究和协调民俗旅游与道路交通、民俗社区等的平衡发展，以实现社会经济的整体发展。

不平衡发展理论是研究不发达地区经济发展问题的理论认为，不发达地区不具备产业和地域全面增长的资金和其他资源，呈现经济的不平衡增长状态。社会经济发展要根据不平衡发展规律，有重点、有差异、有特点地发展，而不是平均使用力量发展。随着经济发展，区域间不平衡的程度将趋于稳定，区域间经济水平发展的差异趋于缩小，倾向于平衡成长。不平衡发展战略注重产业间的连锁关系和地区间的相互影响，强调应当将有限的资金投入到重点部门和重点地区，提高资源的使用效率，较快地增加区域的经济总量。[①] 民俗旅游的发展适用这一理论，因为民俗旅游资源保存完整和民俗旅游发展较好的地区，大多属于不发达地区，缺乏资金，缺乏人才，不具备与发达地区进行平行发展的条件，需要在资金有限的情况下，选择区位条件优越的地区集中进行投资，使之首先发展起来，成为区域经济增长极，然后通过区域增长极的扩散效应，带动周边地区的发展。我国民俗旅游发展的实践证明了不平衡发展理论。云南的民俗旅游首先在大理，然后在丽江、香格里拉、昆明等地发展起来。广西桂林龙胜的民俗旅游从瑶族的龙脊梯田开始，带动山下的金竹壮寨的民俗旅游，然后发展到矮岭红瑶的民俗旅游，一步步发展成为一个区域产业。

二、梯度理论

“梯度”是描述事物在空间内不均匀分布的状况，指事物在一定方向上呈有规律的递增或递减的现象。梯度理论是研究社会经济发展在区域空间上的变化规律。梯度理论分狭义梯度理论和广义梯度理论。狭义梯度理论

① 何金玲. 国际区域经济发展理论综述. 经济纵横，2007(19).

又称传统的梯度理论,以经济发展水平的梯度分布为基础,高梯级地区是拥有现代产业的城市或发达地区,低梯级地区则是以传统农业为主的农村或不发达地区,关注产业与经济水平由高到低的空间分布及其推移。广义梯度理论所论梯度分布包含自然界中物质、能量等客观事物的梯度分布,经济、社会、文化发展水平的梯度分布,生态环境优劣程度的梯度分布等三种状态。三种梯度分布既互相区别,又互相联系。一个资源富集地区可能是也可能不是经济社会发达地区,一个经济发达地区不一定是生态环境良好的地区,一个地区的发展需要寻求资源、环境、经济、社会的协调发展,才可能成为完整意义上的高梯级地区。广义梯度理论的主旨,就是在对经济、社会、自然、生态等各种各样梯度现象分别把握的基础上,研究对它们如何利用、培植和配置,形成科学、有序、和谐的分布态势和开发战略,以求经济发展与自然环境的良性互动关系和可持续发展。①

依据狭义梯度理论,我国民俗旅游产业的发展受社会经济与旅游业发展水平的影响。在我国改革开放和旅游业发展的初期,由于旅游服务基础设施,特别是旅游交通不发达,民俗旅游景区就建造在交通便利的城市市区或市郊,如桂林的漓江民俗风情园和深圳的“锦绣中华”。随着社会经济的发展,交通状况的改善,一批依托民族村落的民俗旅游村随之发展起来形成新产品、成熟产品和标准化产品三种发展阶段并存状态,不断有新的民俗旅游项目出现,也不断有民俗旅游景区步入成熟阶段。按广义梯度理论,我国在北京、四川、云南等地,正在规范民俗旅游发展路径,出台民俗旅游规划、经营和管理标准,使技术、资本、规模、低成本的劳动力和丰富的资源等因素与条件,都在民俗旅游产业的发展中得到合理与科学的利用和配置,朝着科学、有序和可持续的方向发展。

三、网络发展模式理论

网络发展模式理论,或称网络开发模式理论,是从经济空间结构阐述区域经济发展的理论。网络开发模式理论兼纳了增长极理论和点轴理论,认为,经济的空间结构是由节点、域面、网络三大要素相互交织构成的。网络是节点和域面间联系的依托,既表现为交通运输网络、邮电通信网络等存在于一定区位的可见联系渠道,同时也表现为产业间和地域间经济联系的抽象有序系统,两者的统一,构成完整的网络发展概念。网络发展系统需具备

① 李国平,许扬.梯度理论的发展及其意义.经济学家,2002(4):69-75.

三要素，一是节点，即增长极的各类中心城镇；二是域面，即沿轴线两侧节点吸引的范围；三是网络，由商品、资金、技术、信息、劳动力等生产要素的流动网及交通、通信网组成。网络发展由点轴系统的延伸，提高区域各节点间、各域面间，特别是节点和域面间生产要素交流的广度和密度，促进地区经济一体化，特别是城乡一体化。同时，通过网络的外延，加强与区外其他区域经济网络的联系，将区域经济的优势向四周区域扩散，将整个区域的发展引向均衡化。①

一个区域民俗旅游经济的发展也必须从"节点"即景区开始，通过把景区做大做强，做成旅游品牌，形成具有带动力和影响力的"增长极"。延伸"增长极"，形成"点轴"效应。加强各"节点"景区旅游要素的联系，形成具有广度的"域面"，即形成拥有多个民俗旅游"节点"的民俗旅游区域网络。将"网络"即区域民俗旅游经济的优势向四周区域扩散，将整个旅游产业引向发展。

四、科学发展理论

科学发展理论即科学发展观，是当代中国共产党人探索和总结本国社会发展的实践过程的一项社会发展理论成果，是现代社会发展理论的重要创新。科学发展观强调社会发展要具有科学性，是一种辩证的发展观。科学发展观的第一要义是发展，用发展来解决中国问题。科学发展观的科学性在于发展必须以人为本，是全面、协调、可持续的发展。

（一）发展必须以人为本

科学发展观把人定为发展的核心，是以人为本的发展观。坚持以人为本，第一，就是要以实现人的全面发展为目标，从人民群众的根本利益出发谋发展、促发展，不断满足人民群众日益增长的物质文化需要，切实保障人民群众的经济、政治和文化权益，让发展的成果惠及全体人民。第二，要始终把实现好、维护好、发展好最广大人民的根本利益作为党和国家一切工作的出发点和落脚点，尊重人民主体地位，发挥人民首创精神，保障人民各项权益，走共同富裕道路，促进人的全面发展。科学发展观以人为本的理论最终是要做到发展为了人民、发展依靠人民、发展成果由人民共享。

（二）发展必须是全面发展

科学发展观是一种全面的发展观。全面发展，就是要以经济建设为中

① 何金玲. 国际区域经济发展理论综述. 经济纵横，2007(1).

心，全面推进经济、政治、文化建设，实现经济发展和社会全面进步。第一，在经济发展的基础上，推动社会全面进步和人的全面发展，促进社会主义物质文明、政治文明、精神文明协调发展。经济发展、政治发展、文化发展和人的全面发展是相互联系、相互影响的，没有政治发展、文化发展和人的全面发展的不断推进，单纯追求经济发展，不仅经济发展难以持续，最终经济发展也难以搞上去。第二，要切实防止片面性和单打一，防止出现因发展不平衡而制约发展的局面。

（三）发展必须是协调发展

科学发展观是一种协调的发展观。协调发展，就是各个方面相协调，促进生产关系与生产力、上层建筑与经济基础相协调，实现速度和结构质量效益相统一、经济发展与人口资源环境相协调，使人民在良好生态环境中生产生活，实现经济社会永续发展。第一，要正确认识和妥善处理中国特色社会主义事业中的重大关系，统筹城乡发展、区域发展、经济社会发展、人与自然的和谐发展、国内发展和对外开放，统筹中央和地方关系，统筹个人利益和集体利益、局部利益和整体利益、当前利益和长远利益，充分调动各方面的积极性。第二，统筹国内国际两个大局，树立世界眼光，加强战略思维，善于从国际形势发展变化中把握发展机遇、应对风险挑战，营造良好国际环境。第三，既要总览全局、统筹规划，又要抓住牵动全局的主要工作、事关群众利益的突出问题，着力推进，重点突破。

（四）改革创新是推动发展的根本动力

科学发展观是一种改革创新的发展观。实现科学发展，必然要求我们以解放思想为先导，以改革创新为动力，在新的思想高度上形成深化改革开放的共识、找到解决问题的突破口，在发展理念、发展思路、发展方式、发展体制上都来一个深刻转变，特别是要努力转变影响和制约科学发展的思想观念、方式方法、体制机制，确立起符合科学发展观要求的思想观念、方式方法、体制机制。

科学发展观是一种新的发展观，不是对原有发展及其发展本身的否定，而是在先前的基础上对发展提出了更高、更广泛、更深入的要求。民俗旅游的发展要是建立在科学发展观理论上的发展，要通过发展来解决产业发展过程中遇到的各种问题，靠发展获得资金，靠发展培养人才，靠发展巩固取得的成绩，靠发展实现产业规划目标。民俗旅游的发展，不仅仅是旅游产业经济的发展，还必须同时获得民俗文化的保护和发展。民俗旅游的发展需要旅游社区全体居民的参与，人人都是民俗旅游产业的建设者，人人都是民俗旅游的形象大使，人人都是民俗文化的传承者和保护者。

不同的发展观往往会导致不同的发展结果，我国的民俗旅游发展必须贯彻科学发展观，在实践中探索和总结出民俗旅游业科学发展的思想和理论，收获具有中国特色的民俗旅游业发展成果。

社会发展的核心是区域发展，民俗旅游发展是区域社会发展的重要组成部分，社会发展理论将是民俗旅游发展的坚实理论基础。

民俗旅游学的理论与知识涉及面丰富，调理和规整民俗旅游学的知识与理论体系，尚需要做很多的研究。

第三章

中国民俗旅游资源概述

民俗是一种生活，一种由某一区域某一聚居人群所创造形成和共同依照进行的一种程式化的生活。民俗是一种文化，是一种集中体现某一区域某一聚居人群的思想与智慧的文化。民俗文化可分为物质文化与精神文化两大类型，具有极强的可视性与可娱性，具有旅游资源最本质的旅游吸引力。

第一节　民俗旅游资源研究

旅游资源是指自然和人类社会中凡能对旅游者产生吸引力，能够激发旅游者旅游动机并进行旅游活动，为旅游业所利用，能产生经济效益、社会效益和生态效益的事物和因素。旅游资源，一般分为自然资源与人文资源两大类。自然与人文的对话，自然与人文的统一，形成旅游资源的整体。由自然资源而形成自然旅游，由人文资源而形成人文旅游。民俗旅游资源是旅游资源的组成部分，总体上属于文化旅游资源。

一、民俗旅游资源的价值

民俗作为一种人类生活、一种人类文化，由于时空的限定性，在一定时空条件下形成，具有相对的区别性和神秘性，具备旅游资源所要求的最根本条件——旅游吸引力。民俗的旅游吸引力，使之具有了旅游资源价值。

（一）民俗旅游资源的差异性价值

人类的不同种族与所聚居的不同自然地理环境，形成了不同种族、不同地域间的自然与人文差异。人类种族所具有的自然与人文的形态及其质量的不同性，是社会交往与旅游可以进行的基础和条件。民俗文化的差异性，就形成人文资源的差异性，形成世界社会文化的差异性。民俗文化的差异，产生文化交流。民俗文化的差异,产生社会的向往,促进社会的进步。

人类社会文化的差异性是潜在的旅游吸引力,文化的差异性就产生民族间与地域间的差异文化向往,文化差异便产生旅游动机。在差异性地理环境条件下形成的自然资源与人文资源,都有可能转变成旅游资源。民俗旅游项目的开发正是利用民俗文化与其他文化的差异性与独特性,来吸引四面八方的旅游者。在观赏地方风光和民族风俗、艺术文化的过程中,旅游者所获得的愉快心理体验是与情绪的愉悦相始终的。

对于世界旅游业,各国各地区民族"文化之间的差异、文化遗产的价值及各种活生生的文化现象是吸引旅游者的主要因素"①。世界民族民俗文化的差异给进行民族民俗文化旅游提供了可能和基础。通过旅游活动对异国、异地的文化与政治、社会风貌和自然景色进行观赏和考察,看看其他国家、其他民族的人民是怎样生活、工作和娱乐的,看看独特的风景名胜、接触奇异风情、探亲访友、结交新朋友等,所有这一切动机,主要是受到不同民俗文化的吸引、丰富多彩的民俗风俗的独特魅力的吸引。

正是民俗文化差异形成的社会文化区别,正是民俗文化所具有的强大吸引力,才促进民俗旅游业的兴起和发展。这对世界民族文化的交往与旅游业的发展具有巨大推动力。

(二)民俗旅游资源的神秘性价值

一个国家、一个城市、一个民族最神秘的文化,就是潜藏于一个国家、一个城市、一个民族深处的民俗文化。在这个意义上,民俗具有封闭性,民俗在相对封闭的条件下,形成区别于其他民族的文化。由民俗封闭而形成民俗文化的神秘色彩,便使民俗文化对旅游者具有强烈的吸引力。

(三)民俗旅游资源的唯一性价值

民俗文化的唯一性,使每一个民族或一个区域具有了旅游资源独特的个性价值。民俗文化的唯一性价值可以在旅游的开发中区分出不同层面,有的层面带有世界民族的普遍性意义,有的层面则分别在国内、省内、市内的区域上显出不同的价值。研究和分析民俗文化在资源上独特唯一性的层面价值,可以为科学合理规划民俗旅游提供依据。

正如所有的资源体一样,资源的价值在于有用,为人类多样需求所用。民俗作为一种文化资源,不同于自然物质资源,民俗的价值在于文化应用价值。民俗文化的价值是多元的,作为旅游产业的资源,就在于可以为旅游业

① 国际古迹遗址委员会(ICOMOS)咨询和执行委员会.国际文化旅游宪章.1998-08.

所用，构建民俗旅游业。

二、民俗旅游资源的甄选

民俗是社会生活的一种全面反映，从旅游产业的需要而言，不是所有的民俗都是旅游资源，不是所有的民俗都可以进行旅游开发。民俗旅游资源是民俗文化中能为民俗旅游所利用的部分，民俗旅游需要对民俗旅游资源进行甄选。一般来说，以下三方面的民俗文化需要慎重对待。

（一）一般性的民俗文化不能选为旅游资源

一般性的民俗文化指在一个较大的区域范围内，如一个国家、一个省区等范围内，社会上广泛能见到的民俗，即在国外或省外都广泛熟识的民俗，因为，这一类民俗已经不具备旅游资源所要求的吸引力。只有那些代表了区域民俗文化特色，或代表民族民俗文化特色的民俗，才可以列为民俗旅游资源。

（二）涉及民族与宗教信仰禁忌的民俗不能选为旅游资源

民俗是一种民间社会的生活文化，涉及人们生活的方方面面。有一些民俗文化带有神秘色彩，就旅游资源而言，具有极大的吸引力，但是属于民间的信仰禁忌，或人们生活的忌讳，或属于宗教的信仰禁忌，不能列为民俗旅游资源。如某种民族与宗教信仰禁忌民俗，在进行旅游产业开发评估时，确认不会对他人或区域形象带来影响，可以列为民俗旅游资源，但需征得有关民俗当事人或区域民俗文化主管部门的同意。

（三）慎重对待民俗民间绝技、民间秘籍和绝版民俗文物

涉及民俗民间顶级绝技、民间秘籍和绝版民俗文物，一般也不列入旅游资源，如经旅游资源专家、民俗文化专家和民俗文化主管理部门评估，可以列入旅游资源的民俗民间绝技、民间秘籍和绝版民俗文物，也只能在确保民俗民间顶级绝技、民间秘籍等不泄密和确保绝版民俗文物安全的条件下，进行保护性、控制性和有限度的开发。

民俗文化具有旅游资源价值，同时，民俗文化又具有不可公开、不可泄露和需要特加保护的条件限定。旅游是一种具有可参观性、可参与性、可体验性的活动，这些活动会与民俗的某些内容和方面相冲突，需要进行有选择的利用。

三、拒绝伪民俗

民俗是具有地域规定性、民族规定性的民间习俗。承认民俗的流传，但需要“正本清源”，特别是借助于民俗旅游展示的民俗，更需要理清民俗的原

生地与原创民族。民俗学界基本认同,将甲地的民俗说成是乙地的民俗,把甲民族的民俗说成是乙民族的民俗,都属于伪民俗。

伪民俗主要出现在民俗旅游的旅游项目中,普遍的形式是把甲民族的娱乐民俗说成是乙民族的娱乐民俗。在我国的民俗旅游中,最突出的伪民俗旅游项目,一是广西的抛绣球,二是海南跳竹竿。绣球本是广西壮族婚俗中的定情物,是壮族女青年以抛绣球的形式选定心中情侣的信物。由于绣球蕴涵着对爱情的美好情意,同时具有娱乐性,简单易于操作,便在整个广西各民族的旅游景点,不论是壮族村寨,还是苗族、侗族、瑶族村寨,都有抛绣球的民俗旅游项目,都有出卖绣球工艺品。跳竹竿本是海南黎族劳作后的一种放松的娱乐活动形式,也由于其具有较强娱乐性和简单易操作,便在南方各地的民俗旅游中泛滥,不仅看到海南黎族人跳竹竿,还可以看到广西的瑶族跳竹竿,还有苗族、侗族、土家族,都把跳竹竿当成自己的民俗,作为民俗旅游的旅游项目向游客推荐。①

民俗旅游中出现的伪民俗现象,从好的方面看,说明民俗文化的旅游魅力,凡是良好的民俗文化都受到广大游客的喜爱,具有良好的市场和旅游发展前景。但就民俗文化的性质而言,一种民俗文化事象,改变了地域,改变了民族,也就改变了民俗文化事象的地域属性和民族属性,也就改变了民俗文化事象的性质。

民俗旅游中出现的伪民俗现象主要是出于商业目的,是民俗旅游市场营销中的短期行为。伪民俗不仅会对民俗文化产生误导,乱假成真,混淆了民俗文化的起源,而且对民俗旅游的发展不利,会扰乱旅游市场,造成民俗旅游市场营销的同质化而失去市场特色。任何民俗文化都是一种个性文化,解释和传播不能指鹿为马,不能任意张冠李戴,应该遵守商业道德和学术品格。如要学习与移植某一民族的优秀民俗文化,需要保持原地民俗的真实性和本原性,这是对民族情感的尊重,对民俗文化的尊重。民俗旅游的发展,必须拒绝伪民俗。

第二节 中国民俗旅游资源的类型

资源,不等于旅游资源。民俗文化,也不等于民俗旅游资源。一个地区

① 王海鹰."伪民俗"遮蔽民俗旅游文化本色华东.旅游报,2007,10(16).

拥有自然资源与人文资源,不等同于拥有自然旅游资源与人文旅游资源,只有当自然资源与人文资源具有旅游业意义,具有作为旅游吸引物的特质,并可以被旅游产业利用时,才有可能转变为旅游资源。只有能够激发旅游者产生旅游动机,为旅游业所利用,产生经济、社会、生态综合效益的民俗事象,才可以作为民俗旅游资源。旅游资源的利用需要经过旅游规划开发,只有通过旅游规划整合,旅游资源的吸引力才更集中,文化性和特色才更突出。

我国历史悠久,人口众多,民俗文化丰富多彩,博大精深,成为我国自然景观和名胜古迹之外的第三大旅游资源。民俗旅游资源是旅游资源的一大类型。

中国民俗旅游资源,主要是传统民俗旅游资源。民俗旅游资源分类基本依于民俗文化的分类。可以按民俗文化的分类,分为生产民俗旅游资源、生活民俗旅游资源、文化民俗旅游资源三大类型。

一、生产民俗旅游资源

物质资料生产是人类社会的生存之本与衣食之源,由人类社会生产活动而产生和形成的民俗是生产民俗。生产民俗伴随物质生产,多方面地反映人们对生产的民俗观念。生产民俗不仅包括各种物质资料直接生产方面的民俗,还包括增加物质生产价值的民间科技天文、历法、医药民俗、交通运输与商品交易民俗。我国生产民俗,可以分为与直接物质生产有关的各类物质生产民俗、民间科技历法医药民俗、交换交易民俗、交通运输通信民俗等。在此,主要介绍物质生产、交换交易、交通运输等三部分民俗旅游资源。

(一)物质生产民俗

物质生产民俗是指在传统社会条件下,人类依据自身的力量从所聚居的自然物质环境,获取生存与发展资源所形成的劳作习俗。物质生产民俗表现出人类对自然物质环境与资源的依赖性,基本可以按区域环境与资源特殊性区分出不同的生产劳作民俗:有依赖于土地的农业生产民俗、依赖于江河湖海的渔业生产民俗、依赖于草原的牧业生产民俗、依赖于山林的狩猎生产民俗、依赖于城乡社会生活基本需求的手工业生产民俗。

1. 农业生产民俗

目前,农业生产仍在我国国民生产中居主要地位,农业生产民俗是我国重要的物质生产民俗。我国的农业尚属于自然农业,围绕自然农业,形成了独具特色的农业生产民俗。可利用开发的农业生产民俗旅游资源主要有村落、农事劳作方式与工具、粮食加工、农耕信仰等民俗。

我国传统农耕社会的村落是社会的基本单位,是由家族、亲族和其他家庭集团,结合地缘关系凝聚而成的社会生活共同体。自然村落的选址和布局,是在传统风水的原则框架下建立起来的,讲究向阳、靠山、面水,选择水口,种植风水林。我国自然村落的单一家族村落、亲族联合体村落和杂居村落三种类型,都是在家族、亲族的发展中自然形成的。随着村制管理的行政特点,自然村落又往往被习惯地结合成若干行政区划的行政村。村落民俗是一个复杂的整体,表现形式多种多样。每个村落都有各自的民俗文化特点。村落民俗中的乡土观念,是国家观念、民族观念中的组成部分。

农事劳作方式与工具的创造和传承,与我国农业长期处在浅耕农业与深耕农业发展阶段紧密相连。处在浅耕农业与深耕农业发展阶段的农事劳作工具大致可分为六大类,其一,耕种时使用的犁、锄、铲、耙、耧、锨、镢等生产工具;其二,水渠灌溉为主的脚踏水车、大水车等生产工具;其三,施肥为主的灰箩、粪桶等生产工具;其四,人力收割时使用的镰刀、稻桶、箩筐、背篓、撮箕、晒席、围席等生产工具;其五,以人力为主的稻谷和棉花加工使用的风车、水碓、水磨、石磨、辘轳、纺车等生产工具;其六,劳动出行为主的斗笠、蓑衣等生活用具。由于工具的好坏与具体农事的效率有重要的关系,在一些农耕民族中就形成了犒劳工具的习俗。

处在传统农业阶段的农耕信仰,一是来源于天地观念,二是来源于耕牛作用。从事传统农业的农耕民族,跟随着一年的气候变化展开农事劳作,种植收获农作物和安排生活。在农耕者看来,收成是一年中最大的事情,盼望丰收,看重"天时地利"。由于我国的农耕民族表现在农耕中的智慧,对于天地的浩大和神奇,往往显得无奈,逐渐形成了祭天、求雨、祭地等农耕信仰民俗,这也正是中国农业民俗的土风特点。

牛使用于农事劳作形成牛耕,提高了农耕生产力,受到了农家的爱护,产生了许多敬牛的节日,如壮族的牛王诞节、牛魂节,布依族的牛王节,侗族的祭牛神节、洗牛节,仡佬族的敬奉牛菩萨节等敬牛习俗。

在我国传统的物质资料生产中,农业生产收成显得最为稳定和可靠,因而,所形成的农业生产民俗也深深地影响了中国传统社会观念与文化。反观中国传统社会观念与文化,都可以体会到传统农业生产民俗的韵味。

2. 渔业生产民俗

我国生活在江河湖海地区的民族,如聚居在黑龙江、松花江和乌苏里江流域的赫哲族,聚居在南海的京族,以及聚居在太湖、舟山、东山岛的渔家,以捕鱼为业,形成了捕鱼方式、捕鱼工具、行船、修船、织网、祭海等渔业生产习俗。

我国渔业生产民俗分江河捕捞与山溪捕捞两种劳作习俗。我国民间传统的捕鱼方式可分为四大类,一是徒手抓鱼,二是利用钩、网、叉、筐等工具捕捉,三是用药物捕捉,四是用鱼鹰捕捉。渔具是渔业的生产工具,最早的工具是双手,徒手涔水摸鱼、掏洞,随后发明和使用鱼叉、渔网等渔具。赫哲族捕鱼工具分为叉、钩、网三类。太湖渔具一般有网、罾、笼、罩、卡、钩、叉等。南海京族的渔网有拉网、刺网(定刺、流刺、旋刺)、塞网、鲨鱼网、南虾网、海蜇网、鲎网、墨鱼网等各式网具。

在太湖渔家,修船造船要择良辰吉日,烧香、放鞭炮、顶礼膜拜后才拉锯行斧,造起船来。渔船造好后,又要择良辰吉日下水。渔船下水前,造船师傅先用红布和绿布把船头扎起来,再在船头摆上牛、羊、猪等三牲祭品,然后举起亮闪闪的斧头,大声祝福:"顺风驾船哟人丁旺,顺水撒网哟鱼满舱",船主及前来贺喜的渔民紧接着大声喝彩。祝福礼毕,放万响鞭炮,新渔船徐徐下水。织网往往是妇女的事情。舟山渔家,白天男人出海捕鱼捉蟹,女人在小茅屋旁穿梭引线织补渔网。依湖海而居的渔家都流传祭湖祭海的习俗。

渔业生产给传统中国人带来关于水的民俗,关于江河湖海的民俗,开拓了中国人的胸襟,将民俗文化引向更为广阔的思维与想象空间。

3. 牧业生产民俗

牧业是以放牧为主要生产方式的社会生产形式。我国的牧业民族有蒙古族、哈萨克族、裕固族、藏族,它们分布在从呼伦贝尔大兴安岭到阿尔泰山、昆仑山的广大地区。还有其他半农半牧的民族,如达斡尔族、鄂温克族、鄂伦春族等。马、羊和牛是牧业生产中主要的牲畜。在草原上的放牧劳作,形成了以放牧为特色的生产与生活的习俗。

牧业生产和农业生产的重要区别,就在于牧业生产只能在富饶的草原上发展。牧民需要适应气候与土壤环境,根据不同季节,为牧群寻找和更换新的牧地,夏天迁往夏营地,冬天迁往冬营地,形成了随水而居的游牧生活特点。我国蒙古族传统的游牧有两种类型,一种是个别家族或几个家族小集体的游牧形式,在草原上的畜群、帐幕与幌车都呈现繁星点点的景象;另一种是集团性大游牧形式,在草原上形成牧群、帐房的壮观景色。

羊的适应性强,大江南北都可以饲养。南北饲养方式不同,形成不同的风俗。北方养羊以陕北为典型,多以放牧的形式。南方养羊以舍羊为主,形成与羊舍相关的独特习俗。牧业游牧的生产方式,使马成为不可缺少的运载工具,马的民俗传承是牧业生产民俗中最为丰富多彩的内容。

4. 狩猎生产民俗

狩猎是一种独特而古老的生产方式。与农业、牧业相比较,狩猎的生产形式有三个特点，其一，收获物不需要自己生产或饲养，而是向山地、森林、草原猎取；其二，生产工具简单，一支猎枪，两只猎狗，几副猎具，就可以凭猎人的勇敢和经验获取猎物；其三，生产资料简单，不像农业和牧业需要耕地、牧场、种子和肥料。狩猎生产上的特点，形成了区别于农业生产民俗和牧业生产民俗。最具牧业生产民俗旅游资源特色的是狩猎工具、狩猎方式和猎物分配等。

狩猎生产的关键是狩猎工具。我国传统狩猎最原始的工具是石块、石矛、石索和弓箭。狩猎根据不同的自然环境、地理条件、猎物种类有很多种方式方法，如猎户单独狩猎、集体围猎、诱猎，用弓箭、火药枪、下网扣、挖陷阱等。

狩猎方式有多种，集体围猎是很多地方，不论是草原，还是山地，进行大型的狩猎活动所采用的一种狩猎方式，是一种从古相沿至今，靠集体的力量，有分工合作的猎获野兽的古俗。锡伯人称围猎叫“撒围”。蒙古族、满族通过围猎训练了一支骁勇善战的军队。诱猎是模仿鸟类和兽类的声音和使用其他方法诱捕野兽。除用“鸡媒”、“鸟媒”作为诱物外，许多民族还发明了各类动物的拟声器，如鹿笛、鹿哨、犴笛等，利用动物异性相互吸引或母兽保护幼兽的特殊鸣叫声诱捕动物。鹰猎是训练鹰去捉兔捕鸟的狩猎习俗。

猎物分配主要是在集体围猎后对猎物的分配方式。猎户单独狩猎，猎物归猎户个人。集体围猎的猎物分配遵循两个原则，一是平均分配，二是见者有份。许多民族至今还保存着原始的对猎物平均分配的习俗。一般情况是，第一个打中或击毙野兽者获得野兽的头、蹄子和毛皮，其他猎人，包括猎犬，甚至是过路人，都可以平均分到一份兽肉。锡伯人打围不论猎取的野味多少，所有参加者无论大小都是平均分配，即便过路人碰到分猎物时，也毫无例外地分得一份。猎物的头、蹄子和毛皮分给首先命中者或击毙野兽者，这是一种奖励。锡伯人认为，猎物是大自然赐予大家的，不是属于哪一个人的，不能独用。赫哲人在狩猎中猎获野物，除了单独猎获或集体围猎中首先击中目标者能得双份外，其他人一律平均分配。聚居于云南省西双版纳的基诺族，民间一直保留着“生分熟吃”的习俗，即捕获到猎物之后，凡是见到捕获者的人，宰杀时的生肉都可以分得一份，煮熟时都可以去吃，直到吃完为止。

狩猎生产锻炼了中国人的机智与勇敢，也培育了中国人的集体与团结意识，养成了中国人赞赏勇敢与讲合作的民俗。

5. 手工业生产民俗

我国的手工业起源很早，在新石器时代就有了成熟的席编和制陶技术。传统社会里的手工生产最早隶属于官府，有“工商食官”之制。手工生产脱离官府控制后,发展形成官营手工业和民营手工业。民营手工业主要表现为家庭手工生产和独立手工生产。手工业生产民俗主要是家庭手工生产和独立手工生产在传统社会条件下所形成的生产民俗。

中国传统的家庭手工生产主要分布在广大的乡村,作为农牧业的副业。草编、竹编、纺纱、织布和染布等,是农耕家庭手工生产的主要商品,是自给自足经济下自然分工的产物。在广大农村,男耕女织,耕织结合,草编、竹编、纺纱、织布的家庭手工生产代代相传,几乎家家都有木制的手工纺线机和织布机等传统的手工生产工具。牧民家庭的手工业有木匠、车匠、铁匠和弓匠,制作车具、马具、弓箭、刀剑、甲胄、毛毡等产品。奶制品和皮革加工产品,一般也是牧民家庭自己制造。家庭手工生产品主要是供家庭使用,剩余产品才拿到市场交易。

中国传统的独立手工生产主要分布在城镇。城镇独立手工生产者可以分为三种,第一种是单独一人的手工工匠,第二种是一个师傅带一两个徒弟的独立手工生产者,第三种是多个师傅带多个徒弟,组成有一定规模的手工生产作坊。手工生产作坊大多生产数量大的社会商品。单独的手工工匠经常是肩挑工具箱,有的手摇"拨浪鼓",有的拨弄成串的铁片,发出阵阵铿锵声,街头巷尾,走门串户,进行补锅、补盆、补鞋、修锁、磨刀、箍桶等手工匠艺服务,为居民解决日常生活中的麻烦。

在传统的农耕社会里,独立手工业涉及的行业很广,人们的日常生产工具、生活用品和家庭陈列品主要来自手工制造,形成遍布城乡的磨坊、油坊、醋房、糖坊、粉坊、豆腐坊、陶坊;金匠、银匠、铜匠、铁匠、刀匠、石匠、瓦匠、木匠、碗匠、皮匠、毡匠、鞋匠、靴匠、裱匠、花匠等手工生产行业。

乡村里的家庭手工生产常常在某一方面得到突出的发展,形成某一手工业的村屯,如福建泉州惠安崇武五峰村石雕,陇川县户撒、腊撒的阿昌刀。城镇里的独立手工业者也常常同一行当集中于一地,集中于某一街区,形成某一特色手工作坊街。如山东潍坊风筝之乡、江西景德镇瓷都等。

不同的社会历史时期,不同地区与民族,不同的资源条件,不同的生产与生活需求,形成了我国丰富的手工业习俗。

(二)交通运输民俗

交通,我国古代称为"行",排列在"衣"、"食"、"住"之后。我国传统交通运输多是一种人力加自然物利用的交通运输,由于各地可以凭借的物质资源不一样,就体现出不同区域特色的交通运输民俗。

1. 交通民俗

我国传统交通民俗可以概括为道路、设施、交通工具三个方面,反映了交通民俗的三种形态。

道路民俗在交通民俗中是必不可少的。道路分陆路和水路。道路的产生、修建与人类生产有着密切的关系。人们为了生产和生活的需要,在陆路选择行走路线的过程中,懂得选择平坦的路面和最近的路程、最省力的路,便产生了开路、补路的习俗。在南方山区各民族中流行“将军箭”习俗,以“将军箭”标明道路方向和给人指路。瑶族地区在路上有类似“将军箭”的结“草标”习俗,用路两旁的草打一个十字结的“拦路标”,告诫行人前方道路不通或有危险。此外,还流行“石敢当”的习俗。随着社会生产力的发展,人们对路有了新的创造,出现了石沙路、石阶路、栈道、盘山路、水泥路、柏油路、高速公路。

水路的开辟最早是沿着水域行进,在江河上划船的过程中,懂得选择无礁水缓面宽的水域行进,懂得顺流而下,懂得利用水势,勘察水情,建造航标,开纤道,形成一定的行船路线。

在交通设施民俗中,最为重要的是桥梁。我国的桥梁建筑,在隋代前以木桥为主。到了隋代,开始建造石孔桥。目前所知中国最古老的石孔桥是位于河北赵州的单孔石桥——安济桥。中国传统桥梁建筑,按建筑材料分,可分为木桥、石桥、砖桥、铁索桥、藤篾桥、溜索、浮桥等;按桥的造型分,可分为平板桥、吊桥、孔桥、廊桥、亭桥等。

木桥最早的形式是独木桥,即用一根木头搭建的桥。木桥一般较短,架在较窄的水沟上。由于独木桥不便于交通,就出现使用多根木头搭建的木桥。鉴于木桥的易朽性,人们又创造在木桥上加建具有遮雨防晒功能的廊桥。中国的廊桥中,最典型的是广西三江县的程阳桥和福建屏南县的万安廊屋桥。

石桥是较为古老的一种桥,也是我国传统桥梁中,数量最多和最常见的一种。石桥最初的结构是一种用大石板搭建在沟渠上的平板石桥。我国最长的平板梁式石桥是位于福建泉州晋江安海镇与南安水头镇之间跨海的安平桥,俗称“五里桥”。中国传统石桥的杰作是孔桥。孔桥的优美桥形,不仅沟通了往来,还装点了江山。孔桥有单孔桥、双孔桥、三孔桥,甚至多至十七孔桥、五十三孔桥。孔桥的造型常见有两种结构,一种是孔孔相连成一线的石孔桥,一种是两座孔桥相错,形成组合式的八字形孔桥。赵州桥、颐和园十七孔桥、北京故宫的金水桥、卢沟桥、苏州宝带桥、嘉兴长虹桥、上海周庄的石桥、绍兴八字桥等,都是中国传统石孔桥的典型代表。在石孔桥上搭盖亭阁,称为“亭桥”。中国亭桥中,以扬州瘦西湖上的五亭桥最负盛名,成为扬州瘦西湖的标志。

藤篾桥是架设在云南怒江自治州的独龙江上的一种古老而奇特的吊桥。藤篾桥完全是用担打力卡山上的竹子和藤条编织而成的,当地群众称为"藤篾桥"。溜索也是我国西南地区少数民族架设的一种特有的桥,一般架设在两山对峙、江面较窄的地方,以长达百米以上的竹篾溜索固定于两山之间,横跨在汹涌的江面之上。溜索分平溜和陡溜两种。铁索桥是以铁环相扣成的铁索做桥身,加以木板做桥面的特殊的桥梁。我国传统的铁索桥以架设在大渡河上的泸定桥为典型。

在中国桥的传统文化中,还产生了另一类意念中的"桥",如"鹊桥"、"彩虹桥"、"功德桥"、"爱河桥"、"阴阳桥"、"奈何桥"等,桥成了中国传统社会的一道风景。

我国传统交通工具民俗,与我国古代出行工具有关,传统出行交通工具分为水、陆两大类,出行有坐车、乘船、骑马、坐轿等四种方式,形成水路乘船、陆路坐车骑马、山路坐轿的民俗。

在车民俗中,蒙古族牧民使用的勒勒车最具盛名,特点是车轮大、车身小,结构简单,使用方便,适于草地、雪地、沼泽和沙漠地带运行。

轿子是中国古代特有的出行工具。中国古代轿,最早称"步辇"、"肩舆",至宋代正式称为轿。在席地而坐的年代,轿子的最初形制是用一块平板固定于两根抬杠上,坐轿子的人就盘腿坐在平板上,由前后两人手抬行走,这就是古代"步辇"的最初形制。因为步辇的主体为坐板,故又称"板舆"。"步辇"没有四边的围栏,主要在平地使用。随着椅子的出现,"步辇"的平板改成了椅子,多了扶手和靠背,提高了安全性和舒适性。由于椅子"步辇"的安全性和舒适性好,抬"步辇"的方式就由手抬改成了肩抬。在明清时期,一些简单的称作"滑竿"的民轿,实际上也是用抬杠绑上竹躺椅、竹靠椅的"步辇"。在"步辇"的同时,有一种用车厢改成的轿子。古代将车厢叫"舆",这种轿子就称"肩舆"。唐代"肩舆"流行,出现了十分华丽的亭阁式的"肩舆",有顶盖,四周有围幔和垂帘。唐代这种华丽的亭阁式的"肩舆",就最后定型为中国古代完整意义上的"轿子"。

中国古代轿子,抬的方式,除了手抬和肩抬外,还有抬轿人数的讲究,一般为两人抬,最为隆重的是八人抬的大轿,等级最高的是皇帝坐的十六人抬的"龙舆",规模最大的是清代慈禧出行所乘坐的二十四位太监抬的"龙舆"大轿。明清轿分为官轿和民轿,最讲究轿子乘坐等级。中国古代,民间使用轿子很广泛,有一般平民和医生乘坐的蓝呢小轿、新娘出嫁乘坐的花轿、烟花女子出堂乘坐的绿色小轿、送神用的神轿、犯人入狱或赴刑场乘坐的无顶小轿、出丧送殡用的素色魂轿等。

船，在古代又称“舟”。船用不同材料做成木船、筏、排等。在西藏地区，藏族水上交通工具多为“牛皮船”。西藏的马头木船是以马头为标志的方形古木船。水、陆交通工具，除了人们熟悉的木车、木船、牛、马、骆驼之外，在不同地区还有一些特殊的交通工具。如在丽江北部金沙江附近的纳西族的羊皮囊（羊皮筏），东北的赫哲族用狗、牛、马拉的雪橇和爬犁，鄂伦春族的滑雪板等。

中国传统社会里的交通是一种缺少机械动力的交通。因此，行进的距离与速度十分有限，所形成的交通民俗智慧也局限于利用自然的石、木、竹等资源来改善交通状况。

2. 运输民俗

运输在人类社会生活中是不可缺少的。我国运输民俗的主要内容包括搬运工具、运输工具和运输集团民俗的传承。

在我国搬运民俗中，概括起来有扛、背、抬、头顶、肩挑、手提等不同的方法和工具。肩挑的工具使用最普遍的是扁担，扁担一般用竹或木做成，造型多样，或是平的，或是两头尖，或两头翘，或带架。不同造型的扁担有不同的用途，两头尖的扁担用于挑柴挑草，平的扁担和两头翘的扁担可用于担水、挑货物、挑行李。煤窑里的扁担、大山里的扁担都有不同的用途。随着扁担的使用，便产生了箩筐、木桶、簸箕等一些辅助性搬运工具。背的工具，在我国西南、西北有“背篓”，背篓多用竹篾编成；在东北有“背架”，背架用木做成。

“头顶”物品的习俗，是我国朝鲜族和西南地区的一些少数民族所特有的传承，其中有两种，一是头顶物品，一是前额负物。

运输工具民俗主要是利用畜力拖曳和驮载，如用大象牵引原木，狗、牛、马、驴拖拉，大象、骆驼、牛、马、驴驮载，牲畜成了运输工具，又是运输使用的动力。藏族在运输传承中有骑马赶驴的习俗，即将重物驮在毛驴身上，人则骑在马上，赶着驴走。如果是做长途大量物品的运输，藏族则赶牛帮。器械运输工具的传承，最为重要的是车和近似车的工具雪橇的创造以及船的使用。

中国传统运输民俗长期局限于畜力与人力的利用，所有的进步都体现在运输工具的种类和改进上。因此，运输工具民俗是中国传统运输民俗的重要内容。

随着社会经济的发展，以及特殊地域环境，出现了专门从事运输生产的职业人员。车的使用出现了“御者”和拉车的“车夫”，船的使用出现了“船家”，轿子出现有了“轿夫”，日常的搬运出现了“脚夫”和“挑夫”，以及搬运工的"脚行"。

职业运输集团有各自的技术、特点和行业习俗。车夫有驾车的技术方法、行驰规矩和信仰禁忌；船家有行船使舵、扯帆、拉纤的技术、习惯以及船上的各种规矩和禁忌；脚夫和挑夫有挑担、背河、赶驮、抬轿、扛包等职业习俗。车夫、船夫、脚夫加上为来往人员提供食的旅店店主和代运商的"牙行"，就构成了我国历史上车、船、脚、店、牙五大运输行业的民俗传承。

从某种意义上分析，中国传统社会的运输集团民俗是人才与技能结合的劳动民俗，是完全靠人的力气来延续运输集团人生活的民俗。

(三)交易民俗

随着社会生产与社会经济分工的细化，各行业生产者之间需要进行生产与生活必需品的交换。于是，商品的生产、贸易与消费成了社会生活的重要内容，形成了以市民俗和市、商标志民俗为特征的交易民俗。

1. 市民俗

市，即集市，是商品交易场所的最古形式。各地民间又称为"集"、"墟"、"场"等，民间有"赶集"、"赶墟"、"赶场"的习俗。

在民间，市的交易有信用交易、按需交易、等价交易和媒介物交易等四种民俗形态。具有民俗旅游资源价值的是信用交易。信用交易是一种原始的交易形式，交易的双方互不接头，只是把自己准备交换的东西按习惯摆放在一个地方，只要双方各自取走货物，交易便完成。这种交易是建立在原始信用的基础上，不衡量交易的得失好坏。在广西蒙山县黄村乡新开村有一个"无人菜市"。每天清晨，当地的农民把从菜地里摘回的一篮篮青菜，摆到街上的菜市上，然后回家干活，到傍晚才来"收摊"。在这个菜市上，没有卖主，只见在每个一青菜篮子上挂有一个小竹筒，上面写有每一把菜的价钱，买菜的人只要将菜钱放入小竹筒，就可以取走青菜。蒙山无人菜市属卖方不在场有价钱而不讨价还价的信用交易。在傣族地区的瓜果成熟季节，客人路过果园或瓜地想吃瓜果，可以自己去摘，将钱放在地头或树下，主人不计较多少。这也属卖方不在场不论价钱的信用交易。傣族白天出工劳动，竹楼空无一人。卖食油人逐家逐户将食油装入瓶罐内，然后取走压在瓶罐下的油钱。如主人忘记放钱，待卖食油人下次再来时，主人会将油钱补上。这属买方不在场有价钱而不讨价还价的信用交易。民间信用交易的关键是买卖双方相互信任，互不欺诈，反映了一种高尚的道德风尚。

中国传统的市民俗含有较多的道德成分，体现了民俗的淳朴性。当然，也可是一种在商品经济不发达状况下的市民俗形态。

2. 市、商标志民俗

市、商标志是在中国传统商业活动中，体现商品属性的特殊标志。从事交易的商人为了使顾客了解自己经营的事业，使自己的商品具有吸引力，广招来客，就采用口头的形式或物品的形式作出各种表示，便形成了市、商的标志民俗。

市标志，包括小行商和小摊贩的标志，以“市声”为代表。“市声”有叫卖声与代声两种。叫卖声在京津一带称“吆喝”，极具音律韵味的“吆喝”，常常会引起人们的驻足循声而望。代声是以物品器声代替叫卖声的一种标记，除极个别用吹奏声做代声外，绝大多数采用打击声，如敲鼓、打梆、打钹、摇铃、打竹板、摇串铁、敲小锣等，至今北京做磨刀生意的仍以手摇串铁为记。

中国传统商人分为行商和坐商。中国传统坐商标志的主体是招牌和幌子，合称“招幌”。招牌是一种以牌为形制的商业标志，以悬挂、镶嵌或砌筑等方式固定于商业店铺门面，书有特定广告文字或绘有相应图案标志的匾、额、牌、联、壁等，可以用布、木、铜、铁、砖石等材料制作。中国传统商业店铺的招牌可以按形制分为横招、竖招、坐招、壁招四类。横招主要是题写店名、字号，是一个店铺门面最为显著的招牌。横招的使用有三种形式，一是悬挂在店铺正门屋檐下，二是作为店铺门前牌坊上的横匾，三是镶嵌在店铺的建筑物上。竖招是指悬挂于门、墙或柱上的竖写的木牌或铁牌。中国传统商业店铺的竖招牌，较为常见的有三种情况，一是悬挂在店铺侧面的较高的墙体上，二是悬挂在店铺正面，三是作为主要横匾招牌的辅助性招牌，悬挂在店内，展示店铺经营商品的类别。坐招是设置在店铺门前或柜台上的长板形招牌，因招牌是落地式设计，坐于柜台上或坐于店铺门前的地上，故名。设置在柜台上的坐招，一般与柜台同宽，与铺面天顶相连，是一种通顶招牌。竖立店铺门前一侧地上的坐招，又名“通天招牌”。墙招是利用店铺墙书写经营范围和类别的一种墙壁式招牌，故称“壁招”。墙招因其简便而显见，自明清至今都是常见使用的招牌形式。中国传统商业店铺的招牌，凡悬挂在店门外的，都是早晨开店挂出，晚上歇店收回。

我国传统商业店铺的幌子，大多由幌杆、幌架、幌挑、幌挂、幌盖、幌体、幌座和幌坠等部分组成。幌子一般分为实物幌、模型幌、附属物幌、旗帘幌、文字幌、灯具幌等主要类型。实物幌是从经营销售的商品实物中挑选出样品，直接陈设于店铺的门面，作为招徕顾客的幌子。如乐器店就悬挂各种乐器，鞋店就挂鞋等。附属物幌是在直接经营的商品实物不能陈设展示时，将与经营的商品实物相关联的附属物作为幌子，如酒家就悬挂装酒的酒葫芦，油铺就悬挂装油的油瓶，米店就悬挂量米的升等。模型幌是在所经营的商品体积过小不便陈设和商品附属物不明显时，将所经营的商品进行夸张和放大处理，做成形体大的商品模型进行陈设，如蜡烛店陈设大型的木制大蜡烛模型。中国传统商业店铺的文字幌可以分为单一文字幌和复合文字幌两类。最多见的是单一文字幌，如酒店的“酒”字、米店的“米”字、当铺的“当”字、茶铺的“茶”字、油铺的“油”字等。复合文字幌是两个字以上的文字幌，如裁缝铺的“成衣”文字幌、烟铺的“关东菸（烟）”文字幌、装裱店的“翰墨斋”等文字幌。文字幌可以用牌、布、纸等材料制作，也可以图画在墙壁上。旗帘幌是将幌子做成旗帘的式样，如酒馆的旗帘幌称“酒旗”，又名“酒帘”、“酒招”、“望子”、“招旗”、“青旗”、“青帘”、“杏帘”等。传统酒旗有长方形和三角形两种形式。灯具幌是一种主要用于夜市买卖的幌子，用灯笼改制而成。灯具幌上，一般都标店铺名或字号。中国传统商业中的幌子是一种行业性的装饰文化，体现了中国传统商业文化的特点，在民间的认同和流传，推动着中国古代商业的发展。在中国的商民俗中还有字号民俗。

中国传统社会的市、商标志民俗侧重于商业信息的传达和商业老字号品牌的铸造，丰富了中国文化的民俗表现形式，发展了交易，也发展了文化，发展了民俗。中国传统交易民俗是建立在自然经济基础上的一种文化，可以看到交易民俗的自然性、人的自然性、经济的自然性、文化的自然性。

二、生活民俗旅游资源

人类的生活民俗由物质生活和文化生活两部分组成，主要包括衣食住行、家庭、社会组织和交往等生活形态。依照对人类生活的重要性，中国传统生活民俗内容的先后排序为起居、饮食、服饰、人生礼仪和人际交往。在中国人的生活民俗中，只要不涉及生活忌讳，都有可能转化成为旅游资源。

（一）起居民俗旅游资源

在人类的起居民俗中，最重要和核心的是居室的产生。我国现知的居室产生于原始社会，大致可以分为“巢”与“营窟”两类。“巢”，就是远古所传说的“构木为巢”。“窟”就是利用天然的岩洞、树洞或挖土穴。围绕居室，形成中国传统的起居民俗，其中的传统民居、民居装饰和起居用具等民俗具有旅游资源意义。

1. 传统民居民俗

中国传统建筑可以分为民居与非民居两大类。用于住的居住建筑，称“民居”。用于宫廷、寺、庙、观等的房屋及辅助建筑统归为非民居建筑。建筑学家把北京四合院、陕西窑洞、广西“杆栏”、云南“一颗印”和客家“围屋”，合称中国五大传统民居。传统民居民俗的内容主要包括房屋形式与构架、屋顶、墙、门、窗、柱、陛、照壁等。

房屋形式与构架。我国地域辽阔，民族众多，由于地理环境的区别和自然资源条件的不同，创造了多种多样的房屋形式，有用石垒成的石屋、用砖砌的砖房、用泥土夯成的泥房、用岭挖成的窑洞屋、用树木搭建的木屋、用竹木与茅草搭盖的茅草房、以船为房的船屋等。中国房屋的总体发展趋向是穴居和巢居两种原始居住形式的相融与推进，最终形成各式以梁架为主体的木结构房屋形式。

我国传统木构屋架有抬梁式、穿斗式、井干式、密梁平顶式、干栏式等多种。抬梁式和穿斗式屋架都是沿着房屋的进深方向立柱架梁建造的房屋形式。井干式屋架是将圆木或半圆木、方形、矩形、六角形断面的木料，层层垒叠作为墙壁的一种木承重结构墙，组合成如井口矩形的屋架，故称为“井干式”，也叫“木楞房”或“垛木房”。密梁平顶屋架流行于新疆和西藏地区。新疆地区采用密梁平顶屋架建成的房屋木构架，当地人称为“阿以旺”。“阿以旺式”住宅采用密梁平顶，受汉族文化影响，也有采用内地木构架起脊的屋顶，平面布置采取四合院、三合院形式。在西藏地区，藏族的密梁平顶房屋建筑叫“碉房”。干栏式屋架是南方山地民族的特色建筑结构。“干栏”，一作“干阑”，又称“麻栏”。“栏”是壮语“屋”的意思。干栏式房屋总体格局分上下两层，上层住人，下层养牲畜和堆放杂物。我国的壮族、苗族、瑶族、布依族、傣族、景颇族、德昂族、佤族等，都不同程度地传承着干栏类房屋。中国传统木结构建筑中的多种屋架，创造和形成了多姿多彩的中国房屋形式，成为中华灿烂文化中的组成部分。

屋顶。屋顶是房屋建筑中的重要组成部分。在中国建筑屋架创造发明的同时，屋顶也在不断地创造和发展。中国传统建筑屋顶造型以房屋的方形和圆形构架为基础，方形构架房屋的屋顶造型有平顶屋顶和方形斜坡屋顶。一般干旱地区多平顶型屋顶，在雨水量较多的地方为方形斜坡屋顶。平顶型屋顶以藏族碉房、羌族碉房和石砌房为典型。

方形斜坡屋顶的演变。在雨水量较多的地方则加斜度大屋顶，或半边坡屋顶，或在中间架屋脊，形成两面坡型屋顶、四面坡型屋顶。为防止雨水进入室内，还伸出一个屋檐。在方形斜坡屋顶中，以两面流水形屋顶的演化为丰富，有庑殿顶、歇山顶、悬山顶、硬山顶、盝顶、攒尖顶等多种造型。在清代屋顶的等级制中，以重檐庑殿顶为最高级，依次而下为重檐歇山顶、单檐庑殿顶、单檐歇山顶、悬山顶、硬山顶、攒尖顶、盝顶、卷棚顶。北京故宫是中国古代屋顶等级制最为集中的体现。

圆形屋顶最早见于新石器时代仰韶文化，直接发展为毡包式屋顶和穹隆顶,成为北方游牧民族屋顶造型的主要形式,古代称这种住房为“穹庐”、“毡帐”,俗称“毡房”、“帐房”。圆屋顶在建筑中应用最为常见的是亭。在中国圆顶的房屋中,有一种规模很大的圆圈顶房屋,那就是客家土楼。土楼分方形土楼和圆形土楼两种。土楼分布在福建、广东、江西、广西一带的客家地区。

中国房屋建筑特别重视造型组合的美,重视屋顶造型组合的整体效果,讲究屋顶组合与空间的艺术关系。中国房屋屋顶建筑造型组合集中体现在三个方面,一是叠式组合,即在一个建筑单体上,采用重叠的形式,将同一造型的屋顶,同一朝向,集中重叠而上,形成重檐和多檐结构屋顶。这是最为常见的屋顶组合模式,可以二檐、三檐、四檐、五檐,侗族鼓楼可以达到十三檐屋顶。二是平面式组合,即在一个建筑单体上,集中多个相同或不同造型的屋顶,但大小不同、朝向不同,不采用垂直相叠技术,而是在一平面上摆布,共同构成一个有变化的宏大单体建筑形体。三是群体式组合,即在一定的区域内,将若干个房屋建筑屋顶进行组合。群体式组合常见有两种原则,一是对称性原则,各建筑屋顶单体按照中轴线或按中轴对称性排列,建筑组群是采用院落重叠纵向扩展,与左右横向扩展配合,以通过不同封闭空间的变化来突出主体建筑。中国古代的宫殿、四合院就是对称性建筑组合的代表性例子。第二种是自由式原则,即屋顶的组合设计不设定任何标准,建筑屋顶的组合完全依地理环境自由设定。一些园林、山林的寺观、民居等,都较多地采用自由式组合。

中国传统房屋不仅在造型上有等级的规定和讲究,而且在房屋屋顶的颜色上也有等级的规定。起码在唐代,就可以看到金黄色屋顶、绿色屋顶、灰色屋顶明显的房屋屋顶颜色的等级规定。金黄色屋顶最尊,用于宫殿和庙宇;绿色屋顶位于金黄色屋顶之后,主要用于宫殿和庙宇的辅助性建筑和一般性的祠堂建筑;灰色屋顶为普通屋顶,用于一般性民宅。中国传统建筑的屋顶,既是一种建筑艺术,也是一种文化,一种具有情感和精神的文化。

墙。中国地域广阔,民族众多,建筑墙体使用的材料有很大的不同。墙的分类有两种,一是按建筑材料,主要分为木墙、砖墙、土墙等;二是按墙所处建筑的位置,主要分为山墙、女儿墙、金刚墙、护身墙、廊心墙等。具有民俗旅游资源价值的为木墙、砖墙、土墙、山墙、女儿墙等。

木墙就是用木材做的墙,一般分为外墙和内墙。使用木外墙最多的是井干式结构房屋和干栏式房屋。木内墙,俗称“板墙”、“板壁”。木内墙可拆可装,主要起分隔室内空间的作用。砖墙是中国古代建筑的主要用墙,中国古代建筑大多都采用砖砌造各类的墙。中国古代建筑的砖墙,又可以分为空心砖墙和条砖墙。空心砖墙用空心砖砌成,只见于战国晚期至东汉中期的墓葬中。条砖墙用条砖砌成。条砖,又称为"小砖",由于体积小、重量轻,使用灵活。土墙常见的有夯土墙和土坯墙。夯土墙,又称"版筑",是中国墙壁最古老的形式之一,以木框为模,模内放土,用杵分层捣实。土坯墙是用土坯砌成的。土坯是用土拌干草,和成泥浆,然后把泥浆灌入模子中,凝固后取出,阴干即成。土墙隔温、隔声性好。山墙是指侧面墙壁与屋顶相接的部分,墙的上部因呈三角形,像山的形状,故称"山墙"。在所有房屋的墙体中,山墙的造型最富于变化,有圆头山墙、马鞍山墙、牌坊式山墙等,具有很高的审美价值。女儿墙,又名"压檐墙",是指墙的高度不超过人身胸部,常建在城墙、平台房或楼台之上,作用与护身栏杆相同。

门,通常是指房屋建筑入口的建筑形式,由门楣、门槛、门扇等部分组成。在中国古代,门的运用十分广泛,城有城门,巷有巷门,院有院门,宫有宫门,家有家门,房有房门等,讲究门的等级和装饰,也是中国传统起居习俗的一个特色。

中国传统建筑的门分为非住宅门和住宅门两类。住宅门按所处在庭院住宅房屋的位置,分为衡门、院门、墙门、大门、中门、如意门、便门、房门、后门等;按照门的构造和式样,分为乌头门、版门、单扇门、双扇门、格扇门、折叠门、棋盘门、实板门、空心板门、镶板门等;按门的装饰,分为红漆门、乳钉门、垂花分门等。每一类门,都体现出不同的文化韵味。

衡门是中国古代早期的院门,最早的形式十分简单,即在两根直立的木柱上,加一横木组成。正因为其简单,常常将之与简陋的房屋合称"衡门茅屋"。墙门是与墙体相结合的一种门。中国传统民居建筑中的墙门,一般是作为住宅大院的总门或大门,称为"墙垣式门"。在北京老胡同里的简易性墙门叫"随意墙门"。随意墙门,北京人称为"核桃酥",比喻其建筑质量之差。北京四合院大型宅院的墙垣式门有装饰豪华的小门楼,施以砖雕门楣,十分华丽,显示着房主人的富有。在民间住宅的墙门中,客家土楼的墙门另是一番风韵,圆形或方形的土楼,配以厚实的泥墙墙门,给人以牢固和神秘之感。在一些佛教寺庙中,也有采用墙垣式门的,如承德的大佛寺,就是一个十分厚实的拱形墙门,显示了佛教寺院的宏大。版门是用整块木板做成的门,在结构上通常是两扇,在中国传统的房屋建筑中,使用很普遍,常见用于城门或宫殿、衙署、庙宇、住宅的大门、便门。在制造上,用木框钉成的版门,叫"棋盘版门";在高级的版门上,添加门钉和铺首,称为"乳钉门";不用木框,完全用厚木板拼合而成的版门,叫"镜面版门"。在西藏、新疆的民居中,也有带有西藏和新疆民族特色的版门。隔扇门,也叫格子门,一般用做建筑的外门或内部隔断,常有四、六、八扇。隔扇门的上部是镂空的花纹,叫“花心”。隔扇门的格心,用木制棂条花格。在清代,隔扇门的格心花格式样有等级的规定,菱花格是等级最高的格心花格,一般为王府隔扇门的格心所用。隔扇门的裙板、绦环板上施木雕浮雕,花样有多种,如意头、花卉、寿字乃至风景、人物、故事画等。隔扇门之上加横披,以填满室内外的空隙。横披的分格一定要与隔扇数错开,如隔扇为四扇,则横披分三格,格扇如六扇,则横披就为五格。门的下部称为“裙版”。白族的民居在正房中间也设有隔扇门。白族将隔扇门称为“格子门”。白族格子门是白族地方木雕艺术表现最精彩的地方。整个格子门有三合六扇,由上、中、下三部分组成,上面部分多是雕刻镂空的历史人物和花鸟图案,便于采光和空气流通,中、下部分则用浮雕来装饰,常见的有“龙凤呈祥”、“松鹤延年”、“梅花报春”等图案。更有精彩的在“格子门”的上方还有多层的透雕,层层相连,动静相宜,美不胜收。

垂花门是指门上檐柱不落地,而是悬于中柱穿枋上。柱上刻有花瓣联(莲)叶等华丽的木雕,以仰面莲花和花簇头为多。垂花门的位置在整座宅院的中轴线上,界分内外,建筑十分华丽。垂花门的顶部多为卷棚式,门外部分的顶部为清水脊,而门内部分则是卷棚顶,两顶勾连搭在一起的交汇处形成了天沟,垂花门所承接的雨水有一半从天沟的两侧流出,大大减少了檐前的滴水,减少了雨水对垂花门阶石的侵蚀。垂花门是四合院内宅与外宅(前院)的分界线和唯一通道。四合院前院与内院用垂花门和院墙相隔。前院,外人可以引到南房会客室,而内院则是自家人生活起居的地方,外人一般不得随便出入。垂花门作为前后院分界的规定,具有礼教意义,就连家中的男仆也必须执行。在旧时,人们常说的“大门不出,二门不迈”,“二门”即指此垂花门。

旧北京城里的中小型四合院,一般多建“如意门”。如意门的建筑特点是大门设在外檐柱间,门框两侧砌砖墙,门楣上有较精细的砖雕图案,门楣与两侧砖墙交角处砌如意状的花饰,表示“吉祥如意”,故俗称“如意门”。如意门分大、中、小三种。大如意门,门楼占一整间;中型如意门,门楼占多半间;小型如意门,门楼占半间。

园林墙门往往住宅与园林相融为一体,园林墙门已成为住宅建筑群组合的一部分,是传统建筑造景、借景的重要手法。园林墙门的造型十分活跃,常见的造型有月洞门、花瓶门、梅花门、六角形门、八角形门、随意形门等。园林墙门是中国传统园林的一个建筑特色。

窗主要作采光通风之用,在不同的情况下,还有分隔、保温、隔声、防水、防火、防盗和装饰等不同的作用。窗户的形式多种多样，有天窗、槛窗、支摘窗、冰裂纹窗、菱花窗、直棂窗、木雕花窗等形式。按建造材料，可分为木窗、石窗、砖窗、琉璃窗、瓦窗等。

窗棂格是民居艺术的重要组成部分，各式各样的窗棂格有上百种之多。大型豪宅的窗棂格以雕花装饰，显示了精湛的制作工艺。而民居的窗棂格则更加自由、灵活，不受任何拘束，形式多变，可繁可简，丰富多彩，朴实自然。为了通风的考虑，江南民居除地面不开窗外，上、前、后、左、右到处都是窗。天窗，又称“高窗”，设在屋顶上用以采光与通风。槛窗位于窗台的矮墙上，相当于取消了裙板部分的隔扇窗，构造与隔扇窗完全相同。槛窗常用于较郑重的厅堂，如正殿以及大住宅的正厅等。菱花窗是槛窗的一种，主要的特点是窗隔心做成菱花式样，所见菱花窗的菱花式样有三交六碗菱花和双交四碗菱花两种。菱花窗是一种等级较高的窗饰，主要使用于皇帝的宫殿和与此相当的建筑。

支摘窗是格扇窗的一种发展形式，将格扇窗的左右窗式改变为上下的支窗和摘窗。“支窗”是可以向屋内外支撑的窗，“摘窗”是窗扇可以取下的窗。直棂窗是以竖直窗棂为窗纹的木窗，若干竖立木条两头穿以横向木枋，形成窗形。直棂窗一般是用于次要建筑和附属性建筑。木雕花窗是一种相对华贵的窗式，贵族、士大夫和一些富裕人家多采用，庙宇中也常可见富丽的木雕花窗。木雕花窗的主要特点是，窗面装饰采用整块木板雕刻成的纹饰图案，精巧细腻，具有很高的艺术性。木雕花窗有方形木雕花窗和圆形木雕花窗。木雕花窗常见雕刻民间一些吉祥图案，如夔龙纹图、雄狮图、仙鹿图、凤凰富贵图等。

冰裂纹窗是将冬季冰面爆裂产生的自然纹理，经艺术抽象成为窗格图案。石窗属于镶嵌式窗，大多数是作为墙窗使用。石窗的形式和图案，有方形、圆形、拱门形、八角形、书卷形等多种形式，有不同的吉祥图案和多样的窗纹，雕刻精致，给建筑一种富贵和厚重的韵味。琉璃窗是采用琉璃砖瓦构筑窗格的一种窗式，具有防火、防盗的功能，可达到采光与通气的良好效果，房屋和园林都可采用。花砖窗也是一种墙体窗，窗的大小都由花砖拼和。预制的花砖有长方形和正方形，以正方形为常见，纹饰多以传统吉祥图案为主。瓦窗是一种采用瓦片拼合成窗纹的墙窗，多使用于一般普通的围墙。洞窗，又称“框窗”、“空窗”，是一种不装窗格、窗扇的孔窗，主要使用在房屋的高墙处和园林建筑。洞窗造型十分丰富，有圆形、方形、四方变形、八角形、六角形、扇面形、贝叶形、葫芦形、瓶形、花形、旗形等。将洞窗加大，并加以窗格，就形成了漏窗。漏窗窗孔的形状有方、圆、六角、八角、扇面等多种形式，再用瓦、薄砖、竹木片和泥灰等物构成几何图案或动植物形象的窗棂，可用于住宅和园林中的亭、廊、围墙等处。什锦窗是洞窗发展的又一种窗式，砖雕图案十分丰富，故称“什锦窗”。什锦窗用于四合院游廊及宅园中。

柱是房屋建筑中不可缺少的构件和部分，在中国古代最早的房子中，柱主要是立在屋内起支撑屋顶的作用，形成中国传统建筑“墙倒屋不塌”的最大特点。中国传统建筑的柱子，屋檐下的一排柱子叫“檐柱”，紧贴檐柱里边的一排柱子叫“金柱”。阁楼上层周围平台的檐柱为“童柱”，亦称“平台檐柱”。

柱可以分为柱首、柱身、柱础三个部分。我国古代传统房屋柱首的变化主要有两个方面，一是柱首本身造型的变化，二是柱首与其房屋附件相结合。在汉代主要是栌斗形柱首，到了南北朝时期柱首造型更丰富多彩。柱首与房屋附件相结合有三种形式，一是与斗拱结合，二是柱首在与檐枋的交结角左右接出走马板，三是柱与横梁相接处角加一或两块衬板，使单调的柱梁角富有变化。

柱身的造型多种多样，在汉代时，柱身的形状有八角形、圆形、方形、四棱形、八棱形、十棱形、束竹柱、方形双柱。方形柱在后来的发展中，出现了与棱形柱相结合的造型。如福建泉州开元寺的方柱，在柱身的中部加进了多棱柱形，形成了上下和中部的视觉主体为方形，而且主体方形中又有圆形浮雕图案和四角的伸出装饰，强调了柱身的艺术性。南北朝时期，在圆柱的基础上出现了梭柱，宋代梭柱造型趋于稳定成熟。大约在唐代，中国传统建筑的柱身出现了龙柱造型。中国古代龙柱有木柱和石柱，以石柱为多。木雕龙柱以山西太原市晋祠圣母殿前廊的木雕龙柱为典型。按雕刻方法，龙柱也可分为两类，一类是浮雕龙柱，一类是镂空雕龙柱。在宋代，除了龙柱外，还出现雕刻各种花纹、人物的石柱和瓜楞柱。中国传统建筑的柱身，还常可见到使用髹漆法、用沥粉贴金和在柱上书刻楹联等文字性的装饰。

柱础是柱下的基础，为中国传统建筑柱的重要组成部分。柱础多为石质，在福建也可见到木质柱础。柱础最初的作用是使木柱的下部不易腐朽和免除柱脚碰伤。汉代柱础有四种形式，第一种是卵石状柱础，础石中部向上凸起，插入柱的底部。第二种是倒置的栌斗状柱础。这种柱础的础面平整，很容易与柱的底面吻合，柱与础受到的重力均衡，起到了稳固支撑的作用。第三种柱础是覆盆状柱础。覆盆状柱础底口宽大，础面边缘圆滑，使柱础与柱获得了最大的协调，在稳固、均衡分力和减少碰撞上达到了统一。第四种是动物形柱础，即将柱础雕琢成蹲状的动物形，在凿平的动物背上置柱，使柱生动而富有艺术性。

在中国木构架建筑中，斗拱是特有的结构构件。斗拱由方形的斗、升和矩形的拱组成。斗拱一般使用在高级的官式建筑中，称为大式建筑。斗拱有一定的装饰作用，又是屋顶和屋身的过渡。

陛是宫殿、坛前的一种台阶，多饰红色，有称“丹陛”，也有称为“踏道”。陛不同于分级式的阶梯，是一种随阶梯而上的斜坡状台阶。古代臣属都在陛阶下向天子陈言，故而，尊称天子为“陛下”。古代城、殿、堂前都有陛。由于陛呈斜坡状，不便于登踏，在后来就发展成两道阶梯之间的一长方形装饰。在中国古代，陛上雕刻的纹饰是有等级规定的，双龙戏珠云纹陛是最高等级的陛饰，如北京明代故宫里的陛饰都是双龙戏珠云纹陛。孔子是中国古代儒学的创始人，被尊称为孔圣人，故而，除了皇帝之外只有孔府和孔庙的大成殿前准许雕刻一种比龙小的“螭陛”。螭是一种似龙而比龙小，较龙黄且无角的小龙。在中国古代，龙是帝王的象征，民间不可妄用。孔府大成殿前雕刻螭陛，以表示对孔子的尊敬。据说，古代只有新科状元到孔府祭孔时，才有资格踏螭陛走上大成殿，而且被看成是一种特殊的荣耀。而在地方藩王府的陛饰就只能为云纹，如在桂林靖江王府所见的陛饰，就是云纹陛饰。

在民间建筑中，特别是佛教的寺庙，有的突破陛饰等级规定。如在福建福州的涌泉寺和西禅寺，就可以看到多处雕刻各式龙纹的龙陛，这种龙陛已不再代表等级的规定，而是作为建筑的一种装饰。陛饰等级规定被突破之后，民间陛饰的纹饰得到了发展，大量民间的吉祥图案出现在陛饰上，如福山寿海陛饰、松鹤陛饰、福寿陛饰等，丰富了陛饰的文化内容。

照壁是中国传统房屋的一种附属性建筑。照壁分为上、中、下三部分，下为基座，中间为照壁身，上部为照壁墙帽。基座有两种造型，一种是直方形台基，一种是须弥座。照壁身是照壁的主体，照壁身中心的照壁心称“盒子”，四角称“岔角”。照壁心有用白灰挂面，再走一道青灰，中间写“福”、“平安”、“鸿禧”等吉祥词的；也有砖浮雕的照壁心，各种吉祥颂言图案均用青砖雕成，如“鹤鹿同春”、“松鹤同春”、“莲花牡丹”、“松竹梅岁寒三友”、“福禄寿喜”等图案。白族照壁的照壁心上，除吉祥词外，还绘以花鸟山水图案，增添宅院欢乐喜庆的气氛。照壁墙帽造型有似房屋的屋顶和檐头，有庑殿顶、歇山顶、悬山顶和硬山顶等。一般而言，庑殿顶用于宫殿级的九龙壁，歇山顶用于稍次的照壁，如紫禁城斋宫门旁的照壁。悬山顶和硬山顶属一般性照壁。硬山式墙帽照壁采用直方形台基，悬山式墙帽照壁采用须弥座。照壁造型有两种形状，平面呈“一”字形的，叫“一字照壁”；平面成“冖”形的，称“雁翅照壁”。按照建筑材料，中国传统照壁有砖照壁、琉璃照壁、石照壁和木照壁，以琉璃照壁的装饰最为华丽。

照壁，又称“影壁”。设置在门内，称“门内照壁”；设置在门外，称“门外照壁”；设置在门旁，称“门旁照壁”。门内照壁以北京紫禁城与四合院和云南白族民居为典型。门内照壁有防人窥视和装饰的意义。在云南白族民居的传统布局中，门内照壁是重要的组成部分，有“三方一照壁”之说。“三方”是指一幢坐西朝东的正房加上两侧的两幢配楼，共三幢房子；一照壁就是指正房正对面的一堵墙壁，四部分共同围成了一个正方形的院落。在中国古代，门外照壁一般设置在宫殿、庙宇、住宅等门外，都与建筑群的大门正对。门旁照壁一般都位于建筑大门的东西两侧，在门前形成一个小空间，可作为进出大门的缓冲之地，在反八字照壁的烘托陪衬下，宅门显得更加深邃、开阔、富丽。有一种照壁的设置与房屋建筑保持着相对的独立性，称“独立照壁”，著名的有北京北海九龙壁和山西大同九龙壁。独立照壁是中国传统建照壁的典型代表。

中国传统民居民俗蕴涵着中国人营造居室的智慧，几乎可以认定，中国人可以运用大自然的任何一种材料来建造居所。从民居民俗所见，中国人一直以方圆二形理念来构筑民居，形成居住的民俗文化。

2. 民居装饰民俗

中国房屋建筑的发展，愈来愈趋艺术性、文化性和思想性。房屋建筑除了注重屋顶的造型之外，还十分在意房屋的装饰。中国传统民居装饰民俗主要内容有脊饰、瓦饰、墙饰、门饰、内檐装饰、彩画装饰和藻井装饰等。

屋顶的装饰主要体现在屋脊上，称为“脊饰”。中国传统房屋的屋脊，按处在屋顶的不同位置，分别称为“正脊”、“垂脊”、“戗脊”等。

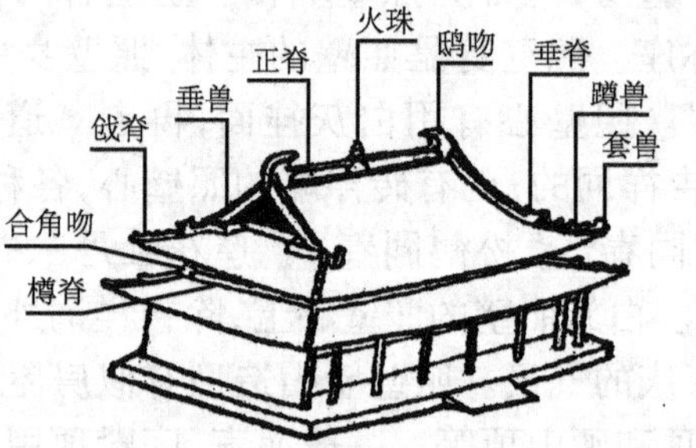

正脊上的装饰，主要集中在正脊的两端和正脊中央两个部分。装饰于正脊两端叫“吻饰”，装饰于正脊中央叫“火珠”。正脊吻饰，在传统的建筑上，有鸱尾、鸱吻、龙吻、鱼吻等多种造型。正脊吻饰的最早形式为鸱尾。正脊中央的装饰以火珠为常见。火珠是专用于装饰宫殿、塔庙等建筑正脊中央的宝珠，圆珠外缘以火焰作饰，故名“火珠”。加饰于火珠周边的火焰，有七焰、九焰、十焰等不同形式。在火珠的底座上还有鱼、葫芦、水、云等辅助性装饰。在佛寺正脊中央，常可见到代表佛教文化的宝塔、宝刹、法轮等物件的装饰，并且一些重要的大殿正脊中央的宝塔、宝刹、法轮等物件旁，还配以双龙、双鹿等吉祥物装饰。

戗脊以兽为装饰。四角戗脊上装饰的兽，称作“瓦兽”、“小兽”或“走兽”，宋代称“蹲兽”。走兽在屋角上，古代建筑行业称为“小跑”。在戗脊上装饰走兽的实际作用，是保护瓦钉的钉帽，后来便被赋予了装饰和等级作用。清代规定，房屋四角戗脊最前端的装饰构件是仙人骑凤，仙人骑凤之后依次为龙、凤、狮子、天马、海马、狻猊、押鱼、獬豸、斗牛、行什。走兽的多寡与建筑规模和等级有关，数目必须是一、三、五、七、九、十一等单数。

瓦饰。根据考古发掘证明，我国在西周时期已经大量使用瓦。瓦的发明、制造和使用，将中国古代房屋建筑大大地向前推进了一步，瓦也同时成为人们玩赏的一种房屋装饰文化。中国传统建筑用瓦可以按照制造的材料，分为陶瓦、琉璃瓦、铜瓦、木瓦等。可以按照瓦的颜色，分为灰瓦、黑瓦、绿瓦、黄瓦等。按照瓦的造型，分为版瓦、筒瓦等。可以按照瓦的使用和所处的位置，分为盖瓦当、滴水瓦、花边瓦、勾头瓦等。

瓦当是中国古代建筑屋檐口端的盖瓦头，俗称“瓦头”。中国古代瓦的装饰，主要就通过瓦当体现。从造型上，瓦当分半瓦当、大瓦当和圆瓦当。半瓦当和大瓦当主要流行于西周、春秋、战国时期，圆瓦当主要流行于秦汉以至明清各朝。圆瓦当是我国古代瓦当中，纹饰最丰富的一种。我国古代最早的瓦当的纹饰是在陕西岐县凤雏村发现的周丰都宫瓦当，纹饰的中心是一个大篆的“丰”字。到了春秋战国时期，瓦当图案反映各国独特的文化艺术。如秦国流行奔鹿、立马、四兽、三鹤、斗兽、鱼、花卉、轮纹、S 纹、文字等；赵国流行三鹿纹和变形云纹；燕国流行饕餮、双龙、双鸟和云山纹；齐国流行花纹、双兽树纹、牧畜和文字等。汉代以“汉并天下”瓦当和四灵圆瓦当最具代表性。瓦当文字多是篆体，到了汉代，篆体与隶体均有。在秦汉时代，造什么样名称的建筑，就烧制什么样的文字瓦当。如建兰沱宫，就用“兰沱宫当”。秦汉还有吉祥语瓦当，如“维天降灵，延元万年，天下康宁”、“延年”、“长生未央”、“万岁”等。与此相关，就形成了反映一个时代特点的龙、凤、麟、龟“四灵”瓦当。佛教传入中国后，中国古代瓦当，出现了一种代表着佛教文化的莲花瓦当纹饰。明清时代是我国琉璃烧制技术发展成熟的时代，琉璃瓦当不仅是明清建筑中常见的构件，而且还有琉璃瓦当的釉色使用的严格规定。皇宫、陵寝、庙宇使用黄色琉璃瓦当，王宫府第使用绿色琉璃瓦当，一般民用建筑使用灰陶瓦当。

墙饰。中国古代建筑在发展过程中,一直注意建筑墙体的造型和装饰,在装饰的方法上,除了用木雕、砖雕、彩绘装饰外,还使用大量的花砖装饰,形成对建筑的整体装饰。中国传统房屋建筑的墙面装饰,主要表现在四个主要方面,一是,砌墙时在柱的根部,常常加设一个用砖雕刻成的花砖,在雕花深刻部位留有孔洞,称为"透风"。二是,通过镶嵌、砖雕、彩绘等技术手法,重点对房屋正大门的左右两个墙面进行装饰。装饰的内容,佛殿,多是在佛殿正大门的左右上方镶嵌两个法轮,如承德大佛寺;豪宅,多是在房屋正大门的左右墙面镶嵌砖雕的各种吉祥物或吉祥图案,如安徽歙县唐越村的豪华墙面装饰;一般住宅院内房屋,有的在房屋门左右的两个墙面装饰普通的照壁面,如云南白族民居。三是,对檐墙下的墙头进行泥塑装饰和彩绘装饰。泥塑装饰的常见的内容,主要是卷草等图案。四是,在门楼至主屋的连墙头上进行格窗场景式的立体雕塑装饰。将连墙分成三至四格,每一格一个雕塑场景,或是山水盆景,或是民间戏剧场景,或是人物故事等,这是一种最具感染力的装饰。在中国传统房屋建筑墙体上起装饰作用的文字、彩绘、浮雕都具有吉祥意义。五是,山墙的墀头装饰和悬鱼装饰。山墙的前檐部分称为墀头墙,俗称"腿子"。墀头在建筑的正立面或背立面,是山墙最显眼的部分,格外地注重装饰,形成墀头装饰。墀头早期比较简单,越往后越趋华丽。北京四合院墀头装饰内容主要是民间流传的吉祥图案,如有兰草、菊、牡丹、荷花、慈菇、竹石、竹鸟、松鸟、花鸟、草龙、喜鹊登梅、松鼠葡萄、狮子绣球、太狮少狮、太狮富贵、居家欢乐、子孙万代、富寿眼前、团寿等。中国传统建筑山墙山尖上的一种装饰叫悬鱼装饰,因最初以两条鱼悬空高挂装饰而得名。随着建筑装饰内容的丰富多样,在山墙上的装饰也已不是单一的悬鱼高挂,但仍以"悬鱼"为名。我国传统民居建筑的悬鱼装饰的内容和形式十分丰富,有双鱼悬鱼、磬形瑞云悬鱼、瑞云悬鱼、蝙蝠悬鱼、花卉悬鱼、狮头悬鱼、花篮悬鱼、彩带悬鱼、书卷悬鱼、葫芦悬鱼、蝴蝶悬鱼等。悬鱼的装饰手法,可以是剪贴悬挂式,可以是彩绘,也可以是砖雕,形式多种多样。

门饰。中国传统住宅门的装饰,除了注重门的造型外,还注意门楣、门簪、门匾、门联、铺首、抱鼓石等部分的装饰点缀。

门楣,即门户上的横木。中国传统房屋门楣的装饰,根据门的性质和建造门框的材料,大多采用雕饰,或本雕、砖雕、石雕和灰泥的浮雕装饰,也有少数用金属材料装饰。门簪是约束门框的部件之一,安装门簪主要是对大门起装饰作用,犹如发簪一般,故称"门簪"。门簪形式多种多样,朝外的一面,做成圆柱形或六角柱形。朝外的断面加木雕花饰。门簪尾部是一长榫,穿透中槛及联槛楹;伸出头,插上木榫,使联楹和中槛紧密固定。北京民居门簪装饰的数量有一定的惯例,通常大宅门的大门装用四根门簪,小户人家的小门装用两根门簪。门簪正面雕刻的题材很多,有日月、花卉、龙、狮、八卦和“福”、“寿”、“福寿”、“吉祥”、“平安”、“一门五福”、“出入平安”等吉词颂语。

门匾是悬挂在房屋建筑门上的板式的装饰物。中国传统房屋建筑门上的门匾是中国古诗楹联审美发展的结果。中国传统房屋建筑门匾的造型,总体可以分为扁方形和竖方形两种。扁方形门匾较为常见,有四种制作方式,一是,用木做成扁方形匾牌,然后在做成的匾板上,书题匾文。门匾做好,悬挂在门楣之上。这是最常见的门匾形式。二是,不需做匾板,而是利用门楣上方的木板,直接用刻刀刻出门匾的方框和匾文。三是,在砖石门上,用坯灰抹成匾框状,在匾框里雕塑匾文,称抹灰式门匾。抹灰式门匾形状较木匾形式灵活,可以塑成半环形、彩带形等匾框形式。四是,将石刻门匾镶嵌在门上,称镶嵌式门匾。四种不同制作方式的门匾,题匾内容和使用有一些区别。扁方形门匾,题匾内容包括门匾的所有内容,可以题名,即宅名,如“大夫第”、“正卿第”、“光禄第”等;可以题颂匾,即官府的褒扬匾和老百姓的颂扬匾,如“高节清廉”、“彪炳文光”、“师俭风古”等;可以题明志匾,即书题有关人生志向的诗词,如“居敬”、“浔我所”、“雍和堂”、“敦品第”等。扁方形门匾的使用也十分灵活,可以悬挂大门、大厅,也可以挂于卧室。刻制门匾题刻的内容,主要是与建筑、与屋室的性质有关,如古戏台的出入口,门匾就题“观今”、“鉴古”等。抹灰式门匾可以题宅名,也可以题颂词。抹灰式门匾使用,可以出现在正门,也可以出现在侧门,还可以出现在庙宇。镶嵌式门匾主要是题名,而且主要是题园林、寺庙等名。竖方形门匾大约在明清时期见于宫殿、庙宇和一些圣宅。竖方形门匾是中国传统门匾中等级最高的匾式,制作最为讲究,匾的四边均施云纹和镂空雕饰,显得十分高贵。

门联是中国传统对联中的一种,因张贴或悬挂于门上,故名。最初的门联,只在桃木板上书“神荼”、“郁垒”,相信这样可以避邪镇鬼。门联都是成对的两句律诗,不仅贴于双扇门上,也贴于单扇门上。双扇门的门联,一扇门上贴一联,单扇门则将对联张贴在一扇门上。门联还有贴在门外的门柱上,或贴门外两侧的墙上。门联的书写方式主要有四种,一是,先用黑墨书写在红纸上,然后张贴在门上。这是最为常见的方式。二是,为了长期保存门联,在大门的两侧墙上,抹灰形成两块长宽大小适宜的对联面,然后涂红书字。这种方式一般用在宅院的墙大门。三是,用木板作纸,将门联书刻在板上,悬挂在门的两侧。四是,在大门门面用油漆涂成两条红联,北京人称之为“门心”,以黑漆写上联句,或将联句刻在门心上。在中国传统住宅的门上,除了门联之外,还常贴有“福”字、门神等物,表达人们对美好生活的企望。

铺首,俗名“响器”,是中国古代建筑物门上左右的构件,通常以铜、铁做成圆形底盘,上置门环,用来启闭门扉或叩门,因底盘多制成兽面,兽口衔环,有很好的装饰效果,故又称“门钹”、“门环”。门钹状似钹,周边通常取圆形、六边形、八角形,中部隆起如球面,上带钮头圈子。中国传统住宅门上装饰铺首,包含着丰富的文化内容。对于民间,铺首的意义就是当门的避邪物。铺首,别名“金铺”、“金兽”。民居大门衔环铺首,形如螺,叫“卷螺铺首”。古代铺首的造型除了卷螺铺首之外,还有朱雀铺首、双凤铺首、羊头铺首、虎头铺首、狮头铺首等。铺首多为铜质,也有铁制者。

抱鼓石是门墩的一个组成部分。门墩由门座(又称“门台”、“门枕”)和抱鼓石组成。“抱鼓石”,或称“门鼓”。抱鼓石有圆形和方形两种。圆形石鼓称“圆鼓子”,方形石鼓称“方鼓子”。方鼓子,又称“幞头鼓子”。中国传统房屋建筑抱鼓石的结构和装饰多种多样。在中国传统房屋建筑中,北京四合院的抱鼓石是结构和装饰最为华丽的一种。北京四合院圆形抱鼓石分为有狮装饰和无狮装饰两种结构。有狮装饰圆形抱鼓石,一般分为上下两个部分,上部为圆形鼓子部分,由狮子装饰、大圆鼓和两个小圆鼓组成。大圆鼓上装饰的狮子,有趴狮、卧狮和蹲狮等不同做法。各地圆形抱鼓石,大体可以见到三种主要装饰,一是素面,完全就是一个圆盘石;二是螺纹装饰,强调了线条的印象;三是在圆盘石的两侧中心装饰图案,多见有麒麟、狮子滚绣球、葵花云纹等。方形抱鼓石的特点是抱鼓石为方形。方形抱鼓石可以分为大、中、小三种类型,小类型的方形抱鼓石与门枕同高,呈方石座形,在朝外一面雕刻纹饰。中类型的方形抱鼓石类似一块直竖的方石,在两块石相对的一面有雕刻装饰。大类型的方形抱鼓石是北京四合院的幞头鼓子。幞头鼓子由幞头和须弥座组成。幞头上刻有卧狮,幞头的金边多做阴纹和阳纹线刻,图案以回纹、丁字锦纹为主。方鼓子侧面和正面多雕刻回纹、四季花草、松鹤延年、鹤鹿同春、松竹梅等。

内檐装饰。住宅的内檐装饰主要有碧纱橱和花罩。内檐装修中所称的“罩”,是指室内没有门扇的装修,在室内起隔断空间和装饰的作用。碧纱橱是住宅内檐装修常见的一种。碧纱橱是由若干扇隔扇组成的隔断,设在进深方向前后柱间,起分间的作用。碧纱橱用的隔扇,做法与隔扇门一致,由槛框、横披、隔扇组成。根据房屋进深的大小,采用 6 扇到 12 扇隔扇。在平时开启的两扇外边,加设帘架,以挂门帘。碧纱橱既可以做分间的隔断,又可以沟通相连的两间房,还可以作为艺术品供人欣赏。

花罩在北京四合院内装修中,种类有几腿罩、栏杆罩、落地罩、落地花罩、圆光罩、八角罩、炕面罩或床罩等。几腿罩是花罩中最基本的一种,由两根横槛(上槛、中槛)和两根抱框组成。两横槛之间是横批,分成五档或七档,空档处内安装棂条花格横批窗。中槛与抱框交角处,各个安花牙子一块。从立面看,两侧的抱框似几案腿,故名“几腿罩”。落地罩也叫“地帐”,是在几腿罩的基础上,在两侧的抱框各安装一隔扇,就变成了落地罩。“落地”的意思是指两侧的格扇或雕刻饰件延伸至地。栏杆罩是在几腿罩的内侧加两根立框,将空间分成中间宽两边窄三段,在两侧的抱框和立柱之间,加装栏杆。在栏杆的下部分,由寻杖扶手、净瓶及抹头、牙子、木雕花板组成,上部分安装透雕花罩,形成上有花罩,两边有栏杆,中间供通行的造型。圆光罩和八角罩均是在几腿罩的基础上,居中用棂条花格按圆形洞或八角形洞造型,形成可供人通行的圆光罩和八角罩。罩的功能与碧纱橱不同,它虽然也可以使空间既分隔又沟通,但是以沟通为主,分隔为辅;碧纱橱则是以分隔为主,沟通为辅。花罩上面一般有非常精细的木雕刻,雕刻的内容题材大多是“岁寒三友”、“玉棠富贵”、“子孙万代”一类吉祥喜庆的民间传统图案。在中国传统建筑发展的实践中,花罩的装饰形式还运用于亭台和石舫一类建筑。

彩画装饰。彩画是我国传统的一种绘画形式,是一种适应中国传统建筑装饰而发展起来的绘画形式。中国传统彩画根据建筑的不同构件,形成了柱子彩画、斗拱彩画、苏式彩画、旋子彩画、和玺彩画等多种彩画的表现形式。在中国传统建筑中,柱子彩画装饰方式主要有两种,一是髹漆法。髹漆法使用于普通柱子,只需在柱子表面髹单一颜色漆即可。二是沥粉贴金法。沥粉贴金使用于重要建筑柱子。用沥粉贴金装饰的柱子异常的富丽堂皇,被称为“金柱”。天花彩画多见于中轴殿堂建筑的内檐顶部。清代官式天花彩画,一般常用的有团龙、二龙戏珠、西番莲、六字真言、牡丹、四合云、灵仙竹寿、宝相瑞草等图案。中国传统建筑的天花装饰有极严格的等级之分,皇宫、庙宇等殿堂重要建筑的天花彩画装饰往往富丽堂皇,而一般民居的天花则是简单地用竹、高粱秆等较轻的材料做框架,然后在上面糊纸。

藻井装饰。藻井是一种高级的天花。中国古代建筑常在天花板中最显眼的位置做一个多角形或圆形、方形的凹陷部分,然后描绘图案或雕刻花纹,就形成了精美华丽的藻井。藻井的功能,一方面,对房屋建筑起到重要的装饰作用;另一方面,在室内的建筑环境上,起着接落顶上灰尘及调节室内温度的作用。传说藻井最初的创造,是为了给建筑镇火,到了最后封建等级观念的渗入,出现龙的装饰,表示藻井在中国的房屋建筑中具有了等级的功能。

中国传统民居通过装饰进入到文化的层面,使民居建筑民俗升华到文化殿堂。

3. 起居用具民俗

在中国传统的起居用具中,有床、凳、椅、几、案、桌、屏风等物。中国人创造这些日常生活中不可缺少的用物,寄托着美好的愿望,希冀生活吉祥如意,形成了用具民俗。

中国床的创造有悠久历史,传说神农氏发明了床。我国的考古获得的最早的床实物是1957—1958年在河南信阳长台关楚墓出土的一件战国彩漆木床和湖北荆门包山楚墓出土的一件战国折叠床。中国古代床有床与榻之分。在汉代有类似矮几的床,这种床称为"榻",专用于坐。床与榻形制一样,只是长短宽窄的区别。《通俗文》:"三尺五曰榻,独坐曰枰,八尺曰床。"汉代的榻有屏榻、连榻、独坐榻(或称小榻)。屏榻是在榻的左右后三面加以围屏。汉代的连榻相对独坐榻要长,可坐两人。南北朝时期连坐榻向宽高发展,出现了可坐四五人的宽榻。独坐榻在南北朝以后就不再出现。作为卧具床的形制,大体都沿袭战国床式样,有较低的床围。

中国古代床得到精细的发展是在明清时期。明清时期床的形制,主要有罗汉床、架子床和拔步床三种。罗汉床是不带床架,只在左、右、后三面装有围栏的一种床。罗汉床的形制有大小,通常把较大的称床,较小的称榻。大罗汉床坐卧兼可,床上往往正中放一炕几,两边铺设坐褥、隐枕,放在寝室。小罗汉床置客厅称榻。清代的罗汉床的围栏大多采用雕花式或镶嵌式。镶嵌多以玉石、玛瑙、瓷片、大理石、螺钿、珐琅、竹木牙雕等为材料。架子床因床上安置顶架故名,在明清时期是使用最为广泛的一种床。拔步床是一种造型独特的床式,外形看就好像是把架子床安放在一个木制的平台上。有的拔步床还在床的两边安上窗户,使床前形成一个小廊子,以便置桌凳,放置杂物。明清的床制一直影响到民国时期至解放初期。

凳子指没有靠背的坐具。中国自古以来"席地而坐",凳子的出现,改变了中国人跪坐的生活习惯。中国古代凳子的形制,主要分方凳和圆凳两大类。在中国历史上,最早使用的是圆凳。圆凳,又称"圆墩"。圆凳的造型,总体上仿鼓形,因使用时在上面再加绣花软垫,有"绣墩"之称。绣墩的精美,常见为宫女和舞乐歌女使用。此后的宋元明清,都流行绣墩。方凳始见于明代,多使用于室内。明清时代的凳,有高凳、矮凳、四方凳、长方凳等多种形制。中国传统凳可以用多种材料制造,多为木制,还有用草、竹、藤编制，瓷土烧制。由于制造的材料不同，就有了不同季节使用的选择和配以不同材料的坐垫。

椅是一种有靠背的坐具，是为适应人在高坐以后背有依靠而创造的。中国最早的椅出现在汉魏时期，据说是由北方“五胡”带入的，中原人按自己的习惯，将之称为“胡床”。隋代出现一种椅脚相交的“交椅”，中原人仍习称之“交床”。唐代在隋交椅的基础上，将椅脚改用四柱方框脚，靠背保留交椅弧形栲栳圈，形成了一种新的椅式“圈椅”。圈椅是唐宋元明清流行的椅式。圈椅备受世人的推崇，宋称之为“太师样”，明代将之称为“太师椅”。在明清时期，还将一种由官帽椅发展的厚重扶手椅，也称为太师椅。明清时期是我国椅子发展的总结时期。明清椅子的形式主要有靠背椅、扶手椅、圈椅、交椅、宝座等五种。靠背椅是一种有靠背而无扶手的椅子。明清的靠背椅以靠背制作的出头和不出头，分为灯挂式和统一碑式。灯挂式靠背椅的靠背的横靠木两头伸出椅身，可挂等盏，而名“灯挂式靠背椅”。统一碑式靠背椅的靠背与椅身同宽，靠背横首木不出头，似碑状，故名“统一碑式靠背椅”。明代在皇宫和一些大户人家中出现了一种称之为“宝座”的大椅。宝座造型厚重，雕饰精巧华丽，一般陈设在皇宫、皇家园林和行宫中，为皇帝和后妃们专用。大户人家，则陈设在厅堂中心或其他显要位置，以体现经济的富有和高贵的地位。

几案是我国传统居家用具中的又一系列。几是一种凭倚的小桌用具，古代设于座侧，以便凭倚。后称小桌子为几，大桌子为案。我国古代可以用木、陶、青铜、石、漆等多种材料制造几案，相应将之称为木几案、陶几案、青铜几案、石几案、漆几案等。在汉以后，随着席地而坐向凳椅发展，改变了凭倚的生活习惯，几向三个方向变化，一是成为放摆小物的案几，二是发展成为书案和书桌，三是发展成摆放盆景、陶瓷瓶的高方几。案，在中国古代有两种解释，一是指盘之类的器物，二是指桌子。中国古代的案，大体上分为食案和书案。食案是送食物的托盘，可以放置在地上。书案是一种长方形的矮桌子，两端有宽足向内曲成弧形。明清时期我国古代几案有香几、圆矮几、炕几、条几、书案、画案、手头案、翘头案、炕案、条案、架儿案、方桌、半桌、条桌、炕桌、月牙桌、抽屉桌、画桌、书桌、棋桌、琴桌、供桌等形式。方桌是使用最广的桌具，有大、中、小之分，分别称“八仙桌”、“六仙桌”、“四仙桌”。半桌是相当半张八仙桌大小的桌子，当一张八仙桌不够用时，可用于拼接，故又名“接桌”。

屏风是中国古代传统住宅中，作为室内挡风或遮蔽的一种立式用具。屏风多用木做边框，蒙丝绸或布、镶板做屏风面，用石、陶、玉、金属等材料做屏风底座、屏风足和屏风面与周边的装饰。根据制作和装饰材料的不同,屏风体现出不同的风格和等级区别。从屏风的形制上,可以将屏风区分为插屏、围屏、座屏、床屏、挂屏等多种屏风制式。插屏是我国屏风的最早形制。插屏结构,早期为两段式,下为屏座,上插屏板。插屏有单扇屏、三扇屏和五扇屏,以单扇屏为常见。围屏是一种由多扇单屏组成的屏风,少的三扇,多的四扇、六扇、八扇,甚至多达二十二扇,多扇单屏联组成一个立面板壁,可以折叠,可宽可窄,可以随意移动。从装饰上,围屏可分为素围屏和画围屏。座屏是设置在座椅之后的屏风。在座的后面摆一面座屏后摆设的屏风形制,可以是插屏,也可以是围屏。床屏是安置于床侧的屏风。床屏的安置有一面屏、两面屏、三面屏等不同的形式。中国传统的屏风,一般都陈设于住宅的厅堂、书房和卧室,也有例外设在屋外的,用意在给住宅的门户有一个遮挡。

在社会的产生发展过程中,中国人的较大一部分智慧是在探索如何在天地间构筑出一个生活的空间,并将这一空间的实用的物理结构价值,赋予想象的文化鉴赏价值,乃至生活伦理价值。中国人对起居用具的发明与创造,每一件器物都倾注着如何更符合人的物质需求的不竭才智,同时又让每一器物都蕴涵着只属于中国人心灵需求的情思。中国传统的起居民俗是天地人和谐的民俗。

(二)饮食民俗旅游资源

饮食,包括食物和饮料两大部分。“民以食为天”,饮食在人类生活中占有十分重要的地位。传说时代的有巢氏,积鸟兽之肉,聚草木之实,茹毛饮血。燧人氏钻木取火,进入石烹时代,钻火使果肉而燔之,用泥裹后烧,用烧红的石子烫熟食物,在烧热的石片上,把植物种子炒熟。伏羲氏结网罟以教佃渔,养牺牲以充庖厨。神农氏“耕而陶”,人们使用陶制炊具和容器。黄帝作灶,为灶神。秦汉时期,“蒸谷为饮,烹谷为粥”,首次以烹调方法区别食物。我国饮食习俗的形成经过生食、熟食、烹饪三个发展阶段。

饮食民俗内容包括饮食民俗发展阶段、饮食结构、饮食习俗特点、菜系、宴饮礼仪等内容,其中,熟食烧烤的一些方式、菜系和宴饮礼仪可转化为旅游资源。下面主要简述菜系和宴饮礼仪。

1. 菜系

中国地广人多,东与西、南与北相距千万里,自然资源环境不同,饮食习惯不同,烹饪技法不同,便形成不同风格的菜系。中国历史悠久,烹饪艺术源远流长,形成烧、炸、烤、烩、熘、敦、爆、煸、熏、卤、煎、汆、贴、蒸等近百种烹调操作方法,中国菜肴以色艳、香浓、味鲜、形美而著称于世。

中国菜肴烹饪有众多流派，最有影响和代表性的是鲁、川、粤、闽、苏、浙、湘、皖等八大菜系。鲁菜——山东菜，特点是清香、鲜嫩、味纯，十分讲究清汤和奶汤的调制，清汤色清而鲜，奶汤色白而醇。川菜——四川菜，善用小炒、干煸、干烧和炮、烩等烹饪手法，以善用味闻名全国，味型较多，富于变化，以鱼香、红油、怪味、麻辣等较为突出。粤菜——广东菜，驰名海内外，原料广采博收，追求生猛。善用烧、煲、软炸、软炒、清蒸等烹饪手法，口味清淡鲜和。闽菜——福建菜，以福州、泉州、厦门等地的菜肴为代表，特点是色调美观，滋味清鲜。烹调方法擅长于炒、溜、煎、煨，尤以“糟”最具特色。苏菜——江苏菜，起始于南北朝时期，唐宋以后，与浙菜竞秀，成为“南食”两大“台柱”之一。江苏菜是由苏州、扬州、南京、镇江四大菜为代表而构成的。特点是浓中带淡，鲜香酥烂，原汁原汤浓而不腻，口味平和，咸中带甜。烹调技艺擅长炖、焖、烧、煨、炒。烹调时用料严谨，注重配色，讲究造型，四季有别。浙菜——浙江菜，以杭州、宁波、绍兴、温州等地的菜肴为代表，特点是清、香、脆、嫩、爽、鲜。湘菜——湖南菜，特点是用料广泛，油重色浓，多以辣椒、熏腊为原料，口味注重香鲜、酸辣、软嫩。烹调方法擅长腊、熏、煨、蒸、炖、炸、炒。皖菜——安徽菜，特点是选料朴实，讲究火功，重油重色，味道醇厚，保持原汁原味。徽菜以烹制山野海味而闻名。

2. 宴饮礼仪

中国崇尚礼仪，有礼仪之邦的美誉。礼产生于饮食。在我国民间，日常家宴流行着一种按尊卑长幼安排的座次。据时代或地区不同，大体可分为南方和北方两种类型。如图 3－1 所示，一席通常八人，第 1、2 座“上座”、“雅座”，供最尊者就座，其他人按尊卑长幼依次入座。上席时，必须待上座者入席后，其他人方可入席落座，否则为失礼。

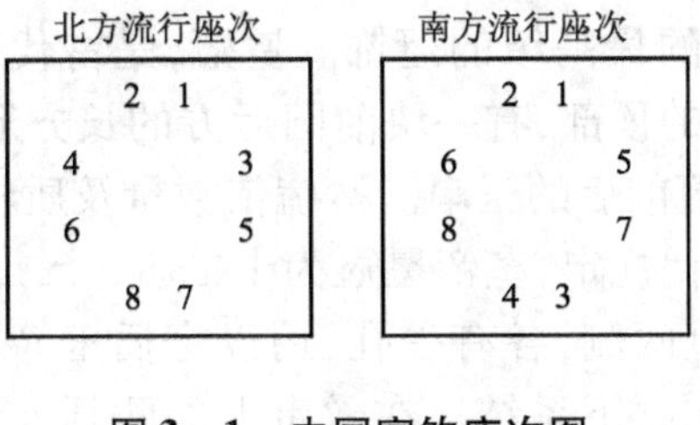

图 3－1　中国宴饮座次图

在中国饮食民俗中，有用筷箸、手扒、手抓等各种饮食方法习惯。但在食具方面，中国人的饮食习俗的一大特点是使用筷子。筷子，古代叫“箸”，中国至少在殷商时代，已经使用筷子进食。筷子一般以竹制成，即简单经济，又很方便。用膳时，主人为表示盛情，一般可说“请用筷”、“请随便”等筵语。筵席中暂时停餐，可以把筷子直搁在碟子或者调羹上。如果将筷子横搁在碟子上，那是表示酒醉饭饱不再进膳了。横筷礼一般用于平辈或比较熟悉的朋友之间。小辈为了表示对长者的尊敬，必须等长者先横筷后才可跟着这么做。用膳时，即使先吃好的，也不立即收拾碗筷，等全桌用膳毕再一起收拾。古代横筷礼仪，表示“人不陪君筷陪君”。

对于中国人，饮食之俗讲究色、香、味、形俱全，追求烹饪技艺的完美。但这不是中国饮食民俗的全部，中国饮食民俗最高的价值是礼的体现，中国人的全部饮食都交融着人伦的礼仪情感。

（三）服饰民俗旅游资源

服饰民俗即有关人们穿戴衣服、鞋帽、佩戴装饰的风俗习惯。服饰是一种文化，与民族的历史、文化发展与伦理道德紧密联系，体现了民族的情趣、集体智慧与创造才能。服饰民俗包括冠饰、衣饰、履饰、头饰、耳饰、项饰、手饰、佩饰等民俗内容，均具旅游资源价值。

1. 冠饰民俗

冠饰，古称“头衣”、“元服”。中国古代视一事物的开端为“元”。人之首位于人体的顶端，故称。头为人之首，又称“首服”。

在中国传统的服饰文化中，冠饰是极为重要的部分，不同的时代，不同的王朝，不同的阶层，不同的民族，都有不同的理解，有不同的创造。在中国传统的冠饰中，有两种基本形式，一种是巾，在扎和圈围时是头巾，在用于盖头时是头帕。另一种是有盖檐的帽，可以进行圆、方、锥、棱形等多种造型。中国传统的冠饰就在这两种基本的形式上，进行各种颜色、图案、式样的变化和创新。

冕冠是皇帝所戴的最高级的冠饰。冕冠，是古代帝王臣僚参加祭祀典礼时所戴礼冠。冕冠的顶部，有一块前圆后方的长方形冕板，冕板前后垂有“冕旒”。旒，皇帝礼冠前后的玉串。冕旒依数量及质料的不同，是区分贵贱尊卑的重要标志。汉代规定，皇帝冕冠为十二旒（十二排），为玉制。冕冠的颜色，以黑为主。冕冠两侧，各有一孔，用以穿插玉笄，以与发髻拴结，并在笄的两侧系上丝带，在颌下系结。在丝带上的两耳处，还各垂一颗珠玉，名叫“允耳”，不塞入耳内，只是系挂在耳旁，以提醒戴冠者切忌听信谗言。凡戴冕冠者，都要穿冕服。冕服为玄色上衣、朱色下裳，上下绘有章纹。此外还有蔽膝、佩绶、赤舄等，组成一套完整的服饰。皇帝冕冠服制始于周代，历经汉、唐、宋、元诸代，一直延续到清代，绵延两千多年。乌纱折上巾，是皇帝穿常服所戴，样式与乌纱帽基本相同，唯独左右二角折之向上，竖于纱帽之后。乌纱折上巾是皇帝配盘领、窄袖常服袍所戴。

清代官员的冠饰，有礼帽、便帽之别。礼帽俗称“大帽子”，有两种形制，一为夏天所戴，名为“凉帽”；一为冬天所戴，名为“暖帽”。凉帽的形制，无檐，形如圆锥，俗称喇叭式。凉帽上缀红缨顶珠。顶珠是区别官职的重要标志。按照清朝礼仪，一品官员顶珠用红宝石，二品用珊瑚，三品用蓝宝石，四品用青金石，五品用水晶，六品用砗磲，七品用素金，八品用阴文镂花金，九品用阳文镂花金。顶无珠者，为无品级。帽后拖一束孔雀翎。翎称“花翎”，高级的翎上有“眼”（羽毛上的圆斑），有单眼、双眼、三眼之别，眼多者为贵，只有亲王或功勋卓著的大臣才被赏戴。

暖帽的形制，多为圆形，周围有一道檐边。帽子的最高部分，装有顶珠，材质多为红、兰、白、金等色的宝石。顶珠同凉帽一样用来区别官职。顶子是区别清朝官员品级的重要标志，分朝冠用与吉服冠用两种。朝冠顶子共有三层，上为尖形宝石，中为球形宝珠，下为金属底座。吉服冠顶子比较简单，只有球形宝珠及金属底座两部分，底座用金的，也有用铜的，上面镂刻花纹。顶珠的颜色及材料有多种，反映不同官员的品级，在革去官职的同时，必须将帽上的顶珠取下，表示已不带官职。

凤冠是皇后接受册封、谒庙、参加朝会时的礼帽。凤冠是一种以金属丝网为胎，上缀点翠凤凰，并挂有珠宝流苏的礼冠。明代凤冠有两种形式，一种是后妃所戴，冠上除缀有凤凰外，还有龙等装饰。另一种是普通命妇所戴的彩冠，上面不缀龙凤，仅缀珠翟、花钗，但习惯上也称为凤冠，或称“龙凤珠翠冠”。清朝皇后朝冠，冬用熏貂，夏用青绒，上缀有红色帽纬。顶部分三层，叠三层金凤，金凤之间各贯东珠一只。帽纬上有金凤和宝珠。冠后饰金翟一只，翟尾垂五行珍珠，共三百二十颗，每行另饰青金石、东珠等宝石，末端还缀有珊瑚。

湘西苗族银冠。湘西苗族银冠结构有两种，一是以约三毫米的铁丝做骨架，再将上百的银花簇缠满铁丝架之上为帽顶，帽的周围缠以钻花的薄银片，下缘缀上数十枚有银链系着的银坠，银坠覆迄眉、耳之上。另一种银冠是将银花、银泡等缀在无顶帽（只缠两圈的头巾）周围，夹层插以四五束银花簇。花簇的构造，是在银簪的外端，焊接 30 多根长短不一的银签，每根签顶都焊接一朵精制的银花，髻后插一把木梳。木梳背包一块薄银片，外围缀满银坠，只留梳齿。髻上插一只银凤和一副银角。银凤以模型压成凤身，以精钻花纹的薄银镶合为凤的身、首，另以薄银片剪作尾、翼焊接于凤身。尾羽为身长的数倍。银角为薄银片制成，其上为精钻双龙戏珠，龙的双角之间另插精钻花纹的“银扇”，与银角配合，不能单独佩戴。

彝族鸡冠帽。在红河西岸，楚雄彝族自治州的妇女盛行“鸡冠帽”。“鸡冠帽”是用硬布剪成鸡冠形状，在面布上绣上各种花卉，讲究的还用无数个（多的上千个）银泡镶绣而成。戴在头上，银光闪闪，五彩缤纷。

畲族凤冠与红绒线头饰。畲族妇女服装式样较多，多穿自织的青蓝色麻布，衣领、袖口和右襟多镶花边。妇女一般都把头发梳成螺式或筒式发髻盘在头上，发间环束红色绒线，头戴竹冠蒙布。以径寸余、长约两寸之竹筒，斜截作菱形，裹以红布，复于头顶之前，下围以发，笄出脑后之右，约三寸，端缀红色丝绦垂于耳际。结婚时头戴凤冠，插有银簪。畲族已婚妇女一般头戴“凤冠”。凤冠是在精制的细竹管外包上红布帕，悬一条30多厘米长、3厘米宽的红绫做成的。冠上有一块圆银牌，下垂3个小银牌于前额，称为“龙髻”，表示是“三公主”戴的凤冠。

白族凤凰帽。在大理白族自治州洱源、邓川一带的白族姑娘都爱戴“凤凰帽”。她们用两瓣鱼尾形的帽帮缝合成凤凰鸟一般的帽身，帽后檐有两寸来长稍稍上翘的帽尾，帽前檐正中有一颗红光闪闪、用白银镶边的帽花，帽花边满缀着白族碧玉的饰器。

撒尼人五彩花帽。撒尼人是彝族的一个支系。撒尼妇女头上戴的五彩花帽，用各种彩色图案布作装饰，帽檐上下两端分别饰以银器或珠子、贝壳等装饰边框。由数串发光的小珠串系于双耳边，直垂至胸前，光耀夺目又叮当作响。

回族小白帽。回族服饰的一个特点，是回族男子圆形无檐的小白帽。无檐白帽称为“礼拜帽”或“白孝帽”。回族认为白帽轻薄凉爽，物美价廉，方便易做，白帽便成了男性穆斯林普遍的头饰了。回族因地区、季节不同而帽饰有别。如北方回民冬天由于天冷头凉，多戴蓝、黑平绒或呢子圆帽；海南岛的回族则在白帽上绣出“清真言”的阿拉伯文字。

维吾尔族花帽。在维吾尔族服饰中，维吾尔族的花帽最有特色。维吾尔族的男女都喜欢戴帽子。维吾尔族的传统帽子主要有皮帽和花帽两大类。每逢节日、婚礼、歌舞盛会、会亲访友，维吾尔族人都要戴花帽。维吾尔族花帽主要有，巴旦姆花帽、塔什干花帽、格来木花帽、曼波尔花帽、奇曼花帽、再尔花帽、玛日江朵帕、吐鲁番花帽、伊犁花帽。维吾尔族花帽一般由四瓣帽片拼缝而成。五瓣花帽比一般花帽多一瓣，是一种男孩、女孩戴的花帽。五瓣花帽较小，纹样比较简单。在维吾尔族中不同的阶层戴不同的花帽，不同的年龄对花帽有不同的喜好。维吾尔族的花帽，主要用料是灰色、蓝色、黑色、红色、紫色纯棉斜纹布里，灯芯绒或金丝绒做面。采用民族传统的绣花、挑花、绊金、绊银、串珠等方法,用手工缀成各种图案绣织而成。

鄂伦春族狍头帽。鄂伦春族的服饰,上至帽子,下至靴袜乃至各种寝具、生活用品,都多用狍皮为原料,最具特色的是狍头皮帽。狍头帽子用完整的狍子头皮制作而成。将狍子头皮剥下、熟好,把眼圈的两个窟窿镶上黑皮子,再把两个耳朵割掉,用狍皮做两只假耳朵缝上,狍角照旧保留即可。这种帽子不仅保暖御寒,而且还是狩猎的极好伪装。据说如果不换上两只假耳朵,猎人在远处就会误认为是真狍子而出现误伤。

帽饰民俗反映了社会的等级文化,也区别了民族。帽饰扮靓了人们的生活,装饰了民族,也装饰了社会。

2. 衣饰民俗

衣饰,古称"体衣"。中国传统的衣饰,一般日常服饰是上衣下裳。上衣为右衽,由胸前围包肩部。裳,古代指裙子。下裳的形制是前三幅后四幅,两侧重叠相连,形状有如今长裙。周代已有衣裳相连的"深衣",长度到足背,袖子宽阔,用长带束腰。衣服的材料已有多种选择,主要有皮毛、麻、葛和丝织品。贵族以皮裘、丝织品为衣料,庶民和农夫穿葛衣。葛衣,又称"褐衣"(粗布或粗布衣,黑黄色)。故而,"布衣"、"褐衣"成为庶人和贫困者的代称。周代上衣下裳已分明,奠定了中国服装的基本形制。我国衣饰民俗,分为传统衣饰民俗和民族衣饰民俗。传统衣饰民俗以皇帝冕服、皇帝龙袍、明清补服为典型。

冕服是中国古代皇帝最高级别的礼服。中国古代皇帝服制始于周代。周朝规定了帝王玄色上衣、朱色下裳,上下绘十二章纹的服章制度。《尚书·益稷》:"日、月、星辰、山、龙、华虫作绘,宗彝、藻、火、粉米、黼、黻绣,以五彩彰施于五色作服。"冕服与冕冠、蔽膝、佩绶、赤舄等,组成一套完整的中国古代帝王服饰。隋代是冕服发展的重要时代。起始于周代的帝王十二章纹服章制度,历经秦、汉、隋、唐、宋、元、明诸代,一直延续到清代,绵延2000多年。

自唐宋以降,龙袍和黄色就为王室所专用。朱元璋建立明朝,首先制定皇帝的礼服,把龙纹作为皇帝礼服的规定图案。明代皇帝的常服,面料以黄色的绫罗,样式为盘领、窄袖、前后及两肩绣有金盘龙纹样与十二章纹。衮服也是皇帝龙袍中的一种,是皇帝祭天地、宗庙时与衮冕配套使用的服饰。衮服主要纹饰为十二章,其中团龙9,用孔雀羽线缂制,前身、后身各三,两肩各一,里襟一条。十二章纹样分布在两肩及前后衣襟上。

龙袍在清代一改男性独占的局面,除了皇帝的男性龙袍外,女性在服饰上也出现了大量的龙纹图案,形成男女龙袍系统。男式龙袍仍是传统的皇帝龙袍。清代的皇后、贵妃、妃、公主等服饰都可以将龙纹作为衣袍的装饰，形成女式龙袍。皇后朝服有朝袍、朝褂、朝裙等，都可以绣以龙纹图案，分别称为“龙袍”、“龙褂”、“龙裙”。纹样有三种类型，第一类为饰金龙九条，间以五色云纹及福、寿纹，下幅饰八宝立水，领托前后正龙各一条，左右及交襟处饰行龙各一条，袖相接处饰行龙各两条。第二类为织绣五爪金拢八团，两肩、前胸、后背饰正龙各一条，襟饰行龙四条，下幅饰八宝立水，其他与第一类龙袍相同。第三类为下幅无纹样，其他与第二类龙袍相同。

蟒袍是清代文武官员最常用的礼服，因袍上绣有蟒文而得名。蟒、龙的区别，有“五爪为龙，四爪为蟒”之说。其实，龙不完全是五爪，蟒也不完全是四爪。到了清代，尽管在名称上将龙、蟒进行区分，但在形象的描绘上，两者往往是一致的。所以，同样是一件五爪龙纹袍服，用于皇帝的称为龙袍，而用于普通官吏时，只能叫蟒袍。

中国古代官吏的补服始于明代。明洪武二十四年（1391 年），规定职官常服使用“补子”。补子是一种有固定位置、形式、内容和意义的纹饰。补子用金线或彩丝线织成飞禽走兽纹样，缀于官服的前胸和背处。官服因前后各缀有一块补子，故名“补服”。文官补子绣飞禽，表示文明；武官补子绣走兽，表示威武。公、侯、伯及品官补子所绣图案，有等级的规定。明代规定各级官员补服补子图案为，公、侯、伯、驸马绣麒麟、白泽，文官一品绣仙鹤，二品绣锦鸡，三品绣孔雀，四品绣云雀，五品绣白鹇，六品绣鹭鸶，七品绣鸂鶒，八品绣黄鹂，九品绣鹌鹑，杂职绣练雀，风宪官绣獬豸；武官一品二品绣狮子，三品四品绣虎豹，五品绣熊罴，六品七品绣彪，八品绣犀牛，九品绣海马。明代对补子品级图案的规定还不十分严格，一些没有正式官职的杂职人员，可以用杂禽、杂花补子。

清朝补服，也叫“补褂”，是清代主要的一种官服。补服为无领对襟服，长度比袍短、比褂长。清代凡补服都为石青色，补子分圆补子和方补子两种。圆形补子为皇亲贵族所用，方形补子为文武官员所用。圆形补子的图案为龙和蟒，有皇子、亲王、郡王、贝勒、贝子等不同规定。皇子，龙褂为石青色，绣五爪正面金龙四团，前后两肩各一团，间以五彩云纹。亲王，绣五爪龙四团，前后为正龙，两肩为行龙。郡王，绣有行龙四团，前后两肩各一。贝勒，绣四爪正蟒两团，前后各一。贝子，绣五爪行蟒两团，前后各一。方形补子是区分官职品级的主要标志。文官绣飞禽，武官绣猛兽。文官一品绣鹤，二品绣锦鸡，三品绣孔雀，四品绣雁，五品绣白鹇，六品绣鹭鸶，七品绣鸂鶒，八品绣鹌鹑，九品绣练雀；武官一品绣麒麟，二品绣狮，三品绣豹，四品绣虎，五品绣熊，六品绣彪，七品八品绣犀牛，九品绣海马。凡都御史一品、副都御史三品、给事中五品、监察御史从五品、按察史、各道的补服绣獬豸。补服是品官的标志,不得混用。

民族衣饰。中国是统一的多民族国家,56个民族共同创造了灿烂的衣饰文化。中华民族的衣饰,有节日盛装、婚礼服、常服和童装。由于各民族居住地域不同,经济和文化存在差异,衣饰的质地、款式、色调等方面都具有浓郁的民族特点和独特的艺术风格。

衣饰是人类最基本的物质文明,与民族地区自然经济相适应,从原料、纺织工艺,以至样式、装饰都保持着鲜明的民族和地区特色。以捕角为主要经济生活的赫哲族早年曾以鱼皮为衣,曾长期从事狩猎的鄂伦春、鄂温克等族用狍皮兽筋缝制衣服;经营畜牧业的蒙古族、藏族、哈萨克族、柯尔克孜族、裕固族等,穿戴多取诸牲畜皮毛。从事农业的少数民族则以当地出产的棉麻丝为原料,纺织布帛丝绸,缝制衣服。

中国少数民族衣饰款式纷繁,大体上有长袍和短衣两类。穿袍子的民族一般戴帽蹬靴,穿短衣的民族多缠帕着履。袍子形式也多种多样,有蒙古、满、土等民族的高领大襟式,有藏、门巴等族的无领斜襟式,有维吾尔等族的右衽斜襟式等,还有坎肩式长袍。短衣有裤和裙之别。裙子的款式有百褶裙、筒裙、短裙、连衣裙等。袍、衣、裙、裤,不同的民族在结构、工艺、风格等方面都有差别,同是高领大襟袍,有开衩和不开衩的,有前后开衩的,有前后开衩和周围镶边的。黎、景颇、德昂、傣等民族妇女都穿筒裙,但黎族为棉制锦裙,景颇族为毛织花裙,德昂族为横条纹裙,而傣族多为市购布料裙。

衣饰是民族最明显的标志。在中国这样一个地域辽阔、民族众多、社会发展不平衡的国家里,由于经济生活、文化素养和自然环境,地理气候的差异,不仅民族与民族之间存在着明显的服饰区别,就是在民族内部,不同支系、不同地区也都有明显的差异,省与省之间,县与县之间,以至寨与寨之间都有差别。民族装饰的多种多样性,是民俗服饰的特点之一。

维吾尔族衣饰。维吾尔族衣饰一般都比较宽松。男装比较简单,主要有亚克太克(长外衣)、托尼(长袍)、排西麦特(短袄)、尼木恰(上衣)、库依乃克(衬衣)、腰巾等。维吾尔族将外衣统称为“裕袢”。这些衣服多用黑、白布料,蓝、灰、白、黑等各种本色团花绸缎料等制作。传统的维吾尔族男子衣饰一般多为过膝、宽袖、无领、无扣的长外衣,穿时腰间系一长腰巾,腰巾可以起到扣子和口袋的作用,携带食品和其他一些零星物件,随用随取。腰巾多为黑、棕、蓝等深色,平常腰巾不怎么讲究,节日系的腰巾一般十分鲜艳,有的印花、有的绣花。过去富有的人还在裕袢外再穿长袍。维吾尔族男子的衬衣多不开胸,长及膝部、臀部。年轻人及小孩的衬衣多缀花边。维吾尔族的传统裤子通常为大裆裤，样式比较简单，分单裤、夹裤、棉裤三种，主要用各种布料做，也有用羊皮、狗皮等做的。男裤通常比女裤短，裤脚窄一点。女裤裤脚肥大，裤长及踝骨。维吾尔族妇女衣饰式样很多，主要有长外衣、短外衣、坎肩、背心、衬衣、长裤、裙子等。过去维吾尔族妇女普遍都穿色彩艳丽的连衣裙和裤子。裙子大都是筒裙，上身短至胸部，下宽大，长及腿肚子。维吾尔族喜欢在衣服领口、胸前、袖口、肩、裤脚等处绣花。

藏族衣饰。我国的藏族广布于西藏、四川、青海、甘肃、云南等地，衣饰多姿多彩。男子一般头戴皮帽或毡帽，上身内穿短衣，外穿藏袍。女装典雅潇洒，尤以珠宝金玉作佩饰，形成高原妇女特有的衣饰风格。农业区的藏族爱穿布袍或布制棉（毛）袍。农牧民一般是夏季着大襟布衫，冬季穿羊皮袄，腰间束一条长腰带，男子扎腰，下摆上提与膝盖平齐，女子扎腰，下摆要盖住踝关节。两臂可随意露出袖外便于劳动。一般只袒露右臂，右袖空垂背后。藏族男女衬衫有大襟和对襟两种，颜色以深蓝黑为主，男衬衫高领，女式多为翻领，女衫的袖子要比男衬衫衣袖长40公分左右。藏族妇女跳舞时放下袖子，袖子在空中翩翩起舞。

蒙古族衣饰。蒙古族的服饰以皮衣为多，男女都穿袍子，喜用红、绿绸子扎在腰里。冬天多穿羊皮袄、皮裤，里套毡袜子。夏天都穿布裤子、皮靴。蒙古袍很肥大，除乘马放牧中能护膝防寒以外，夜晚还能当被盖。细而长的袖筒，在乘马持缰时冬防寒，夏防蚊虫。肥大的蒙古袍腰带，主要的作用是乘马时能保持腰肋骨的稳定垂直。

苗族衣饰。苗族分支众多，依据所着衣饰的色调或服式进行区分。按衣饰的主要色调，分有“白苗”、“黑苗”、“花苗”、“汉苗”、“草苗”等；根据妇女的裙样，分有“长裙苗”和“短裙苗”。苗族妇女衣饰分为盛装和便装两种。苗族妇女盛装，缀满银饰品。盛装上的刺绣极其精美。绉绣、散绣、堆绣是苗族特有的绣法。绉绣上衣花纹呈浮雕状，装饰效果强烈；散绣上衣花纹十分精致漂亮；堆绣上衣由各色三角绫子绣成，装饰效果奇特而美丽。用这三种绣饰方法制作的上衣均为盛装礼服，称作“花衣”，盛装花衣必须钉上许多银饰才算最后完成。

土族衣饰。土族是以农耕为主而有过畜牧经济历史的农业民族。土族服装，既有农耕民族的特点，从中又能看到畜牧民族袍式服装的影子。男子常常以袍服为礼服，又没有完全摆脱皮袍、皮袄等皮毛制品。妇女的上衣虽用棉布、绸缎等制作，但普遍较为宽大，一般都长及膝盖，外面还常套穿一件长长的坎肩，土族男女均多穿高领或翻领斜襟袍。袍除了肥大、宽大外，最富特色的便是用红、黄、绿、白、蓝等五色彩布或彩绸拼制而成的五彩袖。

白族衣饰。白族男女都崇尚白色，以白色为尊。大理地区的男子多穿白色对襟衣，外套黑领褂，海东地区男子则外套皮领褂，或数件皮质、绸缎领褂，腰系皮带或绣花肚兜，下着蓝色或黑色长裤。女子衣饰则各地不一，大理地区多穿白上衣，红坎肩，或是浅色蓝上衣，外套黑丝绒领褂，腰系绣花短围腰，下着蓝色宽裤，足穿绣花“白节鞋”。

景颇族衣饰。景颇族的衣饰风格粗犷。男子多穿黑色圆领对襟上衣，裤短而宽大，包黑布或白布头巾，头巾两端以图案花边和小绒球装饰。外出时腰间再挂上“筒帕”和长刀，显得气宇轩昂，仿佛剽悍的武士。妇女的衣饰一般是黑色对襟或左衽短上衣，下着黑、红两色织成的筒裙，腿上带裹腿，富有浓郁的民族特色。盛装时的妇女上衣前后及肩上都钉有很多银泡、银片。

叶车妇女衣饰。哈尼族叶车（自称）支系妇女多赤足，喜用靛青小土布做衣服，下穿紧身短裤，无裤脚，近似游泳裤，自大腿上端以下全部裸露。无论炎热的夏天下田栽秧锄禾，或风雪交加的数九寒天到山林中砍柴，钻刺棵，从不穿长裤。

傣族衣饰。傣族衣饰，男子朴实大方，上身为无领对襟或大襟小袖短衫，下着长裤，多用白、蓝布包头，适于劳动。妇女上身穿着各色紧身内衣，外套浅色大襟或对襟窄袖衫，腰身细小，下摆宽大。下身着花色筒裙，裙上织有花纹。

汉族衣饰。汉族的衣饰，在式样上主要有上衣下裳和衣裳相连两种基本的形式，大襟右衽是其服装始终保留的鲜明特点。不同朝代、不同历史阶段，又各有不同的特点。在衣饰的色彩上，汉族视青、红、皂、白、黄等五种颜色为“正色”。不同朝代也各有崇尚，一般是夏黑、商白、周赤、秦黑、汉赤，唐服色黄。从唐代以后，黄色曾长期被视为尊贵的颜色，往往天子权贵才能穿用。衣饰的原料，主要有麻布、丝绸、棉布、毛呢、皮革等。汉族的染织工艺，在方法上大体可分为织花、印染、刺绣、书花四大类。

满族旗袍。旗袍之名，源于努尔哈赤建立八旗制度，满族被称为“旗人”，故称“旗袍”。最早的旗袍基本款式是圆口领，窄袖，向右侧捻襟。下摆四面开衩，带扣襻，束腰带。满族男女均穿袍褂服装，因在窄小的袖口处，还接有一截半月形袖头，形状似马蹄，所以又称“马蹄袖”，也叫“箭袖”。满族于1644年入主中原后，游猎变为农耕，满族服饰与汉族的大领大袖的服饰相交流，男装原先不宜于农耕的窄袖、马蹄袖，变成了喇叭袖；不常骑马，四开衩就改变为两开衩，甚至不开衩；旗袍就成了直筒式的宽袖大袖长袍样式。用料多为绸缎。妇女的旗袍变化就更大，圆领口上加了一寸多的高立领，在领口、袖头和衣襟上加上了几道鲜艳花边或彩色牙子。辛亥革命后，特别五四运动前后直到20世纪30年代，女学生们常穿的蓝布旗袍，款式又有较大变化，宽松直筒式改为紧腰身，长度改短，两侧开衩的长短不一。20世纪30年代以后，旗袍的领子、袖子等处又多有变化，时而高领，时而低领，时而省去领子，袖子又由宽袖变窄袖，长度则有时可及手腕处，有时又短到上臂全裸露。而紧身贴腰显示曲线美的优点则一直保留。再加下摆回收，长及踝骨，就显得十分爽身合体。男性的直筒长袍，到40年代，已逐渐被新式服装取代。

纳西族"七星披肩"。七星披肩纳西语称为"优轭"。纳西人较早的披肩上，在羊皮颈的上部左右对称各缀着一个直径约五寸的圆盘，圆盘上用彩色丝线绣有各种图案。在羊皮颈的下部，缀有七盘直径约三寸，仍绣有彩色图案的小圆盘饰物，每一小圆盘的中心各吊两面三刀条麂皮细线，共有十四条，称"优轭崩"，即羊皮须。纳西人的七星披肩的羊皮之上有两枚较大的圆盘，分别代表日和月，而七枚稍小的圆盘代表七颗星星，象征着纳西妇女"肩担日月，背负繁星"。

朝鲜族素服。朝鲜族以素服为主要服饰，故有"白衣民族"之美称。不论男女长幼均以白色面料为主制作各式各样的服装。

彝族绣花衣裳。彝族妇女，普遍喜欢穿戴宽边大袖的左衽上衣。她们在衣的袖口、胸襟、背肩，甚至整件衣裳上，用金、红、紫、绿等色丝线挑绣各种花纹图案，衣领上还镶若干银泡。穿时，将衣的一角拉到腰部用带扣紧，与镶花边的肥裤自然形成对称花纹，色彩协调，秀丽雅致。此外，彝族妇女还喜欢在头巾、衣襟、坎肩、下摆、围腰、腰带、裤脚、裙边等处绣上各种色彩鲜艳、寓意深刻的花纹图案作装饰。

中华民族衣饰具有很高的艺术价值。各族人民在长期的生产实践中，在编织、印染、蜡染、刺绣和鞣制皮革方面，积累了丰富的经验，制作工艺技术达到了很高的水平，在服装上织、绣和染出各种生动优美的纹样图案，在色彩、式样等方面，以它特有的魅力，生动地展示出独有的风采给人以美的享受，体现了少数民族的创造和智慧。

3. 履饰民俗

履饰，古称"足衣"，现称"鞋"，是人类适应自然环境的智慧结果。鞋，中国古代称"屦"、"履"、"舄"等。以舄最为显贵。舄始于周代，只在朝觐、祭祀礼仪场合穿着。屦为一般葛制的单底鞋，舄则为厚底鞋。舄多用兽皮或丝绸作面，布底之下加一厚木为底，有的还在木上注蜡，以防潮湿。周代的舄有等级之分，天子足登赤舄，依次为赤、白、黑；王后之舄亦为厚底及赤、青、元三色，夏用葛麻、丝绸，冬用兽皮制作而成。北齐时，上至天子，下至百姓流行穿"屐"。屐,一种有木齿底的鞋,它由扁、系、齿三部分组成。清代的女鞋,年轻的满族妇女多穿木质高底的旗鞋。

鞋在中国的历史上,不仅是一种服饰用物,还发展为工艺观赏品。用玉、银、铜、木、瓷等各种材料,雕制、铸造和烧制各种式样的工艺观赏鞋,是中国传统鞋饰的重要内容。中国传统鞋饰十分丰富,其中,靴、弓鞋、旗鞋与童鞋具有典型意义。

靴是一种高筒的鞋,原为蒙古族、藏族、维吾尔族、满族等北方游牧民族所穿,又称"马靴"和"高筒靴"。相传靴的发明者为战国时代著名军事家孙膑,为纪念孙膑,旧时鞋匠们便奉他为制鞋业的始祖,设牌位,挂画像供奉。南北朝时期,靴在北方广泛流行,且波及江南;唐时靴已官庶咸宜;宋代始出现女靴;元代盛行高丽式靴;明代朝廷虽下令禁止庶民百姓穿靴,但仍出现了许多似靴像履的短筒靴;清代男子着便服以鞋为主,穿公服才着靴。靴的样式有旱靴、花靴、皮靴、毡靴、单靴、棉靴、云头靴、鹅顶靴等。靴多以缎、绒、布皮为材料,朝靴为方头靴,民间皆为尖头靴。

弓鞋是中国古代缠足妇女穿的一种鞋子,因鞋形似翘首的鸟头,鞋底为木质,弯曲如弓,故称"弓鞋"。弓鞋多为 4 寸~5 寸高的鞋底,原本指弯底鞋,后泛指缠足妇女所穿的小脚鞋子。汉族妇女以穿弓鞋为多。中国缠足始于南唐。元明时期规定只准有钱人家的女子缠足。妇女的缠足之风,到了清代尤为盛行。不仅汉族女性痴迷于"三寸金莲",满族妇女也深为青睐,清政府曾多次禁止旗人缠足,但屡禁不止。1911 年以后,清朝覆灭,妇女不再裹足,然而长年的积习使一些人还不愿意改,因此新中国成立后仍有很大一批"小脚女人"。为了满足这一群体的需求,有的地方组织了"三寸金莲"鞋的批量生产。然而随着社会的发展,"三寸金莲"鞋的特定消群体人数越来越少,"三寸金莲"鞋也就逐渐失去了市场。1999 年,哈尔滨最后一家生产"三寸金莲"鞋的工厂主人,将"金莲"鞋楦送进了博物馆永久保藏。

满族妇女一般不缠足,在穿旗装时就穿木底的旗鞋,时称"高底鞋"。由于鞋形似花盆,也称"盆底鞋",还像马蹄,又称"马蹄底鞋"。鞋跟用白细布裱蒙,鞋面用刺绣、穿珠等工艺。慈禧太后穿的旗鞋,把鞋头做成凤头形,嘴衔珠穗,称为"凤头鞋"。

中国传统童鞋中,最有儿童情趣的是各式动物头形鞋,如虎头鞋、猪头鞋、兔头鞋等,其中以虎头鞋最为常见,既符合儿童的心理特征,又寄寓着虎虎生威、快快长大的美好愿望。

在中国的传统婚俗中,鞋子是一种吉祥物,这是由于鞋子的成双成对和"鞋"、"偕"同音而产生的一种象征民俗。在古代,认为男为乾,女为坤,因此，女鞋被称作"坤鞋"。鞋，有作为婚赠品，作为出嫁必备的，作为祝贺新婚幸福的。对婚鞋的称呼，各地有不同的叫法。古时结婚要选黄道吉日，新娘在结婚上轿时穿用黄布折成的鞋，叫"黄道鞋"。到夫家后，再换红色婚鞋。有些地方把女子结婚拜堂时所穿的婚鞋，称为"踩堂鞋"；江苏海州地区，把婚鞋叫"喜鞋"。婚俗中的婚鞋，有的是请人制作的，也有自己做的。在浙江龙泉地区，历代传承做新娘新郎的鞋有一定的规矩，如新娘鞋，一般用粉红色或橘黄色绸缎做鞋面，请爷娘双全的姑娘或见三代的婆婆纳鞋底，织鞋底，绣面，鞋面上绣双凤采牡丹，鞋底里面糊一白布，布上绣双喜字样。这双鞋，新娘上花轿时穿，到婆家落轿要穿，此后只穿三天就不穿了。但是，在新娘头生子女满月时，新娘要穿这双鞋去见众客人，这标明她是头生之母。在福建惠安县崇武半岛上的大乍村，那里住着惠安女，她们穿自制的绣花鞋，鞋形似拖鞋。鞋面用红布绣花而成。这种鞋因结婚时上轿必穿而得名，俗称"踏轿鞋"。在结婚以后，只有家中逢喜事，如生子、娶儿媳、孙子满月时才穿。最后是死后一直到入棺时穿，这就是所谓"一双红鞋穿到死"的民俗。

在壮族，还有一种有趣的"筛鞋"婚俗。青年结婚，女方送新娘到男方家的众姐妹，称为"送亲"。"拜堂"后，由送亲者唱"十说歌"。尔后，主人家在正厅里摆开筵席，举行"敬茶"、"敬酒"仪式。然后送亲人起身告辞，这时，一个男后生捧出竹筛，来到席上"筛鞋"。送亲人先要推托谦让，最后才把随身带的礼鞋献到米筛中来，表示礼轻意重，作为留念。男方收到礼鞋后，把红纸封包放在米筛里，边旋着筛子，边递到送亲人面前，嘴里还唱着答谢歌。送亲人收下封包，才行为别。

在仫佬族中，鞋子也是姑娘赠给后生的定情信物。姑娘在"走坡"活动中暗测情人脚的大小，按尺寸细针密线缝制，鞋做成后放蒸笼蒸十几分钟取出晾干，在以后与情人会面时赠给他，作为定情物。因赠予的是年龄相仿的后生，故这种鞋俗称"同年鞋"。

在北方有些汉族地区，结亲时，男方必须向女方送丝麻鞋，鞋必须成双成对，取吉祥和谐、双双对对，永不分离之意。同时，亦含新妇穿丝麻鞋上轿，以丝麻之绵韧，谐"思妈"之意，喻新妇于归，不忘生母。所以作为婚姻礼物，鞋子也含吉祥和谐的意思。在安徽徽州等地区，姑娘出嫁，娘家均特做一双"新娘鞋"，用做新婚夫妇拜天地时穿。闹房人在新娘未拜天地前，总是想方设法把"新娘鞋"搞到手，迫使新郎用喜烟、喜糖等来换鞋，博得大家欢笑。

在丽江纳西族办喜事时，当男方家把新娘迎进屋后，新娘先送给公婆各一双鞋。在入洞房时，女方送亲的人故意将新娘送给新郎的一双鞋丢到新床底深处,迫使新郎弯腰到床底将鞋取出,而后穿起。此鞋称为“换脚鞋”,也取夫妻同偕之意。

鞋的民俗,是走出来的民俗。如同所有的服饰民俗一样,中国人赋予了鞋对人生与家庭最美好的寓意。

4. 头饰民俗

头饰,指发型、冠饰之外,利用器物对头部进行的美饰。中国传统头饰的形成时间要比我们想象的早。在距今约五千年的新石器时代,就已经出现造型极为美观,色彩极为艳丽的笄、簪、钗、箍、梳等,而且使用了玉、绿松石、蚌片、骨、金、银、铜、木等多种材料。在中国历史上,不同的时代、不同的民族都创制了各自丰富的头饰精品。自古以来,饰品为女性所重,盛行戴花之俗,有鲜花,也有绢花,花色以红、白、黄为多,喜庆时须插红花。传统中国头饰有笄、簪、钗、箍、梳等。

笄除固定发髻外,也用来固定冠帽。我国在新石器时代就有骨笄、蚌笄、玉笄、铜笄等固定发髻的饰物。周代男女都用笄,用于固定冠帽的笄称为“衡笄”。从周代起,女子年满十五岁便算成人,可以许嫁,谓之“及笄”。如果没有许嫁,到二十岁时也要举行笄礼,由一个妇人给及龄女子梳一个发髻,插上一支笄,礼后再取下。簪是由笄发展而来,是古人用来插定发髻或连冠于发的一种长针,用来绾住头发的一种首饰。钗,则是由两股簪子交叉组合成的一种首饰。

佤族妇女银箍。云南省西南部的西盟佤族妇女留长发,不梳辫子,头戴银箍,把长发拢在背后,耳戴银环,颈戴银项圈和若干串颜色料球,腰围若干串料珠或若干个黑漆竹圈,有的还刻有花纹。

头饰,几乎是为女性专有的装饰。追溯人类唯美装饰的文化起源,美饰的追求是同一的,没有性别的区别,当然也没有等级的区别。装饰民俗形成性别的区别,应是社会经济发展所带来的男女性别在生产与生活中的分工和角色的转变带来的。男性在社会生产与生活中所担负责任的繁重与繁忙,就让更多的装饰空间由女性独领风骚。

5. 项饰民俗

项饰民俗的形成在我国有悠久的历史。中国古代的项饰起源于旧石器时代,在中国的考古发掘史上,所发现中国古代最早的装饰物就是项饰。项饰主要是各式各样的项链。中国古代项链的材料,最早是选择蚌壳、兽骨、兽牙等生活食物的残骸,穿孔相连,做成蚌壳项链、兽骨项链、兽牙项链。在发明磨制技术以后,又将石片磨薄穿孔,做成石项链。兽牙项饰是中国考古中发现的中国古代最早的一种项链。1933 年至 1934 年,我国在北京市房山县周口店龙骨山山顶洞出土了多达125枚的兽牙项链，属距今约1.8万年旧石器时代晚期的项饰物品。进入金属时代，人们对项饰饰物的选择，就逐渐远离粗糙的蚌壳、兽骨、兽牙与石片，开始选用金、银、宝石等贵重金属和珠宝，制成金项链、银项链、宝石项链等华贵富丽的项饰。1957年，考古工作者在陕西省西安市隋代李静训墓出土了一条周径43厘米、重91.25克的金项链饰品。金项链做工精细，由28个金质球形饰组成，球饰上各嵌有10颗珍珠。这一出土，可以说明，项链在装饰的意义外，已成了身份、等级、富有的体现。

项链是中国每一个民族都喜爱的饰物，他们都在按照自己的审美取向，选择项链的材料和项链的造型，形成多姿多彩的项饰文化，项饰成了每一个民族表现美的重要方式。如水族妇女大多胸前有大项圈及银锁，有的在项圈与银锁上还垂下长短不同的银质珠穗；藏族妇女项饰为缀有小珊瑚的项圈和由绿松石、大珊瑚、九曲珠串起的项链；塔吉克族妇女戴着圆形大钱项链等。在各民族的项饰中，苗族的银项饰颇具有特色。川、黔、滇、桂的苗族妇女常用的项饰有钻花项圈、银串、挂银串项圈、围腰链、螺旋项圈、链锁等。

满族的项饰是念珠，入关后满族挂念珠的习俗便演变为清朝官员礼服中的朝珠。清代官员的朝珠是中国传统项饰中的特殊种类。朝珠与念珠的数目相同，都是108颗。不同的是，朝珠每隔27颗即夹入一颗大珠，名为“佛头”。佛头通常用珊瑚、玛瑙、翡翠制作。一串朝珠共有四颗大珠，挂在颈上，前三后一，象征四季。朝珠两边附有三串小珠，名“纪念”。每一“纪念”上再缀10颗小珠，象征一个月上、中、下旬的30天。朝珠顶端的佛头上连缀着一个塔形装饰，名“佛头塔”。佛头塔下面垂丝绦，连接一个椭圆的玉片。戴朝珠时，玉片处于后背，故名“背云”。按《大清会典》规定，自皇帝、后妃、王公以下，文官五品以上，武官四品以上，以及翰詹、科道、侍卫、礼部、国子监、太常寺、鸿胪寺等处的官员，在行大礼时可佩挂朝珠，其他人则不许。佩挂朝珠，男女有别。男子为两串“纪念”在左，女子为两串“纪念”在右。朝珠所用质料，因身份而定。皇帝朝珠用东珠，其他“佛头”、“纪念”、“背云”等因场合不同而不同，如祀天用青金石，祀地用蜜珀，朝日用珊瑚，夕月用绿松石。皇后需戴三盘朝珠，中间一盘用东珠，左右两盘用珊瑚，“佛头”用珠宝，丝绦用明黄色。妃嫔穿朝服时，都挂三盘朝珠，质料依次减等，丝绦用金黄色。其他王公大臣，除不准用东珠、珍珠及明黄色丝绦外，其他的珊瑚、玛瑙、翡翠、蜜珀、琥珀、碧玺等均不限。

项饰是人类最早的追求美的表达方式，是人类用物寄托美的观念与情趣的开始。项饰民俗是性别突出的民俗文化，也是满清一朝官员等级区别的文化。

6. 耳饰民俗

耳饰，俗称"耳环"。中国传统耳环造型十分丰富，有圈环形、钩状形、套环形、小铃形、珠状形、金钟形等。耳环以圈环形为多，故称"耳环"。耳环有金、银、铜、玉等多种材质，以银质为主。

佩戴耳饰，主要流行于少数民族妇女中，几乎可以说，没有一个少数民族的妇女不佩戴耳饰。在有些少数民族中，不仅妇女佩戴耳饰，男子也佩戴耳饰。如藏族，藏族男子戴左耳环，藏族妇女是两耳都挂耳环。在耳饰的佩戴上，有单耳饰和双耳饰，以单耳饰为常见。

耳环是苗族流行的一种装饰。云南的开远、丘北，广西的南丹、隆林，贵州的盘县、贵定、镇宁、望漠、安顺等地的苗族妇女，都喜戴银耳环。有些地区的苗族银耳环还系有银链，银链吊有银铃或银片。贵阳市花溪高坡苗族乡妇女在佩戴耳环后，还加戴耳坠。耳环呈钩形，耳坠形似小灯笼。灯笼耳坠以细银丝编成，分三层，下系银片。土族妇女的金、银、铜制耳环多刻有花纹或镶有红珊瑚、绿宝石，下面还垂有五色珠，并在珠上缀挂穗子。满族妇女的耳饰讲究一耳带三钳，就是说满族妇女要在每只耳朵上扎三个孔，带上三只耳环。满族妇女的一耳带三钳习俗，延续到民国年间，现今在东北满族聚居的地方，仍可见到。佤族上了年纪的妇女，喜欢戴长约五公分的伞状大耳筒，筒顶还刻有各种花纹。有的妇女在耳筒内插上香花香草，有的放上人民币，出门赶集，随用随取，很是便利。

耳饰民俗为我国各民族妇女所情有独钟。耳饰民俗扮靓了各民族妇女，使各民族妇女更加妩媚，更加婀娜多姿。

7. 手饰民俗

中国古代对手装饰的历史也很早，据考古的实物证明，中国至少在距今约五千年左右的新石器时代就已经有制作精美的玉镯手饰品，说明中国手饰起源的历史在新石器之前。中国的传统手饰主要有镯、戒指、指甲套等。

镯手饰主要用玉和银制作，用玉制作的叫"玉镯"，用银制作的叫"银镯"。银手镯是一种经济实惠的手饰，在民间较为常见。在贵州贵定县仰望一带的苗族所佩戴的空心银手镯颇为精致和具有特色。而在广西的壮族中却流行实心银手镯，如亮格手镯、锥虫手镯等。

在中国传统的手饰物品中，金戒指，特别是白金戒指尤显华贵。所知一枚具有特殊身价的白金戒指是现藏于故宫博物院的末代皇帝溥仪和皇后婉容结婚时互相赠送的白金戒指。

指甲套，也称"护指"，是妇女专用的护指手饰。清代贵族女子喜留长指甲,促使清代护指手饰加工制造工艺的发展。清代用金、银、玳瑁、珠宝、翠玉等材料做成各式指甲套,纹饰极为精美华丽,种类丰富。如,玳瑁嵌珠宝翠玉葵花指甲套、金护甲、玳瑁嵌珠宝花蝶指甲套、玳瑁嵌米珠团寿指甲套等,都可以视为精致的工艺品。

我国传统民俗的手饰之习,相对于项饰与耳饰,更显示出女性特质,这种习俗在发展中逐渐显现出追求富贵的风气,特别是指甲套更是清代贵妇人的专有的手上装饰。

8. 佩饰民俗

佩饰包括胸饰和腰饰,是构成中国传统服饰文化的一个重要组成部分。佩饰可以是生产工具、生活用具、武器、服饰的腰带和其他装饰品。中国佩饰文化在发展中,不同的时代,不同的民族有不同的认识和表现形式,形成了玉佩、腰带、带钩、腰箍等多彩的佩饰文化。

玉佩是我国古代特有的专供人身体上佩挂结缀的饰品。凡具备穿孔的玉件,都可供人佩戴,有玉带扣、玉带钩、玉纽扣、玉带饰、玉帽饰等。古人佩玉,尊卑有度,并赋以人格象征。在古人看来,一个有品德修养的人必须佩戴玉器,因为"君子与玉比德"。中国古代文人雅士追求文化生活的平静和谐,玉佩正象征"言念君子,温其如玉"的生活情趣。因此,玉佩至今在民间流传。

随着佩饰的发展,中国古代的腰带变得愈来愈讲究。在沿袭商代服制的基础上,周代建立了完整的服饰制度。周代衣服样式比商代略为宽松,由于这个时期的服装还没有纽扣,一般腰间都系带,一是束腰,二是在腰上可佩挂饰物。腰带主要有两种,一种是丝织的为"大带"或叫"绅带",另一种是皮革制成的为"革带"。腰带上,一般士之服饰在右侧挂玉佩,贵族为了表示勇武和自卫,便佩带一把镶金嵌玉的宝剑。

随着佩饰而衍生的腰带的发展,就促成了带钩的发展。我国古代带钩的使用,最早可上溯到春秋时期,至战国以后,王公贵族、社会名流都以带钩为装饰,形成一种风气。带钩的制作也日趋精巧。带钩的作用,除装在革带的顶端用以束腰外,还可以装在腰侧用以佩刀、佩剑、佩镜、佩印或佩其他装饰物品。南北朝以后,一种新型的腰带"蹀躞带"代替了钩络带,"蹀躞带"不用带钩,而用带扣,带钩的作用便随之消失。在战国时期,我国古代制作带钩的技术已达到相当高的水平,能制作金银错带钩、黄金嵌玉带钩、包金嵌玉银带钩、金银错铲形带钩、嵌宝螭龙纹带钩等各种款式。

中国古代各个朝代的佩饰都体现了各时代的特点。明代妇女在腰带上往往挂上一根以丝带编成的"宫绦"。宫绦的具体形象及使用方法是:一般在中间打几个环结，然后下垂至地，有的在中间串上一块玉佩，借以压裙幅，使其不至散开影响美观，作用与宋代的玉环绶相似。清代的佩饰种类及样式都很多，形状小巧，材质多样，有翠玉、青金石、金嵌绿松石、檀香木、金铂、金星石珐琅、珊瑚、玻璃等不同材料。另外还有各种各样的刺绣小品，其中有香囊、香袋、扇套、眼镜盒、表带、火镰袋、斋戒牌、烟荷包、荷包与搭链等。这些都是清代佩挂在腰间的佩饰，无论男女都作为随身携带的赏玩之物，晚清尤为盛。

我国各族都形成了各具特色的佩饰民俗。散居于云南西南部德宏地区的德昂族姑娘流行佩带腰箍的民俗。德昂族女子成年后，都要在青色的紧身短衣和裙子之间的腰部佩带上少则几个，多则几十个的腰箍。腰箍大多用藤篾编成，也有的前半部分是藤篾，后半部分是螺旋形的银丝。藤圈粗细不一，有的漆成红、黑、绿等色，有的上面还刻有各种花纹、图案，或者包上一层银皮或铝皮。德昂族认为，姑娘身上的腰箍越多，做得越精致，表明姑娘越聪明能干、心灵手巧。德昂姑娘如果不系腰箍便会被人耻笑。青年男女在恋爱时，为了表达爱意，也常常用腰箍作为爱情的信物。

藏族的佩饰体现了高原民族的风情。藏族佩饰起源于生产，藏民以游牧、狩猎为生，常年过着游荡不定的生活，过多的家产不便随身携带，只有将财产变成装饰带在身上，日积月累，佩带的装饰品越来越多，不便行动，这样饰物中开始有了以一当十，或以一当百的精拙贵贱之分。由此，装饰便成为一个家庭财富的象征。藏族的佩饰以腰部的佩挂最有特色，讲究的饰品还镶以金银珠宝。农业区的藏族女子与牧业区的女子腰间系的腰带有所不同，牧业区的女子同男子一样腰间束一条腰带，而农业区的女子腰间束颜色不同的两条腰带。男子腰间束一腰带，腰间可放物件。男子喜欢在腰间佩戴腰刀，刀柄上镶嵌珊瑚、绿松石，刀鞘上刻有龙凤图案，既是生产、生活的必需品，又是自卫武器。

中国传统的佩饰之俗蕴涵着丰富的理念，或以玉佩比德，或以佩剑以示勇武，或以腰箍表示爱情，或以佩金银珠宝以象征财富，显现出民间民俗生活的斑斓多彩。

（四）人生礼仪民俗旅游资源

在人生的诸多礼仪中，诞生礼，成年礼，婚礼，寿礼、丧葬仪礼贯穿于人们生活过程之始终，被视为人生五大仪礼，体现了中国人对生命的看法。中国传统的人生礼仪包括生养民俗、成年礼俗、婚姻礼俗、庆寿礼俗、丧葬礼俗等内容。与旅游业有资源意义的是婚姻礼俗和庆寿礼俗。

1. 婚姻礼俗

随着社会的发展，男女之间的结合不仅形成了一定的规范，而且逐渐产生了相应的婚姻制度和特定的婚俗。中国各民族不同的自然地理环境、生产和生活方式,都对婚姻民俗产生了巨大影响。中国婚姻民俗形形色色,互不雷同,突出的是少数民族恋爱习俗、汉族婚俗“六礼”、土家族哭嫁和彝族泼水迎亲习俗。

在中国传统社会中,汉族讲究“父母之命,媒妁之言”,青年人没有恋爱之说,恋爱习俗主要是中国少数民族青年男女的习俗。

壮族“歌墟”。以歌为煤,是中国少数民族青年男女表达爱情的独特方式。在许多少数民族地区,青年男女从相识、初恋到最后结合的爱情旅途中,唱情歌是常见的方式。情歌有初恋歌、结交歌、赞美歌、迷恋歌、相思歌等多种内容和形式。在壮族地区,集市的“墟场”常常是青年男女集会和唱歌的理想地,称之为“歌墟”。每年的阴历三月初三,正是春日载阳、百花争艳时节,千里壮乡到处都可以看到青年男女聚会对歌的情景。

仫佬族“走坡”。走坡是居住在广西地区的仫佬族青年男女婚前恋爱社交活动的一种方式。在仫佬族地区,每逢节日集会,都可以走坡。一般在春节和秋收后的走坡活动人数最多,规模最大。特别是八月中秋节前后,仫佬族男女青年穿上节日盛装,姑娘们打扮得漂漂亮亮,相邀结伴,三五成群去赶集市。在集市上,青年男女找好唱歌对象后,便一起到风景优美的坡地和浓荫树下对唱情歌。情投意合者,交为知己。若要成亲,便托言于媒,结为夫妻。走坡的另一种形式是在赶集路上,当男青年们看到赶集的姑娘们远远走来时,便打口哨,拿出手绢向姑娘们挥动。如果姑娘们也向男青年挥动手绢,就表示愿意同男青年对歌,走坡就开始了。

苗族“游方”。在黔东南苗族地区,习惯上称青年男女恋爱的社交活动为“游方”。苗族青年男女的游方活动,白天通常在寨子旁边的风景树下进行,或者在村寨里的“游方堂”进行。不论白天或夜间游方,都是男青年主动到女青年的寨子的游方堂去,用吹口哨、吹木叶、吹夜萧、吹芦笙或唱歌等方式,邀请女青年出来游方。如果白天用唱歌的方式邀请,所唱的歌叫“飞歌”。“飞歌”的曲调高亢嘹亮,离寨子较远的游方堂的姑娘们都能听到。夜间游方时所唱的歌叫“扯嗓歌”,苗语叫“霞约”,歌的曲调比较委婉,不会影响临近游方堂的老人们的休息。在游方堂的姑娘们只要听到邀请的歌声,便会换上干净的衣服,邀约女伴和自己的幼妹,前去与邀请自己的男青年攀谈对唱。苗家姑娘特别喜爱绣花,从六七岁开始学习刺绣,到了成婚年龄,用彩线制成长约 5 尺、宽约 3 寸的花带,当做贵重的礼物互相赠送。当姑娘爱上了某个小伙子时,就偷偷地送给他一条花带,表示定下了终身。

侗族“行歌坐月”。在贵州、广西、湖南等省的侗族中流行“行歌坐月”的恋爱习俗。侗族行歌坐月大都在姑娘家中或在寨子中央的吊脚木楼进行。吊脚木楼，白天供妇女们绩麻、打草鞋、做针线活、纺纱织布，晚上就成了青年男女行歌坐月、谈情说爱的场所。行歌坐月作为侗族青年正常的社交活动，父母并不阻拦。小伙子有情找上门来与自己的女儿谈情说爱，做父母的脸上觉得光彩。

傣族“串姑娘”。傣族男女青年之间谈恋爱，叫“串姑娘”。赶街、拜佛、纺线、舂米、嫁娶以及各种节庆活动，都是傣族青年“串姑娘”的好机会。傣族的“串姑娘”，一般在晚上进行。傣族姑娘在竹楼下的院子里燃起篝火，架起纺车，一边纺纱，一边等待来串姑娘的卜冒（小伙子）。纺纱的姑娘们每人都备有一个小凳子，喜欢哪个小伙子，就主动拿小凳子给他坐，如果不喜欢，就不给坐。小伙子来到姑娘身边，如果纺车发出“骨碌骨碌”的有节奏的响声，就表示欢迎。姑娘会主动将身边的小凳子递给意中人。小伙子从容地坐在姑娘身边，把毯子的半边亲切地披在姑娘身上，开始和姑娘谈情说爱。如果男女双方情投意合就可告诉双方的父母托媒说亲。

阿昌族“换手艺”。换手艺是阿昌族青年男女在社交活动中流行的一种有趣的游戏，也是一种交换爱情信物的方式。如果一位小伙子看中了一位姑娘，便送一个烟盒给姑娘，姑娘心中有意，就收下烟盒。等过了十天半月，姑娘要给小伙子回礼，小伙子如果是收到的是一个用彩线结着活扣的纸包（包着香烟、火柴和一块绣着蚂蚱花纹的披巾），就表示姑娘对小伙子有爱慕之心。如果收到的纸包上的彩线是结了死扣的，就表示姑娘不愿意与小伙子来往。小伙子接到姑娘亲自绣制的披巾，知道了姑娘的心意后，必须再回赠一份礼物。回赠的礼物中，有小伙子亲手雕刻的银簪、彩色珠子、镯、银链、银扣和水果糖等，包成一包，请人送给姑娘，表示要与姑娘真心相爱。最后，如果姑娘愿意和小伙子真心相爱，结为伴侣，姑娘就向小伙子送一件亲手用阿昌布缝制作的对襟衣。如果姑娘送来的不是对襟衣服，而是一个枕头，那就表示对不起，请另找对象。换手艺是阿昌族青年男女考察和了解对方是不是心灵手巧与真心相爱的一种方式，即使彼此之间不相爱，也用回赠礼物的方式表示歉意。

汉族婚俗“六礼”是古代汉族传统婚俗中的六道程序。六礼指纳彩、问名、纳吉、纳征、请期、亲迎。纳彩就是择配、提亲，是俗话所说的“说媒”。问名，即所谓的“讨八字”，就是讨回姑娘的出生年、月、日、时，请阴阳先生推算。只有在经阴阳先生推算得到男女双方的八字相合的吉兆之后，才可以定亲，认为婚姻可以成立。男方就将这一消息告诉女方，谓之纳吉。纳征，即“送彩礼”、“送嫁妆”。“征”的意思是成功。送彩礼之后，婚姻就算成立了。请期，指择定娶亲的日子，用口头或书面的形式通知女方家，就是俗话所说的“送日子”。娶亲日期要征得女方家同意，所以叫“请期”。亲迎，指娶亲，男方派人或亲自迎娶新娘。六礼之俗在长期的流传过程中，发生了许多变化，不断赋予新的内容。但作为中国民间婚礼仪式的基本程序，一直延续下来。

土家族“哭嫁”。哭嫁是一种古老的习俗，在我国许多少数民族中都有流传。湖南省西部地区的土家族，是保存哭嫁习俗最完整的民族之一。土家族结婚前也有完备的求婚、定亲、送彩礼、娶亲等仪礼。娶亲仪礼复杂而隆重，其中即将出嫁的姑娘必须哭嫁。哭嫁作为一种婚礼仪式，含义十分复杂，不仅表现姑娘出嫁之前的惜别之情以及对旧的婚姻制度的不满、愤怒和控诉，还常常被视为衡量一个女子才能和德行的标准。谁家的姑娘善哭，就表示她才能出众。所以在土家族地区，姑娘长到十一二岁时就要学习哭嫁。实习的最好场所，是在婚礼仪式上陪伴即将出嫁的姐姐哭嫁，这样可以得到情绪上的感染。以后随着年龄的增长和生活阅历的加深，到了自己出嫁时，心中的喜怒之情，自然像开闸的河水一样倾泻出来。一般在举行婚礼的一个月或半个月前，未来的新娘就开始哭嫁。有的地方是七天哭一次，有的地方是半个月哭一次，也有的地方是开始隔夜哭一次，之后每夜都哭。哭嫁一般在晚上，届时和新娘要好的姐妹和姑嫂们都到新娘的住处陪哭，唱《哭嫁歌》，一直哭到娶亲之夜。《哭嫁歌》内容十分丰富，一般从母女对哭、姑嫂对哭开始，父母、哥嫂、叔伯、姐妹所有的亲人都要哭到。

彝族婚泼水迎亲。彝族认为，清水能驱恶除邪，送走妖魔，带来幸福，形成了在新婚时泼水迎亲的习俗。在迎亲时，男家选派身体强壮、精明能干的未婚小伙子去接亲。彝族的迎亲是通过“抢”的方式完成的。在“抢亲”的头一天晚上，姑娘们用泼、淋、灌、射等各种方式向小伙子展开了猛烈的水战。经过一晚上的水泼，早晨来临便开始“抢亲”。彝族认为，婚礼中的一泼一抢能驱除邪祟，保证日后生活美满。

婚姻习俗是人类甜蜜与幸福的习俗。中国传统婚姻习俗纳入了“礼”的内容与范畴，使甜蜜与幸福的婚姻习俗更具神圣与神秘色彩。

2. 庆寿礼俗

寿，是中国对生命久长的说法。到什么年龄才可以称“寿”，古代有一定的标准。按《庄子·盗跖第二十九》：“人上寿百岁，中寿八十，下寿六十。”按《左传·僖公三十二年》疏引正义：“上寿百二十岁，中寿百下寿八十。”在民间，一般按照六十甲子计算，人只有活到六十岁的“花甲”之年，才能算为满寿,可以称“寿”。也有一些地方以年满五十岁称“寿”。

满寿,才有接受“庆寿”的资格。一般情况下,民间给年轻人庆祝生辰称为“做生日”,给年达五十或六十岁以上的长者庆祝生辰,才称为“做寿”、“庆寿”。然而,也有些地方流传给小孩做“寿”的习俗,认为小孩子长到十岁,象征到了人生的一大关口。外婆可为外甥做“爱子寿”,祝愿小孩健壮成长。中国人历来将寿视为“五福”之首。《尚书·洪范》:“五福:一曰寿,二曰富,三曰康宁,四曰攸好德,五曰考终命。”中国古人千方百计地追求生命的长久与无限,创造和传承下来了一整套庆寿礼仪和庆寿风俗。

庆寿是一种民间自发举办的活动,形式多样。由子孙晚辈发起给父、母、祖父、祖母等长辈庆寿的,表示“恪尽孝道”,感谢父、母或其家族长辈的养育之恩。在家族中负有重望的老人,膝下无子女,可由家族中有合法继承权的家族至亲发起张罗庆典。或由属僚发起给有“政绩”的长官庆寿,主要是表示“崇德报功”;或由同业同人发起,给有业绩的老前辈庆寿。其中,多是徒弟们出面给授业恩师祝寿;或由同行业董事、经理为开展自身业务,组织同行业同人互相庆寿。也有由老人本人发起庆典,例如老舍《骆驼祥子》中的“刘四爷”自己花钱办生日。

民间“做寿”,因门风和贫富悬殊,规模有所差别。小户人家,儿女为老人庆寿祝福,不铺张排场,但情暖意浓。大户人家与书香门第之家,庆寿讲究礼仪,大宴宾客,奢华阔气。庆寿的仪礼习俗,大致包括做寿龟、送寿礼、设寿堂、贴寿联、吃寿面、拜寿星、办寿筵等程序。龟是民间崇拜的“四灵”(龙、凤、麟、龟)之一,象征长寿。百岁以上老寿星,尊称之“龟龄”,寓意“龟龄龟寿,福禄荣贵”。送寿礼,代表着后辈和亲友对长辈的尊敬和祝福,凡数代同堂的长者寿诞,同宗族的晚辈及远亲近邻都带着祝寿礼品登门祝寿。礼品必须是双数,寿面、寿桃、鸡蛋、鸡、鱼、猪肉等放在篮里盘中,上放红纸,表示“见红大吉”。还有剪“寿龟”、“五福”、“福禄寿全”、“龙凤呈祥”等图案,放在寿礼上,博得寿星欢心开颜。寿礼不能全收,并要回礼品,表示彼此“福气”、“添寿”。

寿堂多设于大厅。居中是寿男寿女之位,四周张灯结彩,摆寿烛、挂寿幛、贴寿联。正面墙上有一红色或金色“寿”字和“南极山翁图”(寿女为“麻姑献寿图”)。寿联多是民间习见的祝福之辞,如“福如东海长流水,寿比南山不老松”。古代男女寿诞,男称“椿寿”,女称“萱寿”。椿木长寿,用以形容高龄。萱为萱草。故有祝寿男之联:“椿树千里碧,蟠桃几度红”;祝寿女之联:“萱草凝碧辉南极,梅花舒芳绕北堂。”书香人家庆寿,也有文人雅士随礼品送上“八仙拱寿”、“五福捧寿”、“龟鹤霁龄”、“鹤寿松龄”之类的书画,或赞颂寿男寿女的诗词、对联,称之"贺轴"。主人将"贺轴"悬挂在寿堂,更使满室生辉。普通人家不设寿堂,但必贴寿联、挂寿星图,增添喜气瑞气。寿堂上寿烛高燃,白首齐眉的寿男寿女端坐堂中。儿子、儿媳、女儿、女婿等下辈,依长幼次序,一对一对跪拜。平辈、好友行揖手礼。有的不设寿堂,或设堂而寿男寿女不坐堂受拜,祝寿者往厅堂礼拜,儿孙辈聚于堂前还礼。

庆寿之日设寿筵,宴请亲朋。宴席上,全家老少吃寿面,象征寿男寿女健康长寿;祝寿的亲朋也请寿面,寓意彼此福寿。富有者大摆宴席外,有的还请戏班演戏,戏的内容多为福寿团圆喜庆之类。有的亲朋以请戏班庆寿,主人则必另请彩戏来演,以答谢亲朋美意。

庆寿礼仪是尊老敬贤的美德在家族、社会中的体现,是对老人在家族、社会中的存在价值的肯定;是为表彰老人业绩,树立典范,供晚辈效法;是晚辈表达对长辈的感恩戴德之意。庆寿是一种人生的荣典,对家族晚辈是一种教育,长辈可以通过庆寿体会儿女的孝心和亲情的温馨。

(五)交往礼仪民俗旅游资源

进入文明社会以后,随着人们生产、生活范围的不断扩大,社交的活动也在不断扩展,便形成了相互交往的礼仪民俗。中国民间交往的礼仪民俗主要分相见礼俗、交往称谓、待客习俗三大部分。相见礼俗和待客习俗是常见开发的旅游资源。

1. 相见礼俗

相见礼俗是人们相见时表示尊敬的礼节。我国相见礼俗古今有很大的变化,而且民族不同,形式与内容也有区别。我国相见礼俗可分为静止性相见礼俗和行进间相见礼俗。静止性相见礼俗,根据行礼的方式不同,可区别为形体礼、触体礼、献物礼、语言礼等不同类型。

形体礼是以不同的人体方式进行施礼。中国古代形体礼有跪拜礼、拱手礼、鞠躬礼等。中国古代最典型和重要的形体礼是跪拜礼。跪拜礼与古代席地而坐的习俗有关。古人席地而坐,臀部紧靠脚后跟。行礼时,便伸腰并支臀部离开脚后跟,以两膝着地,就是通称的"跪",跪而行礼就是跪拜礼。跪拜礼有稽首礼、顿首礼、空首礼等多种形式。古代女子的跪拜礼叫"手拜",行礼时,既跪,两手先点地再抬起拱合,同时低头至手。拱手礼,也称"拱"、"作揖"。行礼时,两手合抱举前。鞠躬礼,行礼时,两脚并拢,两手下垂于大腿两侧,弯曲上身以示敬意。

触体礼以接触身体的方式进行施礼。我国触体礼中最为常见的是握手礼和亲吻礼。塔吉克人彼此相见时行吻礼。在行亲吻礼时,按照不同的性别和辈分,行礼时要吻不同的部位。同辈女子见面时要互相拥抱、吻脸;同辈男性之间要互相握手、吻手背;晚辈见到长辈时,则不分男女都要亲吻长辈的手心。长辈可以亲吻晚辈的面部,但女儿出嫁后,父亲就再不能亲吻女儿面部。对儿媳妇也要与出嫁的女儿一样看待,不亲吻面部。在亲人分手送别时,不行亲吻礼。在话别、祝福长辈一路平安时,儿子将右手掌贴在胸前,儿媳和女儿则把双手按在胸前。在接待和送别兄弟民族客人时,也不行亲吻礼。塔吉克人的这一见面礼俗,不仅在他们聚居的塔什库尔干自治县流行,就是散居在莎车、叶城和乌鲁木齐市等地的塔吉克民间也都保持着这一独特的礼仪。古往今来,相见行礼时,常以言相搭,形成语言礼。

行进间相见礼俗,主要有两种,一是以趋示敬,二是前行示敬。以趋示敬相见礼俗,形式有两种,一种是卑幼经过尊长面前时,要低头弯腰,小步疾走,表示尊敬。二是与久别亲人、好友和尊长会面,要快步走向对方,问候握手。前行示敬,在卑幼与尊长同行时,不可率先前行,必推尊长先走,只有客人不知道路,或路不好走时,才主动为前导,还须说"那我就先走了"。

献物礼,即在见面时,以献物表示敬意。在我国少数民族中,以蒙古人敬鼻烟壶礼和蒙古族、藏族献哈达最为典型。鼻烟壶是鄂尔多斯草原蒙古族男女老少行礼的必备之物。蒙古人见面时,各掏出自己的哈达和鼻烟壶,将哈达的口(折叠出两片的那面)朝对方,架在自己的手腕上,右手拿着鼻烟壶。把哈达搭在对方的手腕上,用右手把鼻烟壶递过去。对方用左手把鼻烟壶接住,各放于右手上,在手心里旋转一圈以后,又递在对方的左手里,哈达再搭到对方的手腕上,这样各自又把自己的鼻烟壶和哈达换了回来。哈达是一种礼仪用品。拜佛、祭祀、婚丧、拜年以及对长辈和贵宾表示尊敬等,都需要使用哈达。哈达以丝绸为料,一般为白色、浅蓝色和黄色。长度通常为5尺左右,宽度不等。献哈达有一定的礼仪。对长辈,献者略弯腰向前倾,双手捧过头,哈达对折起来,折缝向着长者。否则,为失礼。对平辈,双手平举递给对方。对小辈,一般将哈达搭在脖子上。

相见习俗是中国人见面的礼俗,是中国人传统问候的礼俗,表示尊敬,表示谦和,表示祝福。

2. 待客习俗

中国人待客,中外享名。中国待客习俗分迎客、敬茶烟、宴饮、送客等过程。中国传统上,最重的迎客是"郊迎",就是迎客于城外。到家有"拥彗之礼"和"扫榻迎宾"之礼。在民间,各民族都有自己的迎客之礼,共同的特点都是热情。

阿拉善蒙古族在客人到来时,全家老少出门迎接,依次向客人问安。男子曲右膝,右手沿膝下垂,俗称"打单干";妇女两手相握,曲两膝,上下伸动,俗称“打双千”。客人进蒙古包时，要掀门帘左边，不能踩门槛。进包后坐在左边（西边）。上首为北面，多为尊长者所坐。就座后，双方各取出鼻烟壶鞠躬互换，举到鼻端一嗅后送还，然后彼此问候，表示敬意。主人献奶茶，客人用右手接，喝毕可再要，不再喝则示意不要。主人盛好的茶客人不能不喝，对主人的敬献不可推让。主人给客人敬酒时，客人要用双手接过将酒一饮而尽，并要回敬。同时摆上黄油、奶皮子、奶豆腐、奶酪、炒米等食品，供客人食用。席间常用赞美友谊的歌曲来劝酒、敬酒。客人要住宿，晚饭就是手把肉加面条。客人告别时，全家走出蒙古包欢送，祝客人一路平安，再次光临。

土族的待客方式别具一格。宾客临门时，主人一般要在大门外亲迎，必要时还举行简单的欢迎仪式，来为客人敬酒和敬献哈达。接着牵来一只又肥又大的绵羊，让客人往羊头上洒水，如果羊摇头时，说明“龙王山神”都高兴，可以宰羊招待客人；如果羊不摇头，说明“龙王山神”不高兴，只能杀鸡，不能宰羊。客人进门入房，上炕就座后，主人先端上喷香的奶茶和又酥又香的焜锅（一种面食品），让客人吃喝，茶碗里放有两颗红枣。客人如不想喝茶时，要把碗里的枣子吃掉，否则，主人会不断地往碗里添茶。接着，端上丰盛的饭菜来款待。客人酒足饭饱，起身告辞时，主人全家又一起出动送客。临别，主人还要用龙碗向客人敬酒，祝愿客人吉祥如意，一路平安。

汉族传统宴饮待客礼仪，一般的程序是，主人折柬相邀，到期迎客于门外；客至，互致问候，延入客厅小坐，敬以茶点，导客入席。为了表示对客人的尊重和家庭的文明修养，家宴请客十分讲究座次安排。

座次安排分两种，一种以左为尊，另一种以右为尊。以左为尊排座次，以左为上，是为首席。席中座次，以左为首座，相对者为二座，首座之下为三座，二座之下为四座。以右为尊排座次，一般是男主人面对门口入座，女主人坐在男主人的对面。男主人的右边是男主客，左边是男次主客及男客人的男孩。女主人的右边是女主客，左边是女次客及女客人的女孩。其他人则依次而坐。在比较庄重的招待家宴上，男主人的位置也是面对门口而坐，女主人坐在男主人的对面，男主人的右边是女主客，左边是女次主客。女主人的右边是男主客，左边是男次主客，其他人依次而坐。如果客人都是女的，则女主人的右边是女主客，左边次主客，其他人依次入座。

客人坐定，由主人敬酒让菜，客人以礼相谢。按照礼俗，宴席上主人应陪客人饮酒，叫“陪饮”、“作陪”，古称“扬觯”、“举觯”。一般来说，男客由男子作陪，女客由女子作陪。如主人不善饮酒，可请亲邻作陪。陪客饮宴，主人必先敬酒于宾，古称“献”；客人饮毕需回敬主人，古称“酢”、“报”。主人为劝客人多饮，必先饮以为倡导，称"酬"，而且口称"先干为敬"。席间斟酒上菜，也有一定的规程。斟酒由宾客右侧进行，先主宾，后主人；先女宾，后男宾。酒斟不得过满。上菜先冷后热，热菜应从主宾对面席位的左侧上；上单份菜或配菜和小吃先宾后主；上全鸡、全鸭、全鱼等整形菜，不能把头尾朝向正主位。宴毕，引客人客厅小坐，上茶，直至辞别。

壮家宴请宾客的饮食礼俗，也讲究主宾座位的排列。一般来说，年老的客人与同辈的老人坐正席，年轻人要为客人斟好酒才入席。席上众人都要等主人为客人夹上最好的菜以后才能动筷。好客的主人不断为客人添菜，若客人的碟子见底，主人则会感到自己没尽到礼仪。贵宾来到壮乡，壮家人要依俗轮流尽地主之谊。壮家的木楼座座相连，不用下楼就能在寨中穿行。客人要到每家每户做客，哪怕吃一口菜，与主人喝一杯酒，主人也会高兴，证明客人看得起他。人们边吃边饮，主人频频敬酒。

自古以来，酒茶在我国各族人民的生活待客礼仪中就占有重要的地位。中国人款待客人，即使满桌佳肴，如"无酒下菜"，主人也会自愧"不成敬意"。酬酢宴会，更离不开酒，主人常以有高档名酒请客而自豪。青海西宁人待客，先敬上六杯青稞酒——"进门酒"，宴席结束，主人家又要敬上六杯"出门酒"。羌族将长竹插入坛中，众人轮流吸吮，称为喝"咂酒"。白族是一个知礼好客的民族，以"三道茶"敬客，是一种高尚的礼仪。布朗人以烤茶浓郁香醇为待客上品。布朗族品茶相当讲究，有烤茶和泡茶两种方式。烤茶是将茶叶撒入特制的茶罐中，一同放在火塘上边烘烤，当茶叶冒出扑鼻的香气时立刻注入滚烫的开水。

苗家以鸡鸭为招待客人的佳肴，鸡心或鸭心被看成最贵重的部分。在大山瑶中，喜用油茶敬客，遇有客至，都习惯敬三大碗，名为"一碗疏，二碗亲，三碗见真心"。款待客人时，鸡、肉、盐一排排地放在碗里，无论主客，必须依次夹吃，不得紊乱。客人和老人每吃完一碗饭都由妇女代为盛饭。

交往礼俗是中国人生活内容的一部分。中国有礼仪之邦之美誉，其中，最为重要的部分，就是人们平日间的交往礼俗。中国人真诚而热忱地招待到访的客人，客气和礼貌地互相道好，使人们有感山好、水好、人更好，友善而祥和。

三、文化民俗旅游资源

文化民俗内容十分丰富。具体有辅助性建筑民俗、信仰崇拜民俗、岁时节日民俗、游艺技艺工艺民俗等类型，因为其中含有某些封建迷信成分，在作为旅游资源利用开发时，需要甄别和选择。

（一）辅助性建筑民俗

我国古代建筑，分公用建筑和民用建筑。公用建筑又分主体性建筑和辅助性建筑。主体性建筑有官用、宗教用建筑。最富丽雄伟的宫苑、宫室、陵墓和宗教的寺庙等建筑，依山傍水，规模宏大，工艺精湛。辅助性建筑作为主体性建筑的衬托性建筑，主要有碑、华表、须弥座、牌坊、塔等建筑形式。民用建筑为民间民居系统，主要是房、舍、庐、茅、厩、仓、栏、圈等，无论材料和工艺都远不能和宫廷建筑相比。我国古代建筑，因地制宜，因材致用，在历史的发展中，逐渐形成了无论在技术还是艺术方面都具有独特建筑风格的一个体系。

1.碑民俗

碑作为中国传统辅助性建筑起源于周代。据记载，周代有四种碑，一是立于宫庙前视日影的碑，二是立在宫庙大门内拴牲口用的碑，三是用以引棺入墓穴的碑，四是记写逝者的姓名和事迹功勋的丰碑。我国古代的碑分为庙碑、墓碑、记事碑、题名碑和造像碑等多种类型。

不论哪一类碑，其形制都分为碑首、碑身和碑座三个部分。碑的上方称碑首，又称“碑额”。碑首的造型有两种，一种尖形首叫“圭首”，一种圆形叫“晕首”。中国传统的碑首，一般都雕刻有螭、龙、虎、麟、凤、竹、花卉等纹饰。碑首的另一重要的装饰是碑首上的题字，即书额。中国传统碑首书额的字体有篆书、隶书、楷书三种，常见较多的是篆书和隶书。篆书的书额，称“篆额”；隶书的书额，称“隶额”。碑身多方长扁形，也有三角形等不同造型。碑身的宽面性设计，主要是用于书刻有关的文辞。碑身所书刻的文字内容，称“碑铭”。中国传统碑铭的内容十分丰富，或记事，或题名，或字画，或刊像，或勘界等。碑的名称也往往依所书刻的内容而定。刻记墓主功德的碑，称“功德碑”；刻纪念墓主文辞的碑，称“纪念碑”；给某建筑题名的碑，称“题名碑”；雕刻佛像的碑，称“造像碑”；刊刻地界的碑，称“界碑”；书刻书画的碑，称“书画碑”。碑的主要意义在于记事和勘界。为了防止碑的下陷，在大型碑的下部，往往另刻制一块长方形或方形的平面石板作为碑座。从唐代开始，大碑和御碑的碑座都刻成巨大的乌龟形。碑座，又称为“碑趺”。趺，脚跟之意。龟形的碑座，称“龟趺”。中国传统碑以龟形为座，有三个传统文化上的原因。一是，中国古代以龟为灵物，能上知天意。二是，中国古代相传，龟寿百岁以上，因此将龟看成长寿的象征，把高龄称“龟龄”。三是，传说这碑下的龟是龙的儿子，名叫“赑屃”。民间神话描述说，龙生九子，其中一子叫赑屃，力气最大，喜欢负重，于是就有了巨碑下的“龟趺”。对于碑的保护，中国传统有两种办法，一是用望柱石栏圈围，二是起碑亭。

用碑的形式来表达一种文化,并形成一种社会民俗,这恐怕在世界民俗文化的范畴中是唯一的。碑是一种历史的记载,是一种人世间的怀念,一种对社会善举的褒扬,一种对崇高理想追求的信仰。

2. 华表民俗

表,在中国古代是一种标志与标记。中国古代最早的表是木制的,称“表木”。汉代的表木与石制兼有,汉以后多为石制。表木,在尧舜时期,称“诽谤木”。汉代叫“桓表”。晋代,称“华表”和“交午木”。清代史学家钱大昕在《二十二史考异》中认为,古代的表木之所以有“桓表”、“和表”、“华表”多种名称,是因为“桓”、“和”、“华”三字的方言读音相近。自唐以后,一般都通用“华表”之名。华表,在中国古代是立在建筑前、主要交通要道和陵墓前的标志物,时至今日已成为中国大地上的古风装饰。

由于华表较高,具有瞭望的标志性意义,又称为“望柱”。在中国古代,华表由一种征询意见的立柱,逐渐发展演变成标志性的物体以后,常设置于帝王宫殿、园苑、陵墓、城门,治所的邮亭,交通要道的码头、桥头、岔路口。北京天安门城楼的前后,各自矗立着两对汉白玉制的华表,属于帝王宫殿华表的典型代表。华表一般由柱础、柱身、柱顶组成,都有图案装饰。华表柱顶的造型与装饰十分丰富,有十字架、鹤鸟、人物、火焰、莲瓣等多种形式,柱身雕刻花纹图案,石围栏装饰二龙戏珠的浮雕图案。

经过几千年的发展,中国传统的华表建筑已从帝王纳谏的一种形式,发展成了不同形式的带装饰性、标志性、艺术性的建筑。

3. 须弥座民俗

须弥座是中国传统辅助性建筑的基座。须弥座之名,源于佛教须弥圣山基座之意,随佛教一同传入中国,在中国建筑文化的融入和改造下,发展成为带有中国传统建筑文化特色的石雕基座。

中国传统须弥座的形制,总的可以分为圆形须弥座和方形须弥座。以莲瓣为特征的佛教文化的纹饰,成为圆形须弥座的主要纹饰。在圆形须弥座的基础上,又形成了将圆形和八棱形相结合的组合须弥座。在佛寺和有关佛事活动的场所,常可以看到使用以莲瓣为主要装饰纹饰的佛像须弥座、佛塔须弥座、经幢须弥座、莲盅经幢须弥座。在汉代佛教传入之初,佛像须弥座是一种简单的上下均等的基座,这种简单的须弥座从北魏时代开始就受到中国建筑美学观念的改造,到了唐代佛教须弥座已经改进成有波伏的须弥座,即上下同宽而中间束腰的须弥座,增加了须弥座的美感。

经幢须弥座的常见形制有两种,一种是低座经幢须弥座,一种是高座经幢须弥座。低座经幢须弥座,一般只有一层或两层莲瓣纹座。高座经幢须弥座由多层大小和造型有变化的莲花座组成，将经床高高垫起，形成佛寺的一道景观。

方形须弥座是使用最为广泛的一种须弥座。方形须弥座可细分为小方形须弥座、台方形须弥座和长方形须弥座等。小方形须弥座是应用最多的方形须弥座。在座狮、牌坊柱、石雕盆等物件下见到的就是小方形须弥座。台方形须弥座也可以分为两种，一种是作为亭阁基础的须弥座，另一种是建有石围栏的平台须弥座。中国古代帝王，特别是明清时代的宫殿、寺观里，都可以看到位于亭阁、殿堂与休闲观览平台下的台方形须弥座。长方形须弥座使用的典型例子是照壁下的长方形须弥座。

中国传统须弥座装饰的纹饰，在最初的汉末和南北朝时期，流行的是莲瓣纹。从历史上看，莲瓣纹不是外来传入的纹饰，特别不能看成是佛教专有的纹饰。我国早在春秋战国时期，就用莲瓣纹装饰青铜器、瓷器、陶器和其他生活用品，只是在汉以后，莲瓣纹因佛教的盛行而得到强调和进一步的扩展。从南朝开始，须弥座装饰的纹饰开始逐渐丰富起来，突出的表现就是中国传统的卷草纹开始与莲瓣纹结合使用。卷草纹在唐朝更是变化多样，发展出海石榴凤卷草纹、狮鹿卷草纹、佛像卷草纹等多种装饰纹饰图案。

在民间，中国传统须弥座的形制与纹饰更为灵活和自由，可以看到角兽须弥座、六角形须弥座等多种似乎不规范，但又很严谨的须弥座。中国传统须弥座形制的变革与发展，中国传统须弥座纹饰的变化与丰富，推进了中国传统石雕基座的艺术性发展。

4. 牌坊民俗

牌坊，或称“牌楼”，是中国传统辅助性建筑中特有的门形建筑。牌坊最初的形式是一种在两根木柱上绑一横木的“衡门”。在现今的一些山村里，仍可以看到带古风的石衡门。衡门形式最早见于唐代城市的坊，故称“牌坊”。

牌坊是一种柱式门形建筑，两柱称一间，有一间、三间、五间等不同的规模，其中以三间牌坊为常见。牌坊柱有木柱、石柱、砖柱，木柱一般为圆形，石柱有圆形和方形，砖柱多砌成方形。木柱下多加夹杆石，其作用在于增强木牌坊的稳固性，对于木柱还有防腐作用。夹杆石多为方形石雕，外用铁箍圈围，以防散裂。石柱和砖柱都有相应的柱础。在牌坊柱的上端，是起连接各柱作用的枋。

牌坊是露天竖立的建筑，为了保护牌坊不受雨水的浸蚀与阳光暴晒，牌坊的顶部一般都加盖坊顶。牌坊上的屋顶称“楼”，一屋顶称“一楼”，二屋顶称“二楼”，三屋顶称“三楼”，依此类推。

中国传统牌坊的分类，可以按照建筑材料分为木牌坊、石牌坊和琉璃牌坊；还可按牌坊的功能分为标志性牌坊、纪念性牌坊、大门式牌坊和装饰性牌坊等。不同类别的牌坊，有着不同特点和不同风格的装饰。

木牌坊最辉煌的装饰是明清时期采用的斗拱式彩绘。作为商店的店铺面的牌坊，多为木制的冲天柱式牌坊，采用彩绘装饰。这一类牌坊装饰的典型代表，是北京琉璃厂商业店铺木牌坊的彩绘装饰。石牌坊装饰一般都很简单，主要方法是浮雕。现存中国传统石牌坊中，雕刻装饰最为复杂和丰富的是安徽歙县许国牌坊。许国牌坊，俗称"八脚牌楼"。石牌坊有单立的，也有多个排列式的牌坊组合。组合式石牌坊以安徽歙县由七座石牌坊组成的棠樾石牌坊群为典型。琉璃牌坊是采用琉璃面砖装贴的牌坊。琉璃牌坊装饰部件的斗拱、坊顶、脊饰、雀替、图画等，都是用琉璃烧制。琉璃的色彩华丽，使牌坊更显流光溢彩。

中国传统牌坊是中国特有的民俗文化，特别是采用书刻牌匾、楹联和悬挂红灯笼等形式装饰，更充分地表现了中国的传统精神和文化。

5. 塔民俗

塔起源于印度，中国历史上的塔，是印度佛教传入的产物。塔，梵文的音译作"窣堵波"或"塔婆"，意为"坟冢"、"灵庙"。塔的民俗信仰，是由于后来将佛塔作为收藏佛祖的"身骨舍利"和"法身舍利"。佛塔传入中国后，又与中国的民族、中国的建筑文化、中国的传统风水学说、中国的科举文化相兼容，发展成为中国传统多元文化的佛塔、风水塔、文笔塔。

塔随佛教而来，简称"佛塔"，俗称"宝塔"。塔的建筑以建在寺庙中为多。中国佛寺里的塔，早期用以藏舍利，是教徒崇拜的对象，建在寺的中央，为寺的主体。后来建佛殿供奉佛像，供信徒膜拜，于是塔与殿并重，而塔仍建在殿前。东晋初期出现双塔，供奉佛像的佛殿逐渐成为寺院的主体，塔建在佛殿的两侧，如泉州的东西塔。在中国古代的后期，佛塔建造的位置仍有变动，或建在佛寺后部的左右两个角上，如福州西禅寺后部的左角建报恩塔，右角是祖师塔。或一个接着一个成排地建在寺庙道路的两旁，如福州鼓山涌泉寺道旁的佛塔群。或成群地建在寺庙之后，如登封少林寺的群塔。在中国西藏的喇嘛寺里，还将塔建在平楼上，用琉璃装饰，显得无比辉煌。

塔与中国传统风水观念结合，在中国古代就出现建在山岭上、江河湖海边和城市里的"风水塔"。在中国古代科举考试的时代，塔又成了人们寄予"兴文运，昌科举"美好愿望的建筑形式的宝塔，称"文峰塔"。文峰塔，也叫"文昌塔"、"文笔塔"、"文笔峰"等。建造塔的材料有金、银、铜、铁、砖、石、陶、瓷、琉璃、木、土等多种不同材料，民间往往以建塔的材料命塔，称为“金塔”、“银塔”、“铜塔”、“铁塔”、“砖塔”、“木塔”、“石塔”、“陶塔”、“瓷塔”、“琉璃塔”等。

塔的结构可分为地宫、基座、塔身、塔刹等几部分。地宫，即地下宫殿，是我国佛塔特有的结构。地宫是用砖石砌成的不同形状的地穴，大都建在地面之下，主要用来埋葬佛舍利，还常埋有佛经、珍宝及其他器物。塔身是塔的主体，各种类型的塔就是按塔身来划分的。塔身分中空和实心两种，中空的塔身一般能登临远眺。按塔身的结构特点区分塔的类型，有楼阁式塔、密檐塔、金刚宝座塔等数种。每座塔上都装有一个叫“塔刹”的顶子，有尖顶子，有圆顶子；有用砖砌，有用金属制作。塔刹是全塔最高的部分。刹，在佛教术语中称为“相轮”，即在塔顶竖一根金属刹，用七重或九重铁环套在刹身上。

塔的造型，有亭阁式、密檐式、楼阁式、金刚宝座式、覆钵式、四门式，以及其他各种异型。我国古塔建筑在相当长的一个时期，多为亭阁式、楼阁式、密檐式、单层塔式。中国现存塔的造型可分两类，一是印度式塔，但也带有中国文化的特色；二是中国式塔，主要是楼阁式塔，以平面正方形和八角形居多，一般为七至九层。中国造型比较特殊的塔还有新疆伊斯兰塔为锥形；武昌胜象宝塔、北京白塔为瓶形。中国早期的高塔多为空心，可以登临，与印度佛塔原形大不相同。

塔的形制多是按平面等边多角形设计，有四角、六角、八角、十二角形，也有圆筒形，而以平面四角、平面六角、平面八角为多。佛塔的层数一般取奇数，从单层、三层、五层，到七层、九层、十一层至十五层不等。不同层次的塔，表示不同的地位与等级。我国最高的塔为河北定县北宋建造的料敌塔，十一级，八十四米高。级数最多的塔为云南大理南诏寺塔，共十七级，其次为西安小雁塔，十五级，开封铁塔为十三级。中国塔装饰的最大特点是将中国飞檐翘角的木构楼阁建筑装饰运用于塔身，进行绘画雕刻艺术美化，突出中国塔的特色。

塔的习俗是中国人学习和吸纳外来文化，丰富和发展本土文化的一个典例。从造型与装饰，塔保留了外来佛教的文化精髓，又创造性地寄托了中国本土的信仰观念。

中国传统辅助性建筑，以汉族木结构建筑为主体，也包括各少数民族的优秀建筑，是世界上延续历史最长、分布地域最广、风格显明的一个独特的建筑艺术体系，在形式、规制、方式、材料、装饰工艺、组合配衬等方面都体现出中国人的文化习惯和智慧。

（二）信仰崇拜民俗

信仰崇拜民俗，是以信仰为核心的习俗。民间信仰崇拜以民族传统历史文化为社会背景，是民间的一种特殊的文化现象。在信仰崇拜民俗中，由敬仰而希求庇佑占大多数。人们对信仰崇拜的对象，除了恐惧它们发怒会带来灾厄之外，更多的是希望通过崇拜，获得庇佑和帮助，得到美好的结果，或使已经得到的结果，不再被破坏。

信仰崇拜民俗有一个从“信”到“敬仰”，再到“崇拜”的形成过程。中华民族是一个“泛崇拜”民族，对天地之间的万事万物无不崇拜，包括了自然崇拜和人文崇拜的全部内容。自然崇拜包括天象崇拜、土地山岳崇拜、动植物崇拜等自然现象和物体的信仰崇拜。人文崇拜包括生殖崇拜、祖先崇拜、鬼神崇拜、图腾崇拜等由人的文化现象而形成的信仰崇拜。能为民俗旅游产业利用的是月崇拜、土地山岳崇拜、火崇拜、神崇拜、图腾崇拜等。

1. 月崇拜

月和太阳相似，是一个可以通过直接感官感受到的天体，在民间信仰中常常是日月并提。几乎所有的中国天体神话观念都与日月相连，说明崇月与崇日同时产生。最初的拜月习俗随处进行，没有固定场所，也没有祭祀供品和香案，向月跪拜而已。随着古代国都和皇家祭日建造日坛，祭月也有了月坛。民间也相仿有了香案、供祭品的习俗。

在民间，夏历八月十五日是最普遍的祭月日，形成了中秋节，俗称八月节。当满月升空，对月供祭“月光纸”，上有月宫彩绘图，陈月饼、新鲜瓜果、设香案，全家饮酒赏月，俗称“圆月”，象征团圆；或称“玩月”、“供月”、“拜月”。中国东北的朝鲜族，在夏历正月十五日晚举行迎接新年来临后的第一个满月，叫做“迎月”。

由于月食现象，各民族都有救月的习俗。满族、赫哲族都以为是天神饲养的天犬吞食了月亮。月食时，人们敲击响盆，发出呐喊，或向天空投石射箭，以示救月。蒙古萨满遇月食击鼓，月复圆后祝酒相贺。各民族各地区五花八门的救月仪式都带有巫术的特点。

2. 土地山岳崇拜

原始人类在崇拜天神的同时，也崇拜土地神。汉代时，称土地神为“地母”或“地媪”。唐代以后，根据天阳地阴的传统观念，民间塑造了女性的土地神像，称“土地娘娘”。今天土地神塑像多为男性，俗称“土地公”，造型为福相老人，慈眉悦目，银须飘洒，左手握一金锭，右手拄着长拐杖，姿势或坐或立，以坐姿多见。在阳宅习俗中，称“福德正神”。阴宅的土地神位是一石碑，上书“后土”。在封建社会土碑文还常因墓主人的身份有些变化，平民称

"后土",士大夫称"后土神"或"后土之神"。"土地公"在民间神灵体系中,参照"天公"之尊,塑造为矮小和慈善的形象,祀奉的庙宇较小。民间有俗语说:"土地老爷本姓张,有钱住瓦屋,无钱顶破缸。"但自古以来人们并不因此而轻视土地神,时常天地并称,在新婚之日都有"拜天地"的仪式。

在山岳信仰中,五岳信仰具有最典型和最大的影响,被列入了国家的祀典。唐制规定,立春之日,祭东岳泰山于兖州;立夏之日,祭南岳衡山于衡州;季夏土王日,祭中岳嵩山于河南府;立秋之日,祭西岳华山于华州;立冬之日,祭北岳恒山于定州。与国家正规的祭祀不同,民间信仰中的华山神具有明显的世俗特征。在民间信仰中,华山神能够预卜休咎吉凶,还有送子的功能。

在五岳之外,国家祀典中还列有四镇、四渎、东南西北四海海神。与山岳神和河神一样,海神也是民间崇拜的对象。

3. 火崇拜

崇火习俗的形成与原始物质生产有密切关系。火是一种威力无比的自然力,具有双重性,一方面使人类告别了茹毛饮血的时代,另一方面是人类的一种生产力。在艰苦卓绝的刀耕火种的时期,狩猎民族靠火来打野兽,俗称"火围"。农耕民族靠火烧毁大片草丛,开垦耕地,有火耕之俗。

对火的认识和驾驭,是人类进入文明社会的重要标志。在我国各少数民族中,火的崇拜和禁忌很普遍。鄂伦春、鄂温克、达斡尔、蒙古、哈萨克和柯尔克孜等族都把火视为圣洁的象征,认为火具有去污除灾的能力;远方的客人来到病人的住宅,进门时必须跨过火盆,以免给病人带来不幸。哈萨克牧民从冬季牧场转移到夏季牧场时,生两堆篝火,把牲畜从中赶过去。牲畜发生病灾后,哈萨克牧民就在畜圈四周燃起篝火,企图借助火的威力"驱赶"病魔。彝族阿细人把火尊为神,在农历二月初三要过传统的"祭火节"。长期居住在我国西南、东南地区属汉藏语系的壮、布依、傣、仫佬、黎、纳西、珞巴、羌、阿昌、瑶、苗等少数民族都有崇火、畏火、驭火的习俗。

4. 神崇拜

神崇拜就是神仙崇拜。在中国传统的文化中有"天堂"与"地狱"的分界,神仙住在"天堂",鬼怪住在"地狱"。神仙又分为天神和俗神。天神是掌管宇宙的大神,俗神是供奉于民间,由民间升迁的神灵。在敬祀祖先的活动中,一些有功于国家和人民的人,或生前忠勇节义、爱国爱民、功绩显著的人,死后得到人们的尊敬和崇祀;生前有一技之长的平民百姓,诚信仁孝,多有善举,堪为表率,也受到人们的怀念和奉祀。中国俗神众多,有地方性的民间神,也有全国性的民间神。稷神、城隍、关帝、妈祖、财神等属于俗神。

稷神崇拜。稷,古人尊为“百谷之主”、“五谷之长”的食粮,在麦黍文化的早期,登上了神位。《孝经纬》:“稷,五谷之长也,谷众不可遍祭,故立稷神以祭之。”稷神在古代神话中有从人格化到神化的过程。稷神同时作为周的始祖神,教民以农耕技艺。从汉代以来,中国所有郡县都设有稷神祭坛。在清代,县乡求雨抗旱时也到祭坛祭祀稷神。在中国南部种稻文化兴起以后,各地的祭稷神,实际上已经是在祭稻谷或稻谷神了。在民间,自古以来稷神就是谷神,每年年终例行的“蜡祭”(腊祭),又称“冬祭”,是祈求来年农业丰收的大祭。

城隍崇拜。民间流传着城隍为了保佑一方平安,与黄河神斗法的故事。据记载:“吴俗畏鬼,每州、县必有城隍神。”

关帝崇拜。关帝,即关羽,字云长,三国时期蜀汉大将。生前最大官衔是“前将军”,最高爵位是“汉寿亭侯”,由魏至宋初的800多年间,没有人注意关羽。到了宋朝,关羽的地位陡然上升,被宋哲宗封为“显烈王”,宋徽宗又封他为“义勇武安王”。特别是小说《三国演义》之后,影响越来越大,成为“古今第一将”。明代明神宗加封他为“三界伏魔大帝神威远镇天尊关圣帝君”;清顺治帝敕封他为“忠义神武关圣大帝”,乾隆时改谥“神勇”,不久又加谥“灵佑”,嘉庆时加封“仁勇”二字,道光时再加封“威显”二字;此后的历代皇帝都加封号,直至清末,关羽的封号长达26字,为“忠义神武灵佑仁勇威显护国保民精诚绥靖翊赞宣德关圣大帝”。由于受到历代帝王的尊崇,关羽地位显赫,受到官民的普遍祭祀,被称为“武王”、“武圣人”,与“文王”、“文圣人”孔子并肩而立,祠庙香火十分旺盛。关羽受人尊崇,因为他适应了不同人的需要。关公是忠义的化身,在历代封建统治者眼中,他是忠臣义士;桃园三结义,同甘共苦是真朋友的楷模;他讲义气,危难之时忠贞不移,遇困难不退缩,敢承担风险。关羽集众美德于一身,成为世人的典范。于是,关羽被描金业、皮箱业、皮革业、烟业、香烛业、绸缎商、成衣业、酱园业、豆腐业、屠宰业、肉铺业、糕点业、干果业、理发业、银钱业、典当业、教育业、命相家等许多行业奉为行业崇拜神,祠庙遍布神州大地。关羽不仅受到儒家的崇祀,同时又受到道家、佛家的顶礼膜拜。

妈祖崇拜。妈祖,原名林默,又称“林默娘”,北宋人,960年出生于泉州(时称清源军)莆田县湄州屿,987年去世。因妈祖生前时常扶危济险,救人于水厄海难,故被后人敬奉为海神。沿海地区大多都建有天后宫庙,其中最早的是始建于1196年的今泉州市区南门的天后宫。

财神崇拜。关于财神,民间有诸多传说,一种传说是宋朝蔡京是富神降生，民间把他当做财神来祭祀。后蔡京被贬，民间另换赵玄坛为财神。初五接财神，赵玄坛最受尊拜。许多商店、住宅都供奉赵玄坛的木版印刷神像：玄坛面似锅底，手执钢鞭，身骑黑虎，极其威武。除了赵玄坛被尊为"正财神"外，民间还有"偏财神"的"五显财神"、"文财神"、"财帛星君"和"武财神"的说法。五显财神信仰流行于江西德兴婺源一带。兄弟五人封号首字皆为"显"，故称"五显财神"。"文财神"、"财帛星君"，也称"增福财神"，他的绘像经常与"福"、"禄"、"寿"三星和喜神列在一起，合起来为福、禄、寿、财、喜。财帛星君脸白发长，手捧一个宝盆，"招财进宝"四字由此而来。"武财神"为关圣帝君，传说关云长管过兵马站，长于算数，发明日清簿，而且讲信用、重义气，故为商家所崇祀，同时被视为招财进宝的财神爷。

5. 图腾崇拜

图腾崇拜是一种最原始的信仰崇拜。图腾是一个民族的标志，同一图腾的民族，受到图腾的保护。图腾标志有旗帜、文身、族徽、服饰、舞蹈等，最典型的是图腾柱。中国传统的图腾崇拜主要与国家、区域、民族相联系。浙江绍兴出土的一个战国时古越人铜质房屋模型，屋顶立一图腾柱，柱顶塑一大尾鸠。古代朝鲜族每一个村落村口的鸟杆，夏族的旗帜龙旗，古突厥人、古回鹘人的狼图案旗，畲族的狗头帽，台湾土著的蛇文身，广东蛋户的龙绣面文身，朝鲜族的鹤舞，汉族的龙舞、狮舞等，都是图腾崇拜的表现。

图腾崇拜，首先要敬重图腾，禁杀、禁捕，甚至禁止触摸、注视图腾，不准提图腾的名字。江苏宜兴人古以蛇为图腾，对家蛇绝对不能打杀，认为在床上、米囤上发现家蛇为吉祥，在檐梁发现为凶，应立即回避，有时还要点燃香烛用食品来供奉。图腾崇拜具有团结群体、密切血缘关系、维系社会组织和互相区别的职能。

龙崇拜是中国古代龙、凤、麟、龟四灵崇拜之首。中国人自称"龙的传人"，就是将"龙"作为整个民族的图腾。龙是一个理想化的形象。据南宋罗愿《尔雅翼·释龙》记载，宋代绘画、雕塑等艺术作品中，画龙口诀有"三停九似"之说："角似鹿，头似驼，眼似鬼，项似蛇，腹似蜃（shèn，蛤蜊），鳞似鱼，爪似鹰，掌似虎，耳似牛。"在民间，把龙当做掌管雨水的水神，向它祈求风调雨顺、五谷丰登。我国各地的龙神庙都是用来祈雨的。民间流行这样两句谚语："二月二，龙抬头；大仓满，小仓流"；"金豆开花，龙王升天；兴云布雨，五谷丰登"。春秋末年，人们开始把有才能、有本领的人比做龙。孔子就曾经把老子比做龙。战国末年，人们也曾经把秦始皇称为"祖龙"。民间"望子成龙"的成语，就是父母希望子女长大以后成为有才能、有本领的人。封建时代，皇帝自命为真龙天子。

壮族人对蛙的崇拜,是把青蛙视为自己血缘的同源,来求得它和雷王的庇护,通过祷告、献祭、巫术、乐舞等表现手段来寄托自己的感情,密切人蛙关系,求得自然的恩赐与垂怜,以利于自己的发展,祈求风调雨顺、安泰祥和之年,形成了蚂虫另节、蛙纹铜鼓、花山壁画上的正面人物皆成蛙形等一系列的蛙神崇拜行为。

信仰崇拜民俗丰富了人们的生活,是人们精神生活的组成部分,支持着人们的信念,鼓舞着人们的斗志,也维系着人们在艰苦日子里的生活。信仰崇拜是一种文化,在习俗活动中所形成的绘画、音乐、歌舞与仪式,都是民俗文化的表现形态。

(三)岁时节日民俗

岁时节日民俗是一种复杂的社会文化。我国岁时节日民俗的形成,一源于古代历法,二源于生产生活,三源于重大历史事件。按性质,岁时节日可分为单一性质节日和综合性质节日两大类。如春节、藏历年属综合性质节日,元宵节、清明节、端午节、壮族牛魂节和苗族跳花节等属单一性质节日。按内容,又可分为生产节日、祭祀节日、纪念节日、庆贺节日、社交节日等几种。

春节,俗称“年”。传说“年”是一种猛兽,在过年的习俗中,才形成过年放鞭炮、敲锣打鼓的习俗。年,是我国民间古老而最为隆重的综合性质节日,尧舜时称“载”,夏代称“岁”,商代称“祀”,周代起称“年”,沿用至今。汉武帝确定过年的时间正月为岁首,即以正月初一为新年。这一天是一年之首日,称“元日”;又因此日始于旦,也称“元旦”。辛亥革命后改行公历,以1月1日为元旦,于是原称为“元旦”的农历正月初一即改称为“春节”,但人们仍习惯称它为“年”。作为一个节日,春节一般仅指农历正月初一这一天,而与春节有关的民俗活动,却向腊月(农历十二月)和正月这两个月有所前伸和后延,时间长短,各地不一。正月初一是一年中最隆重的节日。大年初一为四时之始,人们以早为贵。人们早起后,鸣鞭炮,开福门,迎财喜神,出门叩节拜年。

藏历年是藏族人民一年中最为隆重的传统节日,与汉族的农历新年大致相同。藏历年是根据藏历推算出来的。藏历元月一日开始,到十五日结束,持续十五天。因为全民信仰佛教,节日活动洋溢着浓厚的宗教气氛,是一个娱神和娱人、庆祝和祈祷兼具的民族节日。

元宵节。农历正月十五为元宵节,又称“上元节”。古代以正月十五为“上元”,七月十五为“中元”,十月十五为“下元”,合称“三元”。元宵节吃元宵丸,取其圆形,寓有全家人团圆、吉利、美满之意。

清明节。清明为二十四节气之一，既是时序标志，又是传统节日，时间约在每年公历4月5日(或前后一天)。称之"清明"，当与此时处于仲春与暮春之交，万物"洁齐而清明"有关。

端午节。农历五月初五是端午节。关于端午节的起源，主要有两种说法，一说是为了纪念战国时的屈原；另一说是与古人为避五月初五"恶"日有关。人们在端午节包粽子、赛龙舟、悬挂蒲艾、饮雄黄酒、浴蒲艾汤、制"午时茶"，小孩更要胸佩"香袋仔"、臂系"长命缕"。

壮族牛魂节。壮族人认为四月初八是牛王诞日，将每年的农历四月初八作为传统的牛魂节。牛魂节是壮族的一个共同的稻作节日。在节日到来之时，各地壮族村寨都要举行祀拜耕牛、为牛蓄魂的活动。广西巴马甲篆镇一带壮族的牛魂节具有典型性。

苗族跳花节。有的地方叫"跳月"或"跳芦笙"节。节日的前一天要竖一棵一丈多高的花树，树周围的场地就是跳花场。届时，苗族青年男女围绕着花树，排成圆形，一男子吹着芦笙走着，女子有节奏地跳着。场外的人，有的吹芦笙、短笛，有的唱歌。老年人相聚欢饮，谈笑叙旧。青年男女分散到田野或树荫下窃窃私语，互诉衷情。

我国岁时节日民俗具有喜庆性、地域性、民族性、多样性四个特征。逢年过节都伴有歌舞声乐，或通宵达旦，或连日不断，喜庆非凡。同一节日、同一民族，因地域的不同表现出节日的地域性。同一节俗，因民族不同而体现出民族性。岁时节日民俗的多样性特征表现为形式的多样、内容的多样、时间的多样。岁时节日民俗的四个特征，使岁时节日富有趣味。

(四)游艺、技艺、工艺民俗

游艺、技艺、工艺民俗是民间娱乐和能力展示的重要形式，具有很大的娱乐性和观赏性。

1.游艺民俗

游艺民俗是民间传统的文化娱乐活动，包括口承文艺活动、民间歌舞、民乐、民歌、游戏、竞技等文化娱乐活动的模式与传承行为的总称。其中，民间舞蹈、游戏、竞技是游艺活动的主体内容。

民间舞蹈是游艺民俗的重要内容，是人们表达激动情感的一种创造。《诗·大序》曰："诗者，志之所之也。在心为志，发言为诗，情动于中而形于言。言之不足，故嗟叹之。嗟叹之不足，故咏歌之。咏歌之不足，不知手之舞之，足之蹈之也。"手舞足蹈，就是舞蹈。根据民间舞蹈的表演形式，分为歌舞和乐舞。歌舞又分为本装歌舞与扮装舞。本装歌舞是指不使用面具，不扮装成历史人物或其他动物一类的歌舞。扮装舞为扮装古代人物或动物，或戴面具的舞蹈，如傩舞。乐舞即表演者携带乐器表演的舞蹈，在民间较普遍，汉族的腰鼓舞、朝鲜族与瑶族的长鼓舞、傣族的象脚鼓舞、苗侗民族的芦笙舞、瑶族的铜鼓舞等都是携乐器歌舞的乐舞。

游戏，古称"杂戏"，俗称"玩耍"。游戏分智力游戏和活动性游戏两大类。智力游戏，又可分为培养智力性的游戏和智力竞赛游戏。培养智力的游戏一般对象是儿童，游戏有积木、填字、猜谜、猜手指、绕口令等。智力竞赛游戏对象多为成年人，有下棋（象棋、围棋、军棋、弹棋、跳棋、五子棋等），打扑克牌，打字牌，打麻将，猜拳（又称"拇战"、"猜枚"、"豁拳"），锤子、剪刀布、棒子、虎、鸡、虫，虎、猎人、枪等。活动性游戏一般在户外进行，有跳绳、捉迷藏、斗草、老鹰抓小鸡、丢手帕、抓石子、踢毽子、打陀螺、弹球等。

竞技民俗是流行于民间带有技术能力竞赛性质与内容的民俗。竞技民俗有赛力、赛速、赛准、赛远、赛技巧等活动。赛力常见的项目有举重、摔跤、投掷、拔河、角力、爬竿、爬绳、扔沙袋等。赛速有赛马、赛骆驼、赛龙舟等；赛准有射箭等；赛远有投掷、打棍等；赛技巧有单一技巧和综合技巧两大类。单一技巧有跳、踢、蹬（荡）、打、抽、举、抛等上下肢各项技巧，如踢毽子、跳绳、跳板、荡秋千、抛绣球等。综合技巧比赛即包括多项技能的比赛，如赛马术有赛马、骑马越障、马上斩劈、骑射、马上角力、马球、马上功夫、驯马套子等。

2. 技艺民俗

技艺民俗是民间娱乐活动中带有技术性展示的民俗，如民间的高跷会、小车会、龙灯、舞狮、旱船、太平鼓、挑幡、大鼓会、杂耍等，都是民间有名的技艺民俗。

高跷会艺人扮成和尚、柴翁、渔婆、白蛇、许仙等戏中人物，大多由12人组成，亦歌亦舞，技艺精湛。高跷会精湛的是腿技，可以踩着1.5米的高跷，跳过一张高达1.5米的长板凳，稳稳地落地；可以踩高跷翻跟头分腿坐地，接着坐地而起；可以在方桌、"独木桥"上做高空动作，令人惊叹。

小车会表演的主要道具是小车，表演走平路、弯路、泥路、上坡、下坡、上桥、下桥、卧车等形态，扮丑婆的要表演要烟袋、转手帕、卧鱼叼花；扮盲人的要表演丢马杆、摔跤、过河；扮和尚的要表演转佛珠、翻扑等武生动作。

龙灯也叫"龙舞"，龙身长20余米，直径60～70厘米，内用铁丝做成圆形，安上灯泡或蜡烛，外用纱布包裹涂色而成。舞龙者由数十人组成，一人在前用绣球斗龙，其余全部举龙，表演"二龙戏珠"、"双龙出水"、"火龙腾飞"、"蟠龙闹海"等技艺动作。

舞狮的技艺有北狮与南狮、文狮与武狮、醒狮之分。北狮流行在长江以北,南狮流行于华南、南洋及海外。北狮的造型酷似真狮,狮头较为简单,全身披金黄色毛。北狮一般是雌雄成对出现,狮头上有红结者为雄狮,有绿结者为雌狮。北狮表演动作灵活,以扑、跌、翻、滚、跳跃、擦痒等动作为主。南狮表演动作威猛,有起势、奋起、疑进、抓痒、迎宾、施礼、惊跃、审视、酣睡、出洞、发威、过山、上楼台等。近年有将南北狮融合的舞狮技艺,主要是用南狮的狮子,北狮的步法,称为"南狮北舞"。舞文狮通过表演狮子静卧和互相亲吻、搔痒、舔毛、伸腰、打滚、掏耳朵等动作,表现文狮的温柔性格。舞武狮通过表演狮子翻山越涧、走梅花庄、三狮踩球、登山直立、跳、转、腾、扑等动作,表现武狮的凶猛性格。

广东省湛江市遂溪县有"中国醒狮之乡"的美誉,民间有男子、女子醒狮队,舞狮队的"狮子上金山"、"狮子过天桥"、"刀尖狮技"、"高桩飞狮"、"金狮雄风"等一系列高空绝技表演,形成独具特色的醒狮艺术风格,把中国传统舞狮技艺推向了新的高峰。

挑幡为民间有名的杂技,表演时要将一根碗口粗的幡托在手中,整个幡不仅长达好几米而且重达十来公斤。建瓯挑幡要求选用当地盛产的大笔竹作为幡杆,尾部套上一个用竹片和彩绸制成的六角宝塔(俗称幡顶),沿塔底顺杆垂挂彩边条幅,上书吉祥之词,全幡长10余米,重约10~20公斤。表演套路主要由"手舞东风转"等10余种招式组成,时而肩扛口咬,时而手舞脚踢,时而左旋右转,时而前挑后抛,表演至高潮时,男女老少同台献艺,群幡挥舞,你追我赶,令人目不暇接,久看不厌。

跑旱船由一"艄公"划桨引船,做出各种各样划船动作。乘船者快速碎步,使船身平稳前进,犹如船在水面漂动,颇为形象地塑造出水面行船的情景。乘船者不止一只船,常三五成群,一线儿排开,与"船公"默契配合,时起时伏,随着"波浪"旋转、颠簸,犹如水上跑船情景。

太平鼓是满、蒙古、汉等族的棰击膜鸣乐器。因单面蒙皮又称单皮鼓。流行于辽宁、吉林、黑龙江、内蒙古、陕西、甘肃、河北、安徽等省区。演奏时,左手持柄举鼓,上下左右摇动,右手执鼓鞭敲击鼓面,可击鼓心、鼓边、鼓框或鼓背。击法有打、抽、叩、按、抖等,并同时振动铁环或小铜钹作响。太平鼓既是乐器,也是舞具。咚咚的鼓声,飘舞的红缨,更增添节日气氛。

大鼓会的技艺特色有四,一是鼓形硕大,鼓面由整张牛皮制作而成,直径达2米左右,能同时站开8~10人同时敲打;二是鼓音纯厚,擂动之际犹如狮吼龙吟,万马奔腾;三是鼓队配置齐全,辅以大镲、铙 、小钹等民间器乐,协调合拍,犹如雷霆之韵;四是敲打套路多达108种之多,技艺变换,风格各异。

3. 工艺民俗

中国传统手工工艺种类繁多，著名的有塑制工艺、陶瓷工艺、雕刻工艺、织绣工艺、编织工艺、漆器工艺，以及剪纸、灯彩、风筝、玩具等手工制作工艺，所制作的玉器、牙雕、景泰蓝、刺绣、陶瓷器等手工艺品，深受海内外人们欢迎。我国工艺民俗内容广泛，包括塑制、陶瓷、雕刻、剪贴、纸扎、编织、刺绣、绘画、盆景等类工艺品的制作传承。

塑制工艺。我国著名的塑制工艺品有捏塑、纸塑、蜡塑、面塑等。捏塑的著名代表有天津“泥人张”、惠山泥人。纸塑，佛山纸塑工艺用纸做原料塑制古铜器、玉器、陶器、石器等物，其色泽、造型与原物无异。蜡塑，佛山工艺用蜡作原料塑制花卉，形制逼真，被誉为“永不凋谢的花朵”。

陶瓷工艺，分为陶器工艺和瓷器工艺。陶瓷是中国古老的创造发明之一，较重要的有江苏宜兴陶、广东石湾陶、湖南铜官陶、四川崇宁陶、云南建水陶和甘肃天水陶。我国瓷器著名的有江西景德镇瓷器、河南禹县均瓷、河南临汝县汝瓷、湖南醴陵瓷、福建德化瓷等。享誉世界的“中国瓷都”江西景德镇的瓷器“白如玉、明如镜、薄如纸、声如磬”，成为中国瓷器中的杰出代表。“中国陶都”江苏宜兴的紫砂陶，是用当地的一种紫砂泥烧制而成的，质地和造型具有浓厚的地方色彩，是技术高超的精品。

景泰蓝，又名“铜胎掐丝珐琅”，是一种瓷铜结合的独特工艺品，制造历史可追溯到元朝，明代景泰年间（1450 年—1456 年）最为盛行，又因当时多用蓝色，故名景泰蓝。景泰蓝以紫铜作坯，制成各种造型，再用金线或铜丝掐成各种花，中充珐琅釉，经烧制、磨光、镀金等工序制成。景泰蓝造型特异，制作精美，图案庄重，色彩富丽，金碧辉煌。北京是景泰蓝的主要产地，产品常被选作贵重礼品赠送给外国宾客。

雕刻工艺按雕刻材料，有漆雕、木雕、贝雕、砖雕、竹雕、骨雕、角雕、玉雕、冰雕、煤雕、牙雕、水晶雕、椰雕、瓜果雕等 14 大类。

剪贴工艺。剪贴，又称剪纸。剪贴内容有窗花、鞋花、剪字、剪画等。纸扎工艺的常见品有风筝、花灯和多种的龙、狮子头等。

编织工艺是指利用植物的枝条、叶、茎、皮等，如竹藤、麦秆、柳条等材料编织多种物品的工艺。中国编织工艺品按原料划分，主要有竹编、藤编、草编、棕编、柳编、麻编等 6 大类。编织工艺品的品种主要有日用品、欣赏品、家具、玩具、鞋帽等 5 类。其中日用品有席、坐垫、靠垫、提篮、箱、盘、门帘、筐等；欣赏品有挂屏、屏风及人物、动物等编织工艺品。福建、广东的藤编，河北的草编、柳编，山西的麦秆编，浙江竹编等都是我国著名的编织工艺品。

我国民间刺绣工艺的发展长盛不衰,约有两三千年的历史。著名品种有苏州的苏绣、湖南的湘绣、四川的蜀绣、广东的粤绣,合称“四大名绣”。刺绣艺人往往在一幅作品中用几十种针法,巧妙地表现花卉、人物、动物、风景以及各种精心设计的图案。

绘画工艺。绘画是我国历史悠久的民族文化,不但形成了宫廷绘画,在民间也形成了利用不同材料不同方法的绘画流派,如指画、铁画、编画、羽毛画、木刻画、内画等。盆景是利用木本、草本植物或水、石等,经过艺术加工,再现自然的一种艺术品。盆景艺术分为岭南、江浙、四川盆景三个流派。

我国的民间工艺除上述之外,还有果品艺术、制扇艺术、金银器艺术、皮影艺术、脸谱艺术等,都属于工艺民俗之列,都可以列为工艺民俗旅游资源。

民俗旅游资源是民俗旅游发展的基础和条件。民俗文化转化为民俗旅游资源是相对的,当前不能作为旅游资源的民俗文化,随着时间和条件的变化,以及人们旅游需求的改变,都能作为民俗旅游资源进行旅游规划。

第三节 民俗旅游资源调查与评价

民俗文化的旅游开发与应用,是一个十分普遍、十分具体和十分严谨的课题,必须进行民俗旅游资源的调查与评价。

在中国,对民俗文化资源进行旅游开发已有三十年的经验和教训。实践中,已经总结出民俗旅游开发与应用应遵循的步骤与原则。一般而言,进行民俗旅游开发,需要进行民俗资源调查、民俗资源评价和民俗旅游开发模式选择。从方法论而言,民俗文化资源的调查与评价,涉及旅游资源学、民俗学、人类学和社会学等多门学科,旅游资源学的旅游资源调查与评价方法、民俗学与人类学的田野调查方法和社会学的社会调查方法等,都可以为民俗文化资源的调查与评价综合使用。

一、民俗旅游资源调查

民俗旅游资源调查是建设民俗旅游业最基础性的工作。民俗是一种具有历史与现代承递性的文化,有历史的区别、民族的区别和区域性的区别。因此,要将民俗作为旅游资源进行开发,就必须对民俗旅游业发展地域内的民俗资源进行调查。

对作为旅游资源的民俗文化的调查,需要强调旅游业的针对性和适应性;对民俗文化的旅游资源评价,需要强调民俗所具有的文化价值和特色,以保证引入旅游业的民俗文化具有足够的旅游吸引力,保证建设的民俗文化旅游具有良好的社会效益和经济效益。

旅游资源调查分为"旅游资源详查"和"旅游资源概查"。民俗旅游资源调查同样分为"资源详查"和"资源概查"。资源详查采用普遍调查的方式,以求获得对所设定开发区域所有民俗旅游资源全貌的认识,为旅游规划奠定基础。资源概查是对特定区域或专门类型的民俗旅游资源所进行的调查。人为设定的民俗旅游资源概查,往往会造成民俗资源个体的遗漏,造成对民俗旅游资源认识得不全面。同一民族不一定就保存相同的民俗,民俗会因为民族各支系村寨分布的地域差别,形成同一民族在民俗文化上的差别。认识民族间的民俗文化差异,认识一个区域民俗旅游资源全貌,资源调查必不可少。

(一)基本要求

民俗旅游资源调查需要按照《旅游资源分类、调查与评价》(GB/T 18972—2003)标准规定的内容和方法进行。第一,要求保证成果质量,整个调查运作过程要具有科学性、客观性、准确性、系统性,做到内容简洁和量化。第二,要求充分利用与旅游资源有关的各种资料和研究成果,完成统计、填表和编写调查文件等项工作。调查方式要有利于收集、分析、转化、利用民俗旅游资源与研究成果。民俗旅游资源调查方法,包括访问、实地观察、测试、记录、绘图、摄影,必要时进行采样和室内分析。

(二)调查程序

民俗旅游资源调查按照《旅游资源分类、调查与评价》(GB/T 18972—2003)标准规定的旅游资源调查程序进行,包括调查准备、实地调查和填写"旅游资源单体调查表"等。

调查准备。第一,成立调查组。调查组成员应具有旅游环境、旅游资源、民俗学以及旅游规划等相关的专业知识,一般应吸收旅游资源调查与开发、环境保护、建筑园林、民俗文化、民族学、民族艺术、历史文化、旅游景观设计、旅游管理等方面的专业人员参与。视民俗旅游资源调查的任务与要求,组建资源调查组。一般而言,调查人数在7~15人为宜。第二,根据民俗旅游资源调查的要求,进行技术培训。第三,准备实地调查所需的设备,如定位仪器、简易测量仪器、影像设备等。第四,撰写详细的调查提纲和准备《旅游资源单体调查表》。第五,资料收集。资料收集包括三方面,首先是收集与旅游资源单体及其赋存环境有关的各类文字描述资料,包括地方志、乡土教材、旅游区与旅游点介绍、规划与专题报告等。其次是收集与旅游资源调查区有关的各类图形资料,重点收集反映旅游环境与旅游资源的专题地图。最后是收集与旅游资源调查区和旅游资源单体有关的各种照片、影像资料。第六,确定调查方案。调查方案主要包括确定调查区内的调查小区,选定调查对象、调查线路和调查时间。为便于运作和旅游资源统计、旅游资源评价和旅游规划的需要,可将整个调查区分为若干"调查小区"。调查小区有两种划分方法,一是按现有或规划要建设的旅游区域进行调查小区划分,二是按行政区划分。按行政区划分的一般做法是,进行省一级的民俗旅游资源调查,可将市一级的行政区划分调查小区;进行市级的民俗旅游资源调查,可按县一级的行政区划分调查小区;进行县级民俗旅游资源调查,可按乡镇一级的行政区划分调查小区。在调查中,如何选择重点调查对象有三个判断标准,一是具有旅游开发前景,有明显经济、社会、文化价值的旅游资源单体;二是集合型旅游资源单体中具有代表性的部分;三是代表调查区形象的旅游资源单体。调查线路按实际要求设置,一般要求贯穿调查区内所有调查小区和主要旅游资源单体所在的地点。调查时间的长短一般以调查的任务要求确定,通常3~5天为宜。

实地调查。民俗资源实地调查在技术上,可采用文献调查与实地勘察相结合的方式进行。文献调查是基础性的调查,可以获得对民俗旅游资源的总体认识。实地勘察是深入性调查,要对实际的景物、场景进行具体的采访、拍摄和测量。

调查反馈。在民俗资源调查结束时,需要将进行民俗资源调查的成果向委托单位进行信息反馈。信息反馈以会议的形式进行。委托单位的有关领导和有关人员,以及调查人员出席会议。会议由委托单位主持。会议分调查单位报告和委托单位领导或有关人员咨询与提建议两个程序。调查单位对报告的内容进行分工,调查组长负责报告对所调查的民俗资源的总印象与初步评价,提出民俗旅游发展的策划思路。其他调查专家就民俗旅游价值、旅游定位、旅游基础设施、旅游环境、旅游交通、旅游市场营销等,进行分工报告。在与会人员的充分讨论下,形成民俗旅游发展总认识,由单位进行下一步旅游规划工作。

(三)调查方法选择

选择调查方法是确保民俗旅游资源调查成功的重要技术环节。用于民俗旅游资源调查的方法包括两个方面,一是确定调查对象的方法,诸如全面调查、重点调查、典型调查、抽样调查;二是收集资料的方法,诸如问卷法、田野调查法等。以上两个方面,构成了民俗旅游资源调查研究的方法体系。

全面调查是指对被调查对象的所有单位逐一进行的调查。全面调查的形式有普查、经常性调查、专门调查。重点调查是在被调查对象的全部单位中选择一部分重点进行调查的单位。典型调查是根据调查目的,在对被调查对象进行全面分析的基础上,选择若干具有代表性的单位进行调查的一种方法。选择典型单位需要注意,其一,选择典型前应对所要调查的对象有一个概略的全面的了解和分析,避免确定典型单位时的盲目性和主观随意性,保证所选择的典型具有代表性。其二,根据调查目的选择典型单位。其三,根据调查对象本身特点选择典型单位,使典型具有客观代表性。抽样调查是按照科学的原理和计划从要研究的全部个体单位中,按随机原则抽取部分个体单位进行调查,取得资料,并用以推算总体数量特征的一种方法。抽样调查有简单随机抽样、类型抽样、系统抽样、整群抽样、多阶段抽样等形式。简单随机抽样调查被认为是最符合抽样随机原则的一种最基本的形式,是在对总体单位事先不加任何选择或处理的情况下,从中任意抽取预定的单位个数作为样本的抽样方式。因为是从总体中随机抽取单位,严格地遵从了使每个单位都有同等被抽中机会的随机原则。

问卷调查法是用设计与派发问卷的形式进行民俗旅游调查的方法。调查问卷的基本结构包括调查问卷的题目、填表说明书、调查问题、问题填写记录等。问卷问题的类型有直接提问、间接提问、假设提问。问卷问题的回答方式有开放式回答、封闭式回答两种。封闭式回答方式有定类问题答案、定序问题答案、定距问题答案、定比问题答案。问卷问题编排应先易后难,敏感性问题和开放性问题应放在问卷的后面。为了帮助回忆和联想,可先问具有启发性的问题。问卷的形式、长度、回答方式等设计要具有多样性和生动性。

田野调查即民俗旅游资源的实地调查。根据田野调查的深入程度,田野调查可以分为体验式调查、跟踪式调查和采风式调查。田野调查有多种形式,但作为民俗调查具有共同的特点,有一些共同采用的调查方法。

观察法是调查人员随时随处进行观察的方法。具体要求是调查人员在进入调查地域时,时刻注意对周围环境、人物与景物的观察,通过观察获取资料。进入一个村寨,可以进行自然环境、村落结构布局、公共设施等多方面的观察。在田间,可以观察劳动者的性别、年龄、服饰、使用的劳动工具,以及劳动的全过程。进入农家,可以观察农家住宅的结构,厅堂、厨房、住房的位置,家内各种东西的放置,各种家具的式样和陈设,日常使用的器具等。观察随时都在进行,将观察获得的资料及时记录下来,并将它与其他地区观察到的材料进行比较,分析被调查地域所具有的特征。

访谈法是在熟悉材料或观察的基础上,找一些当事人或一些熟悉民族风俗的人,就某些具体问题进行面对面的交谈,以获得对问题的进一步了解。访谈分正式访谈和非正式访谈、个别访谈和集体访谈、一般访谈和深度访谈。正式访谈需要事先拟定好访谈提纲,按访谈提纲逐一进行。正式访谈有很具体的目的和内容,以达到目的和完成内容而结束。非正式访谈不用拟访谈提纲,是随事随问,随人随问,访谈的地点、时间、方式都随机而定,随时随地都可以进行。常规而言,在进行系统了解或辩证了解某种民俗事象时,需要采用正式访谈的形式。作为一般性的了解或获取某种民俗事象的补充资料,则采用非正式访谈形式。

调查会法。开调查会对调查者有比较高的要求,一是要事先拟好调查纲目、选好开会地点、确定开会时间;二是要物色好参加调查会的人员,一般三五人为宜;三是要善于提问、启发、诱导和组织调查会,完成所需调查的内容;四是作好会议记录。每一次调查会,都要记下与会者的姓名、年龄、性别和会议举行的时间、地点。

实录法是运用现代的摄影、摄像、录音设备对民俗事象进行实录。摄影是运用照相机对重要民俗景物进行图片资料搜集。摄像是运用摄像机对重要民俗景物,特别是民俗活动进行场景、活动过程资料搜集。录音是运用录音机对民俗活动中的歌曲、语音、语言资料搜集。在田野调查活动中的摄影有不同于一般摄影照相的专业要求。总的原则是全面真实。具体分为全貌摄影、局部摄影、程序摄影。全貌摄影要求从宏观的角度、整体的角度摄取民俗景物的全貌。局部摄影是对重要的或带特征性的民俗景物的细微部分进行特写拍摄。程序摄影是对民俗景物、民俗活动过程进行分层次、分阶段、分步骤多张次的拍摄。在田野调查中,摄影摄像技术主要强调展现所摄取民俗事象内容的角度和方式,要反映民俗文化的具体性和生动性,做到所拍摄的民俗文化资料具有系统性(分类)、全局性(注意场所控制与使用控制)、程序性(工艺流程)和立体性(多侧面)。田野调查还可以运用统计法、抽样调查法进行。

田野调查是一件不易的工作,要求调查者具有一定的素养,具备一定的社会工作组织能力,能把被调查者的兴趣始终引到民俗调查的范围内,能根据调查提纲完成任务;有一定的民俗学知识,能辨析民俗事象;有耐心和坚韧不拔的毅力,具有诙谐、谦虚、活泼、自然的性格,始终保持饱满的工作热情;善于快速准确记录,能使用统计法、制表法、绘图法整理调查资料;能使用照相、录像、录音工具,较好地描述民俗;善于将搜集的资料及时整理、归类,及时发现问题,及时作补充调查。在对每一调查单体进行实地调查之后，需要填写一份"民俗旅游资源单体调查表"。

（四）调查注意事项

民俗旅游资源调查不同于自然旅游资源调查，要深入民俗文化社区，在广大民众中进行访谈，进行民俗文化的采集活动，需要注意以下事项：

1. 入乡随俗，尊重当地人

到乡村或城市进行民俗旅游资源调查，特别是到乡村调查，要入乡随俗。一是不要怕脏，不要怕碗筷不干净，不要怕吃的、喝的不干净。二是拜访当地人要遵从礼俗。每一个民族或每一个地区都有特殊的社交礼仪，如见面礼节、做客礼仪等，以及各种禁忌等。要了解当地习俗，尊重当地习俗，要有礼貌，遵守群众纪律，融洽群众关系等。

2. 观察要细，全面把握

观察是进行民俗旅游资源调查的重要方式之一。观察分一般性观察和参与性观察。一般性观察是对民俗旅游资源的表面上的观察，参与性观察是参与民俗活动的深入性观察。在民俗旅游资源调查中，要一般性观察和参与性观察相结合，细致观察民俗活动的每一个环节和细节，全面把握民俗文化。

3. 多问，广纳众言

民俗是一种社会传承文化，初次造访的民俗旅游资源调查者，很难在较短的时间内就理解和把握民俗的文化形式与内涵，需要多问，向当地的学者专家学习，向当地的领导和民众学习，弄清缘由，理解内涵。对于发展民俗旅游，当地的学者专家、领导和民众也会有思考和很好的主意，需要倾听和收集，以供民俗旅游规划时参考。

4. 收集资料要新、准确和全面

在民俗旅游资源调查中，一要着重收集新材料，收集在调查前没有了解过的新材料或没有了解过的新内容。二要注意资料的准确性，反复核实收集的材料。被调查者提供的材料，有些可能不可靠，必须找多人核实，如果大多数人说的相同，则证明是可靠的，如果某人所提供的材料与大多数人所说的不一样，则应慎重对待，一般情况下应取大多数人所说的为准。三是资料要全，注意收集计划外的有价值的资料，边调查边整理资料，发现有调查不足之处，及时补充。

二、民俗旅游资源评价

民俗旅游资源评价，就是对民俗旅游资源进行定性定量评价，分析其旅游价值、功能、组合特征及旅游容量，最后写出评价总结报告。在对民俗资源调查之后，第二步工作就是对民俗资源进行评价。民俗资源评价包括两个方面的评价，一是对民俗资源的个体评价，二是对区域民俗资源的整体评价。民俗资源个体评价是区域民俗资源评价的基础，只有在获得民俗资源个体评价认识的基础上，才有可能进行区域民俗资源的整体评价。就民俗旅游而言，需要对民俗特征的地域性、民俗参与的群众性、民俗内容的文化性、民间传说、故事的贴切性进行评价。

（一）评价原则

将民俗文化作为独特的旅游资源进行开发应用的过程中，必须很好地把握深层内涵，做到原汁原味，突出特色；既保护又开发，在保护的前提和基础上开发，使民俗文化的旅游效益获得最大化和最优化。研究和分析民族民俗文化在资源上具有独特个性的层面价值，把握评价原则，可以为科学地进行民俗旅游规划提供依据。

1. 乡土性与古朴性相结合

民俗旅游是特色性较强的一种经济文化活动，在民俗旅游资源评价中，需要把握民俗资源所蕴涵的乡土性与古朴性的结合状况，把握资源的历史特色、乡土特色和古朴自然的面貌。所选择的民俗旅游资源，需要能够把资源特色和当地人文优势、自然优势结合起来；定位于展示当地最原始、最富地方风味的文化上，显示出民俗旅游原汁原味的文化。

2. 文化性与科学性交融

作为文化旅游的民俗旅游，文化是旅游的本质和灵魂。民俗旅游资源评价，需要以文化与科学的尺度，鉴别、评定民俗文化资源的优劣，评估民俗旅游项目的文化含量，实事求是地确定旅游价值，这样才能开发出有一定水准的旅游项目。不能以民俗文化中丑陋、落后的一面来迎合个别旅游者的需要，良莠不分，破坏社会文化环境。只有注重民俗旅游的文化性和科学性，合乎市场需求，合乎民俗文化旅游项目规划、开发和发展规律，民俗旅游才能长久地给投资者、开发者、经营者带来效益，才能带动旅游业的发展。

3. 参与性与趣味性并重

民俗旅游之所以逐渐成为旅游新卖点，最大优势在于民俗旅游项目使旅游者能亲身体验旅游产品中所体现的风土人情，使旅游者能感受其情其景所蕴涵的文化韵味。民俗文化是大众文化，具有可参与性特征。在民俗旅游资源评价中，需要测评资源在内容和形式上所具有的旅游项目参与性与趣味性设计的可能性。选择具有开发潜能的，具有参与性与趣味性的民俗旅游资源，是挖掘民俗文化吸引力的重要手段。

4. 保护性和经济性互动

民俗文化作为人类社会的一笔财富，在进行开发时必须倍加珍惜，努力保护，严禁破坏性、掠夺性地开发。在民俗旅游资源评价中，需要对民俗旅游资源开发后的可保护性和经济性进行评价，最佳的民俗旅游资源开发就是资源经开发后得到了保护和发展，同时又带来民俗旅游的发展，获得很好的市场经济效益，达到民俗旅游资源的保护性和经济性互动。

（二）民俗旅游资源个体评价

对民俗资源个体进行评价，一是评价民俗资源个体的民俗价值，二是评价民俗资源个体所蕴涵的旅游价值。

民俗资源个体民俗价值评价的方法，可采用打分评价法和同类比较评价法。打分评价法就是测量民俗文化个体所传承民俗文化要素的多少，即评价民俗文化个体所保存民俗文化的完整程度。民俗文化个体传承民俗文化的要素越多、越丰富、越具体，其价值就越高。打分评价法主要依据《旅游资源分类、调查与评价》（GB/T 18972—2003）的要求进行。

同类比较评价法是采用事物类比的分析方法，将所要评价的民俗旅游资源个体与同一区域内或跨区域同一类型民俗文化个体进行同类比较评价。同类比较评价法分列表法与分析法。同类比较评价列表法，是将所要进行评价的民俗旅游资源个体与同一区域内或跨区域的同一类型民俗文化个体，按所传承民俗文化要素量的多少与质量的高低进行列表排序，得出对所要评价的民俗旅游资源个体价值大小的认识。民俗资源个体在同类民俗文化比较列表中排序越靠前，价值就越高。

同类比较评价分析法是采用文字叙述的分析方式，将要评价的民俗旅游资源个体与同一区域内或跨区域，或其他民族、其他村寨的同一类型民俗文化个体，进行蕴涵民俗文化要素量、质量的横向评析，比较分析出其所具有的历史性、典型性、完整性和特色。要评价的民俗旅游资源个体，在历史性、典型性、完整性和特色性等诸方面越突出，所具有的旅游价值也就越大，旅游开发前景就越看好。

（三）区域民俗资源整体评价

对区域民俗资源整体的评价可以从五个方面具体进行。

其一，通过分析区域民俗所有民俗文化个体的权重，确定区域民俗资源的总体特色。在民俗文化中，古民居、服饰、饮食、节庆等民族风情等都具有不同的民俗文化权重，确定作为区域民俗资源总体组成部分的民俗文化，都是该区域内最为突出的、最具有特色和代表性的民俗文化。

其二，从民俗文化个体在空间分布的疏密状况，确定民俗资源总体的布局和旅游开发规划的规模。按民俗文化个体分布密集的不同程度，对民俗旅游资源总体进行旅游功能区划分，分出主要旅游区、次要旅游区和服务区，或分为古民居旅游区、民俗饮食旅游区、民俗文化表演区，为有步骤地进行旅游开发提供资源分布依据。

其三，归总具有高价值量的民俗文化的个体数，确定整个区域民俗资源的总体价值。在资源总体中，具有高价值量的民俗文化个体数越多，区域民俗资源总体的价值度就越高，可利用作为旅游资源开发的价值就越大。

其四，分析和评价民俗文化个体的可观性、可娱性和可参与性，以确定区域民俗资源总体的旅游开发可行性价值。在实践中，即使区域民俗文化本身的价值很高，但如果不具备可观性、可娱性和可参与性等条件，也就不具备进行旅游开发的实际价值。如民族不同形式的葬礼、一些宗教仪式等，虽都是区域具有浓郁民俗情调的文化，但不可能作为旅游资源来开发。

其五，分析民俗资源总体的区位条件，确定进行区域旅游开发的可能性和旅游开发投资的强度。旅行区位条件分析，包括旅游资源所处的地理位置的环境、交通、客源地距离等方面的分析，区位环境的优劣、交通的可进入程度、客源地距离的远近，都将影响区域民俗旅游开发能否成功。

对民俗旅游资源的调查与评价是进行民俗旅游资源开发建设不可逾越的一步，做好了民俗旅游资源的调查与评价，就可以为科学制定民俗旅游发展规划打下基础，从而减少民俗旅游投资的盲目性和民俗旅游开发建设工作的随意性。

（四）可行性分析

民俗旅游资源的开发是一项兼及民俗传承、产业发展和科学技术的综合活动，需要进行多方面的可行性论证分析。在民俗旅游资源评价中，需要进行的可行性论证分析，包括民俗与环境保护的可行性分析、社区意愿可行性分析、旅游产业可行性分析、市场效益可行性分析、开发技术可行性分析、交通可进入性分析等，这多项可行性分析互有联系，是一个整体。不能只突出强调旅游资源的市场可行性分析、技术可行性分析、交通可进入性分析和旅游产业可行性分析，忽略了民俗与环境保护的可行性分析、社区意愿可行性分析。实践证明，在民俗旅游的发展中，没有民俗与环境的保护和社区民众的支持，旅游产业的可持续发展不可能实现。科学的民俗旅游资源评价，不仅要求进行经济产业可行性分析、市场效益可行性分析、技术可行性分析和交通可进入性分析，还要突出强调民俗文化资源与环境保护的可行性分析，强调良好的社区支持，强调社会效益和文化效益，强调既是民俗旅游，也是生态旅游，强调未来文化旅游发展的方向。

民俗文化必须通过旅游规划来实现资源的产业性转化。民俗文化资源与旅游业之间的关系是互动的。民俗文化运用于旅游业，可以使旅游业获得发展的空间和市场。民俗旅游业发展中对民俗的调查、分析、归整和民俗文化环境的治理，使民俗文化获得传承、保护和延伸。民俗与民俗旅游业的关系是动态的，是不断变化的，既产生文化发展的机遇，又带来文化保护与传承的挑战。

第四章

中国民俗旅游区划论辩

民俗旅游区划理论,是进行民俗旅游区划研究和民俗旅游区划的理论基础。在实践中,民俗旅游资源的开发和管理、旅游企业的产业发展区位选择、旅游线路设计、政府制定有关政策和法规等,都离不开民俗旅游区划理论的指导。

第一节　民俗旅游区划的理论来源

民俗旅游区划是区域文化与区域经济理论在民俗旅游中的应用与发展。区划、区域文化、民俗文化,就空间表现形态,有学者将之称为"地域圈"、"文化圈"、"民俗圈"。作为一种新的产业经济形态,民俗旅游区划研究是明晰民俗文化地域范畴与民俗旅游经济发展区域、民俗文化地域性与民俗旅游产业地理结构关系的研究。

一、区划的一般理论

所谓区划,就是地理区域、社会区域、文化区域的划分。区划是一种系统研究方法,是通过区域划分来对自然、社会、文化进行系统研究的方法。区划还是一种管理方法,通过区域划分来对自然、社会、文化进行管理。区划系统研究法源于自然区划理论。自然区划又是地域分异规律学说的应用。地域分异规律学说与自然区划理论,共同构成民俗旅游区划的基础理论框架。

(一)地域分异规律学说

地域分异规律是自然地理环境各组成成分及其构成的自然综合体在地表沿一定方向分异或分布的规律性现象。地表自然界受不同尺度的地带性与非地带性地域分异规律的作用,分化为不同等级的自然区。各级自然区内部相对的一致性和特征差异性,成为可循的自然客观原则。

地域分异规律按规模和作用范围不同,呈现为四个等级规律。一是全球性规模的分异规律,如全球性的热量带,一般划分为寒带、亚寒带、温带、亚热带、热带。二是大陆和大洋规模的分异规律,如横贯整个大陆的纬度自然地带和海洋上的自然带。三是区域性规模的分异规律,如在温带从沿海向内陆因干湿度变化而产生的森林带、草原带和荒漠带。山地所表现的自然景观及其组成要素随海拔高度递变的垂直带性,也是区域性的分异规律。四是地方性分异规律,其一是由地方地形、地面组成物质和地下水埋藏深度的不同所引起的系列性地域分异;其二是由地形的不同所引起的坡向性地域分异。

研究地域分异规律是认识自然地理环境及其组成成分的特征、变化和分布规律的重要途径,是合理利用自然资源,因地制宜确定社会发展布局和制定各种规划的基础。将区划系统研究法从对自然地理环境及其组成的研究,扩展到对社会的构成、文化、经济与产业的研究,就形成了行政区划、文化区划、经济区划、旅游区划、民俗旅游区划等。

(二)自然区划理论

以地域分异规律学说为理论依据,根据自然地理环境及其组成成分在空间分布的差异性和相似性,划分为一定范围的区域,称"自然地理区划",简称"自然区划"。自然区划的对象是从最高级的地壳到低级的景观,是多级的系统区划。

1. 自然区划类型

按区划的对象,自然区划分为综合自然区划和部门自然区划。综合自然区划以自然环境整体为对象,即从景观的一致性和差异性出发,进行地域划分,体现环境的综合特征。部门自然区划是在考虑自然地理环境综合特征的基础上,依据某一组成成分的地域分异规律而进行的区域划分,如地貌区划、气候区划、水文区划 、土壤区划、植物区划、动物区划等。按区划的目的,自然区划中又分为各种实用自然区划,如公路自然区划、建筑自然区划、农业自然区划等。

2. 自然区划原则

区划原则主要有综合性原则、发生统一性原则、相对一致性原则、区域共轭性原则和区域联系性原则。综合性原则,也称"主导因素原则",要求在全面地、综合地分析所有自然因素的基础上,找出自然区域的特征及决定区域分异的主导因素,所划出的自然区域具有相似的自然地理特征和共同利用与改造的自然方向。发生统一性原则,要求不仅揭示自然综合体形成发展的历史过程的相对一致性，还包含着区域逐级分异产生过程的相对一致性。相对一致性原则，要求在划分区划单位时，必须注意内部特征的一致性。区域共轭性原则，要求进行区划时既不重复，也不遗漏。区域联系性原则，要求在划分区域时，看到组成同一区划单位内的各低级单位所具有的统一自然历史发展过程和相互毗连的地域接触关系。各项区划原则上相互联系，相互补充。

3. 自然区划方法

常使用的自然区划方法有部门区划叠置法、古地理法、地理相关分析法、主导标志法、顺序划分法、合并法等。部门区划叠置法采用气候区划、地貌区划、土壤区划、植被区划等重叠各部门区划图的方式来划分区域单位。古地理法是通过对实地古地理和历史自然地理遗迹的考察，借鉴有关古籍文献及地质历史研究资料，深入探讨区域分异产生的原因与过程，根据自然区域逐级分异产生的历史过程的相对一致性，划分出不同性质和不同等级的区域单位。地理相关分析法是一种运用各种专门地图、文献资料以及统计资料对各种自然要素之间的相互关系作相关分析后进行区划的方法。主导标志法是通过综合分析选取某种反映地域分异主导因素的自然标志或指标，作为划定区界的依据，同一级区域单位基本按同一标志划分。顺序划分法是"自上而下"的区划法，着眼于地带性与非地带性的地域分异规律，按区域的相对一致性和区域共轭性划分出最高级地域单位，然后逐级向下划分低级的单位。合并法，又称"自下而上"法，是从最低级的区域单位开始，根据地域共轭性原则和相对一致性原则把它们依次合并为高级单位。

无论采用哪种区划方法，都必须注意地域结构的层次性，注意存在不同等级的自然地理区域，确定各区域之间的层次关系，建立区划的等级系统。同时，重视各层次、各区域单位中的地域结构研究，注意区域内部各组成部分之间物质和能量运动在空间上的联系性，以及发生发展上的共同性。最后，根据区域层次关系和结构上的联系性质和特点，确定划区的具体指标和标志，画出各区域的界线。

4. 自然区划的单位及等级系统

由于地域结构的复杂性和各地区具体情况的不同，区划的等级系统可能有多种方案。《中国综合自然区划》基本上采用"热量带和大自然区；地区、亚地区；地带、亚地带；自然省；自然州；自然地理区"的区划等级系统。

大自然区和热量带。按非纬度地带性因素和自然环境的综合表现，我国分为东部季风区、西北干旱区、青藏高寒区三大自然区和寒温带（东北北部）、温带（东北三省的大部分、内蒙古和宁夏的全部、甘肃中西部以及新疆北部和天山山地)、暖温带(包括山东和辽宁半岛、华北大平原、黄土高原以及新疆东部和塔里木盆地)、亚热带(包括秦岭、淮河以南和青藏高原以东的广大地区)、热带(包括广东雷州半岛、海南岛和滇南)、赤道带(包括南沙群岛等低纬地区)等六个热量带。

地区、亚地区。以气候干湿差别为原则,我国直接在各热量带和青藏高原内划分出湿润、半湿润、半干旱、干旱四类地区。

地带、亚地带是地区内的带段性单位。每一自然地带(亚地带)包括一个可以代表自然界水平分异特征的土类和植被群系组。如东北北部多年冻土地区,包括棕色针叶林土——亮泰加林地带和暗棕色森林土——针阔叶混交林地带两个地带。东北湿润半湿润季冻地区,包括暗棕色森林土——针阔(落叶)叶混交林地带和黑钙土——森林草原地带等两个地带。西北干旱半干旱地区,自东而西,包括栗钙土——草原地带、棕钙土灰钙土——半荒漠地带、灰棕漠土——荒漠地带等三个地带。华北半湿润季冻地区,包括棕壤——落叶阔叶林地带和褐土——旱生化落叶阔叶林地带等两个地带。黄土高原干湿过渡地区,包括褐土——旱生化落叶阔叶林地带和灰褐土(黑垆土)——森林草原地带等两个地带。南疆干旱地区为棕漠土——荒漠地带一个地带。东南湿润地区,包括北亚热带黄棕壤——落叶和常绿阔叶混交林地带、中亚热带红壤与黄壤——常绿阔叶林地带、南亚热带砖红壤化红壤——常绿阔叶林地带等三个地带。西南山原盆地湿暖地区,包括北亚热带黄棕壤——落叶和常绿阔叶混交林地带;中亚热带砖红壤化红壤和黄壤——常绿阔叶林和落叶常绿混交林地带、南亚热带砖红壤化红壤——常绿阔叶林地带等三个地带。桂粤台南缘——南海湿热地区为砖红壤——热带季雨林地带。滇南湿热地区为砖红壤——热带季雨林地带。南沙群岛地区为赤道海岛雨林地带。青藏高原本部山原台原地区,包括高寒草甸草原地带、高寒荒漠地带、干旱荒漠地带(柴达木)等三个地带。青藏高原东南部高山峡谷地区,包括山地草甸和针叶林地带、山地常绿阔叶林地带等两个地带。

地带可以划分为亚地带,亚地带又可进一步划分为自然省与自然州。如在中亚热带常绿阔叶林——红壤和黄壤地带内可划分出四川盆地自然省,在四川盆地自然省内又划分为具有钙质紫色土和水稻田的川北丘陵自然州,具有钙质紫色土和水稻田的川中方山自然州,具有酸性紫色土和红壤、且略具南亚热带色彩的川南丘陵自然州,具有中性紫色土和黄壤以及残存常绿阔叶林的川东平行岭谷自然州,以水稻田为主的川西成都平原自然州等五个自然州。自然州内再进一步划分为自然地理区。

自然区虽然是人为划分的,但是客观存在的反映。只有正确地认识地域自然环境的分异规律性,区划才能接近或符合客观实际情况,人们才能更科学地认识、利用和改造自然。

二、文化圈与民俗文化圈

文化和民俗文化,首先是一定聚居区域的人们创造的,文化或民俗文化不断向外传播,形成在一定地域内具有整体系统结构的文化或民俗文化,人们习惯用"圈"的概念,称"文化圈",称"民俗文化圈"。

(一)文化圈

"圈",也是依据一定地理区域的区划。"文化圈"是文化区划的另一种表述方式。文化圈是在一定地域内有机的整体文化,包括人类所创造的各种区域文化范畴。文化在各区域形成、发展,并可能向其他区域移动,与其相关联的文化成分相融合,形成更为广阔的文化圈。"文化圈"作为具有相同文化特质、相同的文化群体所构成的人文地理区域,是在文化传播过程中形成的。往往是由某一先进民族或国度,以其首创的文化影响周边地区,在核心与边缘的互动中逐渐形成共识的文化现象。①

文化圈是一个地理空间。在一个系统整体中包含有若干文化成分的许多部分,每一部分都带有地域空间的影响,显现出文化个性,但同时又与整体文化要素相联系。由地域空间影响,文化会在某个地区出现并长久存在,形成一个独立或不独立的文化圈。文化圈文化的区域联系,属于地域分异的文化规律反映,是自然区划的社会表现,可以运用自然区划方法去追踪和考察各种文化元素的分布情况,推定它们的传播路线,并把它们绘制成分布地图。

文化圈有三大特点,其一,文化圈以较大的区域聚落或民族持久不变的基本文化作为根基,拥有广阔的、持久性的地理空间;其二,文化圈具有独立性,表现为文化移动是全部文化范畴的整体移动。因此,考察从远古到现在的历史关联,可以得到对人类文化传播与影响的认识。不管是民族之间的接触,还是整个民族迁徙,都会在某地区出现某几种文化成分一同移入的现象,扩大了文化圈的区域,形成时间上的新与旧关系的文化层,形成文化的跨区域现象。其三,文化圈拥有广泛的文化内涵,文化圈的文化在存在和传播过程中与区域、民族有历史关联,有个别文化成分的流入,也有个别文化

① 冯天瑜.中华文化辞典.武汉:武汉大学出版社,2001.

成分被冲散，与大区域文化有区别，同时又有所联系，显示出文化圈文化的相似性和历史传播的联系性。

认定文化圈的方法，一是对不同地区相类似的文化要素的数量多少作出认定，二是对有相关性的若干文化成分在其文化范畴和文化内容的含义上作出认定。研究文化圈，包括研究人类创造的各种文化范畴，以及文化圈在各地的形成、发展和向其他地区的移动，与其他地区文化成分有相关性的内容或地理空间的表现等。

文化圈可从地理、人类学、宗教、民俗、文字等多种角度加以划分。如“东亚文化圈”，以地理属性得名，以中国大陆为主体，范围约指东亚大陆及周边半岛和岛屿，以中印半岛东侧、朝鲜半岛为两翼，日本列岛等地为外缘的文化圈，大致包括今天的中国、朝鲜、韩国、日本、越南、新加坡。从体质人类学看，这一区域居民同属蒙古人种；从文化人类学看，这一区域居民的文化共相是汉字、汉文、儒学、华化佛教、中国式律令制度。以民俗而论，较早进入定居农耕生活的中国式农业及手工业技艺和生活习俗，形成“粟麦—稻作文化圈”、“筷子文化圈”。从泛宗教视角，又可称为“儒教文化圈”、“华化佛教文化圈”。汉字千百年间在这一广袤地域是通用的官方文字和国际文字，中国儒学、华化佛教、中国式律令均由汉字记述与传播，共同组成以汉字为信息载体的“汉字文化”，形成最传神“汉字文化圈”。诚如饶宗颐所说：“造成中华文化核心的是汉字，而且成为中国精神文明的旗帜。”①

文化圈的地域分异是“文化空间”表达形式。“文化空间”是“一个可集中举行流行和传统文化活动的场所，也可以定义为一段通常定期举行特定活动的时间，这一时间和自然空间是因空间中传统文化表现形式的存在而存在的”②。联合国教科文组织北京办事处的文化官员爱德蒙·木卡拉解释说：“文化空间指的是某个民间传统文化活动集中的地区，或某种特定的文化事件所选的时间。”“在这里必须清醒认识到文化空间和某个地点的区别。从文化遗产的角度看，地点是指可以找到人类智慧创造出来的物质存留，像有纪念物或遗址之类的地方。文化空间是一个人类学的概念，它指的是传统的或民间的文化表达方式有规律性地进行的地方或一系列地方。”

世界上存在若干文化圈，每个文化圈包含一定的物质文化和精神文化的共有成分。文化圈由核心（文化源地）和边缘（文化受容区）组成，核心影响并制约边缘，边缘则反作用于核心。随着历史条件的变化，核心与边缘可

① 冯天瑜.“汉字文化圈”刍议.吉首大学学报：社会科学版，2004，25(2).

② 2001年11月第31届联合国成员国大会通过的关于非物质文化遗产决定中采用的定义。

以置换。

从人类文化空间的布局考察，中国是一个多元一体的巨型混合文化圈，至少是由56个民族或更多一些群体的独立文化圈交织组成的。其中，最具有强势的汉族文化圈还包括十几个到几十个独具特色的文化区域或文化地带，形成一些有差别的小范围的文化圈层，传播并传承着具有几千年历史层次的各具特色的多民族、多地域的文化。有学者将中华文化分为齐鲁文化、关陇文化、三晋文化、吴越文化、荆楚文化、巴蜀文化、岭南文化、客家文化等八个"文化圈"。

齐鲁文化，广义包括山东及河北中部、南部太行山以东地区，苏北部分地区；狭义指先秦齐国、鲁国共同创造的文化。关陇文化包括陕西秦岭以北地区，函谷关以内称关中，陇指陇山以西地区，南起秦岭，北至河套，东起函谷关，西至河西走廊的甘肃、宁夏、陕西省中部北部地区。三晋文化西隔黄河与陕西相望，北以长城与内蒙古分隔，东南以太行山、黄河与河北、河南相通。吴越文化，吴指苏南、皖南、浙北，以南京、镇江为中心。越指浙北苏南太湖一带，以河姆渡文化为代表。荆楚文化包括长江中游的湖北及湖南、江西部分地区。巴蜀文化，巴指川东，嘉陵江流域，北至陕南，东至两湖，南至黔北；蜀指川西，岷江流域为中心，北至陕甘，南至滇北。岭南文化，包括南岭山脉以南的两广地区。客家文化，"客家"本是对移民的泛称，逐渐成为对嘉应州迁出的移民的专称。清前期，移民向东扩及福建、浙江，向北扩及江西西部和北部，向西扩及湖南、广西甚至四川，向南扩展到广东大部、东南沿海、台湾、海南、东南亚。客家先民是中原汉人，大多居汝水之东，颍水之西，淮水之北，北达黄河至上党一带。西晋永嘉年间至宋的几次变故，使中原汉人大规模南迁，逐步形成了闽、粤、赣交界处的客家祖居地。

（二）民俗文化圈

民俗文化圈是文化圈的细分。民俗文化圈是特定的文化共同空间，以特定的人群、特定的地区、特定历史、特定民族、特定民系①习俗化的总合。民俗区划常常超出行政区域划分的自然地理环境，相同或相似、相近的民俗文化分布，属于同一民俗圈。民俗圈是以民俗文化的主要特征是否相同、相似或相近为准则。

在民俗文化圈划分中，民族、民系是重要的依据。民俗文化的形成，总是受到民族、民系的经济生活、社会结构、人种、生态、地理环境、历史沿革、

① 民系，又称"次民族"、"亚民族"，指一个民族内部的分支，分支内部有共同或同类的语言、文化、风俗，相互之间互为认同。

心理、信仰、艺术、语言等多方面制约，在一定的区域内形成相同、相似的民俗特征。“十里不同风，百里不同俗”，是民俗文化圈划分的具体说明。

有学者将中国民俗文化圈划分为东北、黄河流域、长江流域、游牧区、青海、云贵、闽台等七大民俗文化圈，或称七大民俗区划。东北民俗文化圈包括黑龙江、吉林、辽宁北部及内蒙古东部，特点是满汉族风俗的大融合。黄河流域民俗文化圈大致北起长城，南界秦岭、淮河，西抵青海湖东，东及黄海，是中国传统文化的发祥地。长江流域民俗文化圈位于秦岭、淮河以东，西藏至青海高原东侧。游牧区民俗文化圈包括内蒙古大部，辽宁、河北、陕西三省的北部，宁夏北部和新疆，特点是强悍勇武的民风。青海民俗文化圈特点是藏族风俗，同藏传佛教结下不解之缘。云贵民俗文化圈为少数民族聚居之地，风俗文化千姿百态。闽台民俗文化圈包括福建与台湾，特点是保留中原古代风俗文化现象。各个文化圈所展现的景象千姿百态，每个文化圈蕴涵着多元文化意义，就形成了丰富多彩的中华民俗文化。①

无论哪种民俗文化圈的民俗事象，都受到一定地域的生产、生活条件和地缘关系的制约，而不同程度地染上了地域文化色彩。例如食俗，我国民间常说“南甜、北咸、东辣、西酸”，大致反映了食味习俗地域性差异。在生产劳作上，像东北农村的靰鞡和爬犁、中原农村的靸鞋和推车、南方的草鞋和扁担、西南山寨的赤脚和背篓、西北的皮靴和驮子、客家地区的斗笠和凉帽等，都是具有民俗区划的特殊标记。

三、旅游区划

旅游区划是按照自然区划理论，从构建旅游业出发，按照旅游资源的地域分异性及区域的社会、经济、交通、行政等条件的组合和内部联系程度，把空间上客观存在的旅游环境和旅游活动从地域上划分为不同等级的旅游区。

（一）基本理论与方法

旅游区划的目的是揭示旅游资源的地域分布规律，确定合理的旅游区范围界线，客观地反映各旅游区的性质、特征、地位，阐明旅游区的内在联系，确定各旅游区发展方向，查明区域的基本优势，确定区内各级旅游经济中心在全国形成合理的旅游区域分工体系，确定旅游配套设施和行政管理的地域分工与联系，利于组织区域旅游活动，为旅游资源的开发、保护及制

① 邱国珍.瓯江大讲坛:“中国民俗文化圈及其特点”.瓯江大学网,2008－10－24.

定发展战略提供科学依据。

进行旅游区划需要确定等级系统，制定相应的分区指标体系和分区原则。旅游区划一般遵循八个原则。其一，完整性原则。科学划定旅游区，需要考虑区域范围内旅游资源的特色，具有相对完整性的旅游资源自然环境、自然地理地域，相对完整性的行政区划和相对完整性的旅游活动，以便于旅游产业构建和旅游活动的组织与管理。其二，一致性或相似性原则。一个旅游区的旅游资源应相对一致或相似，具有相对一致或相似的旅游资源类型。旅游资源类型相近的、发展方向一致的应划归在同一旅游区内。其三，综合分析和主导因素分析相结合原则。影响旅游区划的因素是多方面的，在进行旅游区划时，需要根据旅游规划目的，选取反映地域分异主导因素的某一标志作为确定旅游区界限的主要依据。其四，旅游中心地原则。旅游中心地就是旅游产业发展成熟的城市或区域，以其旅游产业影响与辐射的范围确定旅游区。其五，多级划分原则。旅游产业和旅游资源体在空间联系上，会呈现出不同的层面，按多级划分原则就将之划分出多级的旅游区。其六，覆盖性与不连续性原则。一个旅游景区或旅游城市在空间范围上表现出的具有影响力的区域的大小，就显现出所具有的覆盖性大小。连续的旅游影响力区的连接，就是旅游景区或旅游城市在空间范围上的扩大，连续性的中断或“不连续性”的出现，就是一个旅游区与另一个旅游区的划分。其七，旅游区，需要由一定数量的旅游点组成，能消耗游客一定的旅游时间，形成一个具有一定面积的空间。其八，交通便捷性原则。交通便捷，就容易将若干旅游点连为一个旅游区；交通不便捷，就自然断开联系，区别出两个旅游区。

同自然区划一样，旅游区依其范围大小、隶属关系，分成不同等级层次。旅游区划包括两个层次，第一层次是部门旅游区划，即以某种指标为主要依据的旅游区划，如旅游资源区划、旅游气候区划、旅游市场区划等。第二层次是综合旅游区划，是从旅游主体、客体和媒介体之间的关系出发，全面地考虑区域内的自然和人文条件，根据相似性、差异性和内部联系划分旅游区。区内不仅有若干具有共同特征的景点单位，而且包含有联系的服务接待设施及交通、通信等基础设施和相对完整的行政管理体系。

旅游区划分三个步骤。第一步，选取分区指标。目前国内外学术界还未能建立起一套完整的旅游区划指标体系，或以传统文化资源、现代文化资源、自然风光等旅游资源的性质为指标；或以区域地貌、气候和人文旅游资源等宏观特征为指标；或以旅游资源形成的共同性、形态类型的相似性、历史发展的延续性、同源性为指标；或以气候带分布特点为指标；或以舒适度指数、风效指数为指标等。第二步,划分分区层次。旅游区划层次分国际旅游区和国家国内旅游区。国际旅游区划层次主要分为旅游地区(旅游区域)、旅游洲、旅游国。世界旅游组织把世界划分为:欧洲、美洲、东亚及太平洋地区、南亚、中东、非洲六个旅游地区。国家国内的旅游区划,以我国为例,大致可以划分为旅游大区、旅游省、旅游区、旅游亚区、旅游小区。旅游大区(旅游带)可以包含有几个省份,旅游带主要是因为该旅游大区的地理位置呈现为带状展布。旅游省按行政省区的现状格局来划分。旅游区包含有一个或多个地区(市)。旅游亚区包含了一个或几个县市。旅游小区常常与某一个县市相对应,甚至比县市的范围还小。旅游小区内以风景景观为主的区划,主要有旅游景区、旅游景点两种形式。第三步,区划命名。区划命名一般力求简洁明了、概括性强。一般格式为:方位(地名)+主要特征词语+旅游区划等级名称。也可省略主要特征词语,如"闽北绿三角生态旅游区"或者"闽北旅游区"。

通过旅游区划而形成的旅游区具有系统性、地域性、层次性和优化性等特性。系统性是指旅游区在地域上和功能上是完整和系统的,即在一个完整的地理区域上,具有系统配套的社会功能和系统的旅游产业功能。每一个旅游区内至少有一个完善的旅游中心或旅游组织基地,并要有发达的旅游交通网络以联系内外,是一个结构有序的开放系统。地域性是旅游区以一定的尺度与空间的地域为载体,形成带有特定地域资源特色与品位的旅游区形象。层次性是指对不同功能类型和不同空间等级层次的旅游区进行划分,形成具有不同的功能类型和不同层次结构的旅游区,显现出旅游区的层次性。不同功能类型和不同层次结构的旅游区有机结合,构成一个完整的旅游区域系统。优化性是指对区域旅游资源的优化选择,选择合理的旅游区界线,选择旅游区的最优尺度,最大限度地发挥旅游区的功能,取得旅游区经营管理的最佳效果,顺利地达到建设最佳旅游区的目的。

(二)中国旅游区划方案

中国旅游区划的研究学术界尚未形成一致意见,有六大区、七个一级文化旅游区、八个旅游区、九大旅游带等多种旅游区划方案。

六大区的区划方案,主要是考虑自然地理特征和地质内涵,并兼顾行政区划(省市级)区。具体为华北区(北京、天津、河北、山西、河南、山东、内蒙古等七省市)、东北区(辽宁、吉林、黑龙江东北三省)、华东区(上海、江苏、浙江、安徽、福建、江西、台湾)、华南区(广东、海南、湖南、湖北等四省与赣南、桂东沿海一带)、西南区(重庆、四川、云南、贵州、广西、西藏等六省区市)、西北区(陕西、甘肃、宁夏、青海、新疆等五省区)。①

七个一级文化旅游区方案,主要是以传统文化资源、现代文化资源、自然风光、开发重点、客源市场五大项内容为区划依据,具体是华北区、长江中下游流域区、华南区、西南区、东北区、内蒙古西北区、青藏高原区。

八个旅游区具体方案是指,第一,东北旅游区,包括黑龙江、吉林、辽宁三省;第二,黄河中下游旅游区,包括北京、天津、河北、山西、山东、河南、陕西五省二市;第三,青藏高原旅游区,包括青海、西藏两省区;第四,华东旅游区,包括江西、安徽、浙江、江苏、上海四省一市;第五,华中旅游区,位于长江中上游地区,包括四川、重庆、湖北和湖南三省一市;第六,华南旅游区,包括福建、广东、海南、台湾、香港、澳门四省二特别行政区;第七,西南旅游区,包括云南、贵州、广西三省区,与老挝、缅甸和越南相邻;第八,西北旅游区,包括甘肃省、内蒙古、宁夏、新疆维吾尔一省三自治区。

九大旅游带旅游区划方案,具体是指京华古今风貌旅游带、白山黑水北国风光旅游带、丝路寻踪民族风情旅游带、华夏文明访古旅游带、西南奇山秀水民族风情旅游带、荆楚文化湖山景观旅游带、吴越文化江南水乡风光旅游带、岭南文化南亚热带－热带风光旅游带、世界屋脊猎奇探险旅游带。

民俗旅游区划理论是中国民俗学的重要理论。民俗旅游区划理论的研究推动了中国民俗旅游学科理论研究的进展。

第二节 中国民俗旅游区划

民俗旅游区划是构建国家与区域民俗旅游产业框架的基础,科学合理地进行民俗旅游区划,具有重要的理论与实践意义。②

一、民俗旅游区划的原则

划分民俗旅游区的理论依据,主要有多级序、资源相似性、行政区划完整性、旅游区域完整性、区域远景发展相结合等原则。

(一)多级序原则

民俗旅游资源的相似性和差异性是相对的,区划单位的等级由高到低,相似性由大变小,差异性由小变大。按照一定的层次等级划分为大民俗旅

① 徐泉清、孙志宏等学者的观点,1997年。

② 本节主要吸收巴兆祥先生《中国民俗旅游》的研究成果。

游区、中民俗旅游区、小民俗旅游区不同等级的民俗旅游区。

(二)资源相似性原则

我国幅员辽阔,民族众多,民俗旅游资源丰富而千差万别。但就某一民族或某一区域而言,民俗旅游资源又保持了某种一致性,寻找相对的范围内的相似的民俗文化,将有联系的民俗文化分布区域划为一个民俗旅游区,就可以与其他民俗文化区域区别开来。

(三)行政区划完整性原则

我国对国家的管理是通过行政区划来实现的,因此,在进行民俗旅游区划时,需要考虑行政区划现状,需要考虑保持行政区划的完整性,避免跨越行政区域开发带来的行政区辖间的矛盾与冲突。在全国性的民俗旅游区划中,尽量保持省、直辖市和自治区的完整性,在进行各大区域内的民俗旅游区划时,尽量保持地区、市和县行政区的完整性。无法避免跨越行政区划进行民俗旅游区划时,需要进行行政区间的协调,以保证民俗旅游区的健康发展。

(四)旅游区域完整性原则

在进行民俗旅游区划时,需要考虑民俗旅游区地域的完整性,以有利于民俗旅游资源的开发与管理。民俗旅游区地域的完整性可以围绕民俗旅游中心考虑,使同一区域的地域相连,随着民俗旅游中心往外扩展,形成民俗旅游区的层次与结构。①

(五)区域远景发展相结合原则

民俗旅游区划是民俗旅游发展中的一项带有战略性的工作,需要与民俗旅游区的远景发展相结合,以实现区域民俗旅游的可持续发展。②

研究和明确民俗旅游区划的原则,有利于进行民俗旅游区划时,具有清晰的思路,从而使实践具有科学性。

二、民俗旅游区划程序与方法

民俗旅游区划是以民俗旅游资源的分布状况为基础的,依据民俗事象的内容、形式、种类、特征及分布规律进行归纳分析,划定民俗旅游的区域界限。在民俗旅游资源调查之后,民俗旅游区划的程序与方法如下。

(一)确定分区指标

进行民俗旅游区划,首先是根据区划原则,确定分区指标。民俗旅游区

① 参见:李润田.现代人文地理学.开封:河南大学出版社,1992:338—339.

② 参见:马勇.旅游学概论.北京:高等教育出版社,1998:114—115.

的分区指标是划分各级区划单位的定量与定性标志，也是区域之间划定界限的根据。分区指标可以依据三级旅游区分级进行。一级民俗旅游区以地理位置、资源特色及区域的旅游协作关系等三项为划分指标；二级民俗旅游区以旅游中心城市或占突出地位的旅游资源及其辐射范围等为划分指标；三级民俗旅游区以旅游资源的联系性、交通的便捷性、旅游活动的完整性及旅游管理的方便性等为划分指标。①

在旅游分区分级指标体系中，旅游资源居中心地位，划分民俗旅游区时，应以民俗事象为依据。

(二)划分等级系统

我国民俗旅游资源的分布在客观上就呈现出旅游区地域结构上的层次，可以依此形成民俗旅游区的等级系统。根据民俗旅游区划的等级指标，可以把中国民俗旅游区划分为三个层次。一级民俗旅游区，由一个或几个省组成。一省的民俗旅游区，以省级行政区划为界。跨省的民俗旅游区，要求地域上相互连接，民俗文化环境的自然条件与社会条件相似。二级民俗旅游区，一般位于一省之内，基本以地市级行政区划为范围。三级民俗旅游区，可由一个或几个风景区构成，其中包含多个交通便捷、联系密切、性质相似的旅游景点，基本上保持在县级行政区划的范围内。由于民俗旅游资源的分布是不以行政区划为依据的，在实际进行民俗旅游区的规划时，可能会出现跨行政区的民俗旅游区划，需要做好协调工作。

(三)民俗旅游区的命名

民俗旅游区划定以后，必须予以命名。旅游区命名的方法很多，如地理命名、资源命名、行政区划命名、项目命名以及其他方式的命名。地理命名法，如东北民俗旅游区、西北民俗旅游区、闽北旅游区、桂北旅游区、桂南旅游区等。行政区划命名法，如广西旅游区、云南旅游区等。资源命名法，如壮族风情旅游区、侗族民俗旅游区、白族民俗文化旅游区等。

三、中国民俗旅游区划的类型与方案

民俗旅游区划是根据民俗旅游资源的种类与特点所进行的旅游区区域划分。按照民俗旅游区划所涉及的民俗旅游资源的种类，可以分为单项区划和综合区划两种类型。单以一种民俗旅游资源为主体的民俗旅游区划是单项区划，如饮食民俗旅游区划、居住民俗旅游区划等。以民俗旅游资源的

① 参见：苏文才，等. 旅游资源学. 北京：高等教育出版社，1998：252—253.

综合性特征为主体进行的民俗旅游区划是综合区划,如东北民俗旅游区划、华北民俗旅游区划等。

民俗旅游资源具有典型的区域特征,不同区域的民俗旅游资源,在内容、形式、种类等方面存在着显著差异。根据民俗旅游资源的区域特征,遵循民俗旅游区划的原则,可以把中国民俗旅游区划分为东北、华北、西北、华东、中南、华南、西南、内蒙古和青藏高原等九个民俗旅游区。

(一)东北民俗旅游区

包括辽宁、吉林、黑龙江三省。东北地区平原辽阔,明代以后大量华北汉族移民涌入东北,奠定了今日东北民俗的基础。东北地域文化包含着少数民族文化、汉文化、异国文化三种文化类型。东北民俗的基本格局以汉族为主体,兼有其他少数民族的民俗风情。

东北民居大多为三间平房,墙体厚实,中间为厨房,两边是居室。火灶与居室的火炕相连,烧菜烧饭和取暖相结合。东北人在冬季穿棉衣、棉裤、棉鞋,男人戴各种皮帽,女人围棉或毛的围巾,穿皮衣、皮裤、皮鞋或皮靴,戴上厚厚的手套。在饮食民俗方面,偏爱面粉,最喜欢吃饺子,有"好吃不如饺子"的俗谚。流行的家常菜有酸菜水白肉、猪肉炖粉条等。冬季出行主要使用马车、驴车、爬犁、雪橇或骑马。

(二)华北民俗旅游区

包括北京、天津、河北、河南、山东等五个省市。华北有尚武习俗,很多地方成为武术之乡。少林武术,历史悠久,博大精深,集中国武术功夫之精华。与少林武术齐名的陈氏太极拳,在国内外都有广泛的影响。河北沧州明清以来就是著名的武术之乡,各类武术学校遍布城乡。①

华北人好杂技、戏曲和美术。河北吴桥杂技艺术名家辈出,名扬中外。中国三大年画中心,华北就有天津的杨柳青和山东潍县杨家埠两大中心。潍坊的风筝、天津的泥塑和砖雕、唐山的皮影、蔚县的剪纸、洛阳的唐三彩、临汝县的汝瓷、禹县的钧瓷等,都是华北民间艺术的典型代表。华北人好哼曲,京剧、评剧、河北梆子、河南梆子、豫剧、京韵大鼓、山东快书、山东梆子、山东大鼓、相声等,深受各地人民的喜爱。

(三)华东民俗旅游区

包括江苏、浙江、江西、安徽和上海等五省市。华东地区平原与丘陵相间,水网密集,自古"物华天宝,人杰地灵"。

① 河南风物志.郑州:河南人民出版社,1985:268—273.

民间喜好工艺制作。华东地区的瓷器、织锦、刺绣、木雕、紫砂陶、漆器、文房四宝等,制作精巧,名扬四海。江西景德镇自北宋时代起,就是中国瓷业中心之一,拥有青花瓷器、青花玲珑瓷器、粉彩瓷器和颜色釉瓷器等四大名瓷。苏州的宋锦、南京的云锦和四川的蜀锦并称三大名锦。苏绣是苏州一绝,已有2600多年的历史。浙江东阳是木雕的传统产地,有"雕花之乡"的美誉。江苏宜兴的陶器、扬州的漆器,做工精巧,造型古朴典雅。安徽皖南的宣笔、宣纸、徽墨和款砚"文房四宝"流传天下。此外,湖笔、铁画、石雕、玻璃雕、玉器、灯彩等也是华东民间工艺的精品。

华东地区自古以来就是中国的桑蚕和茶业的中心。太湖流域的桑蚕养殖,形成了桑蚕生产的民俗事象。茶叶生产遍及华东,西湖龙井、黄山毛峰、庐山云雾、太湖碧螺春、太平猴魁、苏州茉莉花茶、祁门红茶等名茶享誉海内外。

华东是南戏故乡。越剧、黄梅戏、绍剧、举剧、沪剧、扬剧、锡剧、淮剧、赣剧、花鼓戏、评弹等为人喜闻乐见。江南丝竹演奏以笛、萧、二胡、琵琶和古琴为主,细腻、婉转、圆润、悠扬,曲声中飘逸着恬静清雅的水乡风韵。

(四)华南民俗旅游区

包括广东、广西、福建、海南和台湾等五省区,以及香港和澳门特别行政区。华南地区沿海,闽菜、粤菜擅长烹制各式海鲜,风味独特。

华南地区民族众多,居住着壮、苗、瑶、高山、黎、彝、侗、雅美等民族。苗族服饰与蜡染,侗族鼓楼与风雨桥,瑶族长鼓舞,彝族祭公节与打磨秋,台湾本土音乐舞蹈,雅美人歌舞、雕船与陶艺,黎族船形屋与跳竹竿等,民族风情多姿多彩。

华南音乐独韵。广东音乐清新流畅,欢快热烈。台湾南管、闽南南曲,洞管、琵琶、二弦、三弦和拍板,弦管歌声幽雅清越,或嘹亮激越,或悠扬清丽,或哀怨凄清。泉州木偶戏,形象生动,细腻传神。

(五)西南民俗旅游区

包括四川、重庆、云南和贵州等四省市。此区民族众多,三十多个少数民族的民族风情,为中国之最。民居建筑多种多样,彝族的土掌房、白族的三房一照壁、傈僳族的"千脚落地"木楞房、傣族的竹楼、基诺等民族的"大房子"等;民族节日丰富多彩,白族的绕三灵、纳西族的七月会、景颇族的放纵戈、摩梭人的转山节、藏族的央勒节、傈僳族的刀杆节等。民间信仰千差万别,羌族的白石信仰、瑶族的盘王信仰、彝族的火神信仰、布依族的创世神力嘎崇拜、苗族的巫鬼崇拜等。民族歌舞动人心弦,彝族的民歌、侗族的行歌坐月恋歌等。民间舞蹈种类繁多,彝族的阿西跳月与铜鼓舞、傣族的孔雀舞与象脚鼓舞、普米族的锅庄舞、拉祜族的芦笙舞、哈尼族的扇子舞、瑶族的铜铃舞、纳西族的东巴舞、傈僳族的琵琶舞等。民族服饰绚丽多彩，造型奇特，制作精美。

西南地区物产丰饶，烟、酒、茶、菜，天下知名。川菜以味多、味广、多变著称。名酒众多，四川的五粮液、泸州老窖、剑南春、郎酒、全兴大曲；云南烤烟和卷烟生产居全国第一。西南茶叶众多，云南的普洱茶、沱茶，四川的功夫红茶、蒙顶茶，茶馆星罗棋布。风味小吃丰富，云南的过桥米线、气锅鸡、沙锅鱼、石屏豆腐等；贵州的肠旺面、羊肉粉、绿豆粉、花江狗肉等；四川的泡菜、赖汤圆、龙抄手、担担面、韩包子、牛肉煎饼、蛋烘糕、油茶、叶儿粑、蒸糕、麻婆豆腐、挂炉鸡、怪味胡豆等。

民间工艺，百花争艳。蜀锦有千余年历史，将几何图案和纹饰结合，构成蜀锦的特点。蜀绣历史2000余年，为中国四大名绣之一，以水墨丹青的格调构成其特有的艺术风格。重庆研磨彩绘漆器和玻璃工艺器，制作精美。云南保山围棋子称“云子”、“永昌棋子”，白子洁白如玉，黑子乌黑带碧，造型雅致，重扣不碎。贵州苗族、水族和布依族的蜡染，制作精美。黔东南苗族丹寨是著名的苗族蜡染之乡，蜡染工艺品有“东方第一染”之称。

（六）中南民俗旅游区

包括湖南和湖北两个省份。两湖居于中国的中心地带，荆楚文化的故乡，是中华文化的主要源头之一。元明以来，中南地区成为和江南鼎足而立的经济中心，有“两湖熟，天下足”的高度评价。

地方戏曲百花争艳。湖南地方戏主要分为大戏和民间小戏两种，共有17个剧种5000多个剧目。湘剧、祁剧、衡阳湘剧、武陵戏、辰河戏、荆河戏、巴陵戏、湘昆等，为湖南地方大戏中的特色剧种。还有花鼓戏、花灯戏、阳戏等，最有影响和流行较广的是花鼓戏，花灯戏为民间小戏。湖北有荆州花鼓、天门“三棒鼓”、通山山鼓。土家族民间吹奏乐器有“哆哆嚷”、“咯咯隆”、“咚咚喹”。“哆哆嚷”流行于湘西龙山、永顺和保靖等县。“咯咯隆”为竹制，长约13厘米，有发音簧片，管身开三或四孔，有两种不同音阶。咚咚喹曲牌丰富，有固定标题，表演时有独奏、齐奏、合奏。湘西、鄂西流行“打溜子”，用的乐器有头钹、二钹、土锣、马锣等，三至四合奏，巧妙配合，节奏鲜明，能演奏出一百多个优美曲牌。土家族“毛古斯”，是逢年过节演出的小戏，以对白为主，有时穿插合唱或对唱。表演者全身上下裹着稻草，头上还扎上三四根草辫，反映原始社会中后期的打猎、捕鱼等生产生活场景。

楚文化历史悠久。长沙已发掘楚墓3000多座，汉墓10 000多座。出土了我国迄今年代最早的铜剑、毛笔、天平、缯书、帛画、皮革鼓以及竹简、漆器、长 3 米以上的兵器、越式青铜乐器,以及 200 多件璧(原始玻璃)等。创建于公元 976 年的岳麓书院,在北宋就被公认为全国最著名的四大书院之一,直到清末改为湖南高等学堂,再改建为湖南大学,是世界上最古老的高等学府之一。

端午节是中南地区盛大的岁时节日。两湖人尤其是临江的人们都讲究端午节。家家户户插艾叶,挂菖蒲,吃咸蛋、粽子,赛龙舟,纪念屈原。

湘绣、汉绣与土家"西兰卡普"。湘绣图案以狮、虎、鸟等动物为主,汉绣以人物和花卉见长。土家族妇女擅长编织"西兰卡普",亦称"土锦"、"溪州斑布"。"西兰卡普"用于做服装或被面,有 2000 多年的历史。

(七)西北民俗旅游区

包括山西、陕西、甘肃和宁夏与新疆三省两区,可细分为晋、陕、甘民俗旅游区、宁夏民俗旅游区和新疆民俗旅游区。

陕西黄陵县黄帝陵及其祭祖活动是中华民族祖先崇拜的典型代表。每年国务院和陕西省政府都要举行盛大的黄陵祭祖,慎终追远,告慰先祖,激励国人。山西洪洞县的大槐树是明初七次大规模移民的出发地,几百年来也是大量中国人魂牵梦萦的圣地,每年都有很多人不远千里万里,奔赴洪洞,凭吊遗迹,追念祖先。

西北民歌高亢奔放。陕北地区流传信天游或山曲,在甘肃、宁夏流传花儿。陕北闹秧歌、安塞腰鼓,甘肃和宁夏社火,踩高跷、浪头车、跑竹马、跑旱船、狮子舞、太平鼓、转轮台、空中戏驾和高抬等,都是西北歌舞的代表。西北戏剧种类繁多,有秦腔、汉剧、蒲剧、晋剧、陇剧、花灯戏、皮影戏等,而秦腔是最有代表性的剧种。秦腔和京剧、豫剧并称北方三大剧种,与昆腔、七阳腔、青阳腔并列为我国的四大声腔。

维吾尔、哈萨克两族是酷爱歌舞音乐的民族。维吾尔族的乐舞《十二木卡姆》,是维吾尔族音乐之母,名扬中外。冬不拉是哈萨克族的重要乐器,每年都要举行阿肯弹唱会。

西北服饰最突出的特色是女子头上多围鲜艳的头巾,男子头上缠着白色的毛巾,回族男子则戴白色的圆顶帽。饮食以面食、醋和牛羊肉著称。羊肉泡馍、秦式月饼、兰州牛肉面、平凉酥饼、锅盔、浆水面、羊杂碎水面、揪面片等面食,以及水盆羊肉、甘草霜烧牛肉、肉珊瑚、发菜山、涮羊肉、手抓羊肉、红烧羊羔肉、腊汁肉、腊羊肉等肉食,都是西北人最喜欢的风味。西北民居以毡房、木房、地窝子、土房、石房为主。维吾尔族土石住房一般呈方形,开天窗,屋顶平坦,砌土炕,开壁龛,酷爱铺挂各式图案的地毯、挂毯。维吾尔族的本栏雕花式木屋精美舒适,极富民族特色。陕北的窑洞与关中的"房子半边盖”，最具有地域特色。西北人喜欢以驴、马、骡和骆驼为交通工具，黄河上以牛、羊皮筏子为交通工具。

（八）内蒙古民俗旅游区

内蒙古民俗旅游区包括内蒙古自治区。内蒙古高原是游牧民族的发祥地，蒙古族人民世代栖居的故乡。蒙古族能歌善舞、剽悍热情的民族风情，构成了民俗旅游资源的鲜明特征。

“那达慕”大会，是居住在内蒙古自治区等地的蒙古、鄂温克、达斡尔等少数民族人民的盛大集会。“那达慕”每年夏、秋季节举行。大会期间，各地农牧民骑着马，赶着车，带着皮毛、药材等农牧产品。成群结队地汇集于大会的广场，并在会场周围的绿色草原上搭起白色蒙古包。一年一度那达慕，人欢马叫，歌舞飞扬，赛马、摔跤、射箭，激动人心。

蒙古人款待贵宾的传统礼仪——烤全羊。自古以来，蒙古人就有吃整羊、喝马奶酒和给远征人携带绵羔羊熟肉条的习惯。元世祖忽必烈登基，建造白色大蒙古包，用整羊招待来客和祭礼神祇。蒙古人喜饮浓茶烈酒，待客热诚，不醉不欢。

蒙古族信仰格鲁派喇嘛教，祭敖包是蒙古民族盛大的祭祀活动之一。敖包通常设在高山或丘陵上，用石头堆成一座圆锥形的实心塔，顶端插着一根长杆，杆头上系着牲畜毛角和经文布条，四面放着烧柏香的垫石；在敖包旁还插满树枝，供有整羊、马奶酒、黄油和奶酪等。祭敖包时，在古代，由萨满教巫师击鼓念咒，膜拜祈祷；在近代，由喇嘛焚香点火，颂词念经。牧民们都围绕着敖包，从左向右转三圈，求神降福。蒙古族牧民沿袭祖先的原始宗教信仰，认为山高大雄伟，上面有通往天堂的道路，因而对高山崇拜，对神灵敬奉。

草原民歌旋律优美，好来宝通俗幽默，安代舞矫健朴实，盅碗舞典雅优美，筷子舞欢快热烈，史诗《江格尔》说唱，隆重热烈，马头琴琴声悠扬。

（九）青藏高原民俗旅游区

青藏高原民俗旅游区包括西藏、青海、四川西部和新疆南部山地等广大地区，平均海拔 4500 米，有“世界屋脊”之称。青藏高原地域辽阔，地势高峻，草原宽广，生活着汉、回、蒙、藏、土、撒拉等多个民族，是藏族的主要聚居区。

藏族笃信喇嘛教。青藏高原寺院数千，著名的寺庙有甘丹寺、哲蚌寺、色拉寺、扎什伦布寺和布达拉宫。嘛呢堆处处可见，经文贝叶悬于树枝，有如垂缨，经幡横挂山口、街道，如同迎宾的彩旗。

藏族人的生产生活安排主要以藏历为依据，以糌粑、酥油茶、甜茶、牛羊肉、青稞酒等为传统食品。藏族农区以指粑为主食，牧区以牛羊肉为主食，喜欢喝青稞酒。藏袍是藏族的主要服装款式。

民居为碉房和黑色牛毛帐篷。最具藏族民居特色的是碉房。碉房多为石木结构，外墙向上收缩，依山而建，因外观很像碉堡，故称碉房。一般分两层，底层为牧畜圈和储藏室，层高较低；二层为居住层，大间作堂屋、卧室、厨房，小间为储藏室或楼梯间。若有第三层，则多作经堂和晒台用。交通工具主要有牦牛、驴骡和牛皮船，也有独木舟。

藏族传统节日有藏历年节、花灯节、沐浴节、雪顿节、赛马节、望果节、萨噶达瓦节、白朗斗牛节等，以藏历6月底7月初的雪顿节最为隆重。雪顿节活动以藏戏会演为主，所以又称"藏戏节"。藏戏唱腔高亢，舞蹈雄浑。

藏族同胞特别喜爱"哈达"，把它当做最珍贵的礼物。"哈达"，一般宽约二三十厘米，长一至两米，用纱或丝绸织成，每有喜庆之事，或远客来临，或拜会尊长，或远行送别，都要献哈达以示敬意。

中国民俗旅游区划方案的依据是分布于自然地理区域上的民俗文化。我国学术界所讨论的民俗文化主体是传承至今的传统民俗。随着现代经济与文化的形成与发展，现代民俗也在形成。现代民俗旅游区划也将以现代民俗文化在地域空间上的分布状态为依据。

第三节　民俗旅游区划与旅游业

民俗旅游区划的根本目的在于揭示各个民俗旅游区的民俗旅游资源的特征及其组合规律，分析区域的基本优势，探索合理的民俗旅游的区域分工，为民俗旅游业生产与民俗旅游商品销售提供科学的依据。[①]

一、民俗旅游资源开发的基础

民俗旅游区划不仅可以为民俗旅游资源开发规划提出合理的区域范围，而且可以指明民俗旅游区在全国或地方旅游业中的地位和作用，为根据民俗旅游区的发展条件制定适宜的发展战略和发展模式提供有效的参考。

在民俗旅游规划和建设发展中，需要将民俗旅游区划的理念贯彻始终。在民俗旅游区中，需要进行景区细分，把旅游区划分为若干个旅游亚区和小

① 本节主要吸收巴兆祥先生《中国民俗旅游》的研究成果。

区，以明确每个亚区和小区的不同功能。每个亚区和小区又分为若干功能各异的景区，以丰富民俗旅游区的旅游功能。离开了区划的概念、原则和方法，无法进行合理的旅游区功能划分。

民俗旅游区划有助于旅游区主题形象的确立。民俗旅游区的主题形象是民俗旅游区的生命所在，是形成民俗旅游区竞争优势的主要因素。主题形象必须凸显和反映民俗旅游区的主体民俗旅游资源。所谓主体民俗旅游资源是指在民俗旅游区中地域分布最广、开发价值最大、资源特征最典型的旅游资源。研究主体民俗旅游资源的特征、组合规律、地域分布等，正是民俗旅游区划最基本的工作。民俗旅游区划的实际意义，最基本的是将适当的民俗旅游主题确定在恰当的民俗文化区。如根据民俗旅游区划的主体民俗旅游资源，将冰雪民俗旅游规划在东北地区，将佛教信仰民俗旅游规划在青藏高原。适当的民俗旅游区规划适当的民俗旅游项目，民俗旅游区的主题形象就容易确立。

二、民俗旅游线路设计依据

民俗旅游线路是指在一定的区域内，为使旅游者以最短的时间获得最大的民俗旅游体验收获所设计的旅游景点安排。民俗旅游线路设计，必须以民俗旅游区划为依据，利用交通线路把若干个民俗旅游风景点或风景区合理地连接起来，涵盖区域内部最有代表性、观赏性和参与性的旅游项目，形成短程旅游线路、中程旅游线路和远程旅游线路；一日游旅游线路和两日游旅游线路；普通旅游线路和专题旅游线路；周游型旅游线路和逗留型旅游线路。①

在设计民俗旅游线路时，涉及的地域不宜太大，以免造成旅游者身心和经济负担过重。全国有九大民俗旅游区，每个旅游区既有相同或相似的资源，又有独具特色的资源，要用旅游线路把各个民俗旅游区衔接为一个整体。

三、旅游企业发展区位参佐

民俗旅游区划对于旅游企业的意义主要是帮助旅游企业获得发展产业所需的旅游资源、交通、同类企业、景点景区等区位判断信息，以便作出最佳的区位选择，获取最大的发展效益。

---

① 马勇.旅游学概论.北京：高等教育出版社，1998：128—129.

民俗旅游资源的质量体现在资源本身的特色、组合规律和地域分布状况上,决定了民俗旅游商品供给和需求的关系,也决定了投资和效益的关系。民俗旅游资源的质量高,相应的民俗旅游商品的市场需求大,企业就可以扩大生产,增加供给,从而取得良好的投资效益。深圳锦绣中华和中华民俗文化村的成功就是最好的例证。旅游交通状况包括客源地到目的地的距离和民俗旅游景点或民俗旅游景区的可进入性。民俗旅游景点或民俗旅游景区应尽量靠近客源地并有良好的可进入性,才能保证企业的生存和发展。由于民俗旅游的客源市场以其他区域的国内市场和国际市场为主,距离相对遥远,因此,提高可进入性非常重要。同类民俗旅游企业的布局包括企业数量的多少和地域分布结构。

在同一民俗旅游区域内应尽量避免重复建设,并使同类企业合理分布,从而力争使民俗旅游景点或民俗旅游景区形成点、线、面结合的地域分布结构,给旅游者更大的选择性和回旋空间,增加民俗旅游商品的吸引力和旅游者的逗留时间。

民俗旅游景点或民俗旅游景区的区位选择,应尽量靠近区域内部的旅游中心城市,加强旅游交通的可进入性;投资开发的民俗旅游资源应具有区域民俗的典型特色;民俗旅游景点或民俗旅游景区应符合民俗旅游资源的地域分布规律,并力争建成民俗旅游中心,形成民俗旅游的热点地区,进而带动温点和冷点地区的民俗旅游发展。

四、旅游设施布局根据

民俗旅游是单一性质的特色旅游,所涉及的基础设施与一般性的旅游相同。民俗旅游区的基础设施包括旅游饭店、旅行社、旅游交通、旅游娱乐等旅游服务设施,以及供水、供电、通信等社会基础设施。旅游设施是区域旅游业赖以生存和发展的基本物质条件。离开良好的基础设施,无法正常地开展民俗旅游活动。

通过民俗旅游区划,可以充分说明各个民俗旅游区的性质、等级、大致游客容量、资源特征及开发现状、前景与重点,为旅游基础设施的投资建设及合理布局提供切实的科学依据。按照民俗旅游发展的地域分工、旅游区的发展规模与方向、客源量及旅游者的消费水平等,确定相应旅游基础设施的数量、规模、档次、区位和建设次序。科学合理的民俗旅游区划,有利于基础设施的合理布局。

五、旅游者出行决策参考

旅游者同时也是决策者,旅游决策就是旅游者作出有关旅游的决定。旅游者的旅游出行决策是一个由需要到选择的过程,首先是旅游者根据自己的旅游需要和偏爱,对旅游商品作出判断;其次旅游者通过多种媒介收集有关旅游的信息资料,然后对收集到的各种信息资料进行分析比较,对旅游目的地、旅游线路和旅游方式等进行选择并作出决策。

民俗旅游区划对各个旅游区的典型民俗旅游资源和开发现状的研究与介绍,可以帮助旅游者明确认识自己的旅游需要和偏爱。民俗旅游区划对各个民俗旅游区的典型民俗旅游资源或商品的总结概括,本身就是在全国民俗旅游资源的框架中,通过民俗旅游区域之间的相互比较作出的,每个民俗旅游区或民俗旅游目的地都拥有独具特色的典型民俗旅游资源或商品。民俗旅游区划提供的民俗旅游信息,因为是从科学研究的角度出发,对民俗旅游进行的区域性整理和总结,相对来说比较客观公正,应用性更强,参考价值更大。因此,旅游者如果从民俗旅游区划收集信息,只需花很少的时间和精力,就可以获得大量的可以直接使用的有效的民俗旅游信息。民俗旅游区划减轻了旅游者信息分析比较的负担,加快了决策过程。

第五章

民俗旅游产品与项目研究

在现代科学与技术高度发达的社会中生活与工作的人们，关于社会生活对象的知识与文化想象，日益依赖于专家的规划、媒体的宣传与企业的营造。在此种情形下，人们形成对社会生活的一种认同判断，而且日益内化成为人们对生活需求判断与认同的标准，这种标准又反过来不断地塑造现代社会文化与社会生活。民俗旅游产品与项目的规划，就是对人们民俗旅游生活的趣味、欲望和渴求的导向规划，然后，通过市场营销，成为人们的民俗旅游生活。

第一节　民俗旅游模式

旅游是通过一定的旅游产品与旅游项目的形式实现的，民俗旅游也是如此。民俗旅游产品与民俗旅游项目是组织民俗旅游活动的最基本的形式。民俗旅游产品与民俗旅游项目的策划是与人们所选择的民俗旅游模式相联系的，进行一项民俗旅游产品与民俗旅游项目的策划，需要了解人们对民俗旅游模式的取舍意向。民俗旅游模式实际上是一种民俗旅游生活方式，民俗旅游模式的探讨和设计，就是通过规划将一种具有独特吸引力的民俗民间生活方式打造成为人们短时间向往的生活方式。

一、民俗旅游模式

民俗旅游模式就是游客的民俗旅游行为范式、民俗旅游生活方式。每一个人对民俗旅游消费都有不同形式的需求，形成不同形式的规范行为和不同的旅游生活方式。对民俗旅游产品与项目进行规划，以适应民俗文化旅游市场需求，形成民俗旅游模式。

（一）旅游模式

旅游模式就是人们的旅游方式。随着社会经济与科学技术的发展，现代旅游生活多姿多彩，有多少种旅游动机，就会产生多少种旅游方式。有学者将现代旅游方式归纳为观光旅游、度假旅游、探亲旅游、健身旅游、体育旅游、探险旅游、修学旅游、科考旅游、宗教旅游、商务旅游、公务旅游、会展旅游、工业观光旅游、农业观光旅游、军事旅游等15个种类。

观光旅游是最一般的旅游方式，也是民俗旅游的最初方式，是旅游者通过参加旅游团或者是个人，到旅游目的地进行一般性的自然风光观赏和初步了解当地的风土人情的旅游活动方式。度假旅游是随着旅游者旅游经历的积累，利用假期前往旅游目的地，进行较长时间的休养和消遣的旅游方式。探亲旅游，又可以称为寻根旅游，是身在异国他乡的人们，回到老家寻根访祖或者探亲访友的旅游方式。健身旅游是人们为医治疾病或者以身体保健为目的，到旅游目的地进行治疗或者保健活动，如洗温泉、泥疗、针灸、学打太极拳等。体育旅游是以体育活动为主要对象的旅游活动，如滑雪、冲浪、观看足球比赛等。探险旅游是给旅游者提供从未见过、听过或经历过，既标新立异又使人特别兴奋或惊心动魄的旅游活动，江河漂流、穿越沙漠、极地探险、攀登雪山、原始森林考察、斗兽等都是探险旅游产品的种类和项目。修学旅游是以学习一项技能或学习一种文化为目的所进行的短期学习旅游活动方式，如组织外国人来中国学习语言、烹调、中医、书画等技能，或组织大、中、小学生在学习之余，进行某项主题的夏令营、学习营的学习旅游活动。科考旅游是以科学考察或文化交流为目的，对某地的文物古迹、民族文化、建筑、艺术、音乐、教育、科学技术等进行考察交流的旅游活动方式。宗教旅游是进行宗教朝圣活动的旅游方式，旅游者参观、游览寺院、教堂，欣赏其悠久的历史、灿烂的文化、独特的建筑，或者进行宗教朝圣活动。商务旅游是以商贸洽谈为目的，进行会议、宴请、社交与游览等活动。公务旅游是出差或作为公务代表到异地或者异国，在公务之余进行旅游活动。会展旅游是利用会议或展览会的机会，组织会览参加者进行旅游活动。会展旅游的特点是停留时间较长，参加者的身份较高，住宿餐饮标准较高，旅游购买能力强，能为旅游业带来丰厚的收益。工业观光旅游是旅游者有组织地参观工厂、矿山、油田、科研基地、手工业作坊、服务行业的各类企业的旅游活动。农业观光旅游是旅游者到乡村，在乡村环境中进行吃、住、行、游、购、娱，参加适量的乡村劳动的旅游活动。军事旅游是组织旅游者体验军旅生活，满足人们对军队好奇心的旅游方式。如参观军事基地，观看航空母舰、导弹发射基地、航天城、飞机、坦克、潜水艇等，了解战争历史，增加军事知识。

随着社会经济、文化与科学技术的发展,人们的旅游活动将愈来愈丰富多彩,人们的旅游方式也将不断变化,不断地推动旅游业的发展。

(二)民俗旅游模式

民俗旅游模式与一般性的旅游模式还不完全一致,主要区别在于民俗旅游是以社会民俗文化为旅游体验对象,有特定的载体和形式。按照旅游时间的长短与深入的程度,民俗旅游可分为观光旅游模式、参与旅游模式、休闲旅游模式和度假旅游模式。

1. 民俗观光旅游模式

观光旅游是游客对一个从未到过的陌生旅游地、旅游景区景点的一种观赏游览性的旅游,特点是走一走,看一看。民俗观光旅游模式是游客出游的第一种模式。到民族村寨走一走,到大城市看一看,开开眼界,感受不同的民俗文化。

2. 民俗参与旅游模式

民俗是一种大众生活文化,大多民俗文化活动具有生活情趣,而且简单易学,在民俗旅游活动中,简单教习,游客就可以参与其间。民俗参与旅游模式的特点是可愉悦身心,使旅游者深入感受民俗文化的韵味。

3. 民俗休闲旅游模式

休闲旅游是以休闲为目的的旅游行为范式。我国的旅游业正处于从观光旅游模式向休闲旅游模式过渡的时期,是一个观光与休闲的混合发展阶段。在这一阶段,具有观光旅游经历的一部分旅游者,开始步入休闲旅游阶段。休闲旅游可以依据不同的休闲旅游载体,分为山水自然休闲旅游和文化休闲旅游。民俗休闲旅游是文化休闲旅游模式的一种,即以民俗文化为休闲旅游载体的文化休闲旅游模式。民俗休闲旅游的特点,是在休闲旅游中品味民俗文化,在品味民俗文化中得到旅游休闲。

4. 民俗度假旅游模式

旅游者在民俗度假旅游过程中要实现度假目的,旅游时间要长于民俗文化休闲旅游。在旅游目的上,民俗度假旅游不以民俗文化休闲为目的,但包括有民俗文化休闲旅游的内容。进行民俗文化度假旅游者,一般是具有丰富旅游经历和经验的人们,对民俗文化度假旅游地有很高要求,不仅要求度假旅游地的民俗文化有特色,还要求度假旅游地的环境、空气、水的质量高,在意民俗度假旅游地人的态度,还在意民俗度假旅游生活惬意的程度和旅游服务的质量。

民俗观光旅游、民俗参与旅游、民俗休闲旅游和民俗度假旅游四种民俗旅游模式,是民俗旅游渐进发展过程中的阶段性旅游产品。民俗观光旅游、民俗参与旅游是民俗旅游发展的第一阶段的主要旅游模式，民俗休闲旅游和民俗度假旅游是民俗旅游发展的第二阶段的市场需求，这可以说是民俗旅游地、民俗旅游景区、民俗旅游景点的民俗旅游产业发展的一个规律。如果一个民俗旅游地、民俗旅游景区的游客，主要是观光旅游者，便可以判断该民俗旅游地、民俗旅游景区尚处在民俗观光旅游发展的第一阶段。如果较多为休闲和度假旅游者，说明该地民俗旅游已经发展到了民俗休闲旅游和民俗度假旅游的阶段。

二、民俗旅游需求

民俗观光旅游、民俗参与旅游、民俗休闲旅游和民俗度假旅游四种民俗旅游模式的旅游者，对民俗旅游产品和民俗旅游项目的内容与形式的需求是不一样的。

民俗观光旅游者，要求在一个较短的时间内，很快获得对一个地方自然风光与民俗风情的了解。因此，民俗观光旅游阶段的旅游观光项目安排，要求简明扼要和生动有趣。民俗观光型旅游者往往是团游，旅游时间有规定，要求民俗观光的村落、博物馆、景区等的规模适中，避免来去匆匆。

考虑到有的旅游者有参与民俗文化活动的要求，所以要在旅游行程中安排一定的民俗参与性项目，可以是生产性的民俗参与性项目，也可以是生活性的民俗参与性项目或文化娱乐性的民俗参与性项目。要求形式活泼、简单时短、易学易懂、有特色、有情趣、安全无害，旅游者乐于参与，通过参与民俗旅游活动，旅游者能达到愉悦身心的目的。

民俗休闲旅游者，具有丰富的旅游经验，将民俗休闲旅游看做生活的一部分。民俗休闲旅游模式的核心是“休闲”，“休闲”的质量就是民俗休闲旅游的质量。在快节奏的城市生活中，“休闲意识”正逐渐成为现代人生活的主导意识。随着社会经济的发展和社会文化的进步，人们的生活理念随之发展，“休闲生活”时代正悄然到来。民俗休闲旅游就是人们“休闲生活”的一种形式。民俗休闲旅游拓展了人们的生活内容与生命空间。在民俗休闲旅游模式下，旅行社需要提升游客旅游的自主性，开发多元民俗休闲项目，安排多彩的休闲娱乐项目，不再以线路排定作为旅游组织的中心工作。

对于民俗度假旅游者，旅游的空间比民俗休闲旅游模式的旅游者更大，对民俗文化活动需求的数量、时间、形式、规模都有很大的要求。如，“住农家院，吃农家饭”，就是一种民俗度假旅游模式。于是，就有专家认为，发展民俗度假旅游，就是开发农家乐的住宿的旅游。“夜文化”是民俗度假旅游中不可或缺的重要部分。夜文化是对人的生活以及生命空间的延长,建设诸如茶馆、酒吧、舞厅、市民广场等群众性娱乐场所,引进一些高品位、健康时尚的夜间演出,都是构筑民俗度假旅游模式所必需的。

第二节 民俗旅游的文化创意

"创意"源于美术设计,是指"创出新意"和"创出的新意或意境"。"所谓创意,一是创异,标新立异;二是创议,创出争议;三是创艺,确实有艺术品位;四是创亦,空间弹性,不断变化;五是创翼,灵动飞翔;六是创弈,博弈,竞争;七是创忆,形成记忆,强化回忆;八是创遗,创造未来的文化遗产;最后归结到创出效益。"[①]随着社会经济的发展,源于美术设计的"创意"被引申为一种创新的设计理念,并在21世纪初发展成为一种新兴的产业——创意产业。

一、文化与创意产业

文化是一种社会现象,也是一种社会的创造。"文化"来源远久,原本为古人"人文教化"的简称。"文化"内涵深邃,广义的"文化",在本质上是人类与一般动物、人类社会与自然界的区别,是人类屹立于自然的独特生存方式,是"人类在社会历史发展过程中所创造的物质财富和精神财富的总和"。[②] 狭义的"文化"是人类精神的创造活动与结果,称"精神财富"。

文化是智慧、灵感和想象力的基础,创意是智慧、灵感和想象力的运用,故而称"文化创意"。将"文化创意"与经济发展相联系,运用于市场,规范经营"文化创意"项目而形成的产业,称"创意产业"。

"创意产业",或称"文化创意产业"。创意产业是文化的产业化,也是产业的文化。文化创造力是创意产业发展的基础。创意产业是以创意为核心,以文化为灵魂,以科技为支撑的知识密集型、智慧主导型的战略产业。文化创意产业是典型的"大脑经济"、"智慧经济"、文化型经济,文化价值与经济效益、知识技术与财富创造、个人创业与社会发展,都可以在文化创意产业中得到充分体现。

丰富的文化资源是文化创意产业发展的巨大平台。文化创意产业涵盖古董、建筑、艺术、广告、漫画、电影、电视、音乐、表演艺术、出版等文化行业,

---

① 魏小安.温泉:全方位认识与复合型利用——温泉文化.中国旅游网博客· 魏小安.

② 中国社会科学院语言研究所词典编辑室.现代汉语词典·5版.北京:商务印书馆,2005.

同时，也对工业、农业和旅游业等具有巨大的推进作用。文化创意产业的主要特征，就是以文化为附加值来实现赢利，从而改变传统产业的增长方式，减少经济发展对不可再生资源的过分依赖。

文化创意产业的主观性、灵活性、随意性的特点，决定了发展文化创意产业必须走市场化的发展道路。文化之所以能够直接创造生产力，是因为文化与经济已相互渗透，形成一种双向互动的局面。

由文化创意产生创意经济，由创意经济形成创意产业，由创意产业而影响和形成了新时代的文化创意生活。文化创意引导了现代生活的理念，使传统文化在21世纪获得了继承和发展。

对于政府，发展文化创意产业的主要工作，就是组织研究、组织规划、拟定发展战略、组织营销，推动文化创意产业走向市场。

二、"创意旅游"与"创意民俗旅游"

随着社会经济的发展，文化的概念得到了广泛的推衍，并对社会发展产生全面的影响。运用文化创意的思维方式重新认识旅游资源，将原旅游产品、旅游项目、旅游出售方式、旅游经营方式"创出新意"，以获得更大的产业效益，而称"创意旅游"。

(一)"创意旅游"的定义

创意旅游就是运用文化创意的思维方式和发展模式来重新认识旅游资源，整合旅游资源，挖掘旅游资源，改变旅游资源的价值形式，创新旅游产品，创新旅游产品的出售方式和经营方式。创意旅游就是利用智慧的升华，延伸旅游资源的价值，提升旅游资源的价值。创意旅游阶段是旅游产业深度发展的阶段，是通过知识、科技、文化来推动旅游产业发展的新阶段。

创意旅游通过旅游资源的文化创意来实现。创意旅游重在旅游创意，重在旅游策划，包括旅游产品的文化创意、旅游项目的文化创意、旅游商品的文化创意和旅游服务的文化创意等方面。以文化创意提升旅游产品和旅游项目的旅游吸引力，依托文化旅游景区，使文化与旅游相结合，整合资源，整合产业，推动都市文化旅游、现代娱乐旅游、民俗旅游、乡村旅游、文化休闲旅游、修学度假旅游等旅游文化创意产业的发展。

文化创意是旅游策划的灵魂所在，文化创意必须把握文化的基本特征，挖掘旅游资源的文化特质。进行创意旅游策划，最根本的就是准确地理解旅游资源的文化内涵，运用新科学、新技术、新形式，如影视技术、声光电技术、数码技术、动漫技术等，来呈现旅游体验的内容，调动游客的文化知识，产生审美情趣的共鸣，从而使旅游者获得最佳的旅游文化享受。

（二）创意民俗旅游

创意民俗旅游是将民俗旅游资源、民俗旅游产品、民俗旅游项目、民俗旅游商品和民俗旅游服务等，放在现代新科学、新技术的平台上，进行文化提升，使旅游者获得全新的民俗旅游体验。

创意对于民俗旅游，有研究认为，文化创意第一要做好“创义”，挖掘民俗深刻的文化内涵，给旅游者以深刻的启迪。第二是“创议”，创造出让公众喜闻乐见的项目，成为议论的焦点，甚至存在一定的争议也不怕，怕的是项目不能引起旅游者的兴趣。第三是“创异”，项目要求新求异，唯我独有，具有独特个性。第四是“创艺”，旅游开发要插上艺术的羽翼，把民俗打造成声情并茂、勾人魂魄的文艺大餐，留住旅游者。第五是“创忆”，民俗旅游项目的开发要给旅游者留下深刻回忆，回味无穷。第六是“创益”，开发民俗旅游项目要实现经济效益、社会效益、环境效益相互协调的综合效益，避免过分商业化，致使虽取得了不菲的经济效益，却使环境遭到破坏，结果得不偿失。①

将“创意民俗旅游”引入城市，可以提升和打造城市民俗旅游品牌；将“创意民俗旅游”引入乡村，可以提升和打造民俗旅游特色村，形成具有创意的吃、住、行、游、购、娱六大要素配套完善的接待服务体系，提高民俗旅游品质。

第三节　民俗旅游产品策划

旅游产品是一种综合产品，包括核心产品、附属设施、旅游服务、旅游商品等组合因素。民俗旅游产品是以民俗旅游资源为基础，按旅游消费服务要求所形成的旅游产品体系，包括民俗旅游体验产品和民俗旅游服务产品两大部分。

一、民俗旅游体验产品

民俗旅游体验产品可以分为民俗度假旅游、民俗休闲旅游、民俗娱乐旅游、民俗购物旅游、专题民俗旅游等旅游产品类型。构建民俗旅游产品要求具备特殊的生态环境条件，产品要带有民俗特色的参与性、趣味性、科学性等，具有特色的民俗情调。

① 王子阳. 民俗旅游呼唤文化创意. 吉林日报，2007，12(4).

(一)民俗度假旅游

民俗度假旅游分城市民俗度假旅游和乡村民俗度假旅游。城市民俗度假旅游主要是借助城市的旅游服务设施开展,以城市观光与城市民俗生活体验为民俗度假旅游的主要内容。乡村民俗度假旅游主要是以乡村自然环境与民俗文化为载体构建的民俗旅游产品。

国内外民俗度假旅游发展的趋向是乡村民俗旅游村的度假旅游,因为乡村民俗旅游村满足了游客度假旅游对生态自然环境与特色民俗文化的需求。乡村民俗度假旅游要求突出个性化、特色化、生态化。乡村民俗度假旅游产品的核心是居住条件和环境,要以面向异地游客、服务于民俗游客为基本原则,遵循民居外观传统化、内部装饰地方化、使用功能实用化、生活方式生态化、建设材质本土化、度假氛围生活化、社区环境田园化和组织管理家庭化等八大建设准则,将本土文化全面融入民俗旅游之中。①

1. 民居外观传统化

民居建筑、院落布置要借鉴本地传统民居的风格,汲取传统民居建筑工艺与手法,对传统乡土建筑形式进行现代利用,根据村庄的地理条件因地制宜建设,或自然布局,或依山就势,或临水而栖,结合现代欣赏品位与生活习惯加以创新,或整体缩放,或组合展现,并保持传统的庭院格局与路径特征,创造民俗村与自然环境和谐的传统外貌特征。

2. 内部装饰地方化

用于民俗度假旅游的民居内部陈设主要采取传统样式,有意识地采用具有传统民俗内涵的春联、门饰、窗花、剪纸、版画、民间古物、老家具、农家收获物、乡野植物等装饰物与器具。现代生活器具在外形设计和装饰上,也需融入民俗文化的符号,让游客获得本土民俗的感受。

3. 使用功能实用化

为了提升民俗度假旅游功能,满足城市游客的现代生活需求,民俗旅游度假村的生活设施采用现代器具,如抽水马桶、热水器、洗漱洗澡设备、电灯、电视机、空调、网络等。部分设施可以采用地方传统民俗器具,如厨房中的部分设备、洗脸用具、鞋、床及床上用具、桌椅等,使之在具有现代功能的前提下体现地方民俗文化特色。

4. 建设材质本土化

在民俗度假旅游村的民居改造和基础设施的建设中尽量使用本地的材

① 王旭科. 特色乡村民俗旅游村建设的“八化”准则. 中国旅游报,2007,11(21).

质，如当地的木材、竹、石头、稻草、芦苇、麦秸、蒲草等。在北方平原地区的乡村民俗度假房屋顶使用秸秆草料作为外部装饰材料，山区利用特产木材、竹为建设主体材料，并灵活应用山野自然材料，显本地特色与生态理念。

5. 生活方式生态化

其一，要求民俗度假旅游场所，如民俗度假村庄整体环境清洁卫生，具有良好的生态环境；其二，要求在生活方式上，充分利用生态技术与新科技成果，如利用太阳能热水器提供生活热水和太阳能照明，尽量利用沼气作为做饭和照明能源，利用沼气池的沼渣、沼液作为有机肥和家畜饲料，利用日光温室作为果、蔬生产设施等，创造出新型乡土民俗民居环境。

6. 度假氛围生活化

整理、研究、提炼本地的传统工艺、生产与生活活动的典型民俗，策划转变成为充满情趣的休闲娱乐活动项目，提供本土生活化的餐饮与住宿、乡俗化的休闲娱乐活动和质朴的乡情服务，体现出乡土民俗内涵，反映出当地人的生活方式与生活状态。

7. 社区环境田园化

要丰富村落田园景观，鼓励村民进行街道与墙垣的美化，注重庭院环境的布置，利用庭院内外的空间种植地方特色果树与植物，将民居掩映在果树之中，营造出传统乡村个性化的生态氛围。

8. 组织管理家庭化

把民俗旅游村庄看做城市游客的"家"，游客与村民都是"家"中的一个成员，将城市游客心理与村庄联系起来，营造民俗度假旅游的和谐氛围。

民俗度假旅游的策划与组织，重心在民俗文化的度假体验，让旅游者实现在度假中体验民俗文化，在民俗文化中度假。

(二)民俗休闲旅游

民俗休闲旅游产品是一种多元的旅游产品，有城市民俗休闲旅游产品与乡村民俗休闲旅游产品、人文民俗休闲游产品与生态民俗休闲游产品、渔家民俗休闲游产品与农家民俗休闲游产品、民俗休闲街产品与民俗休闲村产品等旅游产品。

民俗休闲旅游产品是通过体验民俗文化活动而达到休闲的目的。成都锦里民俗休闲一条街的开发是一个成功范例。成都"锦里"所处位置原来是一排破烂的旧民房，影响观瞻，还给仅一墙之隔的武侯祠博物馆带来潜在的安全隐患。武侯祠作为国家级文物保护单位，只能向游客作静态展示，难以满足现代游客体验式、休闲式、互动式的旅游需求。于是，以蜀文化为内涵的锦里民俗休闲旅游街应运而生。2004 年 10 月 31 日，成都锦里民俗休闲一条街正式开市，老街、宅邸、府第、民居、客栈、商铺、万年台坐落其间，青瓦错落有致，青石板路蜿蜒前行，恍若时空倒流。锦里位于武侯祠东侧，全长350米，采用清末民初的四川古镇建筑风格，与武侯祠博物馆现存清代建筑的风格相融，两者之间又以水相隔。游人在短短350米的距离内，漫步于青石板路上，欣赏着沿街的各式传统民居，品味着传统川味的茶、菜、酒和川戏，享尽原汁原味的四川滋味。

锦里民俗休闲一条街是将民俗文化与商业、休闲旅游相结合的民俗休闲旅游产品探索。在锦里民俗休闲一条街，游人还可以住进高挂着丝绸灯笼的客栈，在浓郁的川民俗文化环境中，放松心情，享受休闲。

（三）民俗娱乐旅游

民俗娱乐旅游是根据不同的民俗旅游资源策划不同形式的民俗娱乐旅游项目而达到民俗娱乐目的的产品，如渔岛捕鱼民俗旅游资源可以策划祭海、游泳、观日出、海滩拾贝、海上垂钓、出海观豚、学划渔船、下网捕鱼、织渔网等民俗娱乐旅游项目；牧业民俗旅游资源可以策划骑马、叼羊、赛马场、歌舞等民俗娱乐旅游项目；农耕民俗旅游资源可以策划搓玉米棒子、编篮子、采野菜、种地、锄草、采摘、原始织布、印染、蜡染、陶器制作、做豆腐、做面点、傩庙、傩舞、傩面具、古风车、古推车、古水车、古米磨、古推磨等民俗娱乐旅游项目。此外，还可以按区域季节策划民俗娱乐旅游项目，如夏季在南方可以策划乌篷船、漂流、冲浪等民俗娱乐旅游项目；冬季在北方可以策划滑雪、冰雕等民俗娱乐旅游项目。

娱乐是民间民俗的永恒形式，有生活的娱乐，有劳动的娱乐，有年节的娱乐，娱乐使人们的生活苦中有甜，娱乐使人们在艰难中变得坚强。民俗娱乐旅游需要提供形式多样和内容丰富的民俗娱乐旅游项目，让旅游者在民俗娱乐旅游中感受到轻松愉悦。

（四）民俗购物旅游

民俗购物旅游是民俗旅游的重要组成部分。民俗购物旅游产品主要有城市里的民俗旅游商品购物一条街、乡村里的旅游购物墟场和民俗旅游商品店。民俗购物旅游关键是民俗旅游商品。

民俗旅游商品构成包括依据地方物产与民间工艺、手艺、绝活而形成的民俗旅游纪念品、民间民俗工艺品、民间民俗娱乐器物、体育物品，以及民间生产与生活的模型等。在民俗购物旅游的规划中，要创新民俗文化商品，体现本土民俗文化的特色。

（五）专题民俗旅游

专题民俗旅游是根据单项民俗文化资源策划的旅游活动。我国专题民俗旅游丰富多彩,组织较为广泛的有民族风情游、民族体育游、民间艺术游、烹饪游、民居游、民族杂技游、民族村寨游、民族歌舞游、胡同游等,都具有很好的成效。

1. 民族风情游

我国民族风情游大致可以分为两大类,第一类是区域性民族风情游。区域性民族风情游又可分为大区域民族风情游、中区域民族风情游和小区域民族风情游。大区域民族风情游是跨省的民族风情游,如丝绸之路风情游跨甘肃的兰州、酒泉与新疆的吐鲁番和乌鲁木齐,又如黄河风情游相连着青海段、甘肃、宁夏、内蒙古和山西。中区域民族风情游是一个省域的民族风情游,如广西民族风情游、云南民族风情游、贵州民族风情游、新疆民族风情游等。小区域的民族风情游,是一个地市或县域的民族风情游,如西双版纳亚热带民族风情游、黔东南民族风情游。第二类是某一民族风情游,如满族风情游、傣族风情游、黎苗民族风情游、穆斯林风情游、融水苗族风情游,三江侗族风情游,京族三岛民族风情游、那坡黑衣壮民族风情游、惠女民俗风情游等。

2. 民族体育游

民族体育游的发展模式分为区域民族体育游、单一民族体育游和单项民族体育游。区域民族体育游,是区域范围组织的民族体育游。2004 年,国家体育局批准在全国建设 20 个“体育圈”的项目,其中青海的“环青海湖民族体育圈”位列第一。“环青海湖民族体育圈”凭借丰富的旅游资源、民族风情和高原体育,依托青海独特的山峦、冰川、河流、草原和沙漠等,着力发展登山、攀岩、攀冰、滑水、赛马、赛牦牛等具有民族风情特色的体育运动。单一民族体育游,是以具体一个民族为主的民族体育旅游活动。如,满族体育游、傣族风情体育游、黎苗民族体育游、苗族体育游等。单项民族体育游是以单项民族体育为主组织的民族体育旅游活动,如赛马体育游、民族体育竞技游(走板鞋、踩高跷、打陀螺、三人拔河、顶竹杠、斗鸡、抛绣球)等。

3. 民间艺术游

民间艺术旅游资源受到国家旅游局的重视,2002 年中国旅游主题就定为“民间艺术游”,在全国各地推出 100 个大型民间艺术节庆、中国民间戏曲艺术、民间工艺品艺术、中国石窟、岩画、雕塑艺术、民间园林及建筑艺术、中国民间宗教艺术和中国民间艺术之乡及特色城镇村等八大专项旅游项目和各具特色的民间旅游产品、旅游路线。民间艺术游以丰富多彩的民间艺术节庆、民间艺术专项旅游产品和精品旅游线路吸引游客,融知识性、艺术性、趣味性于一体,使中国的民间艺术与旅游有机地结合起来,激发了更多的海外旅游者来华旅游的兴趣，掀起了世界性的中国民间艺术旅游热。

4. 烹饪游

2003 年中国旅游主题定为“中国烹饪王国游”，各地以烹饪为主题的旅游开展得红红火火。河南省洛阳市举行了中华牡丹宴品尝活动，让海内外游客体味到浓郁的河洛文化。成都美食节举办了中国旅游食品美食展和中国知名菜系烹饪大赛。昆明旅游节组织名师名店推名菜、食神绝技表演、美食一条街现场品尝等活动。山西举行晋商面食节，进行面食绝技表演、晋中面食展示及品尝、名厨现场献艺、游客现场品尝、山西面食技艺大赛、晋中面食艺术展览等。福建推出传统闽菜品尝线、福建风味小吃品尝线、福建素菜素斋品尝线、福建糕点品尝线、福建饮品品尝线、福建干果品尝线、福建瓜香品尝线、福建茶精品品茗线等八条烹饪游线。江西井冈山推出“红米饭、南瓜汤、秋茄子”为主的“红军套餐”、“毛贺婚宴套餐”及井冈山风味餐。食是旅游六要素之一，随着民俗旅游的发展，烹饪游是一个不衰的主题。

5. 民居游

民居游有徽州古民居游、丽水古民居游、桂林民居游、浙江乌镇水乡民居游，黄山黟县西递古民居游、绍兴江南民居游、闽南民居游、土楼游、八角街藏式民居游、湖南凤凰城民居游、武夷下梅古民居游等，还有胡同民居游、客家民居游、古镇民居游、平遥古城百年民居游、傣族民俗民居游、闽南乡村民居游等，不同地域与民族的民居类型丰富了民居游，发展了民居游。

6. 民俗旅馆

民俗旅馆与民居游有所不同，民俗旅馆主要是接待民俗旅游住宿，民居游主要提供传统民居的观光。民俗旅馆可以根据民俗旅游区的大小不同和旅游特色的差异，规划不同类型、不同档次的民俗旅馆。在我国现有的民俗旅游实践中，除了以农家乐形式出现的农户提供的农家旅馆外，还有农庄、森林人家、蒙古包等特色民俗旅馆。

7. 民族杂技游

中国的杂技艺术起源于民间，与人民的生产劳动、日常生活、宗教祭祀有着密切联系。例如“踢毽子”、“抖空竹”等，是在游戏和民间体育的基础上提炼加工的杂技表演项目。“爬竿”，是对爬树、爬竹劳动技能的改造。杂技深受大众的喜爱，获得了旺盛的生命力和旅游的吸引力，在各地的旅游项目中，愈来愈多地出现了杂技。最突出的是桂林由张艺谋导演的《梦幻漓江》超大型山水全景演出，采用歌舞和杂技的完美组合，演员忽而从高空飞降、忽而从地下穿出，达到极为玄妙的舞台效果。河北吴桥杂技大世界景区将民族杂技作为一个独特的旅游项目，白天游人如织，夜间剧场人潮涌动。

8. 民族村寨游

民族村寨游发展势头最好的是贵州。目前，在贵州农村已有130多个民族村寨开展了以浓郁古朴的民族文化为载体的民族村寨游，并且于2003年10月15日在贵阳举办了“中国贵州乡村旅游国际论坛”，提出建设中国一流的文化体验型乡村旅游目的地的发展目标。民族村寨游的特色是突出文化性和原生性，将各民族的寨门、神庙、风雨桥、石头或土筑围墙、石板路、民居、图腾柱、游神、土风歌舞、服饰、饮食、农耕、骑射、传统手工艺等文化与风情，充分展示出来，让游客在村寨感受深厚的民族文化，品味浓郁的民族风情。

9. 民族歌舞游

我国民族众多，民族歌舞表演已成为民族地区旅游活动中具有参与性、趣味性的一个普遍项目，其中，蒙古、藏、朝鲜、维吾尔、壮、苗、彝、佤、傈僳、高山等民族歌舞，已成为地方旅游的特色项目。

民俗旅游产品和项目，在内容、形式和本质上是既定的。民俗旅游规划的任务，就是将各种民俗文化元素组合成民俗旅游产品。因此，所规划的民俗旅游产品在内容、形式和本质上应是本土文化的展现，规避伪民俗旅游的发生。

二、民俗旅游服务产品

旅游服务是旅游产品的核心，旅游者购买并消费的旅游产品中，大量的是对接待服务和导游服务的消费。民俗旅游服务需要学习和借鉴成熟的旅游产业服务经验，形成具有民俗文化特色的旅游服务产品。

体现民间待客如宾、宾至如归的服务观念、服务态度和服务技术。服务表现的是人与人的一种关系，服务观念是从事民俗旅游服务工作的前提。我国民间待客的最高理念就是待客如宾。建立待客如宾的服务观念，表现积极主动的服务精神和服务态度，不仅体现出服务人员对旅游者的尊重和理解，而且体现出服务人员的气度修养和文明素质。服务技术是从事服务工作的基础，服务技术水平的高低就成为评判服务质量的标准。各区域、各民族可以根据特有的待客习俗，规范旅游服务技术的要领、程序与标准，具有区域性、民族性和艺术性，使游客获得美妙的服务享受。

设计和建设具有民俗文化特色的服务设施、服务项目和制定实惠的服务价格。为民俗旅游服务的住宿、餐饮、厕所设施以及各类公共设施，需要体现区域和民族民俗文化特色，这是民俗旅游服务的物质基础，也将增强民俗旅游的吸引力。民俗文化的多元性，需要在旅游服务项目的设计上得到体现，扩大和深化民俗旅游服务项目，为旅游者提供既具有民俗性，又方便、亲切的服务形式和内容。民俗旅游的服务设施、服务项目，由于建筑材料和服务员多来自本区域、本民族，或者是家族成员，具有服务价格成本低的优势，因此，民俗旅游应该是实惠的旅游，应该以实惠的服务价格和具有民俗文化特色的服务设施、服务项目吸引游客，获得产业的壮大和发展。

旅游服务作为一种消费产品，服务质量需要获得保障。民俗旅游服务产品也是如此，需要通过良好的售前服务、售中服务和售后服务来保障旅游服务质量。民俗旅游的售前服务需要为游客提供旅游活动前的准备性服务，包括民俗旅游产品设计、旅游线路编排、民俗旅游须知等；售中服务是在旅游活动过程中向旅游者直接提供具有民俗文化特色的食、住、行、游、购、娱及其他服务；售后服务是当旅游者结束民俗旅游需要离开目的地时的服务，可以策划具有民俗文化情调的送别宴和送别仪式，祝福游客前程，欢迎游客再来。旅游服务质量也是一种生产力，特别是民俗旅游带有浓浓民间情意的旅游服务，将会扩大民俗旅游的影响和知名度，推动民俗旅游的发展。

三、民俗旅游产品策划的原则

策划是人们在实施某项活动举措之前所进行的谋划和计划活动，是在整合各种要素的基础上，制订出一套创造性、时效性、可行性兼备的方案，使活动效益和价值达到最大化。民俗旅游产品策划是对旅游目的地能提供的旅游消费产品进行的策划，即对旅游项目、线路组织、旅游基础设施与旅游服务进行的策划。文化创意可使民俗旅游项目策划升华。

在民俗旅游产业的规划中，无论是对民俗旅游地的开发，还是对民俗旅游路线的组合，都要分析市场需求、市场环境、投资风险、价格政策等诸多因素。为此，民俗旅游产品策划必须遵循下述原则。

（一）市场导向原则

拥有旅游资源并不等于拥有旅游产品，民俗旅游产品的开发必须树立市场观念，以旅游市场需求作为旅游产品策划的导向，而不是从领导者的主观要求和规划者的主观想象出发。一是要根据社会经济发展及对外开放的实际状况，进行民俗旅游市场定位，确定客源市场的目标主体和重点，明确民俗旅游产品开发的市场针对性，提高旅游市场经济效益。二是要根据民俗客源市场定位，调查和分析市场需求和供给，认识和把握目标市场的需求特点、规模、档次、水平及变化规律和趋势，策划适销对路的民俗旅游产品。三是针对客源市场需求，对初步策划提出的民俗旅游产品进行筛选，进行加工或文化再创意，然后设计、开发和组合成具有竞争力的民俗旅游产品，并推向市场。同时，跟踪分析和预测旅游产品的市场生命周期，根据不同时期旅游市场的变化和旅游需求，及时开发和设计适销对路的旅游新产品，不断改造和完善旅游老产品，从而保持旅游业的持续发展。总之，树立市场观念，以市场为导向，才能使民俗旅游产品具有生命力和发展的潜力。

（二）三效益原则

民俗旅游是一种文化旅游，涉及经济发展、社会发展、文化发展和文化环境保护。因此，民俗旅游在讲求经济效益的同时，还必须讲求社会效益和文化发展效益。一是讲求经济效益。无论是民俗旅游地的开发，还是民俗旅游路线的策划，或是民俗旅游项目的设计，都必须先进行民俗旅游项目的可行性研究，认真进行投资效益的分析，确保和不断提高民俗旅游目的地和民俗旅游路线开发投资的经济效益。二是讲求社会效益。民俗旅游地开发一般多选在民俗文化保存较完整和民俗风情浓郁的区域，有一方的风俗习惯，因此，在规划旅游产品和旅游路线设计中，需要考虑当地的社会经济发展水平，考虑政治、文化及地方习惯，考虑人民群众的心理承受能力，让民俗旅游成为一种健康文明的旅游活动，成为促进地方精神文明发展的旅游活动。三是讲求民俗文化发展效益。民俗文化相对现代文化而言，是一种特有的文化，也是一种稀少的文化和脆弱的文化，随着旅游者而带来的现代文化，会影响民俗文化的传承。因此，在民俗旅游的规划和发展中，既要注意旅游产品的民俗文化因素，增强旅游产品的吸引力，又要注意民俗旅游发展对民俗文化带来的影响，注意民俗文化生存的生态环境。所营销的旅游产品要有利于民俗文化生存环境的保护，有利于民俗文化得到传承和发展。

（三）产品形象原则

良好的旅游产品形象就是旅游产业的效益。民俗旅游产业的发展需要通过民俗旅游产品的形象设计和打造获得推动。因此，在民俗旅游产品策划中，需要树立民俗产品形象观念，通过提升民俗文化内涵来树立旅游产品的形象，通过策划具有特色的民俗旅游产品来提升旅游产品形象的品位；通过突出旅游产品的服务特色和服务质量，来提升旅游产品形象的知名度；通过开发具有影响力的民俗旅游拳头产品和名牌产品形象，来扩大旅游产品的规模。

除了以上的策划原则外，还需要考虑旅游产品的预先性、前瞻性、创造性、科学性、艺术性和可行性。

第四节 民俗旅游项目规划

民俗旅游资源需要通过旅游规划来向民俗旅游项目转化。民俗旅游项目是组织和开展民俗旅游活动的基础。民俗旅游项目规划是根据旅游活动要求,对民俗旅游资源进行的旅游功能性提升的活动。旅游项目规划是一个系统工作,旅游项目类型多样,有大有小,一般分为旅游设施项目规划和旅游活动项目规划。旅游设施项目规划主要是旅游交通与游步道、住宿与餐饮、环境保护等相关设施项目规划,旅游活动项目规划包括以旅游资源和地域文化为基础,围绕游客需求,所设计的游览、购物、饮食、表演、娱乐、节庆等民俗旅游活动项目规划。民俗旅游项目规划,无论是整体项目规划,还是单体项目规划都必须从整体上来考虑。

一、基本规划原则

民俗旅游的开展,主要是民俗旅游项目的活动组织。旅游项目规划的作用就是提升民俗旅游资源的价值。在具体实现民俗文化的民俗旅游项目转化的技术上,需要依据以下原则。

(一)游客需求原则

即市场原则。民俗旅游项目规划必须满足消费者的需要,需要在客观分析民俗旅游资源和市场需求的基础上,对拟开发项目进行目标市场定位、产品定位,在具体项目设置时,充分考虑市场吸引力、接待能力、回报指数等多重指标。

(二)特色原则

一个地域一个民族的民俗旅游项目,特色是最基础和本质的,具体内容就是充分体现本国、本地区、本民族独一无二的民俗文化。体现了本国、本地域和本民族民俗文化的民俗旅游项目,就自然具有了特色。就是说,民俗旅游项目的特色就在于区域的本土性,在于民族的唯一性。在民俗旅游项目开发中遵循特色原则,就可以在整个旅游市场的竞争中形成文化性区别,获得市场地位。

(三)文化原则

民俗旅游项目基本的优势在于文化性。民俗是一种地域文化,一种民族文化,是特有的民间生活文化。文化是旅游的灵魂,旅游者进行民俗风情旅游,就是为了追求民俗文化的享受。一种民俗旅游项目的吸引力,根本在于其所蕴涵的特色民俗文化,只有具有浓郁民俗特色文化的民俗旅游项目,才能满足旅游者求知、求新、求美的需求,才能获得旅游者的青睐,具有旅游生命力和市场竞争力。

(四)创新原则

创新原则在民俗旅游项目策划中愈来愈显重要,特别是在一个大民俗旅游区内作民俗旅游项目策划,如何做到有区别,创新就是重要的原则。我国民俗旅游业中较严重的雷同现象,抑制了民俗旅游的发展,只有创新才能在大民俗旅游区的协同发展中做出特色,形成区域民俗旅游的核心吸引力。创造竞争对手没有的旅游项目,是创新;对已经雷同的项目进行更新和深层优化,也是创新。

在民俗旅游产业的规划中,任何一项民俗旅游项目规划原则,都是互有联系的整体,同时表现出时代的阶段性。在具体有针对性的民俗旅游项目规划实践中,需要根据相应的民俗旅游市场和民俗旅游产业发展要求,考虑具体使用的规划原则。

二、基本规划模式

对于民俗旅游项目规划,学术界较多用“模式”来说明。民俗旅游项目设计一般采用一对一的设计模式,即一个资源,一个项目,一个景点,一个硬件(如建筑、设施、游道等)。目前,学者专家对民俗旅游项目规划模式的总结尚未统一,有五种基本模式、六种基本模式和八种基本模式等归类与表述。

(一)五种基本模式

民俗旅游项目规划的五种基本模式是巴兆祥先生在《中国民俗旅游》一书中的研究概括,主要是从旅游项目规划的组成形式来归纳民俗旅游项目的基本模式。①

1. 本原式

民俗旅游资源开发的本原式是以民俗文化的原样开发而成,强调民俗的原版性,原汁原味性,要求绝对完整地展示民俗的风貌,不能有任何形式的篡改,具有原真性特色。按其内容又有天然民俗(民族)村寨、原生俗开发两种情形。

① 巴兆祥. 中国民俗旅游. 福州:福建人民出版社,2006:307—318.

2. 主题公园式

民俗文化村。民俗文化村属主题公园范畴，指在旅游点兴建的，把某一时期或某一民族或某一区域的民俗文化，依照一定的方式和风格，加以集中反映的人造旅游景观。

3. 资源凝聚式

民俗博物馆。民俗博物馆可以分为多种不同的类型，如以区域范围分，有全国性和区域性的；以民族成分划分，有汉族的、苗族的、满族的、壮族的、蒙古族的等。

4. 节会式

节庆、集会。节庆，就是节日庆典。集会包含两层意思，一是庙会，二是市集。

5. 物品式

民俗商品。民俗旅游商品开发作为民俗旅游资源开发的组成部分，理应遵循开发的基本原则，还应注意开发形式多样、以纪念性为开发侧重点、以创新为主流。

民俗旅游由资源到项目，组成形式是民俗旅游项目最直观的展现形式，民俗文化的旅游功能需要通过一定的形式来呈现。

（二）六种基本模式

六种基本模式是陈南江先生与吴月照先生在客家民俗文化旅游开发的研究中，所作出的概括。[①] 六种基本模式与五种基本模式最明显的一点区别，就是更强调民俗旅游项目规划的构成手法。

1. 集锦式

集锦式指将散布于一定地域范围内的典型民俗文化集中展现于一个主题公园的规划手法，如深圳中国民俗文化村、台湾九族文化村、云南民族文化村。这一模式的优点是可以让游客用很短的时间、走很少的路程就领略到原本需花很长时间、很长路程才能了解到的民俗文化，其缺点是在复制加工过程中会损失很多原有的民俗文化信息内涵。

2. 复古再现式

复古再现式是对现已消失的民俗文化通过信息搜集、整理、建设、再现，让游客了解过去的民俗文化。如杭州和香港的宋城、无锡的唐城、吴文化公园属此类。这种模式的优点是可以令时光“倒流”，满足游客原本不能实现

① 陈南江，吴月照. 略述民俗文化的旅游开发—兼谈客家民俗文化的内容选择. 特区理论与实践，1997:10.

的愿望。

3. 原地浓缩式

一些少数民族村落或民俗文化丰富独特的地区由于时代的发展在传统建筑、服饰、风俗等方面已有所淡化,不再典型,或者民俗文化的一些重要活动(如节庆、婚嫁)在特定的时期才会呈现,令游客不能完全领略当地民俗文化的风韵,故当地政府或投资商在当地觅取合适地段建以当地民俗文化为主题的主题园,集中呈现其民俗精华,如海南中部的苗寨和黎塞风情园均属此类。其优点是便利了游客充分了解当地或该民族的民俗文化精髓,其缺点是在真迹旁边造“真迹”,令游客自然形成对比,对有些游客不能产生吸引力。

4. 原生自然式

复古再现式是在一个民俗文化相对丰富的地域中选择一个最为典型、交通也比较便利的村落让旅游者展开民俗旅游活动,以村民的自然生活生产和村落的自然形态为旅游内容,除了必要的基础设施建设外几乎没有加工改造,如广东连南三排瑶寨等。其优点是投资很少,让游客有真实感,能自然地与当地居民交流,甚至亲身参与劳作,缺点是难以将旅游开发带来的利益公平地分配给村民,难以保证村民们在接待游客时保持热情、友好、不唯利是图。

5. 主题附会式

主题附会式指将民俗文化主题与某一特定功能的旅游业设施结合起来,形成相得益彰的效果,如苏州名园“网师园”原来仅白天对外开放,让游人欣赏江南园林的造园艺术和文化内涵,夜间不对外开放;后来“网师园”推出了“古典夜园”活动,利用园内厅堂演奏苏州评弹、昆曲等地方民俗文化艺术,游客同时可以领略苏州园林在夜景下的意境,很受好评。

6. 短期表现式

以上五种模式均为长期存在,旅游者可随时前往欣赏的旅游开发形式。但也有一些特定的民俗文化只存在很短时间,激发短暂的旅游人流。主要有两种情况,一是民族民俗传统的节庆活动,如内蒙古的“那达慕”大会、回族的“古尔邦节”、白族和彝族的“火把节”等,活动举办的本意并非为了发展旅游业,故不会长年存在,但在节庆期间会吸引大量的旅游者;二是流动性的民俗文化表演活动,如贵州组织民间表演队到国外演出松桃苗族花鼓、傩堂戏、下火海等,展现了民间文化的艺术风采,每到一处也吸引了不少外国民众远道而来欣赏(这本身即是旅游行为),进而吸引游客前往贵州旅游。

六种基本模式所提出民俗旅游项目规划的构成手法,在旅游规划实践中具有很强的可操作性。然而,学术界对原生自然式有不同的看法,认为,所谓原生自然式的开发方式,使原住地居民承受巨大的文化震撼所产生的文化冲击,干扰、破坏了原有的社区生活秩序与民俗文化的自然状态,原住地居民对外来文化的盲目仿效与追随,势必淡化原有的民俗文化的特点与韵味。在某种意义上,原生自然式的民俗文化旅游开发模式是一种自杀式的开发方式。旅游开发者也已经认识到,这种现象目前有不少少数民族地区业已出现,一些民俗旅游村落除了歌舞表演外,日常生活已面目全非,与外界趋同,旅游者求异求知的心理需求得不到满足,旅游点的市场吸引力日趋下降。

(三)八种基本模式

随着民俗旅游业的发展,民俗旅游的项目规划模式得到了丰富和发展,涌现了诸多在旅游市场营销中取得良好业绩的新模式,按照内容、规模与表现形式,可以归纳为八种类型。

1. 民俗文化城

民俗文化城是以一个典型的历史城市为依托,在城中恢复再现已消失的城市街坊民俗生活景物的民俗旅游景区。民俗文化城的特点是规模大,生活情景全面,游客在城中可以全面了解和体验过去的民俗文化生活。民俗文化城的典型案例有杭州的宋城、无锡的唐城等。

2. 民俗主题文化公园

民俗主题文化公园是通过模拟的手法将某种民俗生产生活环境、民俗歌舞或建筑等典型民俗文化集中建造于一个园区内,形成相对突出的文化主题的民俗旅游公园。民俗主题文化公园所展示的民俗是移植复制的"仿真民俗",具有民俗文化集中、感染强烈的特点,在世界各地被广泛采用。如泰国的"东巴文化村"、南非开普敦的"原始丛林"等,都是以当地民俗文化为主题的民俗主题文化公园。我国典型的民俗主题文化公园有深圳"中国民俗文化村"、云南昆明的云南民族村和河南开封的"清明上河园"等。

3. 民俗文化村

民俗文化村是集中展示和体现乡村民俗文化的民俗旅游点。民俗文化村分模拟村落和实地村落两种类型。

模拟民俗村是以模拟的手法将当地或某地民俗文化典型的村落再现的民俗旅游点。我国最早的模拟文化村是1988年建立的台海屏东九族文化村(高山族九大支系)。模拟民俗村一般出现在民俗旅游业发展的初期,往往选择建在城市周边接近客源中心市场和交通便利的地段,以弥补城市旅游资源的缺乏,为开拓客源市场提供了新的思路,也为保护民俗文化提供了一条非常重要的途径。但模拟民俗村存在着致命的弱点,一是模拟民俗村是人为建造,缺乏原汁原味的民俗氛围,无法生动地把一个民族的特征、文化完全体现出来:二是模拟民俗村投资大、技术要求高、占地面积大;三是全国模拟民俗村模仿、抄袭、雷同现象比较突出,重复建设多,不仅会造成游客分散,影响整体经济效益,而且还影响民俗旅游声誉,损坏民俗旅游形象,破坏民俗文化氛围。

实地村落,或称天然民俗村寨、原生态民族村寨,是在一个民俗文化相对丰富的地域中选择一个最为典型、交通较便利的村落对旅游者开放。我国最早的实地民俗村 1983 年 11 月建在石家庄郊区。实地民俗村代表着民俗文化村建设发展的方向,在旅游发展中可以充分展示民族风貌,保护民俗文化,帮助民族地区扶贫开发,使旅游者产生真实的民俗审美感受。实地民俗村一般不需大兴土木,只用少量投资,对景观略加整理、修葺,搞好环境卫生,培训好有关人员,就可开放接待游客,就可以将民族建筑、歌舞、风味食品、服饰、工艺、特产提供给游客。实地村寨保持着原有的风貌,能够真实展现当地民俗风情,使游客享受到原汁原味的民俗文化氛围,这正是民俗旅游的最大魅力,也是民俗旅游的灵魂所在。但也应该注意到它受区位条件、交通状况、客源市场的制约。民俗村寨是利用民族居住的现实村寨兴建起来的民俗旅游景区,民族生产生活气息浓厚,民俗文化真实,可以给予旅游者地道的民俗文化体验和感受,代表未来民俗旅游开发的模式和方向。桂林龙胜的金竹壮寨、吉首的德夯苗寨、怀化通道县的皇都侗文化村是发展较成熟的实地村落。

4. 民俗文化街

民俗文化街是在特定的节会期间将某区域或某民族的各类民俗文化集中展示于一定的街区而形成的文化街。如 2006 年的山东(国际)文化产业博览会开设了一条近 2000 平方米的民俗文化街,设 146 个民俗展位,如美术类的有菏泽牡丹书画、潍坊杨家埠木版年画、高密扑灰年画、德州木版画、临沂火笔画、麦秸画等,工艺、玩具类有聊城葫芦雕、滨州布老虎、鄄城“鲁锦”、烟台玉雕,以及剪纸、泥玩具、面塑、刺绣、木雕、印花布、草编筐、黑陶、微雕、徐公砚等百余种民间工艺。同时,来自山东全省各地的民间艺人现场献艺。民俗文化街荟萃展现了山东各地独特、丰富的民俗文化。①

5. 乡村民俗游

乡村民俗游就是选择有乡村民俗文化韵味的农家、渔家、牧户,进行乡

① 霍晓蕙. 山东民俗文化大街真热闹. 齐鲁晚报,2006,6(5).

村生活体验的民俗旅游项目。乡村民俗游的典型案例就是“农家乐”、“渔家乐”、“牧家乐”。“农家乐”将具有农村特色的乡村民居供游客休息、住宿，并且提供具有乡土特色的餐饮，参观农产品生产作坊，将成熟的果园、花圃、菜园、茶园提供给游客入内进行摘果、拔菜、赏花、购买及参与生产等活动，体验农家生活，享受田园乐趣。“渔家乐”让游客溪边垂钓、岸钓、船钓或直接参与捕捞作业，体验渔村生活。“牧家乐”让游客进行放牧、挤牛奶、剪羊毛、骑马等活动。

6. 民俗博物馆

民俗博物馆是采用博物馆形式，展示人们生产、生活、饮食、起居、交通、服饰、信仰等民俗文物、民俗事象，具有文化、教育、旅游、环保及文物收藏等功能的文化活动场所。按民俗文物收藏的内容与展示方式，民俗博物馆可分为综合性民俗博物馆、专题性民俗博物馆和露天民俗博物馆。一般而言，处在省会城市的民俗博物馆较多建设综合性民俗博物馆，处在市县一级的民俗博物馆大多是建设具有县市地方民俗特色的专题民俗博物馆。露天民俗博物馆是露天陈列的敞开式博物馆，规模巨大。

民俗博物馆作为民俗文化的收藏地，对于随现代文明发展而渐退的民俗文化的保存，是一个很好的形式，也是提供民俗文化体验的最佳场所。在现代旅游业发展中，民俗博物馆表现出巨大的旅游潜力。

7. 民俗文化节

民俗文化节是利用节庆的形式，集中展示各民族多彩民俗文化的一种民俗旅游项目。按内容，民俗文化节可分为综合性民俗文化节和专题性民俗文化节两大类。每一个民族的节日庆典都是综合性民俗文化节，综合展示了民族民俗文化。如春节属于综合性民俗文化节，在节日期间，人们互相拜年，进行放爆竹、喝春酒、吃年糕、包饺子、赶庙会、闹元宵等民俗活动，还有滚龙、舞狮、扭秧歌、玩花灯等，表示辞旧迎新，祈祷在新的一年里五谷丰登和吉祥如意。专题性民俗文化节是以某一地区和民族的某种民俗文化为内容的民俗文化节，如潍坊的“国际风筝节”，广西民歌节，海南的椰子节，新疆的葡萄节，贵州凯里国际芦笙节，福建的妈祖节吴桥的杂技节，岳阳的国际龙舟节和藏族的达玛节、林卡节，傣族的泼水节等，都是独具特色的专题民俗文化节旅游活动。

开发民俗旅游资源，可以充分利用节庆活动的民俗风情，结合当地自然风光，开发节庆民俗旅游，使游客全面了解各民族的节日活动，领略不同民族的民风民情，使游客在浓厚的节日气氛中，得到强烈的民俗文化感染和切身体验。举办民俗文化节庆活动，较多情况下是力图通过民俗歌舞、饮食、工艺、风俗，传播民俗文化，扩大知名度，树立旅游形象，促进旅游发展。

8. 民俗旅游商品

民俗旅游商品是民间的、民俗的商品，是当地有文化底蕴、工艺传统、风俗习惯等特色的商品。对于游客而言，民俗旅游商品是具有纪念意义和纪念价值的商品。随着民俗旅游业的兴起，民俗旅游购物促动了民俗旅游商品的发展。我国的民俗旅游商品，一般是各地各民族的特色物产，特别是民族工艺品，如民族的服装、佩饰、手饰，各类的石雕、砚雕、木雕、竹雕、贝雕，各种民间绘画剪纸，各种民间陶瓷，各种民间织绣，各种民间竹木器、竹编等。民俗旅游商品占了我国旅游商品的绝大部分，开发民俗旅游商品，就成了构建我国旅游商品业的重要组成部分。

民俗旅游商品有多种分类，按商品功能分，有特色农产品类，如板栗、核桃、西瓜、桃、李等；民间工艺品类，如中国结、麦秸画、陶瓷工艺。按商品主题分类，有民俗景区（景点）主题类，如延庆县以长城为主题的各色纪念品、平谷区以桃为主题的各色纪念品等；民俗生产生活主题类，如以西瓜为主题的各色商品；民间传说、故事等主题类，如顺义区的八仙过海工艺葫芦、骨雕刻笑佛等。按商品使用原材料分类，有木制类，如各种木雕刻工艺品、古典家具等；农作物原料类，如麦秸画、粮食粘画、草编、骨雕等；石制类，如石雕刻民间工艺品、石制民俗生产生活用品等；泥土制类，如黑陶制品、琉璃制品等；纸制类，运用各种纸张制作的民间工艺品、民俗生产生活用品等，比如剪纸等；布制类，如工艺包、布贴画等；面制类，如面人、面塑等；瓷制类，各种民间瓷工艺品及民俗生产生活用品类瓷制品，如茶壶瓷制品。按制作工艺分类，有雕塑类，如木雕、石雕、骨雕、泥塑、面塑等；镶嵌类，如花丝镶嵌等工艺品；剪纸类，如陕西剪纸、湖南剪纸；刺绣类，如刺绣服装、刺绣生活用品、刺绣画等工艺品；烫制类，如烫制葫芦画等；烧制类，如景泰蓝、料器、玻璃工艺品、琉璃制品等。

旅游购物是在旅游的行进间开展的，由于旅游具有移动性，所以民俗旅游商品的设计，体形不能过大，在包装上便于携带。为了让旅游者方便携带，需要将较大的民俗旅游物化商品进行微缩，做到“精巧细致”。

以上民俗旅游项目的八种基本模式是已经在旅游市场上获得很好效益的旅游产品与旅游项目。在实践中，任何一种民俗旅游模式，都必须是在对所拥有的民俗旅游资源、旅游市场、旅游发展规律与形势进行调查研究之后进行的规划设计，切忌模仿照搬。一个区域的民俗旅游项目规划，应选择符合当地实际、体现民俗文化特色的适当形式。对于他地成功的民俗旅游模式，可以借鉴其经验，但不可全盘照抄。因为，成功的民俗旅游模式是他地根据对自身旅游资源特点和旅游规律的认识和研究提出的,具有一定的针对性,未必放之四海皆成功。一个地区的民俗文化开发应选择符合当地实际、体现民俗文化特色的适当形式。

在民俗旅游景区、景点的建设中,一定要强调民俗文化的民族性规定和地域性规定。民俗旅游项目规划的民族性规定要求在景区建筑、工艺品等的建造、制作、使用的材料和建造的工艺上,必须与民族民间使用相一致,以保证民族建筑和民族民间工艺品的民俗文化特性。民俗旅游项目规划的民族规定性和地域规定性,还要求民族建筑的建造地必须是在民族的聚居区,民族的工艺品必须是在该民族地出售,民族歌舞也必须在该民族生活区域范围内表演。在民俗旅游的发展实践中,强调民俗旅游项目规划的民族规定性和地域规定性,可以避免民俗文化的混乱,避免绣球卖遍全广西,避免竹竿舞跳遍南方,避免婚轿抬遍全国。在民俗旅游的规划与发展中,强调民俗旅游项目规划的民族规定性和地域规定性,其最终的目的是在中国形成具有民俗文化区别的民俗文化旅游区。

在我国近三十年民俗旅游开发建设的探索中,我们已经逐渐认识到,任何一种民俗旅游模式都存在着对民俗文化的真实性开发与扭曲性开发之间的矛盾。如民俗博物馆形式的开发,实际上是将民俗文物抽离了民俗文化原有的生存空间,置换成另一种经过再想象的生存场域,抽象地、机械地而非生态地展示民俗文化的真实面貌。博物馆的民俗文物作为民俗旅游消费的民俗文化符号,满足了对民俗文化与旅游资本的利益诉求,而失去了民俗文化的生活真实。又如原生自然式的实地村落的民俗旅游模式,会使原住地居民承受外来游客所带来的生活观念与文化的冲击和干扰。科学规划的责任就在于把握民俗旅游模式中有利于民俗文化真实性展示与民俗文化常态发展的一面,规避民俗文化扭曲性开发与淡化的一面,使中国的民俗旅游从探索走向成熟发展。

三、民俗体验旅游项目设计

旅游经济是一种服务经济,更是一种体验经济,是社会体验经济的重要组成部分。有学者认为体验经济是继农业经济、工业经济和服务经济阶段之后的第四个人类的经济生活发展阶段。

(一)民俗体验旅游主题设计

民俗体验旅游项目设计,首先是体验主题设计。体验通常被看成服务的一部分,企业以服务为舞台,环绕着消费者,创造出值得消费者回忆的体验活动。商品是有形的,服务是无形的,而创造出的体验是令人难忘的。对消费者来说,商品与服务是外在的,而体验是内在的,存在于个人心中,是个人在形体、情绪、知识上参与的所得。没有两个人的体验是完全一样的,因为体验是来自个人的心境与事件的互动。体验经济的灵魂或主观思想核心,就是主题体验设计,成功的体验主题设计必然能够有效地促进体验经济的发展。

所谓民俗体验旅游主题体验项目设计,就是将体验经济融入民俗旅游产品,以一种民俗文化作为旅游体验项目的核心主旨进行设计,在一个时间(年节)、一个地点(城市或乡村)的特定时空和所构思的一种思想观念状态中,重复出现所设计的民俗文化主题,构建各种变化,成为一种独特的风格,创造一项使游客拥有美好的回忆、难忘的回忆的民俗旅游及其民俗娱乐活动过程的设计。根据消费者的兴趣、态度、嗜好、情绪、知识和教育,把旅游项目作为宴席上的一道美味,旅游服务作为"舞台",旅游环境作为"背景",使顾客在旅游活动过程中得到美好的体验,甚至当过程结束时,体验价值仍长期逗留在脑海中。

在体验与旅游互动双赢的基础上,民俗旅游产品体验式设计的最终目标是要求人与自然、文化与环境的和谐共生,其具体设计方向是让旅游者在差异化体验和活动中追求身心的享受,获得难以忘怀的经历和回忆;让经营者在提供体验机会和情感性消费中获得长期的发展机会和持续的经济效益;让旅游地区在文化经济的互动中获得社会综合效益的最优化。由此达到风景与人的情景交融、人与自然环境的和谐发展。

(二)民俗体验旅游项目设计原则

民俗体验旅游项目设计如同其他旅游项目的策划一样,需要经过一段设计过程,需要通过发觉、设计、编导,将提供给旅游者所需要的民俗体验旅游项目,以一种新颖的形式呈现出来。民俗体验旅游项目设计需要遵循需求导向、个性化、确定主题、高品位、归整线索、纪念品、整合感官刺激等七个基本原则。

需求导向原则,要把握体验者的需求心理,以旅游者的需求来吸引旅游者参与和消费民俗体验旅游项目,获取民俗体验的高经济附加值。

个性化原则,是强调民俗体验旅游项目个性化的产品和服务,善于挖掘存在于特定时空中不同于旅游者居住地的异域文化和环境特征,以设计出民俗体验旅游项目的个性化、差异化。

确定主题原则,就是将设计明确的主题作为民俗体验旅游项目策划的第一步。缺乏明确的主题,旅游者的民俗体验旅游就无主轴,就不能整合所有感觉到的体验,无法留下长久的记忆。主题必须具有特色,项目的各个细节都必须展现主题。成功的主题简洁明确,引人入胜,可带动所有的体验活动,朝向一致的故事情节,吸引消费者。首先,民俗体验旅游的主题是民俗旅游的中心和理念表现,是构建整个体验设计方案的基础。其次,民俗旅游体验主题是体验式民俗旅游个性化的依托,个性化通过体验主题表现出来,没有体验主题也就失去了体验的个性化。

高品位原则,就是把民俗体验旅游项目定位于高尚、优质的文化层面,拒绝落后与愚昧的陋习陋俗,注重体验式民俗旅游产品设计的民俗文化品位、民俗生活品位,体现现代旅游者对高生活品质的追求。

归整线索原则,就是设计民俗体验的印象线。印象线分正面印象线索与负面印象线索。民俗体验旅游主题是体验的基础,塑造令人难忘的印象,必须制造强烈的民俗体验的线索。每一个民俗物件,每一个民俗事象,都可形成民俗文化线索,线索构成印象,线索支持民俗体验主题,在旅游者心中创造民俗体验收获。民族民居的建筑、家具摆设、门联、农具、骡马、民乐、民歌、曲艺等民俗物件与民俗事象,每一个都可以成为民俗体验的视觉、听觉的线索,都可以帮助创造独特的民俗体验。

要塑造完整的民俗体验旅游,不仅需要设计一层层的正面线索,还必须减除削弱、违反、转移主题的负面线索。在旅游活动中,有时“过度服务”,也是破坏体验的负面线索,如,旅游包机上反复不停的旅游地介绍,打扰了游客看书、聊天或打盹。改变负面线索的做法,就是将飞机上的电视或广播节目改用耳机传送,创造更人性化更愉悦的体验。

纪念品原则,就是充分利用旅游纪念品,回味民俗旅游体验。民俗物品或工艺品具有回忆体验的价值,成为旅游者乐于购买的旅游商品。民俗风情的明信片使人想起美丽的民俗文化景象,绣着标志的民俗风情旅游帽让人回忆起民俗欢乐的盛会,印着时间和地点的民俗节庆的文化衫,让人回味民俗节庆的盛况。

在民俗体验旅游的发展实践中,强调规划原则,可以获得民俗体验旅游发展的思考方向,但是规划设计原则并不能保证民俗体验旅游的成功,还需考虑市场供需因素,需要持续提供吸引旅游者的民俗体验旅游项目,不断地推陈出新,推动民俗旅游的发展。

整合感官刺激原则,就是将多种感官刺激引向支持、增强民俗旅游体验主题,制造和创造民俗旅游体验所涉及的感官刺激越多,就愈容易成功、越令人难忘。民间舞蹈、民歌、民乐、曲艺、民居、民风、民间工艺,都会使民俗体验旅游更吸引人。

(三)视觉、听觉、嗅觉、味觉、触觉、运动觉等民俗体验旅游设计

旅游是人的感觉,是眼、耳、鼻、舌、身、心、神全面体验的一种活动。民

俗体验旅游项目策划，就是依据民俗体验旅游项目设计的基本原则，对旅游者的民俗文化体验生活进行策划。民俗体验旅游项目策划技术的对象是旅游者，需要根据人的体能、视觉、听觉、嗅觉、味觉、触觉、运动觉等机能进行有效设计。

1. 民俗文化视觉体验设计

视觉是人最重要的感觉。通过视觉，人感知外界物体的大小、明暗、颜色、动静以及湖光山色、姹紫嫣红、金碧辉煌、流光溢彩，科学证明人至少有80%以上的外界信息经视觉获得。在策划民俗体验旅游项目时，要注重民俗文化的自然美与古朴美，重视民俗文化在形象、色彩、层次、变幻上能给旅游者带来的视觉体验效果。

2. 民俗文化听觉体验设计

听觉是人通过听觉器官对外界声音刺激的反映，是仅次于视觉的重要感觉。民间有丰富的听觉资源，山村清晨的鸡鸣、夜间的狗吠、山道上的马蹄声、溪流的水声、寺庙的钟声、山中的民歌、村寨里的琴声与笛声，都是可以让旅游者通过双耳获得听觉体验。在策划民俗体验旅游项目时，可以把民乐、民歌、民间舞蹈音乐当做民族村寨的背景声音，营造民族民间文化的环境氛围。实践上，为了聆听寒山寺的新年钟声，每年有成千上万的旅游者，专程到苏州体验《枫桥夜泊》一诗的怀古意境。

3. 民俗文化嗅觉体验设计

嗅觉，医学的解释是由化学气体刺激嗅觉感受器而引起的感觉。气味物质作用于嗅细胞，产生神经冲动经嗅神经传导，最后到达大脑皮层的嗅中枢，形成嗅觉。人类的基本嗅觉有香、酸、糖味和腐臭四种。在策划民俗旅游项目时，要努力营造“香”的环境，让“好风一阵送香来”，荷的芬芳、桂的馥郁、菜花的清香、芦苇的清新、松脂的凝重、农家酒的醇香、饭菜的甜香、海潮涌来的鲜腥、寺庙的沉香都可利用，避免村落马牛粪的腐味、牛羊的膻味、阴沟的臭味，给游人留下美妙的嗅觉体验，留下沁人心脾的难忘记忆。

4. 民俗文化味觉体验设计

任何旅游活动，皆离不开吃喝，特别是民俗旅游。民俗大餐的口味体验令人兴奋。各地各民族都有别具风味的菜肴、饮料和水果，各种菜肴的酸、甜、苦、辣、辛、麻、鲜，以及泉水的清纯、马奶的甘凉、茶的浓苦、酒的醇厚、水果的香甜等，都是味觉体验的重要内容。民俗餐饮策划，就是民俗文化味觉体验的设计，讲究一日三餐的味道，建立不同区域、不同民族旅游者的菜谱档案，百菜百味，重视特色，避免单一的口味。

5. 民俗文化触觉体验设计

触觉是人感知世界的一个重要途径。在民俗旅游活动中,通过手、足、身体及皮肤触摸实物是旅游者深入体验旅游的重要项目。民俗旅游活动中,游客具有很大的好奇心,如果只能看不能摸,就会产生某种遗憾。良好的触觉体验民俗旅游项目设计,不仅体现了对游客生理上的关照,更使游客通过触觉体验得到精神上的愉悦和情感上的满足。在北京的白云观,专门设有让旅游者触摸的石猴。一些民俗旅游景区有意设计一些吉祥雕像,如石狮的爪子、铜牛的尾巴,让旅游者触摸以体验历史的沧桑,获得吉祥意念的慰藉。在策划民俗旅游项目时,可让旅游者感受春风扑面,接受海浪冲击,到溪涧洗手濯足,泡温泉,卧沙滩,睡农家土炕,踩踏古镇的石板与卵石小路等,获得特殊的触觉体验。

6. 民俗文化运动觉体验设计

运动觉体验,或称为"参与感体验"。参与是旅游者在旅游活动中的一种需求。在民俗旅游中,可以策划很多参与性项目,如骑马、骑毛驴、骑骆驼、赶马车、垂钓、划渔船、自炊、狩猎、放牧、采摘、收割、歌舞等。让旅游者参与体验民俗文化生活,从中获得一种参与感上的满足与享受。参与感体验项目策划,要充分考虑人体安全,避免在参与活动中,发生意外事件。

民俗体验旅游项目的体验性设计,强调从旅游者的感受出发,强调把旅游者放在第一位,是一种具体微观的体验设计。民俗旅游的发展,需要更多具有创意的民俗体验旅游项目的设计,提高民俗体验旅游项目的操作性。

(四)民俗体验旅游产品设计步骤

民俗体验旅游产品设计是将民俗旅游资源组合更新,提炼出合适的民俗体验主题,构造出具有特殊意向的民俗体验场景和民俗体验活动项目,设计出民俗体验旅游产品系列。具体设计步骤如下。

第一,明确民俗体验旅游主题。明确民俗体验主题的好处在于提高民俗活动的品位和民俗体验价值。民俗旅游产品的体验主题来源于民俗旅游地的各种特殊民俗文化事象,按民俗体验主题归整本土民俗旅游资源,使之在内容和形式上有感召力和实践性。成功的民俗体验旅游主题应具有稀缺性、可感性,简洁明确,引人入胜,可以带动所有的设计与活动朝向一致的方向,具有较强的旅游吸引力。

第二,民俗体验旅游场景设置和体验氛围营造。利用选定的民俗体验旅游主题和相应的民俗文化事象,提取民俗文化符号要素,设计民俗文化体验的场景,为旅游者提供一个民俗文化体验的真实环境。民俗文化体验的场景,包括民俗饮食场景、民俗居住场景、民俗娱乐场景以及围绕民俗体验主题的其他民俗场景。通过民俗文化体验场景的营造,塑造特有的民俗氛围。

第三,民俗体验旅游活动策划和体验过程设计。在具体民俗文化体验场景设计的基础上,根据民俗体验旅游项目打造满足体验需求的民俗文化体验活动过程。在民俗体验旅游活动中,旅游者可以学习、模仿当地人的生活及生产方式,感受民俗文化和体验当地人的情感,沉浸在民俗文化和民俗环境的感受和体验中。

(五)民俗体验旅游项目设计应注意的问题

民俗体验旅游项目设计是模拟民俗环境针对人的感官效应进行的设计,这种设计是旅游者此前从未感受过的。设计时应注意以下几点。

第一,重视综合体验感受设计。民俗体验旅游项目作为一种综合旅游产品,包括核心民俗体验旅游活动、民俗体验设施、民俗体验服务、民俗体验旅游商品等组合因素。通过各种创新思考与创新方式,对民俗体验旅游项目进行综合设计,提升民俗体验旅游项目的综合效应。

第二,重视民俗体验旅游环境建设。民俗体验旅游环境建设,除了环境整洁、卫生等基本要求以外,应突出材料的当地化、意境的本土化,营造出宁静、自然、古朴的环境。同时,还要避免与民俗体验主题相冲突的负面因素的影响,杜绝水泥路桥和其他现代味很浓的设施,杜绝任何有违民俗文化体验主题的设计,减少负面因素削弱、违反、转移民俗文化主题的干扰。

第三,重视民俗旅游纪念品开发。充分利用民俗旅游纪念品的形式,把富有当地特色的建筑、民俗生活文化和艺术,以旅游纪念品的形式保存下来,成为旅游者难忘之旅的回味、旅游者追记民俗体验旅游的想象物。

第四,重视全面感官体验设计。整合多种感官刺激,给旅游者以视、听、嗅、味、触觉全方位的民俗体验冲击,使游客在差异民俗文化和环境体验中留下难忘的印象。民俗体验是民俗认知内化的催化剂,起着将旅游者的已有经历、经验与新知衔接、贯通,并帮助旅游者完成认识升华的作用。民俗体验旅游项目设计必须从视觉、触觉、味觉、听觉和嗅觉等方面进行细致的分析,如饮食品尝、歌舞观赏、土特产品的购买、田园活动、参与节庆活动、参加婚礼、参加娱乐和竞技,突出民俗体验旅游项目的感官特征,使民俗体验旅游项目容易被感知,创造良好的情感体验。通过全面感官的民俗体验而达到理解民俗文化的目的。

第五,重视传承民俗文化。民俗体验旅游开发有可能干扰民俗生产与生活的原有秩序,特别是民俗文化传承,同时,民俗区域的民俗文化也将会受到随旅游者而来的外来文化冲击。在开展民俗体验旅游时,需要在旅游开发中真实地反映民俗文化,对不同时期的民俗文化予以时间说明;需要避免当地居民思想行为的混乱和盲目仿效追随而淡化原有的文化特征;需要向当地居民进行宣传教育,让他们认识到只有民族的才是世界的,失去自己的民俗文化特色,也就失去了旅游的生命力。

民俗体验旅游是深入民俗社区范围内所组织开展的旅游活动,是民俗旅游发展的新形式。民俗体验旅游的魅力,就在于深入民俗社区的民俗文化体验。随着民俗体验旅游的深入发展,在民俗社区内组织开展的旅游活动,将在一定程度上影响社区民间民俗文化的正常发展。科学的民俗体验旅游发展,应与民俗社区的民俗文化发展与传承形成互动和双赢。

第六章

民族民俗旅游研究

中国是一个民族民俗文化大国，包括56个民族在内的民俗文化丰富多彩。汉族和各少数民族的服饰饮食、婚丧嫁娶、待客礼仪、节庆游乐、歌舞戏曲、技艺工艺、体育竞技、交通建筑等，都各具特色，形成了我国绚丽多姿的民族民俗文化景观。民族民俗以其丰富的内容、浓厚而鲜明的民族特点，吸引着大量的国内外游客，构成我国民族民俗旅游产业。

第一节　民族民俗旅游资源分析

民族民俗旅游资源是我国民俗旅游资源重要的组成部分，其核心与特点就在“民族”上，所具有的旅游价值就是“民族的才是世界的”。

一、差异价值

差异产生价值。中国是一个民族大国，有56个民族，一个民族就是一种民俗文化的载体，56个民族就是56种民俗文化的载体，数量巨大的民族民俗文化区别，就形成民族民俗旅游资源的丰富差异价值。

56个民族间的民俗文化差异是一种多层面的差异，有语言差异、服饰差异、民歌差异、饮食差异、年节差异、娱乐活动差异。因为民族的分支，中华56个民族，不止56种语言，也不止56种服饰、民歌、年节、饮食、娱乐活动。如，瑶族有盘瑶、茶山瑶、山子瑶、坳瑶、花篮瑶、白裤瑶、青裤瑶、长衫瑶、红头瑶等多达20个支系，20个支系的瑶族就有20种不同款式的瑶族服饰。傈僳族也根据服饰颜色的差异，分为黑傈僳、白傈僳、花傈僳。

文字，汉语文字之外，除了熟知的满文、蒙古文、藏文，早在公元7世纪，纳西族就创造了象形表意文字“东巴文”和音乐文字“哥巴文”。东巴文是目前世界上唯一保留完整的象形文字，被称为“活着的象形文字”。在湖南省江永县及其邻近一带，瑶族妇女中还流传着世界上独一无二的一种独特的女性文字符号体系“女书”（又名“女字”）。不仅如此，傣族在不同的地区还使用着傣仂文、傣那文、傣绷文和傣端文等四种不同形式的文字。中华民族在年节、饮食、娱乐活动等方面表现出的文化差异性，更是丰富无比。

民族民俗文化差异使民族民俗旅游资源具有普遍的旅游产业意义。近几年来，云南、贵州、广西、内蒙古、新疆、西藏等少数民族聚居密集的省区，民族民俗旅游发展异常火暴。云南的傣族泼水节、内蒙古草原的那达慕盛会、新疆的古尔邦节、西藏的雪顿节等不同风情和特点的民俗旅游节会都吸引着八方游客。

二、美学价值

丰富多彩的民俗文化，每一种都具有极高的旅游美学欣赏价值。

民族民居建筑是一种静态的美。丽江纳西族“三方一照壁”、“四合五天井”格局的房屋建筑，较高的正房和两侧略低的偏房，以及正房对面的一座照壁，自成单元，安静宽敞，布局协调，似一首美的建筑乐章。白族民居注重门楼、照壁建筑和门窗雕刻以及正墙的彩绘装饰。门楼是整个建筑的精华部分，通常使用泥雕、木雕、大理石屏、石刻、彩绘、凸花砖和青砖等材料组成一座串角飞檐、花枋轻巧、斗拱重叠、玲珑剔透、雄厚稳重的综合性艺术建筑。

民族民间歌舞是一种流动的美，一种声响的美。云南丽江纳西族的民俗文化可以说是诸多民族民俗旅游资源美学价值的典型代表。纳西族民间文艺融诗歌、音乐、舞蹈为一体，“喂热热”、“阿丽丽”、“京盘”等一批具有浓郁民族特色的歌舞，在国内外享有盛名。“音乐化石”的纳西古乐，从服装、表演到乐器、乐曲都传承了纳西族艺术的民间文化特征，极具美学欣赏价值。

朝鲜族舞蹈优美典雅、刚柔相兼，或抒情潇洒，或热情奔放，充分表现了朝鲜族柔中带刚、文而不弱、雅而不俗的民族性格。著名的朝鲜族民间舞蹈有农乐舞、长鼓舞、扇舞、顶水舞、剑舞等。农乐舞由古代庆祝狩猎丰收的舞蹈发展演变而来，节奏明快，气氛热烈，男子用力甩动头部，使“象帽”顶上3米长的“象尾 ”绕身体旋转飞舞，独具风采，充满活力。在民族音乐文化的百花园中，蒙古族马头琴光彩夺目。深情委婉的马头琴，纯美的音色及草原风格的演奏，可以让游客领略到蒙古民族勤劳、朴实的品格。

民族服饰是一种人体装饰艺术。维吾尔族花帽可以说是我国民族帽饰美的代表。花帽是维吾尔族服饰的组成部分，也是维吾尔族美的标志之一。

早在唐代，西域男性多戴卷檐尖顶毡帽，款似当今的"四片瓦"。到了明代，维吾尔族男子削发戴小罩刺绣花帽。清代，维吾尔族花帽更讲究用料和款式。冬用皮，夏用绫，前插禽羽。女帽皆用金银线绣花点缀与装饰，喀什干的四楞花帽脱颖而出几乎成了维吾尔族花帽的主流而延续至今。"奇依曼"花帽色彩绚丽，针迹细腻，用金银彩线绣制，缀有各色塑料小珠子，小伙子、姑娘戴上它，在荫凉的葡萄架下弹唱起舞，显得潇洒自若，充满活力。

民族民俗文化的美学价值就是民族民俗旅游重要的魅力所在，也是重要的旅游吸引力所在。

三、生活价值

民族民俗旅游资源的所有内容都来自民族的生产与生活，民族民俗旅游资源的生活价值显而易见。我国很多民族都是能歌善舞的民族，民族歌舞就是民族生活的组成部分，带有广泛的群众性。如朝鲜族、维吾尔族、藏族、蒙古族等民族，在平时的业余和工间休息中，不论男女老少，都能即兴歌唱，翩翩起舞。

民间的娱乐是来自生产生活的娱乐。娱乐来自生产，娱乐丰富生活。如畲族人民在生产劳动中创作了许多反映生产劳动的传统舞蹈，著名的有《猎步舞》和《栽竹舞》。《猎步舞》也叫《踏步舞》。此舞由 4 个男子扮演猎手，身穿畲族传统服饰，整个舞蹈自始至终随着锣鼓点不断变换节奏，表现了畲族祖先狩猎时与野兽勇敢搏斗的情景。《栽竹舞》是反映畲族种竹和用竹造纸过程的舞蹈，表演者按锣、鼓、钹的打击节奏，边舞边唱，舞步以"小跳步"和"踏步蹲"为基本步伐，手脚同时顺着左右进退的韵律不断转圈，动作轻快明朗。歌词叙述栽竹、砍竹、浸竹、烈浆，直至制成纸的全过程，每个环节都反映着畲族人民劳动的艰辛，洋溢着喜悦之情。

又如，景颇族砍山打猎、结交朋友、青年男女恋爱等都离不开长刀，就衍生形成了景颇族的刀舞。景颇族刀舞的刀术、刀法、步法，动作其"妙"无穷。刀法有单刀、双刀、十字跳、五步跳、七步跳和三步砍豹等，步法轻盈，粗犷刚健变化多姿，动作主要是模仿生产劳动中的收、种、砍等动作，表现丰富的劳动内容、丰收的狂欢和战争的场面，体现了景颇族骁勇剽悍、顽强刚毅的民族性格，具有浓郁的生活气息和鲜明的民族特色。

再如，珞巴族的舞蹈，模拟动物鸟兽的形态和动作，以及人们捕捉、驯养动物的欢快场面。如驯牛舞，就是表现珞巴人追赶、抓获与驯服公牛的动作。还有男女边唱边跳的大型集体舞蹈，爽朗活泼，舞步刚健有力，气氛热烈。

维吾尔族工匠技术精湛，玉雕、腰刀、日用铜器、木器、陶瓷、首饰、花帽、服饰等各种手工艺品，线条流畅，色彩鲜艳，做工非常精细，散发着浓郁的民族生活气息。

来源于生产生活的民族民俗旅游资源的生活魅力，具有巨大的民俗旅游吸引力。

民族民俗旅游资源的三大价值，深深地根植于民族民间，是各民族千百年生产生活的智慧总结和文化创造的结晶。

第二节　民族民俗旅游类型

民族民俗旅游类型分析与归整的依据与原则，主要是民族民俗旅游资源。不同类型的民族民俗旅游资源具有不同的性质与内容，也就表现出不同的旅游功能，表现出不同的旅游体验价值。根据民族民俗旅游资源的性质，可以将民族民俗旅游分为民族民居民俗旅游、民族服饰民俗旅游、民族饮食民俗旅游、民族“年”“节”“会”民俗旅游、民族民俗歌舞旅游、民族体育民俗旅游、民族工艺民俗旅游等七个类型。

一、民族民居民俗旅游

我国的民族由于聚居区域不同，客观的区域资源环境和不同的生产劳作，形成了反映地域环境与生产劳作特色的居住形式。在草原上从事放牧生产的蒙古族、藏族选择居住适应草原与放牧生产的蒙古包、毡房。在平原、丘陵上从事农耕生产的汉族、壮族、侗族、苗族、彝族、黎族、土家族，选择居住适应平原、丘陵与农耕生产的砖木房、吊脚楼、茅屋、竹楼。壮族的砖木房，依山而建，背山面水，通风向阳，干爽清新。侗家村寨的寨门、凉亭、风雨桥、鼓楼，颇具特色。苗寨竹楼掩映在绿树翠竹中，别有情趣。聚居在江河湖海赫哲族和京族的渔船，随波荡漾，诗情画意。

我国的民居建筑是多元的，这种多元性来源于多元的民族。每一个民族民居建筑都是在一定的居住环境与资源的条件下创造出来的，都蕴涵着不同的智慧与生活文化内涵，走进不同类型的民族民居都会获得不同的体验。

民族民居旅游可以是远观民族民居，品味民族民居与大自然的和谐美。我国的民族民居的村落选址与布局，都或多或少地受到传统堪舆学的影响，讲究阳光，讲究山水，讲究树木，力求取得民居与山川的平衡，这种平衡就营造了民族民居的山川美景。

民族民居旅游可以走进民族民居，参观民族民居，观察民族民居的建筑式样、房屋结构、门窗装饰、居室格局，品读民居楹联与雕刻，品读民族民居文化。如羌族垒石为屋，建成的碉楼。碉楼多建于村寨住房旁，高度10 米～30 米，用以御敌和储存粮食柴草。碉楼有四角、六角、八角等形式，有的高达十三四层。建筑材料是石片和黄泥土，墙基深1.35 米，以石片砌成。石墙内侧与地面垂直，外侧由下而上，向内稍倾斜。羌族修建碉楼，不绘图吊线，柱架支撑，全凭高超的技艺与经验。建筑稳固牢靠。1988 年在四川省北川县羌族乡水安村发现的明代古城堡遗址“永平堡”，历经数百年风雨沧桑仍保存完好。羌族的碉楼，凝聚着古代羌人的智慧和创造，是一种石头房屋，是一种石头生活，也是一种石头文化。

民族民居旅游可以住进民族民居，住进民族家庭旅馆，住进农家、渔家、蒙古包，感受民族的生活习惯和宗教信仰，体验不同的民族民居韵味。睡一睡竹木床，睡一睡火炕，听一听清晨的鸟叫，围坐火塘，聊一聊家长里短，都意味深长。民族民居住宿旅游是民族民居旅游最深入的形式，住宿不同的民族民居，会收获不同民族民居生活的体验。民族民居住宿旅游将是休闲旅游的重要方式。

民族民居是民族的固体生活，也是民族的固体文化，内涵深刻，不同的民族民居给游客不同的旅游体验，提供了民族民居旅游的广阔市场。

二、民族服饰民俗旅游

服饰是民族的重要标志，我国56 个民族就有56 种民族服饰。有些民族的分支还形成互有区别的民族服饰。民族服饰多样的文化内涵，为民族服饰民俗旅游提供了丰富多彩的内容。

民族服饰民俗旅游是一种欣赏民族美服的旅游。每一款民族服饰，特别是盛装，都艳丽无比，赏心悦目。如湘西盛装打扮的凤凰苗家新娘，身挂银披肩，满襟绣花又滚边还配银铃、银链、银牙签，头戴青帕银凤冠，苏山耳环吊两边，颈围银项圈。苗家新娘服装的银饰，全由苗族银匠精心设计，手工制成，造型精美，种类繁多，各具特色。大而重者是项圈，大项圈重约2 公斤，四棱绕如螺旋，恰似青藤缠树。除耳环、项圈、手镯、戒指外，还有牙签、银披肩、银冠、针筒等。以牙签、银披肩最富特色。漂亮的苗族女子配以银光闪亮的服饰，艳丽多彩。

民族服饰民俗旅游是一种鉴赏民族服饰工艺技术的旅游。我国民族手工纺织与服饰缝制技术历史悠久。如黎族家庭手工纺织技术早在唐宋时代就领先于中原。黎族民间的纺织工具有轧花机、弹棉弓、捻线纺轮、脚踏纺车、绕线架、撷染架、踞织机等,棉织工艺品与所生产的黎锦、黎单闻名于世。尤其是“双面绣”最为出色,多作为上衣的装饰,如衣侧花、后背花等。图案信手绣出,不用摹描。黎族服饰图案或人物,或动物,或植物,图案造型稚拙夸张,构思大胆巧妙,直线、平行线、方形、三角形等构成整齐的富有装饰风格的花纹图案。红、黄、白等色彩,配色和谐,绚丽华美。黎族妇女的头巾、上衣、筒裙,往往嵌入了金银箔、云母片、明片或羽毛,或缀以贝壳、穿珠、铜钱、铜铃或流苏等,更产生了有声有色的特殊效果。

民族服饰民俗旅游可以玩味民族服饰的纺织与缝制工艺,体会来自远古的民族服饰文化。如赫哲族独有的鱼皮衣服是把鲢鱼、鲤鱼等鱼皮完整地剥下来,晾干去鳞,用木棒槌捶打得像棉布一样柔软,用鲢鱼皮线缝制而成。鱼皮衣多为长衣服,衣裤肥大,边沿均有花布镶边,或刺绣图案,或缀铜铃,显得光亮美观。鱼皮衣服不仅是赫哲族的遮体服饰,还是一种民间工艺品。

民族服饰民俗旅游还是一种品读民族历史文化的旅游。我国很多民族服饰装饰都蕴涵着本民族对自然的一种情感,都表达着对祖先的一份纪念,一套民族服饰就是一部穿在身上的民族文化和民族历史。如土族妇女服饰的两条袖子用红、黄、绿、紫、蓝五色彩布圈缝制,远看如同两道美丽的彩虹。对于土族,这五色彩带有象征意义,蓝色表示天,红色表示太阳,黄、绿、紫三色表示彩虹。土族妇女裤子的颜色依年龄的不同而异。少女和年轻妇女多穿红色和彩色裙,中年多穿蓝色裙,老年穿棕色裙。裤子的裤脚用两种颜色的布做成,以膝盖为界,下半截的颜色是区别是否已婚的重要标志。未婚少女多是红色,已婚者多用蓝色。土族妇女讲究头饰,已婚妇女梳两根发辫,以珊瑚、松石等缀饰,再戴以美观大方的织锦镶边卷檐毡帽,显得雍容华贵;未婚姑娘通常梳一根或三根辫子,扎红头绳,系一块海螺片,头戴一条绣花头巾,显得活泼、秀丽。畲族妇女的凤凰装,红头绳扎的长辫高盘于头顶,象征着凤头;衣裳、围裙(合手巾)上用大红、桃红、杏黄及金银丝线镶绣出五彩缤纷的花边图案,象征着凤凰的颈项、腰身和羽毛;扎在腰后飘荡不定的金色腰带头,象征着凤尾;佩于全身的叮当作响的银饰,象征着凤鸣。已婚妇女一般头戴“凤冠”。冠上有一块圆银牌,下垂 3 个小银牌于前额,称为“龙髻”,表示是“三公主”戴的凤冠。关于凤凰装,畲族传说始祖盘瓠王因平番有功,高辛帝把自己的女儿三公主嫁给他。成婚时帝后给女儿戴上凤冠,穿上镶着珠宝的凤衣,祝福她像凤凰一样给生活带来祥瑞。从此,畲家女便穿凤凰装,以示吉祥如意。有些地方把新娘直接称为“凤凰”。

各民族服饰格式各异,有着独特的地方性和浓厚的文化底蕴。民族服饰民俗旅游有民族服饰博物馆、民族服饰表演、家庭式手工织锦展示、游客织布蜡染体验、蜡染高手技艺大比拼等组织形式。

三、民族饮食民俗旅游

民族饮食民俗旅游是一种品尝民族风味美食的旅游,可以走进民族村寨,走进民族家庭,品尝民族宴席与奇特日常饮食。

民族饮食民俗旅游可以享用民族大餐。我国的民族宴席除了著名的满族的“满汉全席”之外,各民族都形成了有自己特色的大宴席。撒拉族的三套碗席采用本地产鹿肉、飞龙、田鸡油等上乘原料,用烧、烤、焖、炖、熘、炒等15种手法精心制作而成。整个席面由8款凉碟、3款大件、12款熘炒、汤烩菜,共计二十几道菜点组成。因席中主要菜点是用“杯碗”、“中碗”、“座碗”三套碗盛装而名为“三套碗”席。土家的“十碗八扣”盛宴是长阳土家每逢婚丧嫁娶、喜筵寿诞等重大喜庆节日最隆重的筵席。宴中,除了第一碗是“头子碗”(肉糕垫粉条和黄花)和最后一碗(虾米肉丝汤)不用盖碗外,其余八碗均先用盖碗(比大碗小),在碗内涂上油,将食物、作料放进,上格蒸熟,然后以大碗扣上反转过来,掀去盖碗,其菜形制一样,表面光滑。上菜时按顺序一碗一碗地上。每上第一碗,端大盘子的人高喊一声“大炮手”,长长的拖腔直到席前,随之鸣炮,响匠吹起欢快的“菜调子”,主人便前来敬酒。客人边吃边上菜。接着出第二碗,端大盘子的人高喊“顺——”,“菜调子”又吹起……直到上第十碗,大盘子一声“齐——”后,响匠便开始吹“下席调”,稍后客人的饭也就吃完了。规范十碗菜是“一碗头子、二碗笋子、三碗鸡子、四碗鲜鱼、五碗蒸咂、六碗羊、七碗元子、八碗肚子、九碗正肉、十碗汤”。十碗菜在桌上陈放也有规矩,或摆“四角扳爪”或摆“三元及第”。

民族饮食民俗旅游可以品味民族奇食。各民族都有一些独具特色的奇特饮食,如黎族与苗族的竹筒饭、湘西苗族的坛制酸肉、普米族与锡伯族的奶制品。黎族竹筒香饭是用粉竹或山竹的一节,装进适量的米和水(大约一份米两份水),放在火堆里烧熟,用餐时破开竹筒取出干饭,即成。如果把猎物野味和以香糯米及少量的盐巴放进竹筒内烤熟,味道特别鲜美,黎族上山狩猎和劳动等,都可以烤“竹筒香饭”来吃,也是招待客人的珍美食品。苗族爱吃酸食,贵州苗寨中有“三天不吃酸,走路打罗圈”(形容走路无力)的说法。在酸食菜肴中,尤其以酸汤鱼最为有名。苗家酸汤鱼最大的特点,即使煮干锅,也绝不会煳锅底,且鱼肉不会煮散。苗家酸汤鱼制作方法简单,美味可口,食后开胃,味美汤鲜,现已延伸到酸汤鸡、酸汤鸭等,在许多大中城市成为一道独特的民族民俗饮食风景线,受到人们的欢迎。

民族饮食民俗旅游可以领略和享受各民族待客的饮食民俗。由于各民族的饮食习俗文化不同,各民族都形成了独具一格的民族待客的饮食民俗。酒是我国各民族人民日常生活的饮料,更是他们待客的必需品,在贵客光临时,必以酒相待。怒族的饮酒方式一般是边饮边聊,不论男女老少,如果将某人视为知己时,便要与他喝"同心酒",即两人腮贴腮、嘴挨嘴,一手搂肩,一手同端酒碗,仰面同饮,一饮而尽。彝家认为"汉人贵在茶,彝人贵在酒","有酒便是宴"已成习惯。饮酒时不分场合地点,也不分生人熟人,席地而坐,围成一个圆圈,递传酒杯,依次饮用,称作"转转酒"。彝族饮酒还十分讲究酒具,凉山彝族的髹漆工艺能制作鹰爪酒杯、黄牛角酒杯、水牛角酒杯、猪脚酒杯、扁圆形酒壶、圆形酒壶、鸽形酒壶等漆器的酒器,形体多样而独特,纹饰艳丽夺目。羌族喝咂酒。酒以青稞、大麦、玉米酿成,封于坛中。逢年过节,各家各户的阿妹子都捧出自家酿的美酒放在门前,注入开水,插上几枝锦竹竿或麦秆,凡从门口路过的人,都会被相邀喝酒,众人轮流吸吮,称之喝"咂酒"。饮时先由在场的最年长者讲说四言八句合辙押韵的吉利话,作为"祝酒词",然后按年龄长幼依次轮咂。平辈们在一起饮咂酒,可以每人插一长竹管于坛中,同时饮用。

在民族饮食民俗中,拦路酒、进寨酒、宴席酒、民族民俗饮食大餐、民族厨艺大赛、民族特色好吃街、民族小吃一条街、民族特色食品等都可以开发为民族饮食民俗旅游项目。饮食民俗旅游,特别是民族饮食民俗是重要的民族饮食民俗旅游要素,需要充分地调查整理,推出新颖的项目,以深入推进民族民俗旅游的发展。

四、民族"年"、"节"、"会"民俗旅游

不同民族的历史与文化,形成了多姿多彩的民族"年"、"节"、"会"。"年"是各民族的盛大节日,集会是民间为了庆祝或纪念某一历史事件或人物而举行的群众集会活动。民族的"节"与"会"具有相同的性质,"节"就是"会","会"也是"节"。如藏族藏年、苗族苗年、藏族雪顿节、傣族泼水节、回族古尔邦节和开斋节、傈僳族刀杆节、怒族鲜花节、畲族会亲节和乌饭节、苗族花山节和芦笙节、土家族赶年、京族哈节、彝族火把节、瑶族盘王节、侗族花炮节、土族纳顿节与鸡蛋会和观经会、蒙古族那达慕大会、壮族三月三歌会、白族三月街、锡伯族抹黑节等各民族传统的"年"、"节"、"会"性质是一致的,内容丰富多彩、形式多样。各民族的"年"、"节"、"会"都带有很强的娱乐性,可以满足旅游者求娱、求乐的心理需求。

民族"年"、"节"、"会"的民俗文化,在旅游形式上,可以观光,可以采

风,可以同乐。如,青海土族喜庆丰收的古老狂欢节"纳顿节",起自农历七月,也称"七月会"。一年一度的纳顿是以各个村社为主体的群体活动。从夏末麦场结束时农历七月十二日开始,一直持续到秋天农历九月十五止,由东向西,最后回到中心地区结束,历时近两个月,称为"世界上最长的狂欢节"。节日里,几十面大鼓震天响,四五十人的大型纳顿舞蹈,老幼按顺序排列,最前面的是身着长衫、手执扇子的老人,银须垂胸,步履稳健。手持各色彩旗的年轻人和拿着柳条的孩子们依次跟在后面,摆动身子,左腾右挪,绕场而舞。舞蹈同时,主方不停地用大海碗给会手们敬酒助兴,人们在舞蹈中陶醉了,喜庆和欢乐的高潮一浪高过一浪。

随着发展,民族民间"年"、"节"、"会"民俗旅游已逐渐由民间自发形式进入旅行社推动发展阶段。民族民间"年"、"节"、"会"发展成为带动区域民俗旅游发展的一个重要旅游产品。如在 2008 年藏历新年,西藏茶马古道国际旅行社适时推出了"2008 极地藏历年终极盛宴民俗节"活动,围绕 2008 极地藏历土鼠年——声色盛宴的主题,在全球限量搜寻 2008 人见证 2008 极地藏历年,打造藏族传统节日与冬游西藏的完美结合,让游客"吃古突",参加"驱鬼"仪式、藏历初一拜财神等最古老习俗,零距离地集中体验。①

由于民俗旅游节具有轰动的旅游宣传效应,因而进一步发展到政府主导民俗旅游节的阶段。民族民间"年"、"节"、"会",推广到民俗文化层面上的民俗旅游节。如每年的 4 月 9 日至 14 日,师宗县政府都在五龙壮族乡举办"三月三"民俗文化旅游节。旅游节活动的主要内容,有以品竹筒酒、尝花米饭、吃酸竹笋、洒竹筒水、跳竹竿舞为特点的壮乡"百米竹竿舞",从街口到水寨村沿途路上,由壮、苗、瑶、彝 4 个民族组成方阵,每个民族竹竿敲法不一,从易到难。游客从街口的凸竹门进入竹竿舞现场,先由礼仪人员为他们斟上竹筒米酒;再由身着节日盛装的壮族同胞献上香喷喷的壮乡花米饭、酸竹笋,最后由壮族长者洒上象征幸福、吉祥的五洛河水。

在民族"年"、"节"、"会"民俗旅游活动中,常配以民族歌舞表演、民族民间竞技、民族书画展与经济商贸等民俗文化与民族经济活动,甚至以民族"年"、"节"、"会"为媒介举办国际性的民族民俗文化交流和商业洽谈活动。

五、民族民俗歌舞旅游

不同民族的文化传承形成我国各族人民不同风格的民族歌舞,蒙古族

① 刁云英."2008 极地藏历年终极盛宴民俗节"活动启动.西藏商报,2007,11(29).

歌舞与马头琴演奏、苗族歌舞与猴儿鼓、回族吹口弦与唱花儿、藏族歌舞、苗族芦笙舞和花鼓舞、纳西族古乐、白族仗鼓舞、土家族摆手舞以及薅草锣鼓、茅古斯舞、八宝铜铃舞和傩戏等，都堪称"民族民间歌舞活化石"。民族民俗歌舞是民俗旅游活动中不可缺少的内容，可以作为其他民俗旅游活动的辅助，也可以独立成为主题民族民俗歌舞旅游。

民族民俗歌舞旅游要获得较好的发展，关键在于要体现民族民俗歌舞的原生性和特色。侗族的"嘎老"即侗族大歌，是侗族原生音乐的代表和精华；苗族最有民族原生性和特色的是"芦笙舞"和"花鼓舞"。湘南盘瑶在"盘王节"时进行原生长鼓舞及竹竿舞的表演，十分富有特色。土家歌舞中原生的"摆手舞"和毛古斯（在安葬时的集体舞蹈——跳丧舞），被国际友人称为土家人的迪斯科。

在民族民俗歌舞旅游中，民歌、民族舞蹈、民族乐器是三大要素。我国的民族民歌有二声部和多声部的演唱形式。如畲族人民擅长二声部重唱的唱法，人们称之为"双音"，畲族称"双条落"。在演唱上，带有轮唱性质。"双音"最初是两个人唱，发展到现在可以 3 人，也可 4 人。一般不超过 4 人。两声部分上两人演唱，两个演唱者可一男一女，也可两男两女。"双音"在唱法上，一般男女都用假声，后来男子敢用真声唱，听起来声部更加清晰。畲族假声唱法追求恬静、纤嫩、清秀、古朴。由于唱法的不同，一般同一首歌可出现平讲调、"假声唱"和"放高音"三种不同曲调。从农历八月十五起至翌年三月初三止为畲家唱歌的季节，尤其是正月、三月三、八月十五、九月九等节日，畲家总是成群结队走亲串友，以歌当话，还要举行盛大的对歌会。又如，水族民歌形式可分为单歌、双歌、蔸歌、调歌、诘歌等。按民歌内容分为古歌、颂歌、生产歌、风物歌、风欲歌、礼仪歌、酒歌、情歌、丧葬歌等细目，演唱方式上有七言、五言、三四言，注重押韵，音韵和谐。

作为旅游资源的民歌，分原生态型和整理创作型。原生态型民歌直接来自民族民歌，如"音乐化石"的纳西古乐，从服装、表演到乐器、乐曲都不折不扣地传承了民族民间文化艺术特征。

民族民俗歌舞旅游中的民族舞蹈，分歌舞、乐舞、原妆舞、扮妆舞、象形舞。侗族的芦笙舞、朝鲜族的长鼓舞，都属于乐舞。羌族的"跳沙朗"（羌族锅庄舞）属边歌边舞的歌舞，"跳盔甲"（又名"铠甲舞"）属扮妆舞，是一种古老的传统祭祀风俗舞，数十个舞者身披生牛皮铠甲，头戴插有野鸡翎和麦秆的皮盔，肩挂铜铃，手执兵器（多为长刀），分列对阵而舞，吼声震天，威武雄壮，把勇武不屈、豪放豁达的民族性格表现得淋漓尽致。

佤族甩发舞和土家摆手舞属原妆舞。甩发舞是广泛流传在佤族妇女中的一种舞蹈。甩发舞的产生年代很久,属佤族祖传。佤族妇女酷爱长发,以长发为美,并从小习惯长发披肩。每当妇女在水竹槽下用水洗净头发后,就要低头梳妆,甩发晾干、整型,而形成甩发舞。摆手舞是土家族独有的一种舞蹈。摆手动作简单、明快,出左脚,摆左手;出右脚,摆右手,摆手的动作贯穿首尾,故有"摆手"之称。跳摆手舞,要击鼓鸣锣,还要伴以唱歌。随着一声鼓点,土家人围着场地摆起手来。顿时,鼓乐震天,"撒尔嗬"的歌声夹杂其中,摆手堂一片欢腾。

象形舞是民族舞蹈中最具趣味性的舞蹈。撒拉族、塔吉克族、怒族都传承着代表民族情感的象形舞蹈。撒拉族最流行的舞蹈是四人"骆驼舞",一般在举行婚礼时表演,动作简单,节奏平缓。塔吉克族被视为"鹰之族",鹰舞是他们最喜爱的舞蹈。鹰舞多以双人舞形式在喜庆佳节或家庭晚会中表演,从内容到形式皆模拟鹰的动作。怒族部分舞蹈也是模拟动物的活动形象,如猴抓虱舞、鸡喝水舞、喜鹊吃食舞、乌王舞等。

民族歌舞民俗旅游中的民族乐器,可以分为弦乐、吹奏乐和打击乐。在吹奏乐器中,著名的有羌族的羌笛、撒拉族的"口细"和"宰靠"、塔吉克族和柯尔克孜族的鹰笛。羌族的羌笛历史久远,流行于四川羌族地区的羌笛,管身竹制或骨制。单簧,双管,竖吹,六声阶,多独奏。音色明亮柔和,哀怨婉转,悠扬抒情。撒拉族的"口细",小巧玲珑,在各种乐器中可能是体积最小的一种。"口细"的制作是将一火柴杆粗的细铜(或白银)制成马蹄形状,中嵌一片极薄级细的黄铜片,尖端弯曲。含入口中靠舌尖拨动或夹在牙缝用指弹拨发音,以收敛嘴唇的大小和吹气的强弱调节音量、掌握音符。其音量极弱,即使隔门都很难听见。音符起伏、跳动也不太大,但听起来却十分悠扬缠绵,如泣如诉,动人心弦。塔吉克族和柯尔克孜族鹰笛因用鹰的翅膀骨制作而得名,又称鹰骨笛或骨笛,流行于新疆西南部帕米尔高原地区。传统的鹰笛都成双成对,塔吉克族人民常用鹰的一对翅膀骨,做成形制相同的两支鹰笛,左右相衬,音调相同,颇富民族风采。

民族歌舞民俗旅游的表现形式,分单项表演和综合性表演,出现在旅游节民族歌舞演唱会、歌会、民族民俗歌舞巡街表演、音乐会、歌舞大赛、电视大奖赛、主题公园和景点景区中,如宁夏回族的"花儿"歌舞、"土家情歌会"、民族民俗歌舞晚会、民族民俗歌舞大赛、民族民俗歌手电视大奖赛等。吉林省前郭县"2004 中国·查干湖蒙古族民俗旅游节"上,举办了"圣湖欢歌迎宾客"民族歌舞演唱会、第二届"查干湖之声"马头琴音乐会、"湖畔梨花"戏曲演唱会等活动[1]。贵州省台江县一年一度4月底5月初举办的姊妹节，歌舞表演包括踩鼓舞、芦笙舞、板凳舞、竹竿舞、捞鱼舞、挑山舞、定亲舞等数十种，歌有飞歌、情歌、酒歌、鼓歌、山歌、贺歌、祭祀歌等18种之多。规模最大，鼓声如雷。

民族歌舞民俗旅游把民族最欢乐的情感带入了民族民俗旅游活动之中，使民族民俗旅游变成了愉快的旅游、欢乐的旅游。

六、民族体育民俗旅游

民族体育民俗是民族生活中的重要户外运动生活，整理民族体育民俗发展民族体育民俗旅游，将使民族民俗旅游具有极好的参与性。民族体育民俗旅游可按民族民间体育活动形式，规划为骑、射、跳、踢、溜、滑、划、推、抢、拳、棍、打、爬、摔等旅游。

"骑"民族体育民俗旅游，如塔吉克族的叼羊。塔吉克族在婚礼、剪发礼、割节、引水节等各种喜庆的日子里，一般要举行叼羊活动。叼羊一般在戈壁滩上进行。参加者骑着高头大马，腰系一条红布，随着主办者把羊向地上一扔，骑手们策马而上，要身不离鞍俯身从地上捡起山羊，拾起者把山羊压在右腿底下的马鞍处，拼命往前奔跑，后面的人紧追不舍，你争我夺，异常激烈，最后获胜者还可以获得丰厚的奖品。

"射"民族体育民俗旅游，如瑶族射箭、射弩、射击。在瑶族民间，逢年过节或冬季，自发地举行比赛活动。

"跳"民族体育民俗旅游，如怒族跳竹，用一根长约5米的竹竿，将两头插入地下，人们从其隆起的弓背跳过，随着竹竿两头距离接近，弓背越来越高，比谁跳得高。

"踢"民族体育民俗旅游，如怒族踢怒球，撒拉族踢毽子，都具有代表性。怒族的怒球用麻绳缠破布或草制成，比赛双方以线为界，互相掷球击打对方，打不中对方或球未过界为输。撒拉族踢毽子的方式很多，最有代表性的是下面这种技巧踢法：先用猜手背的方法分开甲乙两队，然后各队施展各种技巧踢毽，按踢的时间长短分胜负。撒拉人踢毽子的技巧令人叹服，有的在大腿上踢，有的用脚向里摆或向外摆踢，有的用左右脚分别从身子的后面踢上来。在林边空地上，打麦场，闲暇时到处都可以见到撒拉族男女青少年踢毽子，女孩尤喜此游戏。

---

① 吉林省旅游局. 吉林查干湖蒙古族民俗旅游节十五项活动邀宾朋. 吉林旅游网，2004－06－29.

"滑"民族体育民俗旅游,如怒族滑草。在长满草的山坡上,人们坐在木板上往坡下滑。

"溜"民族体育民俗旅游,如独龙族和怒族的溜索。

"划"民族体育民俗旅游,如怒族划猪槽船。猪槽船即独木舟,人们在过"仙女节"时,举行划船比赛。

"推"民族体育民俗旅游,如布朗族打磨秋和羌族推杆。在院坝空地上栽一棵木桩,其顶端稍尖,作为中轴,再将一棵六七米的龙竹或圆木支在木桩上,使之能左右转动、升降。活动时一人一端或数人一端皆可,或骑或扑,仅限于年轻妇女,男人和老人只是围观取乐。羌族推杆是两人或多人之间进行的角力比赛活动。以一根长约 3 米,手臂粗细的普通木杆为器,一人紧握一端,将木杆挟骑于两腿间,作为防守,进攻者握着另一端用力前推。攻守双方面面相向,木杆保持水平线,不能上下摆动或突然猛推。进攻方将防守方推出两尺开外的界限就算获胜。裁判由村寨的长者或威望者担任,以击掌五次为一个攻守回合的时间。攻守双方要交换位置,实行五局三胜制。推杆角力现在已发展为羌族全民体育活动,青年妇女也参加比赛,增添了推杆的娱乐性。

"抢"民族体育民俗旅游,如仡佬族抢花炮。"花炮"是一种直径为 5 厘米,重 40 克 ~50 克的金属圈,上缠红布(或红线)。比赛场地的边线长 60 米,端线宽 50 米,中心为发炮点。两端线中部靠外各设一个 6 米×4 米的炮台,内置一个花篮。比赛双方每队男子 10 人上场。一方队员抢到花炮,进入对方炮台,将花炮投入花篮,可得一分,以积分多者为胜。

"拳"民族体育民俗旅游,如畲族的畲拳。畲拳已有 300 多年的历史,主要动作有冲、扭、顶、搁、削、托、拨、踢、扫、跳等。进攻时多用拳肘,防守时常用前臂和掌。讲究以肘护肋,步伐稳健,动作紧凑,进退灵活,具有"下如铁钉,上如车轮,手如碾盘,眼如铜铃"的特点。畲拳中有点穴绝招,一旦被点中穴位,便动弹不得。在拳乡福建罗源县八井村,有一半以上的人会拳术。上自古稀老人,下至学龄儿童,不论男女都有练拳习武的爱好。畲家拳的流派和套路有数十种之多。

"棍"民族体育民俗旅游,如畲族的棍术。"盘柴槌"(打柴棍)是畲族棍术的一种,有长短之分。长的 3.6 米左右,短的也有 2.3 米。招式有 7 步、9 步、猴子翻身、双头槌、3 步跳、4 步半、天观地测等。

"打"民族体育民俗旅游,如瑶族打尺寸和仡佬族打竹绣球。在广西南丹县瑶族打尺寸的运动器械为一根一尺左右的小木棒和一根四寸许中间略粗、两端略细的小"木仔"。打击时,手持木棒,将小"木仔"置于带有一些坡形的地面上用木棒打击“木仔”高出地面一端，使其弹起，接着将“木仔”击向前方，然后用手中的木棒丈量。谁击的“木仔”飞得最远，则为胜者，反之为败。打竹绣球是仡佬族在山间和田野举行的一种集体体育竞技游戏。竹绣球又称“蔑鸡蛋”，用竹子片或薄篾片染色编成。小的如拳头，大的如足球。有实心竹绣球和空心竹绣球两种，空心竹绣球内装铜钱或石粒；实心竹绣球内塞稻草、棉花、布团。比赛场地简便，参加者分两队比赛，人数一般每队4~8人。打法有“过河”、“换窝”、“进缸”、“盘子”、“呆子”等。

“爬”民族体育民俗旅游，如畲族的爬竹竿。畲族爬竹竿只用手不用足，有的参赛者还倒立向上爬，动作敏捷得像猿猴一般。

“摔”的民族民间体育活动，如蒙古族与独龙族的摔跤。

策划民族体育民俗旅游项目可以组织观看民族体育活动，也可以将民族民间体育活动项目直接转化为参与性民族体育民俗旅游活动，让游客直接参与其中体验民族体育民俗的乐趣。

七、民族工艺民俗旅游

民族工艺民俗的成果是民族工艺品。民族工艺民俗旅游需要将民族工艺品变为民族工艺商品。民族工艺商品可以分为民族日常生活民俗饰品和创意设计民族工艺品。民族日常生活民俗饰品，如苗族银匠精心设计、手工制成的耳环、项圈、手镯、戒指、牙签、银披肩、银冠、针筒等。创意设计民族工艺品，可以是民族生产与生活的场景缩影品和生产与生活物品的微缩品。

我国各民族几乎都有民族性的手工艺品。傣族有傣包、傣锦（绣花垫单、枕头、筒裙）、陶瓷水罐、竹篾饭盒、银腰带、筒巴和各种民族服装、花包、绣花腰包、木雕、鹅石工艺等。土家锦“西兰卡普”色彩艳丽，图案新颖，多达几百种，分为三种类型，一是自然景物、禽兽、家什器具、鲜花百草，二是几何图案，三是文字图案，如喜、福、寿等。壮族的壮锦与湘绣、蜀锦齐名。壮锦花色品种多样，用途广泛，可用做床毯、被面 、围裙、背带、腰带、手提袋、挎包、头巾、衣物装饰等。纳西族的东巴画，表现古代纳西族信仰的神灵鬼怪、理想世界和古代纳西族社会的各种世俗生活，有木牌画、纸牌画、布卷画和经文画几类。畲族编织工艺有彩带和竹编。彩带，即花腰带，又称合手巾带。彩带既是装饰品，又是擦汗掸尘的生活用品。畲族的竹编工艺品，除日常生活的屏风、挂联、枕头、席子、椅子、斗笠等外，还有许多造型生动、美观精巧、色彩鲜艳的动物造型筐，如鹅形筐。

民族工艺民俗旅游中，最具吸引力的是来自民族民间的工艺品，可以策划为参观旅游和购物旅游。民族工艺民俗参观旅游，可将游客组织到民族工艺制作的家庭传统手工艺作坊,观看民族工艺品的加工流程和技术;也可以让游客亲自动手制作民族民间工艺品。不同民族有不同种类的民族民间工艺品,不同民族民间的工艺品有不同的制作技术和加工流程。如黎族的织锦工艺,可以利用各种不同的纺织工具,从轧棉、弹棉、纺线、染色、理经、织布、刺绣,直到生产出色彩斑斓的锦、被、单、筒裙、花带等,已形成一整套系统的生产工艺。游客在参观和动手制作中,可以体会到民族工艺技术的精巧与细密。

民族工艺商品购物旅游,可以在家庭传统手工艺作坊进行,也可以在民族旅游工艺商品购物中心展开。

当然,民族旅游类型的分类还可以进行学术探讨,不论如何,民族旅游类型的归整有利于从结构上梳理旅游产品的组成,也有利于有选择地进行专题民族旅游景点景区建设。

第三节　民族民俗旅游项目

丰富的民族民俗文化旅游资源是发展民族民俗旅游的基础,是策划民族民俗旅游项目的支撑条件。通过民族民俗文化旅游资源评价,根据旅游市场的需求,进行旅游项目的策划和选择。

一、民族民俗博物馆与民族民俗旅游村

对一个民族的民俗文化要作全面的了解与介绍,并将之作为一个旅游项目,供游客认识与体验,建立民族民俗博物馆与民族民俗旅游村是两个重要的形式。

(一)民族民俗博物馆

民族民俗博物馆一般建在城市中四方交通便利到达的区域。在民族民俗旅游村和民族民俗风情园中,也配套建有小型民族民俗博物馆。民族民俗博物馆分室内民族民俗博物馆与室外民族民俗博物馆两类。收藏和展示大型而且不惧风雨侵蚀的民族民俗文物,一般采用室外民族民俗博物馆形式;收藏和展示小件而且惧怕阳光和风雨的民族民俗文物,一般采用室内民族民俗博物馆形式。进入21世纪后,室内民族民俗博物馆常设有民族民俗表演和民族民俗体验项目,较多的采用现代高科技辅助提高展示的效果。

民族民俗博物馆的命名,一般是依地名、民族名加"民俗博物馆"的命名法,如溪州土家族民俗博物馆、满族民俗博物馆。这一类民族民俗博物馆可

以建在城市里,也可以建在民族旅游村寨。

溪州土家族民俗博物馆是为庆祝湘西土家族苗族自治州成立30周年,于1987年建成的,位于不二门风景园林公园中,总面积5亩,建筑面积1100余平方米。整个建筑群均为仿明代土家式建筑风格。全馆有2个陈列厅5个陈列室,陈列内容包括土家族历史与土家族民俗两大部分,其中,第二厅两室陈列土家族习俗、信仰、服饰及其他生产生活等方面的民俗文物,第三室陈列土家族织锦工艺产品。这个室既讲解,也表演,还是生产场地。溪州土家族民俗博物馆的陈列物保持着土家族古朴、原始的风韵,可使游人观赏与了解土家族稀奇和少见的民族习俗。

满族民俗博物馆建在沈阳陨石山满族民俗村,全面介绍满族民俗文化,展示了清朝入关前,满族的历史、生产、生活、民间艺术的发展过程。在中国满族萨满面具艺术展览馆部分中,展出了历史久远的100余面满族萨满面具和国内独具一格的20多个满族早期的满族图腾柱,神秘粗犷,是满族民俗文化的珍贵遗产。在博物馆,除了可以看到满族的民居、服饰,还可以品尝到满族的各种风味食品和欣赏满族人的音乐歌舞等。①

随着"生态"概念的引入,在我国出现了民族名加"生态博物馆"或地名、民族名加"生态博物馆"命名的新概念民族民俗博物馆,如侗族生态博物馆、布朗族生态博物馆,这一类民族民俗博物馆都建在典型的民族村寨里。

侗族生态博物馆建在贵州堂安侗寨,为中国、挪威两国合作共建。堂安侗寨属贵州黎平县肇兴乡,坐落于一个缓山的山腰上,有160余户侗族人家,共约800余人。稻田、绿树围合,群山环绕,有寨门、鼓楼、戏楼、古墓地、古井、水碾、谷仓和祭祀侗族女性先祖的祭萨塘,古老的石道和密布的吊脚木楼,共同造就了大自然与侗家人的和谐与完美。挪威生态博物馆专家认为,堂安侗寨是人类返璞归真的范例,是典型的民族民俗文化生态博物馆。

布朗族生态博物馆建在云南省西双版纳傣族自治州猛勐海县西定乡的章朗村,是一个依托着千年历史的古老村寨,"没有围墙"的民族民俗博物馆。馆区内有200户布朗族人家,1000多人,保存有最古老的村寨、佛寺、佛塔、藏经阁、茶园及热带雨林等原始生态环境。章朗村仍沿袭着布朗族传统文化习俗以及布朗族传统生活方式。

我国的民族民俗博物馆基本上分两种类型,一种是沿用常规的场馆式的民族民俗博物馆,一种是力图原真展示民族民俗生活实景的民族民俗博

① 民俗旅游——满族.北国网,2007-05-22.

物馆,两者各有特点,前者民族民俗文化展示有归整,更集中,可以帮助初识民族民俗文化的旅游者很快了解和认识民族民俗文化;后者强调民族民俗文化的原生状态,没有人为的"归纳",对于要深入了解和体验民族民俗文化的旅游者有更大的帮助。

(二)民族民俗旅游村

民族民俗旅游村就是选择民族民俗文化典型和具备交通条件的民族村寨,规划作为民族民俗旅游村寨。民族民俗旅游村的基本要求就是从生活到生产,从文化到村寨面貌,都保持着民族民俗文化原型的民族村寨,或者说是保持着民族民俗文化特点的民族村寨。在发展民族民俗旅游中,广西金秀瑶族民俗村、广西京族三岛、贵州布依水乡石头寨、贵州肇兴千户侗寨、青海小庄土族民俗村等村寨,都是发展较好的民族民俗旅游村的典例。

广西金秀瑶族民俗旅游村。广西金秀县是瑶民族的聚居地,历史悠久,瑶族的服饰、民居、民歌以及传统民俗农耕生活丰富多彩,风情典雅奇特,尚存太古之风。著名人类社会学家费孝通先生对金秀瑶族民俗评价道:"世界瑶族研究中心在中国,中国瑶族研究中心在金秀。"目前,金秀县已建有孟村(距县城 8 公里)、十八家村(距县城 28 公里)、人赖村(县城)和古占用村(距县城 14 公里)等瑶族民俗旅游村。民俗旅游村均坐落在高海拔的山脚下,县道公路旁,村前屋后均有剑拔穿云的山峰,村边有千年古树。金秀瑶族民俗旅游村主要展示独特的民族建筑、瑶族服饰、生活习俗、语言以及原始古朴的生活方式和丰富多彩的民族节庆、舞蹈和独特的婚恋习俗。在民俗旅游活动中,可以饱餐瑶家美食,瑶族少男少女们瑶族歌舞表演到高潮时,还邀请游客同跳集体舞,富有情趣。

京族三岛是指防城港的巫头、山心和万尾岛,坐落在中越界河北仑河口的北部湾海域。在京族三岛,可以体验京族人的各种欢畅怡然的渔事活动,或理网修船,或出海捕捞、拉大网、踩高跷捕鱼,或加工海蜇,或卸鱼、交易的景象;可以观赏到京族哈哥哈妹,唱歌弹独弦琴,可住进京族渔家旅馆,享受京族礼仪的热情款待,直接感受京族的风土人情。

贵州布依族石头寨距离黄果树大瀑布 33 公里,青山、白屋、竹林、绿水环绕。布依水乡石头寨以石片当瓦,石条当柱,石块当砖,石礅当凳,石栏杆、石窗、石桌、石磨、石路、石拱桥,无一不用石。在石头寨,除石头风光外,还可以欣赏到布依蜡染。制作方法是用蜡刀蘸上蜡液,在白布上画出纹饰,然后将画好的布放进靛蓝缸内染色,经过多次漂染,没有蜡的地方就变成蓝色或青色,涂有蜡的地方呈现白色,形成美丽的图案。

贵州肇兴千户侗寨是全国最大的侗寨,坐落于群山环抱的山间坝子之中，清澈的肇兴河穿寨而过。这里有超过1000户侗家，分居于“仁、义、礼、智、信”五个自然片区，每个片区居住着一个家族，每个家族建有一个鼓楼。寨中有一条东西走向的街道，典型的青瓦干栏式木楼，有罕见的5座造型各异的木制鼓楼和4座壮丽的木构花桥和5座戏台，荟萃了侗族建筑的精华。侗寨以侗族大歌著名，侗年、吃新节和萨玛节，唱侗歌，演侗戏，情意浓浓。

青海小庄土族民俗村位于青海省互助县威远镇，20世纪90年代开始发展民族民俗旅游，有土族民俗接待点34处，土族风情园5处。1992年从事旅游经营以来，小庄民族民俗村游客量逐年快速增加，2004年被评为首批全国农业旅游示范点，2007年县政府把小庄村从古城村单列出来，设为专门发展土族民俗旅游的行政村。目前，小庄村90%以上的人参与民族民俗旅游经营，已经发展形成集农业观光、土族歌舞、土族服饰、土族花儿、轮子秋、土族婚俗、民族饮食等为一体的土族民俗文化较集中典型的民族民俗旅游村。①

抓住民族民俗村的民俗特色和民族民俗村的环境特色，就能策划形成具有民族民俗文化特色的民族民俗旅游村，加以基础设施的改善，民族民俗旅游就能获得发展。

二、民族风情园

民族风情园，亦称“民俗村”，是主题文化公园形式在民族民俗旅游业中的应用。主题文化公园的特点是通过某种形式将某一类型的文化集中展示，形成具有强烈的文化体验的旅游活动，作为旅游集中体验的对象。这也是民族风情园区别于民族民俗旅游村的最大特点。在中国民族民俗旅游业的发展实践中，民族风情园有两种形式，一种是深圳“锦绣中华民俗文化村”的形式，将22个民族的25个村寨，或按1:1比例，或缩小比例，荟萃各民族民间艺术、民俗风情和民居建筑于一园，作为大景区的一个旅游功能区。第二种是以真实民族村寨为依托的民族风情园，如朝鲜民俗风情园、四排赫哲族民俗风情园、锡伯民俗风情园、内蒙古巴林蒙古部落等，都是依托真实民族村寨建立的主题文化公园。

朝鲜民俗风情园位于黑龙江省东部地区最大的朝鲜族聚居地桦川县星火乡中兴村，朝鲜族的建筑、生活习俗、节庆礼仪、服饰用具、民间工艺、音乐歌舞、饮食文化、生产方式、土特产品等得到充分展示，游客游览朝鲜民族风

① 小庄土族民俗村. 互助县人民政府网，2008－11－05.

情园可以领略到朝鲜民族独有的文化生活。依托真实民族村寨,朝鲜民俗风情园已建成标志广场、别墅区、水上公园、休闲广场、民族历史展览馆、朝鲜民族风俗草屋、餐饮娱乐一条街等。

赫哲族是我国人口最少的少数民族之一,黑龙江饶河县东北部的四排乡是仅有的3个赫哲族聚居地之一,四排赫哲族民俗风情园就坐落在四排乡。园内建有度假区、钓鱼娱乐区、观光游览区、冰雪文化区等4个功能区,展示了赫哲族的历史、文化、说唱、舞蹈和赫哲人独特的生产、生活方式与人文景观。步入园区,可以欣赏到赫哲人飞叉捕鱼的绝技和巧手制作的鱼皮衣、桦皮船和工艺品,可品尝具有浓郁风味的"生刨鱼花"和"塔拉哈",领略大顶子山风貌,饱览乌苏里风光和俄罗斯异国山川景色。四排赫哲族民俗风情园集休闲、度假、考察、锻炼、住宿、游乐等多种功能于一体,是黑龙江东部地区和中俄边境具有一定知名度的民族民俗旅游风景区。

锡伯民俗风情园位于察布查尔锡伯自治县,是一个汇聚和展示锡伯族历史文化和民俗风情的民俗风情园。锡伯民俗风情园的大门和围墙是仿古城墙建造的,上面有锡伯族猎手射箭和锡伯族人跳舞的浮雕图案。进入大门,映入眼帘的就是锡伯族人崇敬的英雄——图伯特的雕塑。锡伯民俗风情园左侧的博物馆内,以锡伯族西迁屯垦戍边和民族生存发展为内容,收集了大量锡伯族人西迁伊犁以来的传统用具、书籍和历史文献等。茶楼是锡伯民俗风情园里具有独特风格的建筑,在茶楼里,可以欣赏到锡伯族农村妇女表演锡伯族风格的歌舞。察布查尔县有"箭乡"之称,民俗风情园里在民俗娱乐区民族运动场地设有射箭厅。在民俗风情园里还有反映勤劳勇敢的锡伯族人劳动、欢庆及狩猎场面的画墙,人物形象鲜明,场面宏大,很有感染力。

内蒙古巴林蒙古部落位于内蒙古赤峰市巴林右旗大板镇北8公里处,是一处集巴林草原风土人情、民风民俗和地方文化为一体的蒙古风情旅游胜地。巴林蒙古部落有广阔的草原、优质的草场,建有40座古朴传统的蒙古包,可同时接待200人就餐住宿。可品饮浓香的奶茶和马奶酒,可通过草原那达慕、蒙古族歌舞表演、篝火晚会等娱乐项目,体验蒙古族风情;进入赛马场、射箭场、游牧场,可以体验骑马放牧、放鹿等传统游牧生活。巴林蒙古部落年接待能力3万人,为国家2A级旅游景区、赤峰市旅游局示范景区。

规划民族风情园的旅游项目,需要深挖当地民族民俗文化,并加以提炼升华,以新颖的形式将民族风情传达给旅游者,形成民俗旅游市场效益。

三、民族民俗旅游博览会

民族民俗旅游博览会是重大的民族民俗文化旅游项目策划,不仅将民族民俗文化进行集中展示,而且将民族民俗文化进一步娱乐化,引向现代节会的发展方向。民族民俗旅游博览会是一种集中展开多项旅游活动的综合性大型旅游项目。

民族民俗旅游博览会一般为一年一次,或两三年一次,设计有民博会吉祥物,每一届一个文化主题,内容主要包括开幕式、民族民俗文化展、民俗歌舞表演、民族体育、民族民俗旅游商品展销、民族民俗旅游观光、民族民俗风味小吃等。民族民俗旅游博览会具有很大的影响力,地方政府都把民博会打造成民族民俗旅游品牌。

延边中国朝鲜族民俗文化旅游博览会具有案例意义。延边中国朝鲜族民俗文化旅游博览会,在每年5月,或8月、9月举行,由延边朝鲜族自治州人民政府主办。2007年延边中国朝鲜族民俗文化旅游博览会以“魅力长白,激情延边”为主题。民博会的吉祥物是梅花鹿,主题歌是《长白颂》。策划了十六项活动:①开幕式;②民俗舞巡街表演;③朝鲜族传统婚礼;④朝鲜族集体花甲;⑤朝鲜族服装展;⑥朝鲜族民俗饮食展及评比;⑦旅游商品展销及评选;⑧美景无边延边行;⑨朝鲜族民俗体育;⑩高尔夫邀请赛;⑪长白山国际登山赛;⑫“首龙”摩托车特技挑战;⑬首届“国贸杯”长白山奇石展;⑭摄影艺术文化周;⑮旅游宣传推介;⑯旅游观光活动。

博览会组委会调动了多种方式弘扬中国朝鲜族民俗文化,展示当代延边朝鲜族亮丽风采。朝鲜族传统婚礼、服饰、饮食、歌舞、体育等各项仪式和活动,浓缩了中国朝鲜族文化的发展进程,是中国朝鲜族文化的一次集中展示,展现出延边各族人民昂扬向上、团结奋进的精神风貌。①

第四节　民族民俗旅游县建设

随着民族民俗旅游的发展,民族民俗旅游产业的组织和推动,已由一个旅游景区景点的组织和推动,发展到一个旅游区域的推动,发展到以民族民俗旅游县建设组织和推动民族民俗旅游产业发展的新阶段。民族民俗旅游

① 朝鲜族民俗旅游博览会隆重召开. 延边旅游网,2007－06－10.

县建设是重大的民族民俗旅游发展工程。2007 年 6 月至 9 月，由中国传统文化促进会、中国生态学会旅游生态专业委员会、中国县域旅游网联合举办的中国生态旅游大县评选活动中，设置了“最具民俗风情的旅游大县”，推动了我国民族民俗旅游县的发展。

一、建设原则

在民族民俗旅游景区旅游发展的基础上，民族民俗旅游县建设是一个区域民族民俗旅游产业的建设，涉及民族民俗旅游资源的提炼与整合、旅游基础设施和服务设施的统筹与布局、旅游产品和旅游项目的宣传与营销等。总结我国民族民俗旅游县建设的经验，科学建设一个民族民俗旅游县，需要遵循以下基本原则。

(一)自然旅游资源与人文旅游资源相结合

我国的少数民族县大多都山清水秀，具有丰富的自然旅游资源。在进行民族民俗旅游县建设时，应将自然旅游资源与人文旅游资源相结合，以自然旅游资源景观烘托民族民俗文化景观，使之相得益彰。如荣获“最具民俗风情的旅游大县”的广西龙胜各族自治县“着力发展以天下一绝的龙脊梯田为主的梯田文化，形成了‘龙脊金秋’、‘夜龙脊’等国际级的品牌。通过举办龙脊梯田文化旅游节，着力发展天下第一长发村——黄洛红瑶寨的民俗文化，形成了集山地观光、山地度假、山地风情、山地文化特色的旅游产品。”① 又如，酉阳在打造“中国土家生态民俗旅游大县”中，“以后溪古镇为节点，包装河湾古寨、老寨半边城，开发十里长潭和八面山风光，联动开发大溪、酉酬、可大民俗旅游资源，”构建酉水河土家风情旅游走廊。②

(二)增强民族民俗文化的感召力，提升民族民俗文化旅游产品的品位

文化是旅游的灵魂，特别是民族民俗文化，决定着民族民俗旅游发展的前途和拥有的市场份额。民族民俗旅游县建设是新一阶段的民族民俗旅游业建设，需要进一步提升民族民俗文化旅游产品的品位，途径就是增强民族民俗文化的感召力。民族民俗文化的感召力来源于民族民俗文化的原真性，但又不能守着旧有模式，需要以一种创新力的创意思维与手法，沿着民族民俗文化的内涵延伸，使之生长出适合现代文化体验需求的魅力，同时推动民族民俗文化的发展。通过民族民俗文化内在的发展，来达到提升民族民俗文化旅游产品品位的目的，给旅游者以民族民俗文化的震撼。

---

① 以树立品牌为目的　龙胜着力打造中国文化旅游大县. 桂林日报，2006，12(31).

② 打造酉阳“全国土家生态民俗旅游大县”思考. 华龙网，2008－02－20.

(三)突出重点,以点带面

民族民俗旅游县建设是区域旅游产业的建设,需要全面性的发展,以达到做大旅游的发展战略目标。然而,全面性发展,不等于全面所有的旅游区或旅游景点都同时同规模发展,同等投入,同等发展。特别是在我国发展民族民俗旅游资金不足的形势下,也不可能全面投资,展开全面建设的高潮。需要对县内资源进行分析比较,在诸多旅游资源比较分散的状况下选择重点,突出重点,以点带面,以面促点发展。

(四)以民族民俗文化建设为核心,打造县域旅游竞争力

民族民俗文化旅游是旅游文化的核心内容。在民族聚居的县,民族民俗文化就是县域文化的主体。然而,随着现代经济和文化的发展,传统的民族民俗文化受到冲击和挑战,人们对传统的民族民俗文化的观念也在淡化。建设民族民俗旅游县,需要加强民族民俗文化建设,以保证民族民俗文化能在现实社会里传承下去,从而使民族民俗旅游的资源基础不受削弱,形成县域旅游竞争力。

(五)在保护的前提下开发,在开发中实现保护

民族民俗旅游县建设就是全面的民族民俗文化旅游市场化,在提升民族民俗文化的同时,也将受到外来文化的冲击。因此,民族民俗旅游县建设需要在确保民族民俗文化的前提下建设,需要提高村寨群众对传承民族民俗文化的自觉性和保护本地民族民俗文化的能力,这是将民族民俗文化推向旅游市场而不发生变异的重要保证,也是民族民俗文化旅游开发的前提。民族民俗文化的变异,就意味着民族文化的流失。民族民俗文化的消失,就是整个民族的消失。

(六)规划具有可行性与经营性

民族民俗旅游县建设规划需要根据县域民族民俗文化资源与区位、财力,进行具体的旅游产品与旅游项目的策划和旅游产业的安排,使之适应旅游市场需求,具有可行性与经营性。

民族民俗旅游县建设的基本原则是我国民族民俗旅游县建设经验的总结,反映民族民俗旅游县建设的一般性规律。民族民俗旅游县建设的基本原则,也是民族民俗旅游县规划的基本原则,要在具体的实践中得到贯彻执行。

二、旅游定位

进行民族民俗旅游县建设要放在全国层面上考虑,要在全国民族民俗旅游县中被识别,具有自己独特的地位,这就需要确定县域旅游的主题。民族民俗旅游县旅游主题的确定分两个层面,上层面是在全国角度确定县民

族民俗旅游的主题，如酉阳是全国土家族人口最多的县，酉阳县在打造“全国土家生态民俗文化特色县”的战略构想中，确立“天下土家第一县”的旅游主题是“神秘土家，天下酉阳”。下层面是对县域内各个民族乡或民俗景区景点的民族民俗旅游主题的确定。县域内各个民族乡或民俗景区景点的民族民俗旅游主题主要依据各个民族乡或民俗景区景点的核心民族民俗文化进行确定，如民族工艺之乡、民歌之乡、民族歌舞之乡、民族民俗文化村等。

民族民俗旅游县旅游定位，上层面需要突出区位特点，体现民族文化特色，避免千城一面。下层面需要关注文化个性，突出个性、风格、思路，找准个性文化，因为有个性才有魅力。

三、建设内容

民族民俗旅游县建设的内容涉及旅游产业的全部内容，主要有两个方面，一是旅游基础设施和服务基础设施建设，二是民族民俗文化产品建设。

第一是改善道路交通。交通不便是民族民俗旅游县共同面临的困难。民族县的道路水平相对落后，造成民族民俗文化旅游可进入性不高，严重影响了民族民俗文化旅游的发展。所以，进行旅游基础设施和服务基础设施建设首先就是改善景区道路交通条件。

第二是供水、绿化、防洪、电力、通信设施及重点景区旅游配套服务设施的建设。如同道路交通的落后一样，民族县的供水、绿化、防洪、电力、通信设施及重点景区旅游配套服务设施，都处在相对落后的状态，这也是建设一个民族民俗旅游县的最基本的条件，没有这些条件，游客进得来而留不住，旅游活动无法展开，就形不成民族民俗旅游产业。

第三是改善环境卫生。我国民族乡村的环境卫生问题十分突出，建设民族民俗旅游县需要改进饮食服务卫生，设立旅游厕所，提供一个干净卫生的旅游环境。

第四是民族民俗文化的展示。展示民族民俗文化是民族民俗旅游县建设的重要任务，需要选择与民族民俗文化相适应的展示形式和途径。如将民族民间传统舞蹈搬上舞台，进行专场表演；或开办民族特色的歌舞餐厅，在观赏特色歌舞中餐饮，在进餐中欣赏歌舞，将饮食、娱乐、休闲相结合。选择展示民族民俗文化的最好形式和途径，就能展示好民族民俗文化，就可以搭建县域民族民俗文化系列产品。

第五是改善民族民俗旅游服务质量，如推行微笑服务。民族民俗旅游发展的速度与质量都要比城市旅游发展落后，民族民俗旅游县建设的任务之一，就是在旅游服务质量上得到提高，推行我国旅游产业中已成熟的旅游服务质量制度和管理经验，以确保民族民俗旅游县建设的成功。

四、品牌建设

民族民俗旅游品牌建设，就是在旅游项目与旅游产品的规划与建设上，要做到高起点开发、高品位内涵、高质量服务、高标准发展。抓住特色，树立品牌，推出品牌，是我国民俗风情旅游大县建设的一个成功发展战略。

在民族民俗旅游品牌建设发展中，我国各民俗风情旅游大县都创造了成功的方式。如获十佳中国“最具民俗风情的旅游大县”称号的甘肃省张掖市肃南裕固族自治县和广西龙胜各族自治县的经验。甘肃省张掖市肃南裕固族自治县民族民俗旅游品牌建设的经验是，凭借丰厚的民族民俗旅游文化内涵，以民族民俗节庆彰显民族民俗文化，打造品牌。先后成功举办了十五届马蹄寺旅游观光节、十六届文殊寺旅游文化庙会、三届旅游文化艺术节、五届康乐裕固族民俗艺术旅游节、三届明花大漠明珠·裕固族传统文化艺术节、四届大河民族文化艺术周、四届皇城夏日塔拉传统体育旅游节、三届白银蒙古族乡那达慕传统艺术节等多项民族民俗节庆，通过举办民族民俗节庆，建设了一个“品牌群”，成功做大了市场，做出了效益。还有如表6-1所示的酉阳打造的“全国土家生态民俗旅游大县”。①

表6-1 酉阳“全国土家生态民俗旅游大县”品牌建设一览表

1	突出民族风情，打造旅游文化品牌	梳理土家文化，多渠道、全方位整理民间传说、民间故事、民族歌舞，全力抓好文化提炼。以城北新区建设土家民俗风情园为依托，设计推出傩戏面具、阳戏面具、民族文化摆件、饰物、编织，整理木叶情歌、土家山歌、民歌、楠木号子，恢复蜡染坊、水磨坊、炸油坊、织锦坊等一系列有形文化产品。开设民族民间文化课堂，全力抓好土家语、土家习俗、民族服饰等民族符号和非物质文化遗产的保护。加快县城文体中心等旅游文化娱乐设施和综合性场地建设，带动旅游文化产业发展
2	依托“最美土家村寨”，打造“中国土家寨落”旅游文化品牌	包装打造“河湾古寨、茶园古寨、楠木桩古村和张家坪村”等酉阳“最美的土家村寨”，建设“中国土家寨”旅游新产品。将土家族的语言、建筑、习俗集中浓缩在几个村寨展示
3	挖掘土家饮食文化，打造土家特色餐饮品牌	推出桃源土菜、秦朝瓦罐等土家特色餐饮。规划建设县城民族特色好吃街，鼓励龚滩、龙潭古镇积极开展千家居、农家乐特色餐饮服务

① 打造酉阳“全国土家生态民俗旅游大县”思考. 华龙网，2008-02-20.

续表

4	整理土家歌舞文化,打造土家歌舞品牌	围绕摆手舞、木叶情歌文化品牌,采取"教会游人一首歌,教会游客一曲舞"等形式,着力打造土家神秘婚俗和酉州民歌等特色文化品牌。简化摆手舞,提升摆手舞、木叶情歌、酉阳民歌等原生态民族文化的内涵,推出"看欢歌摆手、听木叶情歌、尝土家拦门酒、听土家古乐、学土家大歌"等品位高的土家节目,实施文化影响,扩大酉阳的知名度。每年举办"土家摆手节",创办为中国知名的少数民族节日。大力实施以"一册画、一本书、一首歌、一句口号、一群大使、一盘光碟、一台戏、一张图、一个标志"为主体的"九个一"工程。使摆手舞、木叶情歌,成为酉阳最受游人青睐的旅游文化节目和金字招牌
5	挖掘土家服饰文化,打造土家民族服装服饰品牌	以土家织锦的开发保护为载体,挖掘研究民族图腾、民族服装服饰。凡是重大节日,土家族干部必须穿民族服装,全县中小学校服也要有土家传统服装的元素。土家民族服装服饰和民族歌舞融为一体,充分展示土家服饰的风貌
6	抢救保护土家建筑,打造土家吊脚楼民居品牌	将县城城北新区的所有建筑,都融入土家吊脚楼元素,或以土家吊脚楼为建筑风格

广西龙胜各族自治县的品牌建设战略是,以建设"示范点"的方式,坚持高起点开发,高标准发展的目标,不断推进民俗风情旅游产业化进程。龙胜各族自治县把龙脊景区建成了全国农业旅游观光点,把勒东、金车、大唐湾、里排建成了广西农业旅游观光示范点,把大唐湾建成桂林市文明旅游示范点,这些观光点、示范点成为龙胜民族民俗旅游大县的新亮点,成为龙胜民族民俗旅游的重要品牌。龙胜各族自治县实施"示范点"带动民族文化旅游品牌发展的战略,有力地推动了旅游经济的发展。龙胜民族民俗旅游的客源市场由华北、华中、珠江三角洲,迅速拓宽到东北、华东、四川等省市,国外客源主要来自新加坡、马来西亚、泰国、韩国、日本等。①

品牌就是效益,民族民俗旅游品牌是民族民俗旅游发展的根基,也是民族民俗旅游县建设的根基。有了民族民俗旅游品牌就才能把民族民俗旅游推向新的发展阶段。

① 以树立品牌为目的 龙胜着力打造中国文化旅游大县. 桂林日报,2006,12(31).

第七章

乡村民俗旅游研究

乡村民俗旅游是乡村旅游的组成部分，是淡化了“民族”性的一种乡村旅游类型，是乡村旅游中以乡村民俗传承事象为主要体验对象的旅游活动。

在理论研究与产业实践中，由于“乡村民俗旅游”与“乡村旅游”都在乡村地域上进行，常被混为一谈。在两个概念中，“乡村旅游”是一个上层次概念，包括乡村山水观光、田园观光、现代农业观光和乡村民俗旅游等，而“乡村民俗旅游”则不包括乡村山水观光、田园观光、现代农业观光。“乡村民俗旅游”又划入民俗旅游学范畴。

第一节　乡村民俗旅游资源分析

乡村民俗旅游的资源基础是乡村民俗。乡村民俗是乡村的风俗习惯或称乡村的风土人情，是一种生活，也是一种文化，具体包括乡村生产民俗、居住民俗、饮食民俗和文化娱乐民俗。然而，不是所有的乡村民俗都是乡村民俗旅游资源，而是指对旅游者有吸引力，并可以进行开发与经营带来经济效益、社会效益和环境效益的那一部分的乡村民俗。因此，需要对乡村民俗作旅游资源分析。

一、乡村民俗旅游资源类型

乡村民俗旅游资源主要基于乡村的生产、生活与文化民俗，因而，乡村民俗旅游资源也自然分为乡村生产民俗旅游资源、乡村生活民俗旅游资源与乡村文化民俗旅游资源等三大类型。

乡村生产民俗旅游资源。我国的乡村生产可以分为传统与现代两大类，乡村生产民俗旅游资源开发的，主要是传统生产条件下或者称传统乡村的乡村生产。由于所处地理区域与环境资源不同，我国的乡村生产基本可以分为农耕生产、放牧生产、捕鱼生产、手工品生产等主要的类型，也相应地形成农耕生产民俗、放牧生产民俗、捕鱼生产民俗、手工品生产民俗。农耕生产的条件是拥有可以用于农耕的土地，分布范围主要在中原、北方、南方等适宜稻作的地区，每一区域在耕种的作物、劳作工具、劳作方式等方面都表现出不同的特点。放牧生产的条件是草原或草地，主要分布于我国北方的草原地区，当然，在中原和南方的一些地方也有放牧生产，但那是零星的，不是代表该区域的生产方式。放牧生产由于生产的对象与生产的方式相对较为简单，各区域所表现出的特点都相似或相同。捕鱼生产的条件是江河湖海，主要分布在江河两岸和沿湖沿海的地区，由于江河湖海所处的区域与地质地貌不同，形成捕鱼生产在各地区的打鱼船、捕鱼工具、捕鱼方式等多方面的区别。乡村的手工业生产，最基本的形式是以一家一户为单位，大一点的就是师傅带徒弟的小作坊。乡村手工业传承着我国大量的民间手艺，民间手艺的直接体现就是乡村手工业商品。乡村手工业商品以乡村的资源和手艺传承为特点，或编筐，或木雕，或制陶，或酿酒，或打铁，或印染，或剪纸，有单家独户生产，有全村都操同一物品，形成手工业生产专业村。乡村手工业生产的商品主要是担挑零卖。

(一)乡村生活民俗旅游资源

乡村远离城市的喧闹，在山川自然环境之中，形成了恬静安逸的生活。乡村生活民俗受乡村生产民俗具体内容的直接影响，区别为农耕生产有农耕生产的乡村生活、放牧生产有放牧生产的乡村生活、捕鱼生产有捕鱼生产的乡村生活、手工艺品生产有手工艺品生产的乡村生活等类型。乡村生活民俗在内容上，具体包括衣、食、住、行的服饰民俗、饮食民俗、居住民俗、出行民俗等人类生活的基本内容。

(二)乡村文化民俗旅游资源

乡村文化民俗在某种程度上，又受到乡村生产民俗与乡村生活民俗的影响，或者是乡村生产与乡村生活的文化延伸和情感的释放。乡村文化民俗作为乡村生产与乡村生活的文化延伸，表现为对神祇崇拜的娱神活动，或焚香，或歌舞；作为乡村生产与乡村生活的情感释放，体现为对生产与生活的欢庆，庆贺丰收、祝福婚姻、欢度节日，鞭炮齐鸣，锣鼓喧天，载歌载舞，舞龙舞狮，斗力斗智，比技比巧，赛歌赛舞等；体现为对生产与生活经验的总结和对生产、生活与村寨历史的猜测，衍生形成了谚语、成语、谜语、故事与传说。乡村文化民俗以生动的方式向人们传达了乡村浓郁的文化。

我国乡村民俗旅游资源丰富多彩，当然可以做多种的分类，如有学者按风土(特有的地理环境，包括自然环境与人文环境)、风物(地方特有的景物，包括生产文化创造物和生活文化创造物)、风俗(地方民俗,民间社会生活)、风味(地方特色,包括地方特色食品)、风谣(民歌、民谣和民间故事)、风尚(定期流行的风气与习惯)对乡村民俗旅游资源进行分类。

对我国乡村民俗旅游资源进行分类的目的,在于认识乡村民俗旅游资源内部要素组合的规律,在于便于对乡村民俗旅游资源进行开发利用。

二、乡村民俗旅游资源价值评估

一种事物的价值,被肯定和接受的成分和面越大,其价值就越大。相对于城市居民游客,乡村民俗是城市居民不熟悉的风俗习惯,旅游资源价值在于以下几方面。

(一)提供新的文化体验

乡村民俗是一种社会文化,通过劳作的场面与工具、服饰的款式与纹饰、房屋的结构与装饰、歌舞、饮食等,来描述乡村民俗。旅游是参与性体验活动,城市居民游客正是通过观、吃、住、行、购、娱等多种方式,亲临和参与乡村民俗旅游活动之中,来获得乡村民俗体验。中国长期处在传统的农耕社会,乡村是中国传统文化生存的基础和文化载体。以乡村生产为经济基础的乡村民俗,积淀着深厚的中国传统文化。而中国传统文化在日益繁华的城市中逐渐减弱,使乡村民俗旅游更具有了吸引力。

(二)开阔视野

我国乡村占有辽阔的地域,地域环境与物产资源千差万别,不同的历史积淀,不同的民族民俗,差异性的生产类型,使乡村民俗文化丰富多彩。一村一种风土人情,一村一种乡村民俗体验,可以开阔人的视野,让人获得更多的思考。

(三)提供传统劳作与工艺体验

在广阔的乡村中,至今还传承着传统的农耕生产、放牧生产、捕鱼生产、手工业生产等劳作方式,这些劳作方式蕴涵着中国传统智慧和传统技艺,但已经几乎不为城市人所知。因此,展示农耕生产、放牧生产、捕鱼生产、手工业生产等劳作过程,可为城市居民游客提供传统劳作与工艺体验,对他们具有较强的吸引力。

第二节 乡村民俗旅游规划

乡村民俗旅游规划是产业规划,通过规划,按旅游产业组织与运行将乡村民俗旅游资源整合起来,使之符合旅游业的需要,科学地推进乡村民俗旅游的发展。

一、规划思想

乡村民俗旅游规划是旅游规划的一种类型,在接受旅游规划和乡村旅游规划的一般性规划思想的指导的同时,要注重规划思想中体现乡村民俗旅游特色。

经过多年的实践探索,我国乡村旅游规划形成了风格规划、趣味规划和综合规划三大规划思想,在三大规划思想指导下,形成了风格规划、趣味规划和综合规划等三大乡村旅游规划技术流派。①

风格规划思想认为,乡村生活的旅游资源价值取决于它的风格。因此,乡村旅游规划就是要发掘和纯化乡村生活的风格,不仅要去掉与风格不符的部分,还应重建和新建按照完美的风格所应该具有的东西。风格规划思想理论基于旅游市场学,秉承三个原则:首先是市场形象第一的原则。认为,旅游规划的目的是构建市场形象,为了市场形象的"整体性",可以根据市场调查,对固有的乡村生活进行增删。其次是旅游资源可以移动的原则。认为,旅游资源的价值产生于旅游者,可以根据旅游者的需求对乡村生活进行分类、定义、区划和重新布置。再次是规划物的"不可见"原则。认为,为了实现规划风格的纯正和完美,应该使规划新建物与增删之后的原生物融为一体,达到难以区分的效果。

趣味规划思想主张,保持乡村生活的原状,尽量维护乡村生活的原生环境。不同意按统一风格规划乡村旅游,认为原生态的乡村生活并不具备整一性,它是破碎的,保留了各个时代的痕迹。不同时代的痕迹叠加在当下的乡村生活之上,形成乡村生活趣味盎然的表现形式。趣味不是乡村生活本身具有的,而是穿越时间的整体环境创造的美,这种美是不可复制的。趣味规划思想理论基于文化遗产学,强调原生环境第一的原则,崇尚"原生态"的乡村生活,提出"不建设就是最好的建设"的口号。认为,旅游规划的目的就是要隔离旅游文化对乡村生活的渗透,尽量延缓旅游经济造成的商业化;强调旅游资源的不可移动性,如果离开了原生环境,乡村生活就会失去固有的和谐与意义,"移动就是摧毁";强调规划新建物的可见性,规划新建物应该建在村外,如果不得不建在村内,也应该尽可能靠边,并与村中原有的建设

① 阳光雨露. 乡村旅游规划的三大技术流派. 中国乡村休闲网,2009-03-11.

有所区别。认为,按风格规划出来的整体性的乡村,破坏了乡村生活历史传承的真实性。

综合规划思想讲求多元互动,认为,既然乡村生活无法回避旅游的影响,乡村旅游规划就应该综合考虑风格与趣味的诉求,经过深刻的权衡,在两极之间的广阔空间中为乡村旅游规划找到恰如其分的位置,强调既要尊重乡村生活的历史传承,又要通过旅游规划重建乡村生活的现代意义。综合规划思想理论基于旅游人类学,强调重新整合的原则。认为,在乡村中,村民的日常生活和旅游者的旅游活动是可以并行不悖的,应该将生活资源和旅游资源的价值整合在同一件规划物上,实现乡村经济与旅游经济的整合;强调规划新建物的可替代性,认为规划新建物应该是功能性的,在不需要时可以被祛除;强调规划的开放性,认为乡村旅游规划应该保留开放性,使任何规划都可以在未来重新规划。

乡村旅游规划三大思想各有侧重,风格规划思想强调遵循市场,趣味规划思想强调依靠资源,综合规划思想强调协调乡村生活的传统内涵、现实处境和普世价值。风格规划思想在我国出现最早,曾在一个时期成为乡村旅游规划实践中的主流。江南六镇拆毁现代建筑,婺源江湾重建萧江大宗祠,皖南洪村新建村口拱桥,绍兴鲁镇居民穿着古装,周庄旅游设施作仿古处理等都是典型事例。这些规划和建设在促进当地乡村旅游发展的同时,遭到了激烈的批评。在风格规划受到责难时,兴起了强调原生态乡村旅游规划的趣味规划思想,并越来越受重视。综合规划思想希望乡村旅游规划既能延续乡村生活的文化链条,又能推动民族文化共同体的整体进步,还能面向世界,参与全球文化伦理的构建。他们以多重参照体系深入探查乡村文化与旅游文化的嬗变,以文化现代化为标尺衡量旅游规划的价值,将旅游规划纳入人类共有精神和共同进步的主题之中。

作为乡村旅游规划,无论是强调风格,强调趣味,还是强调综合性,其根本都不能离开乡村的特定文化意境要求。脱离了“乡村”,就不能叫乡村旅游。从乡村民俗旅游规划而言,不能离开乡村民俗的规定要求。脱离了“乡村民俗”,就不能再叫做乡村民俗旅游。

乡村民俗旅游规划的区别性与特点,就是乡村民俗的规定性,要求所有的旅游规划原则、旅游产品、旅游创意项目的提出,包括旅游基础设施和旅游服务设施的设计,都要立足于乡村民俗,围绕乡村民俗进行旅游规划,让旅游者获得生动真实的乡村民俗体验。

乡村民俗旅游规划中的乡村民俗规定性思想,是适应旅游市场经济要求提出的。在强调市场经济的今天,乡村民俗旅游的市场价值,真正在于乡村民俗本身。因此,具有浓郁民俗风情的乡村民俗旅游项目,具有旅游市场。不能为了所谓的市场,来扭曲乡村民俗,或者“搬来”乡村民俗,或者伪造乡村民俗。一味追求所谓“市场”,就会丢掉旅游市场,而且在丢掉旅游市场的同时,也丢失了乡村民俗。

乡村民俗旅游规划的乡村民俗规定性的思想,不是限定乡村民俗旅游规划的创意与创新,而是给乡村民俗旅游规划的创意与创新提出了更高的要求,要求的根本点与关键点,就是所有的创意与创新必须建立在保护和发展乡村民俗文化的基础上,要认真理解乡村民俗的文化特质,把握发展乡村民俗文化的形式,通过一定的技术,传统的或者现代的技术,如三 D 技术、动漫技术,进行具有民俗传承性的旅游产品与旅游项目的创意,达到提升和发展乡村民俗文化的目的。

二、规划原则

乡村民俗旅游规划原则分为一般性规划和特殊性规划原则。乡村民俗旅游规划需要遵循旅游规划的一般性原则,如社会效益、经济效益、环境效益“三效益统一”原则;统一规划与分步实施原则;重点突出与合理布局原则;市场导向原则;因地制宜原则;优化资源配置与兼顾公平原则;坚持品牌提升与主题形象塑造原则;与时俱进,开拓创新原则;环境保护原则与持续发展原则等和乡村旅游规划中强调的“与社会主义新农村建设相结合的原则”。同时,乡村民俗旅游规划需要在实践中,坚持和贯彻乡村民俗旅游规划的特殊性原则。乡村民俗旅游规划的特殊性原则本于乡村民俗规定性思想。

(一)真实性原则

真实性原则要求在乡村民俗旅游规划中,自始至终忠于乡村民俗的原貌,包括内涵与形式,所有的规划技术提供,都必须有助于乡村民俗真实性的展示。民俗旅游项目和民俗旅游产品规划的成功标准,在于原真民俗的真实性展示程度。有了民俗旅游项目和民俗旅游产品的真实性,就可以使民俗旅游项目和民俗旅游产品具有生动性。有学者研究认为,“地方民俗的展示是否真实、生动,对于这些民俗当中所包含的文化韵味和生活秩序揭示得是否准确和深刻,是衡量一个民俗旅游项目品位高低的根本标准。民俗旅游的魅力在于能够使城市人体会到乡情的淳朴,使外地、外国人能够了解不同地方民众特有的地方生活知识”①。

（二）独特性原则

我国的乡村数以万计，由于地理、资源、历史、民族和文化等条件的差异，每一个村落都传承着自己的乡村民俗。如何将独特性的乡村民俗，或者乡村民俗的独特性奉献给乡村民俗旅游者，是乡村民俗旅游规划成功的重要标志。只有基于独特性原则规划出来的乡村民俗旅游，才有可能将数以万计的乡村民俗旅游区别开来。乡村民俗的独特性可以是整体性的不相同，也可以是局部或程序中的不相同。乡村民俗的独特性规划原则已在规划专家中达成共识，如有专家认为“如果只是依托一些乡野自然环境和古老村落建筑来吸引客人，也许可以称作乡村旅游，但还不能算是民俗旅游。从游客的期待来讲，民俗旅游是能够让他们观赏到异地他乡的人们的生活方式和独特创造”。

（三）可娱性原则

乡村民俗旅游的项目不仅具有丰富的乡村民俗情调，可看，可餐，还要可娱，具有娱乐性。按可娱性原则规划的乡村民俗旅游的项目，需要避免类如抬花轿、抛绣球、跳竹竿等民俗旅游中所出现的平庸化做法。不考虑民俗的特殊性，照搬他地的娱乐项目不是真正的乡村民俗旅游规划的可娱性原则，规划者要深入乡村民俗村发现它自身独具的可娱性民俗和民俗的可娱性，只有这样才能形成具有乡村民俗旅游特点的民俗娱乐项目。

（四）继承发展原则

民俗是一个民族和国度根底性的文化，是传统文化保存与传承的文化载体，所以旅游产业的发展曾引起人们对民俗的传承的担忧。然而，民俗旅游的发展，使民俗的传承从忧到喜，很多地方的民俗文化在旅游发展中获得推动性发展。借鉴民俗旅游发展对民俗继承发展的经验，在乡村民俗旅游规划中，需要借助于整理传承乡村民俗文化，使濒临失传的优秀的乡村民俗文化得到研究、整理而恢复起来。乡村民俗文化继承发展关系到乡村民俗旅游的问题，有了乡村民俗文化的继承发展，才有乡村民俗旅游的发展。

任何旅游规划原则在旅游规划中都不是孤立的和对立的，而是相互联系和协同的，是一个旅游规划原则体系，以确保旅游规划符合产业发展要求。乡村民俗旅游规划原则体系所包括的一般性规划和特殊性规划原则，在具体的规划实践中，还会根据发展总结出新的规划原则，不断推动乡村民

① 刘铁梁. 如何提高乡村民俗旅游项目的品位. 南京乡村旅游网，2008－10－06.

俗旅游的发展。

第三节 乡村民俗旅游的类型

乡村民俗旅游发展可以分为观光体验旅游阶段和度假休闲式旅游阶段。城市的快速发展给乡村民俗旅游发展提供了广阔的前景和市场。

乡村民俗旅游类型与乡村民俗旅游资源的类型有紧密的联系。乡村民俗旅游资源分为乡村生产民俗旅游资源、乡村生活民俗旅游资源与乡村文化民俗旅游资源三大类型,乡村民俗旅游类型也可以相应分为乡村生产民俗旅游、乡村生活民俗旅游与乡村文化民俗旅游三大类型。对此的研究中,也有学者作其他分类,如有学者将“乡村生活民俗旅游”分为“居住民俗旅游”与“饮食民俗旅游”,形成生产民俗旅游、生活民俗旅游和文化民俗旅游等乡村民俗旅游的三大类型。

一、乡村生产民俗旅游

由于乡村生产民俗涵盖了农耕生产、放牧生产、捕鱼生产、手工业生产等广泛的乡村传统生产领域,乡村生产民俗旅游也自然涵盖了这些方面。乡村生产民俗旅游类型又分为稻作生产民俗旅游、游牧生产民俗旅游、捕鱼生产民俗旅游、家庭手工业生产民俗旅游等。

总体上,乡村生产民俗旅游可以分为生产民俗观光旅游和生产民俗体验旅游。生产民俗观光旅游,如农业生产民俗观光旅游、放牧生产民俗观光旅游、捕鱼生产民俗观光旅游、手工业生产民俗观光旅游等。让游客到田间地头、草原、湖边海岸、生产加工作坊,进行观看、观赏、观览、观展、观研等“观”式旅游。生产民俗旅游观光的特点是,走一走,看一看,摸一摸,听一听,了解乡村生产民俗的知识、技术、历史、形式和过程。

乡村生产民俗体验旅游,同样可以分为乡村农业生产民俗体验旅游、乡村牧业生产民俗体验旅游、乡村渔业生产民俗体验旅游、乡村手工业生产民俗体验旅游等。乡村生产民俗体验旅游的特点就是组织游客或短时,或长时地走进乡村生产过程之中,参与生产劳动,从中获得乡村生产民俗体验。如让游客到田园采摘、到田里拔菜、采茶、收割;到草原上骑马、放牧;到渔船上,划船、捕鱼、钓鱼;到手工作坊里,捏陶、雕琢、裱糊等。在乡村生产民俗体验旅游中,参与乡村生产劳动的过程,就是乡村生产民俗体验旅游的过程。

二、乡村生活民俗旅游

乡村生活民俗的内容是丰富和多方面的，包括村落环境、乡村民居、服饰、饮食、婚姻、家庭、聚会、祭祀、禁忌、交往、节庆等，但不是所有的乡村生活民俗内容都可以进入乡村生活民俗旅游范畴。目前，乡村生活民俗旅游发展较好的是乡村居住民俗旅游和乡村饮食民俗旅游。

乡村居住民俗旅游的主要形式是选择具有古村落、古建筑、古民居、古乡村等环境氛围的乡村民居院落和住房清理腾空，接待游客入住，或称乡村别墅、家庭旅馆、乡村旅店。如北京市延庆县四海镇南湾村的“龙泉堡民俗旅游合作社”，民俗户的家中摆的大红的板柜，挂了红花布窗帘的窗户，糊着洁白的窗户纸的古老的窗棂，板柜上的掸瓶、梳头匣子，火炕上放着的饭桌、火盆、草墩、椿凳，门口摆放的盛着酒的大酒坛，让游客感受了传统而古老的乡村居住民俗文化。

乡村饮食民俗旅游主要是开发乡村菜肴，用乡村的生态蔬菜、家禽家畜、家酿、家庭烹饪，吸引游客前来品尝。如“柴锅饭”、“蘑菇宴”、打食桃、裹粽子、打年糕、吃海鲜、烤全羊、野菜宴、大锅炖鱼、火盆锅、豆腐宴等，一盘盘、一道道清新爽口的美味，一杯杯农渔牧民家自酿的老酒，热气腾腾的野菜蒸饺和贴饼子，可以让城市居民游客回味无穷。

乡村生活民俗旅游还包括品尝、购买乡村土特产与民俗工艺品，这也是城市居民游客进行乡村生活民俗旅游的重要目的之一。土特产包括乡村生产、生活民俗用品，乡村风味食品，乡村民俗手工艺品，乡村名特产等。

乡村生活民俗旅游的发展一定要注意与城市生活的区别，以乡村的生活情调与模式来规划和设计乡村生活民俗旅游项目，包括使用的材料与技术。乡村生活民俗旅游已与乡村的休闲度假旅游相吻合，一定程度上代表了乡村民俗旅游的发展方向。

三、乡村文化民俗旅游

乡村文化民俗是富有传统气息和乡土气息的文化，内容和形式都十分广泛。乡村民间的歌舞、乐曲、曲艺、高跷、舞狮、划旱船、扭秧歌、刺绣、剪纸、雕刻、绘画、陶艺、斗鸡、斗鸟、杂技、骑马、射箭、摔跤、千秋等民俗文化，生动地展示了乡村文化民俗生活。依据乡村文化民俗的性质，乡村文化民俗旅游分为静态、动态、竞态三大类型。刺绣、剪纸、陶艺、雕刻、绘画等属静态型乡村文化民俗旅游，歌舞、乐曲、曲艺高跷、舞狮、划旱船、扭秧歌属动态型乡村文化民俗旅游，斗鸡、斗鸟、杂技、骑马、射箭、摔跤、秋千属竞态型乡村文化民俗旅游。

乡村文化民俗旅游有三种组织形式，一是参与乡村文化民俗节庆，在节庆中接触和感受乡村文化民俗。游客可以在村内的古戏楼里，看地方民间艺人表演极具特色的皮影、大鼓等地方小唱、民间歌舞；在传统的灯会上，游客可以观看到村民表演的高跷、舞狮、小车会、画糖人、捏面人、皮影戏、踩高跷、划旱船、扭秧歌、赏花灯、猜灯谜等传统民间艺术；在村落竞技场上，可以观看斗鸡与斗鸟比赛，可以观看杂技、骑马、射箭、摔跤、秋千的竞赛。

二是到村民家中品鉴乡村文化民俗。在村民家中，看村民的传统民间手工艺品，如老虎头童鞋、绣花的鞋垫、新布头缝的坐垫、农民画等工艺品；参加村民传统婚礼，体验乡村的幸福；参观农民刺绣、剪纸、雕刻与绘画的制作等，体验乡村的工艺。

三是走进民俗村，融入乡村文化民俗生活。我国在长期的历史发展过程中，形成了各种类型的专业民俗文化村。走进"天下杂技第一乡"吴桥，看看"上至九十九，下至刚会走，吴桥耍杂技，人人有一手"的乡村文化民俗；走进河北曲阳汉白玉雕刻艺术之乡，看看丰满庄重、造型优美的菩萨观音、力士天女、龙凤狮兽；走进阜蒙县于寺镇沙力土村，看看由乡村驴皮影戏班编演的皮影戏；走进天津市西青区"杨柳青年画"之乡，看看石家大院、年画馆、安家大院栩栩如生的杨柳青年画。

乡村文化民俗旅游是中国传统文化之旅，在乡村文化民俗旅游中，可以追寻到中国传统文化的原真形态，体会到中国传统文化的魅力。

第四节 乡村民俗旅游项目

乡村民俗旅游项目是对乡村民俗旅游类型下的具体内容进行策划和设计，乡村民俗旅游项目策划和设计是乡村民俗旅游实现的具体步骤。

乡村民俗旅游不同于一般性的乡村旅游，乡村民俗旅游的"民俗"的特质性，就规定了乡村民俗旅游项目的文化要求，具有不相同的游客定位和目标市场。经过近三十年的发展，我国的乡村民俗旅游已经形成了民俗村、乡村乐、乡村民俗年节、国际民俗旅游社区等一些成功的乡村民俗旅游项目，取得了重要的经验。

一、民俗村

民俗村是世界各国乡村民俗旅游发展成熟的项目，如荷兰的桑达姆风车民俗村和韩国的韩国民俗村，就是国外民俗村的典例。

（一）国外民俗村典例

荷兰的桑达姆风车民俗村，距阿姆斯特丹20公里，恬静优美的自然环境，庄重古朴的老式建筑，古老的风车，色彩鲜艳、大小各异的木鞋，飘香的乳酪，还有一望无际的郁金香，吸引了大量游客。韩国民俗村位于京畿道首府水原市附近，占地163英亩，集中建造了韩国各地的农家民宅、寺院、贵族宅邸及官府等各式建筑，再现朝鲜半岛500多年前李朝时期的人文景观和地域风情。村内的240座传统建筑，有李王朝时的"衙门"、监狱、达官贵族的宅邸、百姓的简陋房屋、店铺作坊、儿童乐园等。民俗村内的店铺和露天集市上的商品大都是当地传统手工制品及别具风味的食品，有木质雕刻、彩绘纸扇、民族服装、彩色瓷器等。露天场上，每日定时都有民俗舞蹈、杂技和乡土鼓乐等精彩节目表演。村民穿着古代李朝时的衣着，演绎古代迎娶新娘、送亡人入土等村民礼仪风俗。①

荷兰的桑达姆风车民俗村和韩国的韩国民俗村，分别属于原址民俗村和迁移民俗村两种类型。这两种类型的乡村民俗旅游项目在我国前后都出现过，最早是迁移民俗村，随着乡村民俗旅游发展的推动，原址民俗村成为了发展的主流和主要类型。

（二）我国乡村民俗村典例

乡村民俗村是以村落自然民俗为基础，进行乡村民俗旅游资源开发，所形成的向游客开放的旅游民俗村。在发展中，我国形成了多个乡村民俗村典型，如石家庄民俗村、红原民俗村、杨家埠民俗村等。

1. 石家庄民俗村

石家庄民俗村位于潍坊市安丘县西南16公里的凌河镇。石家庄民俗村模式突出的特点是，在自然村落的基础上，通过整理归纳和集中乡村民俗，建立乡村民俗博物馆，围绕乡村民俗博物馆组织乡村民俗旅游。

石家庄民俗村乡村民俗博物馆为我国北方鲁中一带典型的农家四合套院形式，采用当地民间工艺建造，深垒石基，石灰泥墙、青砖小瓦房。博物馆设分一厅、六室、一院，展现鲁中一带清末和建国初期的农家生活和风俗习惯。一厅为民间礼仪厅，是民间供奉神灵、年节行礼仪的场所。六室分别是民间工艺室、民间文娱室、农事用具室、农家生活室、农家纺织室和村塾学堂室。民间工艺室主要陈列剪纸、刺绣、年画等民间工艺品；民间文娱室陈列

① 韩国民俗村. 韩国旅游网站，2007－07－23.

民间节日流传盛行的龙灯、高跷、旱船、狮包以及游戏娱乐器具等；农事用具室陈列清末以来各式农具，张挂着“四季生产图”；农家生活室陈列各种生活用具用品，有俭朴的家常用具，也有待客用的精致餐具和宴席用品；农家纺织室陈列老式的轧、弹、纺、织、印、染等工具，墙上挂有大型壁画“农家纺织图”；村塾学堂室壁上挂有字画，“四书五经”陈于案头，文房四宝列于几上，再现当年私塾面貌。一院是婚俗院，大门上书有“天上双星渡，人间六礼成”对联，院内放着花轿，设有拜天地用的香案花烛。洞房内布置着新婚摆设，充满喜庆气氛。后院设有碾房、磨房，备有马车。在民俗村里，五湖四海的宾客可以举行传统的中国古典婚礼，享受天伦之乐；也可以推磨、推碾或坐马车到村外穿行乡间小路、放风筝、观赏田园风光。

2. 红原民俗村

红原民俗村位于红原县龙日乡，距县城 55 公里。红原民俗村模式的特点是，一切按照传统的民俗生活方式，让游客从中得到乡村民俗的体验。过去，红原民俗村的牧民逐水草而居，帐篷就是家。现在开始改变逐水草而居的生产生活方式，建起了永久性的住所，形成了村落。虽然没有草原上的帐篷，但仍传承着牧民的传统文化。进入民俗村，就立即被浓郁的草原民风民俗所包围。村落建筑，虽然材料是砖瓦和水泥，但建筑风格独特，多以“凹”形为主，而且必备桑炉（敬神煨桑的香炉），屋里必辟经堂，供奉着唐卡、佛像、经书，置有多种法器，如海螺、法鼓、金刚杵、曼札之类。房前屋后插有许多旗杆，上面挂着各种色彩的经幡。每家门前都有草坪，里面搭着帐篷，拴有藏狗和随时待骑的马。待人接物献哈达。可以品尝到牧民特色的手抓肉、人参果米饭、酥油茶、和尚包子等饮食。

3. 杨家埠民俗村

杨家埠是潍坊风筝的发祥地，木版年画享誉海外，是“国家民俗文化遗产村庄”。杨家埠民俗村模式的特点是，充分挖掘杨家埠木版年画和风筝国家民俗文化遗产村庄资源，通过举办潍坊国际风筝会、杨家埠风筝年画艺术节，开展风筝年画艺术展、游园灯会、戏曲演出、名人书画展、摄影大赛、焰火晚会、“千女扎风筝、百案印年画”活动，举行群众性风筝放飞表演以及“世界风筝小姐”巡游，建造风味美食一条街等多种形式，做大乡村民俗旅游。杨家埠民俗村是展示潍坊悠久历史、灿烂文化的重要窗口和集民俗旅游、休闲娱乐、旅游产品交易于一体，在海内外享有一定知名度的旅游胜地。①

① 刘志伟. 年画喜迎五洲客 风筝连起四海情 寒亭唱活民俗旅游戏. 潍坊日报，2004，4(26).

我国已涌现的乡村民俗旅游村的多种典型，均各有特色，正在走“一村一品”的发展道路。

二、乡村乐

乡村乐是我国乡村民俗旅游中出现较早、发展较快的乡村民俗旅游项目。乡村乐是以不同劳动生产类型的乡村家庭为载体，对乡村的食、住、劳动等乡村生活民俗与生产民俗进行体验。乡村乐最初获得发展的是农家乐，接着是渔家乐，最后是牧家乐，形成了我国乡村乐的完整体系。

（一）农家乐

农家乐是以农家的住、食和农家的劳动与环境为资源，设计“吃农家饭、住农家屋、做农家活、看农家景”的游客体验方式，让游客获得乡村民俗旅游的快乐，故称“农家乐”。在1983年11月，山东潍坊安丘石家庄接待了一批来自日本的客人。日本客人与当地农民同吃、同住、同劳动，度过了愉快的三天，开创了吃农家饭、住农家房、干农家活的民俗旅游形式。随后，“农家乐”特色旅游活动在全国悄然兴起，并成为旅游业中的一大亮点。

1987年，农家乐旅游项目在成都郊区得到了完善和提升。在首个农家乐旅游形态在成都郫县农科村出现后，成都近郊的区（市）县，相继出现了利用庭院、堰塘、果园、花圃、农场等农、林、牧、渔业的资源和乡村风土民俗吸引旅游者的形成。2004年开始实施的成都市《农家乐开业基本条件》和《农家乐旅游服务质量登记划分及其评定》地方标准，开展了农家乐星级评定，使农家乐成为成都旅游特色品牌。① 截至2005年，全市农家乐数量已达5596家，农家乐直接就业人员5.8万人，带动相关就业人员29万人，实现旅游接待收入7.3亿元。② 1998年国家旅游局以“华夏城乡游”作为主题，使“吃农家饭、住农家屋、做农家活、看农家景”的农家乐，成了乡村民俗旅游一景，很快在全国兴盛起来。由于乡村的资源特色有所不同，在我国乡村就形成了不同娱乐侧重点的“农家乐”。如长沙郊区的“农家乐”把钓鱼作为主要的娱乐活动，南充以“土、野、乐、趣”为特色的“农家乐”，北京市顺义焦庄户以“住农家院、吃农家饭、干农家活、睡农家炕”，推碾子，骑驴，放鞭炮，采摘农产品，品尝绿色天然食品为特色的“农家乐”。③ 2006年4月12日，在成都开幕的首届中国乡村旅游节上，国家旅游局授予成都“中国农家乐旅游发源

① 中国农家乐旅游发源地花落成都. 中国网，2006-04-18.

② 四川“农家乐”的规模与发展历程. 人民网，2006-06-07.

③ 龙湾屯镇焦庄户民俗旅游村. 顺义区旅游局网，2008-05-02.

地”称号。①

农家乐受到城市居民的欢迎,在于城里人远离了乡村的劳动生产活动,长时间不接触生产的场景,以至于他们很希望在乡村参与这种活动。住一住和自己居住环境不一样的有瓜棚豆架的农家小院,吃一吃与城里不一样的农家饭,睡一睡与家里不一样的农家热炕,参加除草、施肥、捉虫、收获等,都是新鲜和有趣的。农家乐正是在这一点上拥有了城市居民的休闲度假旅游市场。

农家乐旅游的特点,其一,突出了一个“农”字,最大限度地保持了原汁原味的农家风味,充分显示农家特色。农家乐旅游大部分是利用农民闲置或兼用的生产资料和生活资料,资源就地取材,与城市生活情调完全不同,游客吃的是地方特色的农家风味土特产,住的是青瓦木屋农民房舍,干的是田野农活,玩的是乡村民间娱乐,买的是农家的风味土特产及手工艺品,充满了农村乡土气息。其二,经营灵活,成本低,经济效益较好。农家利用自身现有土地、房屋等固定资产,投资小、回收快。餐饮资源自产自销,游客参与农事活动把农活的劳作又转化为娱乐而创收,成本低而资源利用率高。其三,提高了农民的生活水平,推动了农村经济发展。农家乐旅游集城市与乡村的融合、一产与三产的融合、农事与服务的融合、工作与生活的融合,目前已形成了以城市反哺乡村、三产反哺一产、工业反哺农业的新态势。“赚钱”效应改变了农民对旅游的认识,反哺了农业,改变了农村,富裕了农民。另外,率先富裕起来的农户主动地出钱出力改善生态环境和基础设施建设,构建了一个和谐的乡村社会环境,进而促进了农家乐旅游及农村经济的发展。

我国农家乐发展的类型,可按接待游客方式、发展途径模式和投资模式三方面进行考量分类。按农家乐接待游客方式,可分为休闲度假型、宾馆型和餐饮型农家乐。休闲度假型农家乐是在环境生态旅游的基础上产生和发展起来的一种现代旅游形式,依托当地丰富的自然和人文旅游资源物而兴办的集吃、住、游、娱、购等于一体的乡村民俗旅游综合项目。宾馆型农家乐是以景区景点、区位优势为依托,以提供吃、住、游服务为主要经营手段和以价廉为主要经营策略的乡村民俗旅游项目。餐饮型农家乐是以解决游客就餐难为发展契机,以满足游客价廉、味美、舒适、随意的消费需求为经营策略,以原汁原味的农家菜为主要经营特色的乡村民俗旅游项目。

① “农家乐”旅游发源地举办第一届中国乡村旅游节.中国新闻网,2006-04-13.

按农家乐发展途径模式分为政府引导型农家乐、农民自发型农家乐。政府引导型农家乐是根据政府规划，并出台相关扶持政策和管理办法，结合村庄环境建设，引导农户而建立起来的农家乐经营实体。农民自发型农家乐是在市场经营的影响下，农户在景区景点周围或在自然风光和生态环境良好的地方或城乡结合部，利用现有的房屋设施开设具有农家风味的餐馆，开办为游客和城市居民提供餐饮服务的经营实体。

按农家乐投资模式分为家庭自主投入型农家乐和工商资本型农家乐。家庭自主投入型农家乐是目前我国农家乐投资的主要形式。农民以自家长期积蓄及向亲朋好友借款的方式解决初期资金投入问题。一般是以独家经营为主，也有合股或合作经营形式。劳动用工以家族内部成员为主，每家一般吸纳 2 ~4 名居多。工商资本投入型农家乐是招引工商投资者所投资的“农家乐”。

目前，我国农家乐旅游的发展还存在一些问题，一是农家乐缺乏整体规划，项目设计雷同，布局不尽合理，功能不配套，简单仿效，粗放经营，市场定位不明，在开发建设上存在着一定的无序性和盲目性。二是农家乐多为低档次、小规模、较散乱，高品位、高档次、多功能、知识型的农家乐较少。多农家乐设施普遍简陋，内容不够丰富，社会影响力不大，知名度不高，缺乏高品位。三是乡村道路建设、旅游配套设施建设、管理服务用房等用地，以及农家乐的餐饮、住宿、娱乐等的收费、安全、卫生、税收等方面都亟须规范和监管。四是农家乐经营管理人员，虽然有关方面专门组织了短期的岗前职业培训，但整体素质仍然偏低。如此等等，农家乐民俗旅游项目还远远不能满足旅游业发展的需要。

(二)渔家乐

渔家乐是在我国沿海渔业生产地区的渔村，受农家乐发展的启发而逐渐兴起的乡村乐项目，所谓“住渔家屋，吃渔家饭，乘渔家船，做渔家活，享渔家乐”，内容与形式都与农家乐相同。山东半岛日照市的渔家乐和舟山嵊泗县的渔家乐为我们提供了很好的发展案例。

日照市地处山东半岛南翼，境内有国内罕见 60 多公里的优质海滩，有近百公里的沿海风景带。利用这一资源，日照市大力发展以“住渔家屋，吃渔家饭，做渔家活，享渔家乐”为主要内容的渔家乐民俗旅游，全市有 16 个村搞起了渔家乐民俗旅游活动，总床位发展到 4.2 万张，平均每个渔家乐家庭年收入达 4 万元，多的达到 10 多万元，2004 年 14 个村接待了 300 多万游客，旅游收入达 4 亿元。其中以王家皂、任家台、桃花岛三个村最为突出。如王家皂推出了“乘船出海、撒网捕鱼、赶海垂钓、登岛探秘”等旅游项目，游客可体验渔民生活，领略海上风光。夜幕降临时，在海滩上燃起篝火，游客面对大海放歌抒怀，载歌载舞，真正体验拥抱大海、回归自然、放松身心的感觉。渔家乐民俗游也成为日照旅游的最大亮点和国内众多城市游客的首选。[①]截至2008年7月，日照市"渔家乐"民俗旅游项目已经发展到20个村、3000多户，民俗旅游已成为日照旅游的特色品牌，必将吸引更多的国内外游客前来观光旅游。[②]

舟山嵊泗县渔家乐的特点是以妇女为经营管理者，称"妇"字号"渔家乐"。舟山嵊泗县共有9家"渔家乐"，分布在泗礁本岛部分渔村，其中以五龙乡田岙村"渔家乐"发起最早、规模最大。2006年，五龙乡妇联在田岙村率先创建了"妇"字号"渔家菜、渔家乐"示范基地，共有妇女经营的渔家客栈（家庭旅馆）、渔家餐馆，渔家小店、渔嫂渔民画等项目80余家，从业妇女85人，占渔村女劳动力的77.3%。妇女唱主角的"渔家乐"经营已成为田岙村的一道风景线。[③]

（三）牧家乐

牧家乐是在我国草原牧业生产区开发的乡村乐项目。我国牧家乐中通辽市的"牧家乐"民俗旅游"十一·五"规划较为成熟。[④] 通辽市地处科尔沁草原腹地，是蒙古族地域文化——科尔沁文化的发祥地，为全国蒙古族人口最聚集地区。世代家居的蒙古人依然保留着淳朴的蒙古族风俗、浓郁的蒙古族民族风情，也保存着蒙古族传统，成为开发"牧家乐"民俗旅游天然的土壤。通辽市开发"牧家乐"民俗旅游，规划要打造一个品牌——科尔沁牧家乐风情游，形成一个新的旅游热点——科尔沁"牧家乐"，构建一座蒙古族"活"的民族文化地区——"牧家"民族文化大市，让科尔沁"牧家乐"成为草原文化旅游的代表，让浓郁的"牧家风情"飘扬九州，让游客"一天品透蒙古情，一生回味科尔沁"。

通辽市为"牧家乐"设计了"当一天牧民，做一天蒙古人"旅游宣传与活动主题。住在牧民家，体味蒙古人热情待客，学习蒙古族风俗，体验牧家劳作，放羊、打草、挤牛奶、剪羊毛、做奶制品、喂牛马羊；骑上马，坐上勒勒车，在草原上驰骋、纵情放歌，再痛饮一壶马奶酒，体验蒙古人的豪放；和牧人一起烤羊肉，做牛肉干，品炒米、奶茶、乌日莫，拉一曲马头琴，学几首蒙古歌，

① 日照大力发展渔家乐民俗旅游. 亚心网，2008-08-23.
② 王世敏. 日照成为中国民俗旅游最大接待基地. 日照网，2008-07-29.
③ 林琳. 创"妇"字号"渔家乐"品牌基地 渔农村妇女大有可为. 舟山女性网，2008-01-28.
④ 通辽市"牧家乐"民俗旅游"十一·五"规划. 通辽市政府网，2007-10-27.

跳上一段安代舞,体验蒙古人的快乐。

乡村乐的农家乐、渔家乐和牧家乐,具有各自的特点,形成了一个完整的乡村乐民俗旅游体系。

三、乡村民俗年节

乡村民俗年节是乡村传承的民间民俗年节,在乡村民俗旅游中作为一个旅游项目,不需作太多的策划。具有乡村民俗旅游项目策划要求的是根据乡村文化民俗资源开发而形成的乡村民俗年节乡村民俗旅游项目。

我国根据乡村文化民俗资源开发而形成的乡村民俗年节的案例中,2008 年周庄的民俗旅游年活动的策划具有典型意义。2008 年元旦,周庄举办传统的"开庄"仪式,拉开了从元旦一直持续到 2 月 21 日元宵节后,长达近两个月的节庆民俗活动。周庄民俗旅游年活动策划的特点是将江南水乡许多特有的民俗元素汇集,使周庄民俗旅游年活动,既是一个乡村民俗旅游项目,又是对乡村民俗文化的传承与弘扬。2008 年元旦至元宵节的周庄,张灯结彩,喜气洋洋,"贞丰泽国"牌楼两侧彩旗飘扬,全福路上龙舞狮跃,祈盼国泰民安、风调雨顺、五谷丰登、平安幸福;由苏州民俗演员扮演的周庄庄主,神色庄重地挑开了牌楼上"贞丰泽国"上的红绸,敲响了开庄的铜锣,接过周庄传奇人物"沈万三"递来的财宝,向庄民和广大游人送宝、祝福;在水巷里,鱼鹰昂首振翅,嬉戏玩闹,摇橹师傅驶着祝福的花船穿梭其间;腊月打田财、立春打春牛、除夕烧香、初一拜年、初五接财神,种种民俗活动,充分将独特的民俗节庆文化与旅游结合在一起。①

乡村民俗年节与乡村旅游中的采摘节不一样。采摘节较多属现代农业旅游,而乡村民俗年节较多属乡村传统民俗文化性年节,带有突出的文化特征。在乡村民俗年节可以出售乡土气息浓郁的中国结和剪纸,传承和弘扬乡村民俗文化,抢救、整理流传于乡村、濒临灭绝的民间工艺品、手艺绝活儿等非物质文化遗产。

四、国际民俗旅游社区

国际民俗旅游社区是北京市朝阳区旅游局为了适应 2008 年北京奥委会期间接待国际游客的需要,在高碑店率先推出的全国首个高端乡村民俗旅游项目。

---

① 翟永桢."开庄"仪式启动周庄民俗旅游年.昆山报讯,2008,1(3).

按照北京市对国际奥委会的承诺,到 2008 年北京星级饭店应达到 800 家,客房数应达到 13 万间,但当时距奥运会预测的 45 万张床位还有较大的差距,北京朝阳区旅游局于是推出"国际民俗旅游社区"、"国际民俗旅游接待户",开展家庭住宿接待,成为解决北京市旅游住宿接待迅速扩容问题的新突破口。

2005 年 3 月 3 日,首个朝阳区国际民俗旅游社区高碑店村正式推出,并迎接第一批来自美国的客人。同时,这一模式陆续推广到其他街、乡符合条件的社区,开展包括旅游参观、旅游接待在内的一系列国际民俗旅游接待活动,逐步在全区区域内形成规模,发展为区域国际旅游社区。①

2005 年 4 月 1 日,北京朝阳区旅游局邀请神州、康辉等 6 家知名国际旅行社在高碑店乡高碑店村召开国际民俗旅游社区推介会,把国际民俗旅游接待活动推向市场。高碑店有一条古典家具街和一个古典家具民俗园,高碑店国际民俗旅游接待户完备的设施、干净整洁的客房,具备接待外国游客的能力。② 4 月 8 日,北京朝阳区高碑店村国际民俗旅游接待户迎来了美国十余名游客,标志北京市朝阳区国际民俗旅游接待活动正式开始。美国游客在国际民俗旅游社区,感受中国传统文化,体验中国农民的新生活。③

随着国际游客的不断增多,我国乡村社区民俗文化与民俗风貌,逐渐被认识、被推崇,日益成为重要的民俗旅游吸引物,国际民俗旅游社区和国际民俗旅游接待户,也将从北京向全国传开。

第五节 乡村民俗旅游建设与发展

乡村民俗是我国最基础的民俗,加上乡村自然与清新的环境,乡村民俗旅游将随着民俗旅游业的发展,愈来愈受到旅游者的青睐,需要有规划、有步骤地建设与发展。

一、纳入规划范畴

我国乡村民俗旅游产业经过多年建设与发展,在发展方式、发展途径、发展模式等方面,积累了一定经验。重要的成功经验就是乡村民俗旅游的

① 北京朝阳国际民俗旅游接待活动启动. 中国旅游网,2005-04-11.

② 朝阳区旅游局召开国际民俗旅游社区推介会. 北京朝阳区旅游信息网,2005-04-01.

③ 北京朝阳国际民俗旅游接待活动启动中国. 旅游网,2005-04-11.

发展必须经过科学的规划,一开始就纳入规范的科学指导下发展。

浙江舟山市嵊泗县的妇女"渔家乐",已经发展成为当地旅游业的一个品牌。嵊泗妇女"渔家乐"的成功经验,重要的一点就是嵊泗县妇联在培育"妇"字号品牌"渔家乐"项目时,重视旅游规划。嵊泗县妇联在组织妇女"渔家乐"时,就强调乡村民俗旅游规划,要求"有条件的可以邀请省、市有关专家规划设计'渔家乐'生态庭院,按照生态旅游的标准,组织广大妇女栽植花卉、树木和果林,优化旅游环境,为渔家民俗旅游的发展打下了良好的基础。"①

特别强调旅游规划对乡村民俗旅游发展的重要性,主要在于广大的乡村还缺乏规划的意识,大多都凭一知半解的感觉,凭局限性的经验,结果导致开发建成后的乡村民俗旅游点市场响应不佳,门庭冷清。因为,乡村民俗旅游不仅仅是将乡村民俗旅游点开张起来就完事,更重要的是要对乡村民俗旅游进行一系列的科学规划和设计,需要科学地评价与选择可用于旅游经营的乡村民俗旅游资源,明确在区域旅游产业结构中的定位,确定旅游产品特色,确定客源群体和目标市场,确定市场营销方案等,这些都可以在旅游规划中得到设计。将乡村民俗旅游全面地纳入旅游规划范畴,是我国乡村民俗旅游产业走向成熟发展道路的重要保证。

二、引导组织

我国乡村民俗旅游发展的主体是乡村的村民,由于种种原因,他们不熟悉旅游,也不懂得做旅游,需要政府给予引导和组织。有学者发表《建设特色乡村民俗旅游村建设的"八化"准则》,认为,乡村民俗旅游在确立面向城市游客、服务于城市游客的基本理念的基础上,应当遵循民居外观传统化、内部装饰地方化、使用功能实用化、生活方式生态化、建设材质本土化、村落氛围生活化、社区环境田园化和组织管理家庭化等八大特色民俗旅游村建设准则,将乡土文化全面融入民俗旅游村建设之中。②

从我国乡村民俗旅游发展成功的案例来看,政府积极地引导和组织村民开展乡村民俗旅游,是有效发展乡村民俗旅游的好途径。如北京市朝阳区旅游局依据相关国家标准及地方规范性文件,结合本区域旅游民俗接待特点,制定完成了《朝阳区国际民俗旅游社区评定办法》和《朝阳区国际民俗旅游接待户评定办法》,选择具有一定民俗特色的高碑店乡高碑店村 50 户

① 林琳.创"妇"字号"渔家乐"品牌基地 渔农村妇女大有可为.舟山女性网 2008-01-28

② 王旭科.特色乡村民俗旅游村建设的"八化"准则.中国旅游报,2007-11-21.

农家作为国际民俗旅游接待户试点,进行了礼仪礼貌、服务规范、日常英语会话等方面的培训,同时,朝阳区旅游局召开国际民俗旅游社区推介会,邀请海外游客到普通百姓家庭中体验日常生活。政府根据市场需要设计旅游项目,然后引导和组织村民去实施,避免了乡村民俗旅游发展的盲目性。

三、资金扶持

我国旅游产业在发展初期,最为困难的是缺乏资金,乡村民俗旅游的发展更是如此。由于乡村民俗旅游的发展迟于城市经济的发展,在城市经济获得发展的前提下,应该给乡村民俗旅游的发展提供资金扶持,使之获得良好发展。

对乡村民俗旅游的发展进行资金扶持的方式和途径可以有很多,如政府扶贫资金、银行贷款等,需要在实践中进行探索,寻找切合实际的资金扶持的方式和途径。如浙江舟山市嵊泗县妇联为了扶持渔村妇女参与“渔家乐”项目,培育“妇”字号品牌示范基地,解决全县渔村妇女发展“渔家乐”资金短缺的制约,要求各级妇女组织积极整合各方资源,协调政府、农林、渔业、旅游、劳动等部门,给予资金、技术、信息、人才的支持,建立“妇”字号“渔家菜、渔家乐”示范基地,实现以基地带动妇女就业,以基地促进效益的发展。①

我国的乡村民俗旅游从启动到初步发展,走过了三十年的发展历程,由于基础较为薄弱,全国发展不均衡,发展的水平和质量也参差不齐,总的状态还处在初期阶段,其特征就是自发性突出、模仿性突出、城市化倾向突出,还未能从民俗文化的层面去创意和创新,形成地域的特色、村落的特色、生产的特色、生活的特色。乡村民俗旅游要从初级阶段走向发展阶段,走向成熟,需要关注和克服乡村民俗旅游的模仿性和城市化倾向,特别是城市化倾向。如果让游客在逃离城市的喧嚣来到乡村时,发现自己又来到了另一个“城市”——一样的城市感觉,这就与游客选择“乡村民俗游”的目的大相径庭,这样的现象如果一再扩大,游客的满意度也势必逐日下降。乡村民俗旅游最根本的是做好“乡村民俗”的展示,使乡村民俗文化体验获得提升,形成万紫千红的发展态势。

---

① 林琳.创“妇”字号“渔家乐”品牌基地 渔农村妇女大有可为.舟山女性网,2008-01-28.

第八章

城市民俗旅游规划

城市是一个区域经济与文化的聚集区，历史的积淀与民俗的传承，形成了城市间的区别。旅游者在不同的城市之间进行旅游，体验城市的民俗文化。

第一节　城市民俗旅游资源认识与民俗旅游项目构成

一、城市民俗旅游资源

城市突出的民俗旅游资源，一是城市历史民俗，历史铸造了不同的城市不同的文化风格；二是城市街市民俗，不同民俗风情聚集的老街，形成了不同的城市街市文化风光；三是城市节庆民俗，特别是具有地域文化特色的老百姓情有独钟的庙会与灯会，四是城市戏曲与工艺；五是城市饮食与特产。

各个城市的历史、区域、文化发展轨迹的变异，形成了学术界对不同城市民俗旅游资源的分类。如天津是一座具有600多年悠久传统习俗的城市，文化底蕴丰厚。有的民俗学家将天津城市民俗旅游资源分为信仰型民俗旅游资源、游艺型民俗旅游资源、社会型民俗旅游资源、名人故居型民俗旅游资源、博物馆和纪念馆型民俗旅游资源、经济型民俗旅游资源等六大类。其中，信仰型民俗旅游资源，包括民间信仰和宗教信仰民俗旅游资源，有唐代的独乐寺、元代的天后宫、明代的文庙、清代的大悲院和清真寺、民国的西开天主教堂等；游艺型民俗旅游资源有杨柳青年画、泥人张彩塑、风筝魏的风筝、绒花、剪纸、民间艺术花会、民间刻砖艺术、戏曲、书画、音乐等；社会型民俗旅游资源，包括饮食文化（狗不理包子、十八街麻花、炸耳朵儿、炸糕等）、语言文化、人生礼俗、商贸与生产习俗、岁时习俗、民间禁忌等；名人故居型民俗旅游资源，包括张园（孙中山先生北上经天津时下榻的地方），静园（清宣统皇帝溥仪退位后来津居住的地方)、早期话剧活动家、艺术教育家李叔同(弘一法师)的故居,张学良故居,民族英雄吉鸿昌故居等;博物馆和纪念馆型民俗旅游资源,包括天津历史博物馆、吕祖堂义和团纪念馆、觉悟社纪念馆、平津战役纪念馆、周恩来邓颖超纪念馆、戏剧博物馆、民俗博物馆、自然博物馆、艺术博物馆等;经济型民俗旅游资源,包括古文化街旅游商贸区、鼓楼商业街等。①

截至2007年年末,我国拥有656个城市②,每一个城市都有属于自己的城市民俗文化,这是一个庞大的城市民俗旅游资源库,是我们推进城市民俗旅游发展的基础和保障。

二、城市民俗旅游项目构成

城市民俗旅游资源是城市民俗旅游项目策划和设计的基础,一个城市民俗旅游项目开发应选择符合城市实际、体现民俗文化特色的适当形式。

城市民俗旅游是与乡村民俗旅游是相辅相成的两种不同旅游体验的旅游形式。城市民俗文化与乡村民俗文化有传承与发展的关系,正是这种关系深深地牵动着城乡人们的情怀,转变成为巨大的旅游吸引力。城市民俗旅游项目需要扣准城市民俗文化的“脉”,让之成为城市民俗旅游的聚宝盆。

一个城市的旅游,仅有建筑观光和购物旅游,仍属浅层次的旅游,城市民俗文化使城市旅游变成了富有文化内涵的旅游。城市民俗旅游项目策划需要寻找能体现城市内涵的城市民俗文化,并将城市民俗文化变成具有可观、可赏、可参与性的城市民俗旅游项目。

城市民俗旅游项目策划,需要关注社会经济发展引发的旅游潮。如从2005年起,国家免征农业税,减轻负担后的农民越来越多走向城市进行旅游。城市民俗旅游项目策划需要考虑农民的城市民俗旅游需求。

城市民俗旅游项目的模式可以分为专项模式和综合模式。专项模式就是依据单一城市民俗旅游资源所策划的城市民俗旅游项目,如广西南宁市根据农历三月三壮族传统的歌圩民俗,1993年起开始举办民歌节,从1999年起广西壮族自治区人民政府把“广西国际民歌节”更名为“南宁国际民歌艺术节”,并定于每年的11月在南宁举行,由南宁市人民政府邀请国家文化部文化图书馆司、国家民委文化宣传司联合举办,发展成为我国城市民俗旅游的品牌。城市民俗文化往往是多元的,而且有时是交叉和相互渗透的。

① 钟敬文. 民俗学概论. 上海:上海文艺出版社,1998.

② 中国市长协会. 中国城市发展报告2007. 北京:中国城市出版社,2008.

因而,就应运而产生了城市民俗旅游综合模式。

城市民俗旅游综合模式所开发的城市民俗旅游资源是多项的,具有多元性和综合性。如2008年正月十五元宵节,天津市老城区就筹划举办了以民俗文化、都市文化、奥运文化为主题,包括“三大庙会”、“四大灯会”等多项特色民俗文化的活动,给广大市民和游客提供丰富多彩的城市民俗文化旅游大餐。三大庙会包括国家5A级景区——古文化街旅游区的“金鼠贺岁奥运年”新春民俗旅游庙会、第二届水上公园新年大型庙会和天后宫“戊子年传统文化庙会”。四大灯会为鼓楼商业街“正月灯会”、古文化街“迎奥运闹元宵”灯会、天后宫“元宵传统灯会暨灯谜有奖竞猜活动和老城博物馆第二届新春万民赛灯会”。①

不同地理位置的城市,具有不同区位的城市民俗文化资源和城市民俗旅游优势。处在边境的城市,利用边境城市的国际民俗特色,开发边境城市民俗旅游。如位于吉林省东南部的图们江下游地区的珲春市,地处中、朝、俄三国交界地带,融中、朝、俄三国民俗,根据东部边境城市民俗景观环境的地域组合结构、类型结构,规划开发了珲春边境城市旅游区、防川边境观光旅游区。②

民俗旅游,推动了城市住宿、餐饮、购物、娱乐、交通等方面的发展,使城市住宿、餐饮、购物、娱乐、交通等方面变得有序和具有科学性。

第二节 城市节庆、灯会与庙会民俗旅游

城市节庆、灯会与庙会民俗是城市市民的民俗文化生活的组成部分,也是城市民俗旅游的重要项目。

一、城市节庆民俗旅游

城市“节”民俗,分传统文化节和旅游文化节。传统文化节是全国统一的民俗节庆,如春节、清明节、端午节、中秋节等中华民族的传统民俗节日。文化旅游节是城市根据城市民俗的资源特色举办的,如山东潍坊的国际风筝节。

城市民俗节庆要转变为节庆旅游项目,需要通过有目的策划和组织。

① 猜灯谜 赏花灯.天津日报,2008,2(15).

② 延边州:构建东部边境民俗旅游协作区.http://www.jlsina.com,2007-08-24.

如在2005年春节期间，从农历正月初一至十九，河南开封在清明上河园举行第五届春节民俗文化节，组织了丰富多彩的民俗手工艺品展、开封名吃汇展、节日灯展、菊花精品摄影展等活动。[①] 2006年春节，北京春节传统节目"过春节，逛庙会"异常热闹。据统计，大年初一雍和宫就接待游客达4.5万人，超过最大容量。世界公园的"亚洲春节民俗巡游活动"，吸引游客数量同比增长5倍。[②] 2008年春节，山东济南市旅游局举办"2008济南民俗风情旅游节"，展示根雕、面塑、蛋刻、剪纸、木鱼石、米上刻字等几百种民间手工艺品以及特色小吃、民俗文化表演节目。[③]

潍坊位于山东省的中部，风筝历史悠久，据《潍县志》载，潍坊自宋代起民间就开始流行风筝。至今潍坊风筝已在海内外拥有了颇高的声誉。英国著名学者李约瑟在《中国科学技术》一书中，就曾把风筝列为中华民族向欧洲传播的重大发明之一。自1984年起，潍坊每年举办一届国际风筝会。1988年，潍坊被世界风筝联合会确定为"世界风筝都"，世界风筝联合会总部也设在潍坊。每届的国际风筝会，都吸引了大量的海内外客人来潍坊旅游，来潍坊放飞风筝，来潍坊洽谈经贸。

二、城市灯会民俗旅游

城市民俗的"会"旅游，最具影响的是灯会和庙会。我国很多城市每逢元宵有办灯会的习俗，如自贡灯会、福州灯会、北京灯会、成都灯会、广州灯会、开封灯会、台湾灯会等，故而，又称"元宵灯会"。

我国城市灯会以自贡灯会最为源远流长。自贡灯会已成为国家向海外推出的中国最有名气的大型民俗旅游活动之一。自贡中国彩灯博物馆是研究、陈列东方彩灯艺术的独具特色的博物馆。2006年，南京夫子庙灯会为庆祝20周年纪念日，首次将彩灯从夫子庙绵延至秦淮河上，再现了"灯彩秦淮甲天下"胜景。[④]

2007年3月3日，福州"三坊七巷"首届元宵灯会正式开展，据悉，这是福州自1949年以来举办的规模最大的一次大型花灯展。早在唐代，福州就已成为全国盛行花灯活动的十大城市之一，元宵佳节，福州民间制灯、买灯、赏灯、送灯活跃。南宋时，福州花灯与苏杭的花灯同被列为上品花灯，蜚声

① 开封春节民俗旅游活动异彩纷呈. 河南省旅游信息中心网，2005-01-26.

② "民俗旅游"成为春节一大亮点 游客大增. 新华网，2006-02-10.

③ 山东各地"民俗游"拉开大幕 游客多于去年. 青岛新闻网，2008-02-09.

④ 同②。

海内外。在灯会上可以看到走马灯、龙灯、莲花灯、鹦鹉灯、观音送子灯等，数不胜数。“三坊七巷”是福州市中心最具历史文化感的古街坊。据灯会组织者介绍，自2月26日灯会试展以来，已有25万人次前来赏灯，3月3日、4日两天每天观灯人次突破10万人次。①

作为城市民俗文化，元宵灯会的灯的制作既要体现传统的工艺，又要融入现代的声光电技术，重现古时市井风貌，使赏花灯、扭秧歌、猜灯谜的元宵节成中华民族的狂欢节。

三、城市庙会民俗旅游

庙会，又称“庙市”或“节场”。原来属于民间信仰的酬神活动，随着与佛教、道教的求神拜佛相结合，民间酬神活动也逐渐由乡间的里社转移到佛寺和道观中进行，寺庙、道观场所就成了民间酬神与求神拜佛聚会的场所。随着经济发展和人们物资交流的需要，庙会的祭祀活动融入了集市交易活动，庙会又得名为“庙市”，成为中国市集的重要形式。随后，庙会上又增加了民间戏曲杂技的表演等文化娱乐活动，逛庙会就成了人们逢年过节不可缺少的内容。各地庙会的具体内容不同，各具特色，形成了城市庙会民俗旅游活动。著名的有北京庙会、泰山东岳庙会、郑州商都民俗庙会、洛阳文化庙会、天津庙会、南京夫子庙庙会等庙会民俗旅游。

北京有地坛庙会、龙潭湖庙会、厂甸庙会、白云观庙会、红楼庙会、日坛庙会等，各具特色。规模最大的地坛庙会是春节庙会，在庙会上除了北京特色的手艺绝活、风俗民情、特色小吃外，还有来自天津的年画，来自陕西、山西的剪纸，来自东北的木雕，令京城百姓大开眼界，民间艺人的杂技、文艺相声、魔术、戏曲、武术、旱船、花会应有尽有。在商品一条街，可以买到各种民间工艺品和拨浪鼓、风车、翻花等儿童玩具等。

2006年，泰山东岳庙会以“逛东岳庙会，览民俗风情”为主题，按照“贴近民间，贴近企业，贴近游客”和“突出民俗宗教文化，突出企业社区文化，突出购物美食文化”为原则，组织了斗鸡、蹴鞠、打擂、说书等丰富多彩的旅游活动，以打造“民俗泰安，购物泰安，美食泰安；文化泰山，吉祥泰山，祈福泰山”的旅游形象。②

2008年，郑州商都民俗庙会和淮阳太昊陵、浚县大伾山、商丘火神台、洛阳文化庙会等古庙会群，首次联合开展“中原古庙会大联动”活动。此外，郑

① 福州“三坊七巷”举办首届元宵灯会.新华网，2007-03-03.

② 泰山东岳庙会民俗旅游盛宴开席.新华网，2006-04-14.

州城隍庙、文庙景区也举行了新春文化庙会。据统计,郑州城隍庙庙会、商都民俗庙会7天共接待游客近10万人次。①

2008年正月,天津古文化街举办新春民俗旅游庙会,组织了许多带有浓厚“津味儿”的民俗表演,有画糖人、捏面人的民间传统绝活,有抖空竹、踢花毽、抽陀螺等游戏,还有鼓楼和老城博物馆的民俗系列展览,吸引了不少游客。②

第三节 城市民俗街与民俗公园

城市民俗街与民俗公园是集中展示城市民俗的两种形式,也是进行城市民俗旅游的两个项目。城市民俗街是城市发展过程中自然形成的城市民俗文化聚集区,而民俗公园则是经过规划建造的城市民俗文化展示区。城市民俗街与民俗公园各有特点,各具韵味,城市民俗街的民俗文化自然淳朴,民俗公园的民俗文化鲜明强烈。

一、城市民俗街

城市民俗街,俗称老街,是城市历史与民俗文化的集中区,主要位于城市传统的商业闹市街区,保存着浓郁的城市传统民俗文化色彩,不论大、中、小城市,民俗街都大体如此。北京前门大街、上海庙前大街、长春人民大街、呼和浩特通道南街、重庆鱼洞老街、丽江四方街等都是不同规模的城市民俗街。

(一)城市民俗集聚中心

城市民俗街是城市民俗文化的集聚中心,具有强烈的旅游吸引力。如前门大街是北京地标性的老街,全长840米。据史料记载,自明成祖迁都北京以来,前门大街就是皇帝去天坛、先农坛祭祀的必经御道,已有570年历史。③ 上海庙前大街,原名方浜中路,全长825米,是100年前上海的繁华集市,汇集了一批上海最早的钱庄、金店、银楼、酒肆、茶馆、戏楼、商行。老街由西到东的建筑风格和业态布局,展示了老上海从明清向民国,直至西洋文化涌入时期的历史文化的演变。长春人民大街始建于1907年,是长春市的

① 赶庙会成春节旅游亮点 河南省七天招财21.63亿. http://www.1biw.com.cn ,2008-02-15.

② 伍振,李刘,肖林,守勇. 立武正月里去天津闹民俗. 新民晚报,2008,2(19).

③ 北京前门大街修缮完工再现清末民初风貌. 新华网,2008-05-11.

"百年老街"。①呼和浩特通道南街是一条个性鲜明独特的伊斯兰风情街，始建于清康熙三十二年（公元1693年）的呼和浩特清真大寺就位于通道南街上。重庆鱼洞老街是一条保持清末民初时期建筑风格的百年老街。丽江四方街始建于宋末元初，大小路面均铺五色石板，经数百年走磨，石纹毕露，瓦房民居大多三坊一壁，天井正方，走廊宽敞，门窗雕饰花鸟图案，颇为别致。

（二）城市民俗街修缮

一座城市的老街，都不同程度地存在着历史建筑破损、道路坑洼不平的状况。因此，城市民俗街需按照城市民俗旅游的要求进行规划提升。规划提升主要在两个方面，一是凸显城市民俗街的民俗文化风貌，二是添加旅游功能。

在城市民俗街规划中，凸显城市民俗街的民俗文化风貌，需要遵循"修旧如旧"的原则。实践中，我国城市民俗街在民俗文化风貌凸显上已总结出科学的原则，如在修缮北京前门大街时，始终遵循"商业功能与古都风貌相结合"、"历史遗存与历史符号相结合"两大原则。长春市在规划人民大街时，也本着发掘历史文化、传承历史风貌的原则，以"修旧如旧"的手法，复原街路两侧的历史建筑风貌，展现城市特色文化景观。重庆在对鱼洞老街区危旧房改造时，以恢复性改造为主，坚持"修旧如旧，改造更新，新旧结合"的方针，保持建筑形式、材质与风格的重庆传统山地建筑特色。呼和浩特围绕伊斯兰文化的底蕴发掘谋划，在伊斯兰民俗街建设风格上，凸显出强烈的文化品位和民族特色。

对城市民俗街修缮的主要目标和方式，就是重现老街的百年老店、商铺和民俗文化街景。如北京在修缮前门大街时，在街道两侧重挂起了全聚德、中国书店、中国邮政、宝兴、义昌源、广和楼、中和戏院等商铺、戏院和老字号的招牌，依照原样在原址复建了五间、六柱、五楼的柱出头式五牌楼，恢复了834米的白石御路。上海老街修缮时，在东段保留了清末民国初年的民居特色，老街两侧恢复了花格窗、排门板、范氏栏杆、落地摇杆门等，再配以屋顶上的飞檐翘角、花边滴水和马头墙。在西段的房屋外立面恢复明清建筑样式，突出上海老城厢的民俗风情，黛瓦粉墙，红柱飞檐。重现了童涵春、老同盛、吴良材、万有全、裘天宝、老上海茶馆、德顺酒菜馆、春风得意楼、西施豆腐房、丁娘子布庄、荣顺馆、博印堂等百年老店，同时开设丹凤茶楼、名医堂等富有传统特色的商铺。长春人民大街重点复原了清末民初长春邮便所、

① 长春人民大街照明 火树银花不夜天. 中国照明网，2008－07－09.

新京满铁综合事务所、大和旅馆、国都旅馆、满铁长春图书馆、大岛洋行、京会社、加油站、典当行等10座有代表性的历史建筑。①

(三)添加旅游功能

在城市民俗街的修缮规划中,除了凸显城市民俗街的民俗文化风貌,以增强城市民俗街的旅游观赏价值外,添加旅游功能是重要内容,具体要求以"立旧创新"为原则,从游客的组织集散需要出发,对城市民俗街的道路、停车场作出规划,使人车分流,实现城市民俗街与城市道路交通合理衔接。如长春人民大街利用东一条街、丹东路、黑水路、西一条、长白路、辽宁路形成站前环路,实行车流单向疏导。机动车以长白路与辽宁路为起泊点,人流则从站前环路及站前广场的地下通道通过,实行人车分流,解决人车混行、交通不畅的瓶颈问题。城市民俗街由于用地空间有限,一般以地下停车场的方式解决停车问题。如,北京前门大街建设了大型地下停车场,可同时满足1000辆车辆泊车。地下停车场建改在解决停车难、人行难和人车混杂等问题的同时,又解决了旅游停车服务与古街抢占空间的问题,维系了城市民俗街的空间景观。

城市民俗街实际上是一个民俗步行观光与民俗购物街区,但不排斥为游客提供游览车服务。得当的游览车服务,还可以成为城市民俗街的一道亮丽的风景。如北京前门大街的青白石路上规划了两辆1924年北京最早引进的老样式铛铛车,在御道间对开运行,设计时速5~8公里,同时可容纳84人乘坐,抵达终点后只需要一两分钟。既便利了游客,又是一个旅游项目,还是一个老北京历史交通民俗文化。又如,内蒙古民俗旅游城市呼伦贝尔市在民俗旅游街区推出独具特色的骆驼车、勒勒车,吸引了众多游客。

为了增加城市民俗街的可观性和娱乐性,可以在城市民俗街上规划设置一些有当地民俗文化要素的座凳、花坛、路灯、路标、垃圾箱等设施,既完善了城市民俗街的旅游服务功能,又增添了城市民俗街的可观性,如北京前门大街的鸟笼路灯。在娱乐性上,可规划汇聚当地的工艺美术大师作品展示馆,安排民间艺人绝活表演和民间风物展示。如在重庆鱼洞老街,聚集了糖关刀、草编、面人现场制作,用雕塑的形式展示了老山城的报童、擦鞋者、更夫等历史民俗文化等,给城市民俗街增添了民俗文化旅游魅力。

二、城市民俗公园

城市民俗公园,或称"民俗风貌区"、"民俗风情园"。城市民俗公园是为

① 刘昕,邹智威.站前人民大街 将重现老长春.新文化报.2008-07-07.

了增加民俗旅游城市的可游性而规划建设的城市主题公园。城市民俗公园的特点是,以城市民俗文化为主题,以现代的艺术手法将城市民俗集中再现。老成都民俗公园和重庆洪崖洞民俗风貌区是两种类型的城市民俗公园的典例。

老成都民俗公园位于成都市人民南路立交桥下,占地面积45亩,绿地面积20000平方米,总投资1300万元,于2001年9月开工建设。老成都民俗公园全部利用立交桥下面的空间修建,是成都市乃至西部地区的首座立交桥民俗公园。公园以老成都的民间民俗生活文化为主题,以浮雕的形式,凝炼和浓缩了成都城市民俗文化的变化历史。"推鸡公车"、"掏耳朵"、"转糖画"、"锯木料"、"唱竹琴"、老街坊、长条凳以及天井四合院里以往的生活等,一幅幅市井民俗的画面,一处处栩栩如生的青铜雕塑,再现了成都旧时的风貌。老成都民俗公园全年开放,四季皆适合旅游。①

重庆市洪崖洞民俗风貌区北临解放碑沧白路,南接嘉滨路,沿江全长约0.6公里,以城区的一个典型民俗文化小区为基础规划而成。洪崖洞传统民俗风貌区以最具重庆传统建筑特色的吊脚楼为基本建筑风格,以传统巴渝十二景之一"洪崖滴翠"为中心景点,浓缩了重庆3000年历史,集餐饮、娱乐、休闲、保健和特色文化购物等五大业态,形成"立体式空中步行街"格局。"洪崖滴翠"是巴渝十二景中的一大景观。区域内岩壁巍峨,树木葱茏。古有黄庭坚、王尔鉴、姜会照等著名诗词大家纷纷在此落下墨宝:"珠飞高崖落,翠涌大江流"、"自是仙崖张画景,岚光一片袅清风"。也是古巴渝文化的一大代表。洪崖洞民俗风貌区已经成为重庆市"老历史文化游"线路的重点景区之一,并被纳入三峡游首站线路开发的重点景区,前往三峡旅游之前将首先游览洪崖洞。游客可以在洪崖洞游吊脚楼,观洪崖滴翠,宿民俗酒店,特别是观看《巴渝情缘》大型多媒体原创音乐歌舞。由于洪崖洞临近朝天门码头,游客们游览后可直接登上开往三峡的游轮。②

城市民俗街与民俗公园活化了城市的历史与民俗,成为了人们理解城市历史变化与民俗文化精髓的大观园。

① 老成都民俗公园简介.成都网,2008-09-15.

② 洪崖洞民俗风貌区介绍.巴人艺坊网,2006-10-10.

第四节　城市民俗博物馆与城市民俗艺术博览会

城市民俗文化有多种存在和展示的形式，城市民俗博物馆与城市民俗文化艺术博览会，分别是城市民俗文化的物化存在展示形式和人文艺术的存在展示的形式。

一、城市民俗博物馆

民俗博物馆属于遗产类博物馆，是征集、收藏、研究、展示地区和民族长期劳动和生活的产物，反映地区和民族生产、生活、民俗、信仰、娱乐等民俗文化事项的收藏、宣传、教育和科研的非营利机构，是遗产管理的重要单位。[①] 随着我国城市经济和文化的发展，城市民俗博物馆得到了发展，而且与城市的民俗旅游发展相结合，成为城市民俗旅游的重要项目。

20 世纪 80 年代的中期是我国城市民俗博物馆建设的发端期。山西省襄汾县丁村民俗博物馆 1984 年秋筹建，1985 年 11 月 10 日开馆；天津民俗博物馆 1985 年筹建，1986 年元旦开馆；1986 年，苏州民俗博物馆建成开馆；1988 年，洛阳民俗博物馆正式开放。这一时期城市民俗博物馆建设发展的势头，一直持续到 20 世纪 90 年代。20 世纪 90 年代是我国城市民俗博物馆持续发展的时期。在这一时期，南京市民俗博物馆于 1986 年开始筹建，1992 年 11 月 18 日正式对外开放；青岛市民俗博物馆于 1998 年 12 月 26 日正式对外开放；北京民俗博物馆 1997 年成立，1999 年正式对社会开放。

我国城市民俗博物馆主要是利用庙、宫、会馆、民宅等中国典型的传统建筑修缮建成，如北京民俗博物馆设在北京东岳庙、天津民俗博物馆和青岛市民俗博物馆选用天后宫、洛阳民俗博物馆设在潞泽会馆（因祀关羽又名关帝庙），南京民俗博物馆设在甘熙故居、苏州民俗博物馆位于苏州古典园林狮子林东侧古宅内、襄汾丁村民俗博物馆利用丁村明清民居建成等。城市民俗博物馆选用传统建筑，使传统建筑民俗与博物馆相得益彰。民俗博物馆所依托的传统建筑具有丰厚的民俗文化底蕴，民俗博物馆的建立，拓宽了传统建筑服务社会的功能，同时，传统建筑本来就属于城市民俗的组成部分，传统建筑具有的民俗文化内涵烘托了城市民俗博物馆的民俗文化氛围，

① 周玮，沙润．遗产经济学原理在中国民俗博物馆旅游开发策略中的应用．安徽农业科学，2007．

强调了城市民俗博物馆的民俗文化本质,也成为民俗博物馆生存与发展的灵魂。

然而,学术界对选用传统建筑建设城市民俗博物馆的意见并不一致。有学者认为,城市民俗博物馆"应还庙于宗教"。[①] 问客网曾以"您觉得城市博物馆的建设利用传统建筑改造好,还是新建好?"为题,设计了最好利用传统建筑或旧建筑改造、最好是新建建筑并作为新的城市标志、上述两者兼有等三个选项作了网上投票调查,有 501 人参与投票,结果是:选择最好利用传统建筑或旧建筑改造的为 47.9%,选择最好是新建建筑并作为新的城市标志的为 34.3%,选择上述两者兼有的占 17.8%。

我国城市民俗博物馆的功能,一是收藏、陈列和展示城市民俗文化;二是举办城市民俗文化活动。城市民俗民风博物陈列主要包括生产民俗、家具民俗、服饰民俗、婚俗、寿俗、节俗、食俗、礼俗、信俗、交通民俗、岁时节令和民间歌舞艺术、民间工艺等主题内容,陈列时采用图片、图表、实物、模型、蜡像、投影、录像等方式,或单体,或系列,或场景,立求系统、直观、生动地展示城市民俗文化。

举办城市民俗活动是城市民俗博物馆的重要功能。我国许多城市民俗博物馆都利用中国传统的节日举办民俗活动,以扩大业务,创造社会效益和经济效益。如北京民俗博物馆每逢春节、端午、中秋、重阳等中国传统的节日,都举办民俗活动,配合相应的民俗节日展览,用民俗活动来带动全馆的业务,把博物馆建成北京民俗文化旅游活动中心、民俗文化展示中心、民俗文化研究中心。同时开发与节日相匹配的小商品,既有东岳庙特色,又有文化内涵。比如端午节,民间有配香包的习俗,特意定制一种小香包,绣上东岳庙的馆徽,内装熏衣草,小巧玲珑,既可当香囊配在胸前,吻合端午佩香包的习俗,过后又可用做手机链,既实惠又有内涵。配上精致的包装,还能作为节日礼品。中秋节,老北京人有请兔爷的习俗。民俗博物馆特别策划了一座"兔爷山",既是节日场景,同时在节日前后进行现场售卖。[②] 天津民俗博物馆每逢重大节日还要在古戏楼和广场举办传统的戏剧演出及民间花卉表演,并展卖各种民间艺术品。[③] 苏州民俗博物馆每至清明节、七月半、十月朝,举办"三节出会",到虎丘祭祀,上演各式各样的民间表演,已成为苏州特色旅游项目之一。青岛市民俗博物馆通过举办陈列展览、民俗庙会、民俗风

① 走进北京民俗博物馆.世界文化遗产网,2007-10-28.

② 县级博物馆的发展前景.历史千年网 2007-02-09.

③ 天津民俗博物馆.中国网,2006-02-24.

情展演、庭院戏剧演出等民俗文化活动，吸引了众多的中外游客参观游览，已逐步成为青岛民俗研究中心和民俗文化的活动中心。

开发特色民俗工艺品是城市民俗博物馆的功能之一。城市民俗博物馆应组织和发挥民间艺人的民俗手工技术，将民俗工艺品的使用功能转变为展示和体验民俗文化的功能，使游客体验到传统文化的深刻内涵。旅游者希望能有亲身体验创作手工艺品的机会，民俗博物馆可以为其提供一个参与平台，设计参与活动方式。目前，国内多数民俗馆对剪纸、绒花、刺绣、云锦、虎头帽、脸谱、微雕等民俗工艺品还停留在陈列层面，应开发、设计和包装特色民俗工艺品，鼓励游客参与制作，在制作过程中体验传统民俗文化。还应定期或不定期地邀请民间艺术家或当地民间艺人现场表演精彩技艺和民间绝活，如紫砂工艺、皮影艺术、悠悠表演等，并对参与制作活动的游客进行现场指导，寓教于乐。

城市民俗博物馆需要充分运用数字化、虚拟化技术，推动民俗博物馆展示方式的科学化更新。民俗博物馆在展示民俗文物时，可利用现代化、数字化、虚拟化的各种科技手段，进行再现、模拟和互动，展示民俗事象。2010 年上海世博会的城市展馆的城市文化展示方式值得借鉴。城市民俗博物馆可以制作一些专题片，如提线木偶表演、皮影戏等，进行循环播放，增加游客视听感受，让游客全方位体验民俗文化遗产的魅力。用数字化产品开发地方民俗文化的精华，有着极大的市场潜力。

城市民俗博物陈列和举办城市民俗活动，一动一静，相辅相成，相得益彰，扩大了城市民俗民风展示的空间，推动了城市民俗文化的传承和发展。

作为城市民俗旅游组成部分的城市民俗博物馆，需要研究城市民俗旅游市场。客源市场定位不应局限于对城市民俗有兴趣旅游者和专家学者，应把当地居民和外来游客都列入其中，开发潜在的客源市场。

城市民俗博物馆的建设与发展，特别是县级民俗博物馆，需要解决藏品匮乏、经费不足、研究不足的难题。解决藏品匮乏难题，需要在深入民间征集民俗文物的同时，通过举办传统民俗活动，得到民间的支持。解决经费不足，一要改进经营理念，积极开发有民俗博物馆特色的文化创意，通过多种渠道实现社会效益、经济效益的最大化；二要争取政府对民俗文化保护的财政资金的支持。解决研究不足的难题，需要向民间学习，通过深入民间进行民俗文化调查，体验民俗文化，获得对民俗文化认识的提高。

二、城市民俗文化艺术博览会

与城市民俗博物馆相比较，城市民俗文化艺术博览更多的是从政府的层面，把城市民俗文化与民俗旅游推向更大层面，获取更大的社会效益、更大的经济效益。

城市民俗文化艺术博览会是城市规模宏大的节会活动，城市民俗文化艺术博览会策划需要动员整个城市的资源，整合城市政治、经济、地理、文化、行政、人力等资源，是一个系统工程。城市民俗文化艺术博览会的系统工程组织需要系统的思想和系统的方法，来保证城市民俗文化艺术博览会目标的实现。城市民俗艺术博览会以城市的核心价值、利益层圈、竞争力为最终的取向。城市民俗文化艺术博览会需要经过项目立项、项目策划、运行框架搭建、组织实施四个阶段。城市民俗艺术博览会活动，结构上主要由名称、内容、地点、时间、组织机构等五大要素构成，策划内容上涉及博览会战略定位、博览会项目、博览会融资、博览会管理、博览会营销等五个方面，具体的技术方法步骤为进行信息收集、调查分析、整理判断，形成城市民俗文化艺术博览会方案，达到城市民俗艺术与旅游系统资源的最优组合，实现博览会民俗旅游功能的最大化，实现城市民俗文化艺术博览会持续发展的根本目标。

我国城市民俗文化艺术博览会可分为专项民俗文化艺术博览会和综合民俗文化艺术博览会两大类型。城市专项民俗文化艺术博览会是城市某一单项出类拔萃的民俗文化艺术品的博览会，如“中国东阳木雕竹编工艺美术博览会”，广东江门市“中国民俗文化艺术彩灯博览会”，大连国际文房四宝、国石暨旅游文化艺术品博览会，甘肃庆阳端午香包民俗文化博览会等。综合民俗文化艺术博览会展览的民俗文化艺术涉及广泛，有的多达几十种，如哈尔滨民间民俗艺术博览会、北京民俗文化艺术博览会、上海民族民俗民间文化博览会、长春民间艺术博览会、武汉民俗艺术博览会等。

浙江省东阳市，被誉为“教育之乡”、“建筑之乡”、“工艺美术之乡”。东阳木雕、东阳竹编是东阳工艺美术百花园中的两朵奇葩，早在1915年，东阳木雕和竹编工艺制品就双双在巴拿马万国商品博览会上获金奖。东阳木雕鬼斧神工，是浙江三大名雕之一，列全国四大木雕之首，为首批国家级非物质文化遗产保护项目。东阳竹编巧夺天工，有2000多年历史，3000多个品种，被列为第二批国家级非物质文化遗产名录。1995年，东阳市被文化部命名为“中国民间艺术之乡”；2002年被中国轻工业联合会、中国工艺美术学会命名为“中国木雕之乡”。

2006年，东阳市开始举办中国东阳木雕竹编工艺美术博览会，至2009年11月，连续举办了四届中国（东阳）木雕竹编工艺美术博览会，每一届都盛况空前。如第三届中国东阳木雕竹编工艺美术博览会吸引了全国70多位工艺美术大师参展,汇集各流派精品木雕、竹木编刻精品、旅游工艺品、圣诞礼品、手工艺品等;木雕技艺比武活动中近百名生产一线的雕刻技术工人围绕人物、山水、花鸟三个题材,以统一雕材、统一图稿、统一工时同场竞技。

1999 年,哈尔滨举办了第一届民间民俗艺术博览会,简称"哈博会"。到 2009 年 7 月,哈尔滨一共举办了十届哈尔滨民间民俗艺术博览会,特别是自 2006 年以来,"哈博会"实行市场化运作,艺术品展销结合,初步探索出了一条市场化、产业化发展路子。"哈博会"具有四个鲜明特点:其一,领导高度重视,社会鼎力支持。其二,艺术种类繁多,展品竞相争艳。具有浓郁传统文化色彩的黑龙江流域民俗文化艺术精品,如萨满文化艺术品(各少数民族萨满服饰、木刻神偶、神具)、鱼皮文化艺术品(袖珍鱼皮服饰、鱼骨工艺品、鱼皮画)、桦皮文化艺术品(画皮镶嵌画、白桦工艺品、刻画)等;具有城市的传统优势民间艺术门类,如农民画、拓彩版画、烙画、剪纸、布艺、根雕、青铜工艺、泥塑等;还有其他民间艺术门类,如树皮画、铁画、箱柜画、玻璃画、刻字、鸸鹋蛋雕刻、纸艺、风筝工艺、服饰、刺绣、钩织品、发丝绣、木制工艺、奇石、盆景、面塑、葫芦工艺、竹编、草编、柳编、漫陶、土陶、铁艺、脸谱、挂件、糖人、面人等;实用工艺美术品,如紫砂艺术、竹木牙雕、书画艺术品、画框、陶瓷工艺、首饰工艺、丝绸工艺、树脂工艺、水晶器皿、工艺品机械、激光雕刻机械、玻璃品等艺术种类;新挖掘的艺术门类有绒画、粮食贴画、蝶翅画、民间电动玩偶等艺术种类,都荟萃在城市民俗艺术博览会上。其三,精品呈现特色,名家艺人荟萃。其四,展览销售并举,积极推进民间民俗艺术市场化、产业化发展。①

城市民俗艺术博览会集聚了城市民俗艺术,也就集聚了城市的旅游吸引力和城市的旅游竞争力。

附:

城市民俗艺术博览会策划方案

参考方案之一:

一、活动名称

二、活动主题

三、目的意义

四、组织机构

① 第九届哈尔滨民间民俗艺术博览会新闻发布会实录.哈尔滨市府网,2008-06-26.

主办单位:

承办单位:

协办单位:

执行单位:×××城市民俗艺术博览会组委会

组委会下设办公室,下分秘书组、会务组、宣传策划组、项目统筹组、后勤保障组,各组分工负责,展开工作。

五、时间、地点

时间:

地点:

六、活动内容

(一)城市民俗艺术展示

(1)设立民间艺术之乡精品展、民间艺术大师精品展、中青年工艺师原创作品展、书画名家收藏陈列精品展、民间民俗艺术品大赛展、十佳艺人精品展区、宝玉石雕艺术作品展、木雕及艺术家具作品展、艺术灯饰作品展、艺术陶瓷作品展、奇石景观精品展等专题展览、外省市民间民俗艺术品展、国际友好城市民俗艺术展。

(2)设民间杂技表演区、民间歌舞表演区、民间戏曲表演区。

(二)城市民俗艺术交易会

(1)民间艺术品义卖区。

(2)民间工艺、艺术、表演、民俗旅游项目的招商投资、推介与洽谈。

(3)签约仪式。

(三)城市民俗艺术论坛

(四)编印《××××城市民俗艺术博览会指南》

(五)开幕式

时间:

地点:

参加对象:有关领导、特邀嘉宾、企业代表、新闻记者等。

七、规模

(1)展位规模:×××个标准展位。

(2)观众:××万人。

八、宣传推广

(1)通过中央与地方的各大众媒体(报纸、电视、杂志、网络)向社会进行广泛宣传;适时召开新闻发布会。

(2)动员并发挥城市驻外(市外、省外、国外)机构、社团的宣传作用,大力推介。

(3)向海外的相关行业协会、社团组织推介,重点组织外国旅游采购团参与。

(4)适时将博览会有关信息与内容上网发布,发挥国际互联网超时空作用。

九、组织分工

(一)主办单位职责

(1)负责下发文件,通知各设区市管理部门及相关行业协会组织项目参与,邀请部分投资商参会。

(2)对整个活动进行总体把关,协助邀请领导参加开幕式、部分重点项目签约仪式、出席并主持高层论坛等。

(3)协调市属电视、报纸、广播、网站等媒体给予大力宣传报道。

(4)补助部分活动组织资金。

(二)承办单位职责

(1)根据主办单位确定的组织方案,认真做好活动组织、文案策划、项目整理、会议组织、会议接待、项目上网等具体工作。

(2)根据项目进展做好项目推介工作、客商邀请工作、成果统计工作。

(3)负责筹措举办活动所需的除主办单位补助以外的全部资金。

十、资金筹措

本次大会总预算×××万元,主办单位补助××万元,承办单位通过市场化运作筹集××万元,具体开支明细如下:

(1)展览与论坛场地租金:××万元。

(2)展具购置、租用、运输:××万。

(3)大会总体布置费用(含气球、拱门、彩旗、会标、招贴画等):×万元。

(4)外出邀请客商、推介项目、征集项目、邀请组团接待费用计:×万元。

(5)论坛高级专家及贵宾邀请、接待(8人×1万元/人)(含机票、食宿、补助、差旅等):总计×万元。

(6)会刊、邀请函、工作证及有关资料印刷费:×万元。

(7)开幕式(含开幕式布置、搭建主席台、礼仪、气氛营造):×万元。

(8)新闻发布会(两场):×万元。

(9)广告宣传费:××万元。

(10)房租、办公费:×万元。

(11)工作人员工资补贴:人×元/月×个月=万元。

(12)接待费(各设区市代表团、邀请参会嘉宾,预计×××人):××元/

人·天×人×天=×万元。

(13)税收:××万元。

(14)其他不可预计费用:××万元。

十一、时间安排

以上为本次洽谈会初步方案,待主办单位确认后再具体细化并组织专人负责实施。

×××年×月

参考方案之二:

一、指导思想

二、总体设计

博览会名称:

举办时间:

举办地点:

主办单位:

支持单位:

承办单位:

协办单位:

三、主要内容和活动安排

(一)重大活动

(1)城市民俗艺术座谈会。

(2)欢迎晚宴。

(3)领导及重要嘉宾视察展馆。

(4)大会开幕式。

(5)重大合作协议、项目签约仪式。

(6)文艺晚会。

(7)项目对接会。

(8)城市民俗艺术展览。

(9)民间特色风味美食节。

(10)城市民俗艺术大游行。

(11)民间歌会。

(12)闭幕式(成果及申办结果发布会)。

(二)城市民俗艺术论坛及专题研讨活动

四、组织领导及工作机构

(一)组委会
名誉主任:
主任:
常务副主任:
(二)组委会秘书处
秘书长:
常务副秘书长:
副秘书长:
成员:由主办、支持、承办、协办等单位人员组成。
(三)博览会建立专用会务网,网址为:
五、主要工作安排
(一)招商、邀商工作
(二)组展、布展工作
(三)项目对接活动
(四)新闻宣传推广工作
(五)会务接待工作
(六)安全保卫工作

参考方案之三:
一、博览会宗旨
二、民间手工艺参展品类
1. 民间手工艺
2. 民间手工艺品
三、举办单位
主办:
承办:
四、博览会时间、地点
时间:
地点:
五、博览会活动
(一)传统民间手工艺品展示
(二)特色民间工艺产品展销
(三)城市民俗文化艺术交流
(四)城市民俗文化艺术现场表演

（五）博览会评奖

六、参展范围

雕塑雕刻、金属工艺、民间纸艺、民间泥塑、竹藤草编、民间绘画、地毯、陶瓷漆器、民间首饰、刺绣挑花、印染织锦、戏曲道具、民俗工艺。

七、展位分配

八、组织工作

九、博览会工作安排

十、参展形式

第五节 民俗旅游城市

一座城市由一般性城市发展成为旅游城市，需要经过长时间的建设与发展。有研究认为，根据国内外一般的划分标准，旅游城市可以分为三类四种：第一类为专门旅游城市，包括风景旅游城市、文化旅游城市两种旅游城市；第二类为转型旅游城市，是一种由工业和港口设施变为旅游景点的城市；第三类是综合旅游城市，是一种由地区经济中心、政治中心或者交通中心发展而成的旅游城市。按此分类，民俗旅游城市可归类为专门旅游城市类型。

一、民俗旅游城市的内涵

民俗旅游城市是将城市民俗旅游作为城市产业特色的城市。"城市民俗旅游"与"民俗旅游城市"是两个不同内涵的概念。城市民俗旅游是城市的一种特色旅游，是城市民俗旅游的一种类型。民俗旅游城市是一种旅游城市类型，是将城市民俗变成了旅游吸引物，将民俗城市变成旅游目的地，变成民俗旅游景区。"城市民俗旅游"与"民俗旅游城市"是相关联的，城市民俗旅游的发展可以推动城市发展成为民俗旅游城市，民俗旅游城市的建设可以推动城市民俗旅游产业的壮大。一旦民俗旅游产业发展成为城市经济的支柱产业，民俗旅游就成为城市的形象，城市就是一座民俗旅游城市。"城市民俗旅游"与"民俗旅游城市"的共同基础是城市民俗文化资源。

民俗文化是民俗旅游城市的文化底蕴和内涵。民俗文化不仅是民俗旅游资源，也是民俗旅游城市的魅力，更是民俗旅游城市的灵魂。

民俗旅游是民俗旅游城市长盛不衰的基石，是旅游城市与旅游景点所依托的主题，也是将"优秀旅游城市"、"最佳旅游城市"概念引入发展民俗旅游城市的重要内涵。民俗旅游城市旅游的内核是民俗文化，民俗文化消费是民俗旅游城市旅游消费的本质，发展民俗旅游城市旅游业的根本目的就是要满足人们日益增长的对城市民俗文化的需要。民俗文化是民俗旅游城市城市旅游的旺盛吸引力、影响力和招徕力，是民俗旅游城市持续发展的后劲。

二、民俗旅游城市的类型

民俗旅游城市以鲜明的民俗文化为标志，凭借得天独厚的城市民俗文化风情，提供城市民俗文化观光产品、民俗文化体验产品。民俗旅游城市作为文化旅游城市的一种，具有更大的城市旅游产业发展的空间。

与"旅游城市"关联性较强的概念，学术界有"旅游中心城市"和"旅游目的地城市"的说法。与"民俗旅游城市"关联性较强的概念，有"文化民俗旅游城市"、"民俗风情旅游城市"、"民俗生态旅游城市"、"民俗旅游标志区"、"民俗旅游协作区"、"民俗文化特色县"等表述形式。2003 年，四川绵竹市提出以精品意识打造文化民俗旅游城市；2004 年，山东潍坊规划打造"中国民俗旅游标志区"；2007 年，延边朝鲜族自治州规划构建东部边境民俗旅游协作区；2008 年，乌鲁木齐市凭借独具特色的民俗风情和地域特征，开始创建"中国最佳民俗风情旅游城市"；阿坝藏族羌族自治州黑水县要以"打造民俗生态旅游城市"目标，努力提升黑水的对外形象；重庆市酉阳自治县委十二届三次全委会立足县情作出打造"全国土家族民俗文化特色县"战略决策。

"文化民俗旅游城市"、"民俗风情旅游城市"、"民俗生态旅游城市"、"民俗旅游标志区"、"中国民俗旅游标志区"、"民俗旅游协作区"、"民俗文化特色县"等，都是"民俗旅游城市"的不同表达方式，尽管各概念与"民俗旅游城市"仍有某些区别和差异。

三、民俗旅游城市建设

民俗旅游城市在区域旅游发展中具有举足轻重的地位。要建设民俗旅游城市，需要整理城市民俗文化，使城市民俗文化成为城市文化的形象，在整个区域旅游产业框架中凸显出来。城市民俗文化表现在城市建筑、交通、饮食、节庆、人们的服饰、交往礼仪等各方面。建设民俗旅游城市需要重视以下四大方面工作：

其一，对城市民俗文化事象进行全面的采录、搜集、整理等工作，保护城市民俗文化遗产。城市民俗文化事象可以分为七大类。民间文艺类，包括民间说唱、民间舞蹈、民间戏曲等;民间工艺类,包括木雕、竹雕、砖雕、石雕、绘画、书法、陶瓷、剪纸、竹编等;民间节会类,包括传统节庆、传统庙会等;民间器物类,包括服饰、器用、民居、车乘、老街等;民间文学类,包括歌谣、故事、传说、俗语、谚语、笑话等;民间体育类,包括斗蟋蟀、斗鸡、舞狮、赛龙舟等;民间饮食类,包括菜系、小吃、名茶、名酒、奶饮品等。有了对城市民俗文化资源的调查、整理与保护,城市民俗旅游和民俗旅游城市建设就有了持续发展的基础。

其二,城市民俗旅游基础设施和服务设施建设,重构城市民俗旅游业空间结构。建设旅游城市的基础设施是一个综合的系统工程,要实现城市民俗旅游的无障碍交通,需完善城市交通基础设施,建立完善的城市民俗旅游交通网络系统、交通指示标志系统、交通信息查询系统,建立游客接待服务中心,使游客在城市民俗旅游中能无障碍通行;要实现城市民俗旅游信息查询的无障碍,需建立统一的城市民俗旅游信息网络,建立固定的信息沟通渠道,构筑统一、开放、高效的城市民俗旅游信息和电子商务平台;要实现城市民俗旅游休闲消费的无障碍,需在住宿、餐饮、购物以及娱乐等需求方面整合城市资源,开辟城市民俗旅游特色游憩商业街区。

其三,城市民俗旅游项目建设。我国有意发展民俗旅游的城市都需要规划城市民俗旅游项目建设,倾注极大的热情和投入巨大的人力物力。2003 年,四川绵竹市按照修复如旧的原则,重开了宋代禅院祥符寺和与成都武侯祠南北呼应的双忠祠,整修了回澜塔和明代文化遗址湖桥,新建了仿明清古建筑一条街。剑南春集团公司投资上千万元对清代酿酒作坊“天益老号”进行规划保护,建起规模宏大的酒史博物馆,投资编排《大唐华章》歌舞。绵竹年画是我国四大年画之一,艺术价值高,具有鲜明的时代地域特色,绵竹市投资500 多万元修建了国内唯一的年画博物馆,每年举办四川绵竹年画节,对城市的广场、桥梁、街道,甚至河岸建筑的房屋,都进行修缮,融入了强烈的艺术性和地域文化特点。①

2004 年,山东潍坊规划打造的“中国民俗旅游标志区”,包括潍城、奎文、寒亭(杨家埠)、坊子、安丘、高密。建设“杨家埠民俗大观园”使之成为山东乃至全国的民俗旅游的典型目的地之一。高密为国家命名的“民间艺术之乡”,民间艺术风格独特,作为“高密三绝”之一的扑灰年画为世界独有,潍坊市对其着重打造。逐步将“潍坊民俗之旅”从山东推向全国,走向国际。②

① 绵竹:以精品意识打造文化民俗旅游城市. 四川在线,2003-05-21.

② 吴洪斌,王丽霞. 潍坊打造“中国民俗旅游标志区”. 大众日报,2004,11(16).

2008 年，乌鲁木齐市凭借独具特色的民俗风情和地域特征，开始建设二道桥民俗风情旅游产品街区，建成旅游工艺品一条街、民族小吃一条街、民俗风情雕塑一条街和领馆巷民族风情餐饮一条街，使特色街区成为民俗风情城市的重要旅游产品。①

2008 年，重庆市酉阳自治县将酉阳在国内外有较大影响的歌舞艺术、民俗文化、美术创作、民族工艺、文物古迹、宗教文化等资源进行整合，设计建设中国土家摆手舞歌城，培育文化旅游、演艺会展、文化娱乐、民族民间工艺品四大产业群；在酉西全力打造龚滩古镇、张家坪村寨、楠木庄村、龙头山和桃花源民族风情体验区，推出傩戏面具、阳戏面具、民族文化摆件、饰物、编织，整理木叶情歌、土家山歌、民歌、楠木号子，恢复蜡染坊、水磨坊、炸油坊、织锦坊等一系列有形文化产品，推出"看欢歌摆手、听木叶情歌，尝土家拦门酒，听土家古乐、土家大歌"等编排品位高的土家节目。②

其四，城市民俗旅游品牌建设。品牌是一种力量，有统计和分析表明，全球 3% 的强势品牌占领着 40% 以上的市场份额。一个城市拥有了强势民俗旅游品牌，就拥有影响外来投资和吸引游客的力量。城市民俗旅游形象决定了城市民俗旅游品牌，城市民俗旅游品牌决定了民俗旅游城市的吸引力和竞争力。

城市民俗旅游品牌是一个包括民俗旅游产品品牌、民俗旅游企业品牌、城市民俗形象品牌和城市市民品牌的民俗旅游品牌组合。城市民俗旅游品牌就是一个城市民俗旅游服务的承诺，是一种对城市民俗旅游服务的品质和满意度的保证。旅游城市与市民相连，旅游企业与旅游城市相连。民俗旅游企业在营销民俗旅游产品的同时，也在营销企业品牌，营销城市民俗旅游品牌。商业化社会的进程将城市带入一个开放的市场交易平台，如果一座城市被遗忘，民俗旅游企业营销的民俗旅游产品就会淡出城市民俗旅游市场。城市民俗旅游品牌是信誉度高、美誉度高、知名度高三者的统一。

结合国家"魅力城市"与"优秀旅游城市"的要求和城市民俗旅游资源的实际，我国一些有民俗文化特色的旅游城市都在努力建设民俗旅游城市品牌。如四川绵竹要打造文化民俗旅游城市、乌鲁木齐市要创建"中国最佳民俗风情旅游城市"、黑水要打造民俗生态旅游城市、延边朝鲜族自治州规划构建民俗旅游协作区、重庆市酉阳打造"全国土家族民俗文化特色县"、潍坊要建国际风筝之都等。

---

① 李晓玲. 乌鲁木齐创建"中国最佳民俗风情旅游城市". 新华网，2008－01－23.

② 邱洪斌. 打造酉阳——"全国土家生态民俗旅游大县"思考. 华龙网，2008－02－20.

我国民俗旅游城市的建设与发展，已经从独立封闭的建设，走向了互相交流城市民俗旅游产业建设经验的联合发展道路。2007 年 8 月 24 日，全国少数民族自治区城市市长联席会第二十一次会议在延吉召开，来自联席会 8 个成员城市的 60 名代表围绕着“弘扬民族文化，发展民俗旅游”的主题，交流了城市民俗旅游的产业经验，达成六项共识：第一，深入挖掘民族文化，努力培育民族品牌是加快少数民族地区旅游积极发展的重要课题，各少数民族自治区城市要充分依托民俗资源发展旅游产业；第二，政府为主导，企业为主体，市场为导向，富民为目标，构建“大旅游、大文化、大产业、大市场、大服务”的格局是推动民俗旅游发展的方针；第三，因地制宜，利用本地区独特的资源条件创造性地开发民族风情旅游特色产品是发展民俗旅游的基本原则；第四，除了丰富民俗旅游的形式和内涵，提高旅游的趣味性和可参与性是充分发挥民俗旅游魅力和潜能的有效途径；第五，加强民俗文化旅游人才培养是弘扬民族文化、发展民俗旅游的关键；第六，充分整合和利用媒体网络节庆会展等平台，加强旅游形象的策划包装和宣传。将民族文化转化为经济效益，是发展民俗旅游的重要目标。①

城市民俗旅游是城市旅游的组成部分，如果说城市民俗旅游与城市旅游的区别，就在于城市民俗旅游更偏重于城市历史传承文化的展示，更偏重于城市民间民俗文化的体验，而城市旅游则是一种虽兼容城市古今经济文化却倾向于现代城市文化体验的旅游。两者在城市旅游产业发展中，可以互相辉映，互相推动，共同铸就城市旅游产业形象，合力形成城市旅游竞争力。

① 8 个城市交流民俗旅游经验全国少数民族自治区城市市长联席会第二十一次会议在延吉召开. 延边新闻网，2007 - 08 - 27.

第九章

民俗旅游经营管理研究

随着我国旅游业的发展，民俗旅游在城市、乡村广泛发展起来。民俗旅游产业的民族民俗旅游、乡村民俗旅游和城市民俗旅游三大板块中，分布在城市的民俗旅游，由于有较好的城市旅游业发展基础，民俗旅游自然就纳入城市旅游业管理体系，而由于我国乡村旅游业的发展相对滞后于城市旅游业，因而分布在广大乡村集镇的民俗旅游，需要通过经营与管理引向规范和科学。

第一节　经营管理机制、原则与模式

我国民俗旅游产业的发展，有一个从自由发展走向自觉发展的历史探索过程，在总结经验教训的实践中，逐渐形成了适合我国民俗旅游产业发展实际的经营管理机制、原则与模式。

一、经营管理机制

我国的民俗旅游产业在自由发展的经营过程中，逐渐认识到有组织、有规范发展的重要性。于是，在一些民俗旅游产业发展成熟的区域，政府开始规划民俗旅游产业的经营管理机制，规定民俗旅游产业主管部门，建立了区域性的民俗旅游经营管理机制。

从有关资料可知，我国区域性民俗旅游经营管理机制不尽一致。如北京市民俗旅游经营管理机制分市县村三级，北京市民俗旅游的管理部门为北京市旅游局和北京市农村工作委员会。各区县管理部门为区县旅游局和区县农委。村民俗旅游的管理机构为村委会，村委会下设旅游协会，负责日常事务管理。[①] 日照市民俗旅游经营管理机制也分为市、县、民俗村三级,市县两级旅游局分别作为市县民俗旅游主管部门。市旅游主管部门负责制定民俗旅游宏观发展政策、长远规划和地方标准。区县旅游主管部门具体负责本地区民俗旅游的开发与管理,制定相应措施,鼓励和规范民俗旅游发展。在民俗村推行旅游接待统一管理。在主要民俗旅游村成立民俗旅游接待服务中心,安排专人管理,推行"统一宣传、统一价格、统一结算"的管理模式。接待服务中心配备计算机、电话、传真机等设施,公布村内所有民俗户的详细信息。[②]

建立民俗旅游经营管理机制是区域民俗旅游产业发展成熟的标志,同时民俗旅游经营管理机制的建立,有效地推动了区域民俗旅游产业的发展。1998 年,北京市密云县曹家路村自筹资金申请开发以雾灵山森林公园、龙潭景区为主导的旅游业和民俗村,由村委会管理村民俗旅游,村委会下设旅游协会,负责日常事务管理。至 2007 年已发展民俗户约有 100 户,日接待住宿、就餐能力 2000 人次,民俗旅游综合收入已占到村经济总收入的 85% 以上。[③]

日照市东港区董家滩村,2004 年抓住日照奥林匹克水上公园建设机遇,大力发展民俗旅游。截至 2007 年,全村 600 余户已发展了 160 余户的民俗旅游接待户,接待床位 5000 余张。为保障民俗旅游的健康有序发展,该村成立了金沙滩旅游发展有限公司,设立了民俗旅游接待中心,对村内民俗旅游实施"统一管理,统一接待分配,统一接待价格"民俗旅游经营管理模式。为防止低价恶性竞争现象,在区旅游部门的指导下,村里成立了民俗旅游协会,将民俗旅游户纳入旅游协会统一管理,并保证做到统一接待价格、统一饭菜标准、统一对外宣传、统一安排游客、统一结算"五统一"。董家滩民俗村全新的服务理念、规范的管理工作、完善的旅游设施,有效地遏止了接待价格的恶性竞争,为规范民俗旅游管理探索了新路子,起到了很好的示范作用。[④]

实践证明,因为乡村发展民俗旅游的基础薄弱,需要一种良好的民俗旅游经营管理机制对民俗旅游进行有效的引导、组织和发展,所以民俗旅游经营管理机制,特别是乡村民俗旅游经营管理机制的建设极为重要。

---

① 北京市郊区民俗旅游村评定标准(试行). 长兴县政府网,2005-11-09.

② 日照市旅游局. 关于加强民俗旅游管理的指导意见. 2008-08-25.

③ 曹家路民俗村全攻略. 乐途旅游,2007-06-28.

④ 日照市民俗旅游村公司+农户管理初见成效. 国家旅游局网,2007-07-26.

二、经营管理原则

民俗旅游经营原则就是对民俗旅游经营者的宏观经营方向和民俗旅游微观经营行为进行合理限定。民俗旅游经营管理应该遵循五项原则。

(一)保护民俗文化原貌原则

民俗旅游之所以吸引游客,主要在于浓郁的民间民俗风情文化,发展民俗旅游需要特别注意挖掘和保持民俗文化的原生形态面貌和内涵,让旅游者可以亲历原汁原味的民间民俗风情文化。保持民俗文化的原貌,就是保持民俗的真实性,就是保持本土民俗文化与其他区域民俗文化的区别。保持了民俗文化的原貌,就是保持了民俗旅游的基础,保持了民俗旅游的旅游观光和体验价值,保持了民俗旅游的旅游市场竞争力。

(二)市场导向原则

在市场经济时代,市场导向是任何一种经济发展都应遵循的原则。民俗旅游经济需要获得发展,也不例外。但是,整合民俗旅游资源,不是一味地迎合某些旅游取向,而是引领市场。民俗旅游的需求根源于民俗旅游资源,故而,讨论民俗旅游市场导向原则,是建立在拥有民俗旅游资源的基础上,以拥有的民俗旅游资源去分析发展可以拓展的市场空间,以市场的观念来选择民俗旅游资源。深圳中国民俗文化村的中华民俗文化旅游的策划和昆明云南民俗村对云南25个少数民族民俗旅游的策划,都是以民俗旅游资源为基础的市场导向发展的成功案例。市场导向原则是一种将研究民俗旅游资源和研究市场需求相统一的积极主动发展民俗旅游经济的原则。

(三)突出特色原则

从广泛性的角度而言,所有的旅游活动都是一种特色旅游。不具特色的旅游,抄袭的旅游,最终都将被特色旅游所取代。

在民俗旅游产业发展实践中,突出旅游特色已是共识。关键是如何在实践中认识民俗旅游特色,突出民俗旅游特色。认识民俗旅游特色,从认识民俗文化资源特色开始,一般地说,能地道反映区域、城市、乡村、民族的区域民俗文化、城市民俗文化、乡村民俗文化、民族民俗文化,就是特色民俗文化。基于特色民俗文化所规划或策划的民俗旅游产品与旅游项目,就可以说是突出了民俗特色,也可以说是特色民俗旅游。

没有特色就无法吸引游客,特色是民俗旅游的生命。特色体现在民俗文化的差异上,不同地区不同特色的文化差异是民俗旅游的特色吸引物。民俗旅游特色营造就是根据当地的风土人情,在项目主题创意上与其他地区区别开来。如相对城市而言,乡村民俗旅游的特色就是“乡村”,乡村风光、乡村民情、乡村饭菜、乡村活动。民俗旅游明显的趋同化现象,就是忽视城乡民俗文化的区别,在经营理念和经营产品追求城市化。当然,应该把现代化的理念、设施、服务体现在乡村民俗旅游服务之中,但无论如何,乡村民俗文化旅游是主题,是特色,现代化的理念、设施、服务是为乡村民俗旅游服务的,需要与乡村民居、民风、民俗紧密地结合到一起,帮助乡村民俗旅游提高服务质量,帮助游客更好地体验乡村民俗生活。

民俗旅游特色受拥有的民俗旅游资源限定,不能为了有特色去“造”民俗旅游特色。坚持突出特色原则,需要坚决摒弃当前民俗旅游开发中各种形式的“伪民俗”,不能迎合猎奇心理,单纯追求经济利益,不分精华与糟粕统统加以包装,将封建迷信行为冠以民俗文化之名,或炮制假民俗。

(四)品牌第一原则

品牌是由工业品经营引入的产业经营管理的成功理论与实践。品牌就是知名度,品牌就是影响力,品牌就是市场竞争力,品牌就是产业经济效益,在旅游产业的发展中已经得到证明。在民俗旅游经营管理中,坚持品牌第一的原则,就是要从民俗旅游产品与项目的策划设计开始,树立品牌第一的观念,精心设计,使之具有打造品牌的文化与旅游市场基础。在民俗旅游产品与项目的经营与管理中,需要树立品牌意识,精心组织品牌服务,努力做到一样的价格,不一样的服务;一样的风情,不一样的享受,给旅游者留下品牌赞誉,让旅游者带走品牌回忆,在实践上实现品牌化经营,形成旅游品牌效益。

(五)安全第一原则

安全是旅游业发展的生命线,任何时候都不能忽视和松懈。民俗旅游安全有住宿安全、游览观光安全、饮食卫生安全、购物安全、车船安全、社会治安安全等。民俗旅游活动场所,除了城市民俗旅游之外,基本上都在山村、城乡结合部和山区地带,地质地貌与地理位置非常特殊,安全问题涉及的范围大,民俗旅游安全保障工作难度大。因此,在民俗旅游中,强调安全第一的原则,不仅是强化安全意识,而且要在民俗旅游活动的每一个环节做好安全保障工作,认真做好安全检查,将安全措施落实到位,确保游客生命财产安全。

保护民俗文化原貌原则、市场导向原则、突出特色原则、品牌第一原则、安全第一原则等民俗旅游经营管理五项原则,是民俗旅游经营管理的普遍性原则,也就是最基本的原则。民俗旅游经营管理五项原则是一个整体,缺一不可,哪一项原则出了问题,都将导致民俗旅游发展的终止。

三、经营管理模式

开始于20世纪80年代初期的中国民俗旅游业，经过近三十年的发展，进入了快速发展时期。民俗旅游具有一般旅游业的普遍性，适用一般旅游业常用的经营管理模式，同时，由于民俗旅游本身的特殊性，形成了适合于民俗旅游业特殊性的经营管理模式。

民俗旅游景区景点和民俗旅游体验地大多数都分布在少数民族地区和乡村，或是邻近城市的郊区。故而，在民俗旅游的发展初期，普遍存在"四落后"情况，即经济落后、文化落后、交通落后、设施落后。民俗旅游服务都是家庭作坊式的经营服务方式，经营着简单的家庭食宿接待、垂钓烧烤、果品采摘和民俗歌舞。民俗旅游的服务人员主要是农村富余劳动力，在农村富余劳动力中，又以年龄偏大、文化程度低、无任何技能的女性居多。据统计，进入民俗旅游服务的乡村人员，年龄多在38周岁以上，文化程度在初中以下，高中以上文化程度寥寥无几，无产业性的经营管理可言。①

随着民俗旅游的发展，政府和旅游企业进入了民俗旅游的管理与经营。针对乡村民俗旅游的家庭作坊式经营的特点，较多地方政府推行民俗旅游接待户的经营管理模式。由于以家庭作坊式的经营服务方式为主的民俗旅游业，规模小，难以形成规模效应，需要将民俗旅游接待户经营管理模式发展为民俗旅游村经营管理模式，形成集体式经营管理。如北京市怀柔区雁栖镇官地村是较早形成的具有一定规模的专业民俗旅游村，开始尝试新的经营模式，实行接待户统一装潢、服务人员统一培训、集体经营，逐步摆脱家庭作坊式的经营服务方式，提高旅游服务水平，已经形成较大规模的民俗旅游村。据统计，截至2005年，北京市已有11个区县50多个乡镇的316个村开展民俗旅游接待工作，占郊区3685个行政村的8.5%，其中市级民俗旅游村70个，占现有民俗旅游村的22.2%；民俗旅游接待户已发展到1 3819户，其中市级民俗旅游接待户5537户，占现有民俗旅游接待户的40%，从事民俗旅游接待服务工作的农业人口约4万人。在部分郊区民俗旅游村中，从事民俗旅游接待的农户已达到50%至85%。② 民俗旅游接待户经营管理模式与民俗旅游村经营管理模式属于民俗旅游资源地自身经营管理模式，由于资金与素质等条件的制约，民俗旅游发展的规模和质量都十分有限。

旅游企业进入民俗旅游经营管理，形成"公司+农户"、"委托经营"、

① 人才需求：京郊民俗旅游服务业就业前景广阔. 北京劳动保障网，2006-05-16.

② 人才需求：京郊民俗旅游服务业就业前景广阔. 北京劳动保障网，2006-05-16.

"管理顾问"和社区—历史(传统)街区等多种经营管理模式,每一种经营管理模式都在推动民俗旅游上规模上质量,推动着民俗旅游的发展。山东长岛县以"公司+农户"的形式组织生产和市场推销,在发展海岛观光旅游的基础上,以传统的渔家生活民俗为主,结合休闲渔业生产民俗,推出"渔家乐"民俗旅游产品,让游客住渔家炕,吃渔家饭,与渔民一起下海捕鱼,体验渔民生产和生活的乐趣。这个模式的成功,使"渔家乐"成为中国北方著名的旅游业品牌。

2008年,北京市旅游局确定北京青年旅舍协会和速8酒店管理公司启动公司化管理民俗村试点工作。两家公司在区县旅游局推荐的21个民俗村中分别选择若干家以"委托经营模式"和"管理顾问模式"进行试点,对选定的民俗村完成实地考察和项目洽谈,形成"项目协议书"并签订项目合同。酒店管理公司管理民俗村试点进一步提高了乡村旅游管理水平和服务质量。乡村旅游引入酒店式管理既是市场经营需求,也是乡村旅游发展的必然,同时也为酒店管理公司的进一步发展提供了难得的机遇。①

旅游企业先进的经营管理模式,带动民俗旅游接待户与民俗旅游村的旅游经营管理取得了进步,民俗旅游接待户与民俗旅游村的经营管理者经过接受民俗接待、礼仪和经营管理知识方面的培训和实践,得到了较大提高,中国民俗旅游整体上逐步走上良性发展的道路。

社区—历史(传统)街区模式,强调"社区"的概念,打破了传统旅游景区封闭管理、收取门票的经营模式,把城镇街区变成一个吸引游客休闲购物的场所。北京的"胡同游"、上海的豫园游、南京的夫子庙游都属于同类的城市民俗旅游开发模式的成功范例。

第二节 民俗旅游市场营销

旅游市场营销是以旅游消费需求为导向,协调各种旅游经济活动,有效提供产品和服务,使游客满意,使企业获利经济和社会目标。旅游市场营销主体包括旅游景区景点、旅行社、宾馆酒店以及旅游交通部门等所有旅游企业及宏观管理的旅游局。民俗旅游市场营销是为了使民俗旅游业获得最佳经济效益,推动民俗旅游经济发展的重要环节。民俗旅游的核心是市场,民

① 北京启动酒店管理公司管理民俗村试点工作.人民网,2008-04-18.

俗旅游市场营销是在借鉴成熟的旅游市场营销的理论和体系基础上形成的。研究民俗旅游市场营销对推动我国民俗旅游业发展具有重要意义。

一、市场营销典型理论

民俗旅游市场营销需要借用先进的商品市场的理念来构建自己的市场营销思想和体系。下面介绍"4P"、"4C"、"4R"三种典型营销理论。

"4P"是以满足市场需求为目标的理论，是一种营销组合策略，即产品(Product)、价格(Price)、渠道(Place)和促销(Promotion)，由美国营销学学者麦卡锡教授在20世纪60年代提出。认为，一次成功和完整的市场营销活动，意味着以适当的产品、适当的价格、适当的渠道和适当的促销手段，将适当的产品和服务投放到特定市场的行为。"4P"理论主要是从供方出发来研究市场的需求及变化，研究如何在竞争中取胜。"4P"理论重视产品导向，以满足市场需求为目标。"4P"理论是营销学的基本理论，最早将复杂的市场营销活动加以简单化、抽象化和体系化，构建了营销学的基本框架，促进了市场营销理论的发展与普及。然而，随着市场环境的变化以及市场竞争日趋激烈，媒介传播速度越来越快，"4P"理论越来越受到挑战。一是，"4P"营销着重企业内部，对营销过程中消费者需求变量的不可控不重视，难以适应市场变化。二是，随着产品、价格和促销等手段被企业间相互模仿，在终端营销实际运用中很难起到出奇制胜的作用。于是，更加强调追求消费者满意的"4C"理论应运而生。

"4C"理论是以消费者需求为导向的理论，由美国营销专家劳特朋教授提出。劳特朋教授重新设定了市场营销组合的四个基本要素，瞄准消费者(Customer)的需求和期望，要了解、研究、分析消费者的需要与欲求，而不是先考虑企业能生产什么产品；消费者所愿意支付的成本(Cost)，要了解消费者满足需要与欲求愿意付出多少钱，而不是先给；消费者购买的方便性(Convenience)，要考虑消费者购物等交易过程如何更便利，而不是先考虑销售渠道的选择和策略；与消费者沟通(Communication)，实施以消费者为中心的营销沟通，通过互动、沟通等方式，将企业内外营销不断进行整合，把消费者和企业双方的利益整合在一起。然而，"4C"营销理论注重以消费者需求为导向，忽略了"市场竞争导向"，被动适应消费者需求的色彩较浓，需要根据市场的发展，在企业与消费者之间建立起互动关系、双赢关系、关联关系等。于是，出现了"4R"营销理论。

"4R"营销理论由美国纽约"消费者关系全球策略公司"主席、《4R营销》的作者艾略特·艾登伯格提出。"4R"理论以关系营销为核心，不仅仅满足市场需求和追求消费者满意,而是以建立消费者忠诚为最高目标。《4R营销》阐述了四个全新的营销组合要素:与消费者建立关联(Relativity),通过某些有效的方式在业务、需求等方面与消费者建立关联,形成一种互助、互求、互需的关系,把消费者与企业联系在一起,减少消费者流失的可能性。提高市场反应(Reaction)速度。要满足消费者的需求,建立关联关系,企业必须建立快速反应机制。关系(Relation)营销越来越重要,要从交易营销转向关系营销:不仅强调赢得用户,而且强调长期地拥有用户;从着眼于短期利益转向重视长期利益;从单一销售转向建立友好合作关系;从以产品性能为核心转向以产品或服务给客户带来的利益为核心;从不重视客户服务转向高度承诺。回报(Retribution)是营销的源泉,市场营销的真正价值在于其为企业带来短期或长期的收入和利润的能力,一切营销活动都必须以为消费者及股东创造价值为目的。①

"4P"、"4C"、"4R"三种营销理论不是取代关系,而是完善、发展的关系。"4P"营销理论从企业出发构建了营销的基础框架,"4C"营销理论以满足客户需求赢得销售,"4R"以营销为核心,达到消费者与企业双赢。民俗旅游市场营销需要根据企业与市场发展的实际,把三种营销理论兼收并用,指导营销实践,在激烈的市场竞争中获得发展。

二、民俗旅游市场营销规划

如何根据市场营销理论具体进行民俗旅游市场营销规划,既是一种理论,也是一种技术。

(一)民俗旅游市场营销策略的思考

进行民俗旅游市场营销规划,需要进行市场营销策略的思考。有学者认为,思考市场营销策略有三大要素,一是目标市场,即依据地理、人口、心理及行为四种变数选定目标市场;二是市场定位,即恰到好处地确定在游客购买阶梯的位置;三是营销组合,即按产品、价格、配销及促销四个部分,进行营销组合。

也有学者认为,市场营销谋略工夫要集中花在"3P"问题上,即产品(Product)、定价(Price)、促销(Promotion)。对于"产品",首先要准确界定民俗旅游产品的销售对象;第二要突出特色,将自己的民俗旅游产品与其他同类产品明显区别开来;第三要重点宣传民俗旅游产品的特点和功能;第四要

① 杨建. 集成——创新营销理念. 北方经济,2006(15).

介绍推广民俗旅游产品的可信度、好品牌和知名度；第五要制定好民俗旅游产品的未来发展谋略。对于“定价”，首先要考虑零售价与批发价之间的合理关系，要策划民俗旅游产品作价的谋略，权衡民俗旅游产品中的可见价值、成本、利润三者之间的合理比例，协调好民俗旅游产品价格、市场份额、市场规模、产品生命周期、市场竞争程度之间的关系，对分销渠道施以激励。对于“促销”，要设法让顾客了解民俗旅游产品，激起顾客购买民俗旅游产品的兴趣，设法让顾客再次购买产品，培育顾客对产品的忠诚；要确定产品促销方式，选好媒体，确定潜在市场覆盖比例和覆盖频率；要做好公关工作和宣传介绍。由于不同的民俗旅游产品的生命周期长短不同，游客特点与市场竞争特点也不同，因而整个经营谋略都会相应发生变化。

还有专家认为，民俗旅游市场营销规划是一个营销策略的思考过程，从游客导向的角度来分析旅游产品，指出旅游产品的问题及机会，定出企业期望达到的目标及确定达成目标的策略。民俗旅游营销规划分为机会及威胁分析、特点及弱点分析、计划的假设及前提，设定营销目标及目的、设定年度销售目标、制定基本营销策略，设定营销组合策略、产品策略、营销活动方案计划及进度、年度营销预算等步骤进行。

其实，一个旅游企业在制定民俗旅游产品市场营销规划的过程中，需要有明确的市场营销战略，要体系化地思考市场营销牵涉的方方面面。在制定市场营销规划时，按照“游客满意”和“企业效益”两个导向，通过市场信息分析、市场选择、市场竞争策略、激励机制、管理及控制、规划评估等规划步骤，最终促进市场目标的达成，提高市场销售业绩，促进企业持续的市场竞争力。重视规划步骤或规划流程，目的在于通过科学的规划步骤或规划流程来保证旅游市场营销规划的正确性。

（二）旅游市场营销分析法

在过去的几年里，旅游市场营销分析法采用大家熟悉的“SWOT”分析法，即通过分析优势、劣势、机会与威胁来监测公司的市场营销方法。在实践中，人们发现了“SWOT”分析法的局限性。于是，有专家总结提出旅游市场营销的高级“SWOT”分析法，即“POWER”分析法。

POWER 分析法是取个人经验（Personal experience）、规则（Order）、比重（Weighting）、重视细节（Emphasize detail）、权重排列（Rank and prioritize）的首字母缩写。在“POWER”分析法中，景区市场营销经理的个人经验，对旅游市场营销的成功是十分重要的。规则，指优势或劣势、机会或威胁，内在为优势与劣质，外在是机会与威胁。比重，就是将所有的要素进行比较从而辨别出轻重缓急。你可以采用百分比的方法，比如所威胁 A = 10%，威胁

B = 70%，威胁 C = 20%（总威胁为 100%）。重视细节，就是重视市场营销中的每一个细节，把每一个细节做好。权重排列，选择能够对营销策略产生最重要影响的要素，将它们按照从高到低的词序进行排列，然后优先考虑那些排名最靠前的要素。

其实，任何旅游市场营销分析方法，不论是"SWOT"分析法，还是"POWER"分析法，只是给我们提示了旅游市场营销的一般性方向和做法，不能僵化，因为旅游市场营销是千变万化的。

（三）旅游市场营销手段与理念

市场是旅游产品的命脉。旅游业的发展、旅游市场的拓展，离不开旅游市场营销。研究和总结旅游市场营销的具体手段与方法，以便在实践中获得借鉴，寻求营销思维新突破。

1. 目的地营销

一句好的旅游宣传口号、一张好的导游图、一本好的旅游手册、一盘好的旅游风光片、一首旅游歌曲、一个好的旅游徽标，都是目的地营销的可行方法。

2. 旅游大篷车营销

旅游大篷车营销是流动的有声有色的民俗旅游形象促销，通过旅游宣传资料使游人从概念上认识旅游目的地，通过现场具体可感的杂技、木偶、少数民族风情表演等使旅游者感受地方旅游魅力。

3. 名人营销

旅游形象大使、名人的题字、书画、创意、名人别墅、名人聚会等，都是名人营销的方式，利用人们对名人的崇敬，让名人引导人们去旅游。

4. 节庆营销

节庆营销就是有效地利用各种形式的文化节、风筝节、杂技节、山歌节、葡萄节、桃花节、祭祖大会等，进行民俗旅游营销，让节庆、让民俗旅游走进人们的生活。

5. 品牌营销

品牌代表着卖方对买方对于商品质量、服务、诚信、文化等方面的承诺。民俗旅游的品牌营销，要融入现代化的管理理念，建立民俗旅游网站，举办大型民俗旅游宣传促销活动，推动民俗旅游品牌的形成。在民俗旅游消费者中建立相对稳定的、统一的印象的过程，就是塑造民俗旅游品牌、建立民俗旅游品牌影响力和提高民俗旅游品牌忠诚度的过程。

6. 差异化营销

个性差异是任何一个产品存在和发展的基本要求。民俗旅游产品的个性是一个民俗旅游景区和民俗旅游产业发展的基础。有了个性化的民俗旅游商品,就能形成民俗旅游的差异化营销,就可以在旅游市场上占有份额。要形成个性化的民俗旅游商品要打造具有特色的成功的旅游产品模式与经营模式。

7. 细节营销

“天下大事必作于细,古今事业须成于实”。任何一个民俗旅游市场营销的过程都是由细节构成的。严谨有序的细节,决定市场的竞争力,决定旅游市场营销的成败。关注和精心设计民俗旅游营销过程中的每一个细节,让一系列精致、到位的细节设计最终构成一个天衣无缝的销售过程。细节营销主张将整个销售过程看做一个系统工程,并将客户看做一个理性的对手,营销的目的就在于通过对每一个销售环节细致入微的把握最终战胜对手。

8. 精准营销

通过现代信息技术手段实现个性化精准的民俗旅游营销活动,通过市场定量分析的手段、个性化沟通技术(数据库、CRM、电子商务、现代物流等)等实现民俗旅游企业对效益最大化的追求。构建以网络和信息技术为核心的精准的民俗旅游营销体系。

9. 系统营销

民俗旅游市场系统营销,强调民俗旅游系统和整体,追求团队效率。整合民俗旅游产业链内外资源,整合民俗旅游企业内部研、供、产、销的营运系统,面向民俗旅游市场组织业务流程,适应民俗旅游市场,服务民俗旅游市场需要。

10. 整合营销

民俗旅游市场营销整合,就是让民俗旅游产品形成卖点,将民俗旅游产品由点连成线,线连成片,形成民俗旅游主链条与网络,形成整体优势。整合营销是一个整体营销传播概念,通过科学的市场定位和形象定位,充分运用民俗旅游产品资源与民俗旅游市场资源,整合所有传播渠道,使民俗旅游企业所有的营销活动在市场上,针对不同的民俗旅游消费者进行“一对一”传播,形成一个民俗旅游总体、综合的印象和民俗旅游情感认同,形成民俗旅游营销优势,实现民俗旅游企业的发展。

民俗旅游市场营销的手段与理念,还有媒体营销,加大媒体投放力度,可形成强烈的媒体聚焦,使民俗旅游产品在市场上获得广泛响应;旅行社协助营销,在民俗旅游的启动阶段和发展阶段,邀请具有市场开拓能力和市场网络的旅行社协助营销,是市场营销见效最快的方式和手段;会展营销,借助各类旅游交易会，促销民俗文化独特资源，吸引众多国内外旅行商和多家媒体瞩目，拓展旅游市场；口碑营销，让民俗旅游口口相传，妇孺皆知；怀旧营销，将现代与传统结合起来，唤起的集体回忆可能是所有成员的共同回忆，激发认同感和归宿感，使怀旧成为一种时尚，成为资源，利用怀旧，开拓市场。情感营销，让人们动情，以创造情感拓展市场；体验营销，让游客从服务体验、价格体验、空间体验、直效体验、网络体验、广告体验、促销体验、公共关系体验、活动体验、客户关系体验中，得到购买的认同。

旅游市场营销手段与理念正在实践中得到不断丰富和创新，民俗旅游市场营销的本质与最高追求是营销生活理念和生活方式。由营销生活理念和生活方式所启动的民俗旅游市场，是最持久的市场与最稳定的市场。

（四）民俗旅游营销方案

民俗旅游要获得好的发展，需要走出等客上门的自然发展的模式，引进现代旅游市场营销的理论与方法，改变单一产品格局，形成多品种、多形式、宽领域、复合型的产品组合。完整的民俗旅游市场营销方案需要包括市场营销概要和要点、目前营销状况分析、"SWOT"分析、产品发展战略、市场营销目标、市场营销战略、行动方案、营销活动（时间）安排、预计损益表及其他重要财务规划表等九大方面内容。具体内容纲目见附录。

附录

民俗旅游市场营销方案

1. 市场营销概要和要点

目的、任务、促销的重点、目标市场、重要促销手段等。

2. 目前营销状况分析

(1) 市场状况：产品市场、规模、广告宣传、市场价格、利润空间等；

(2) 产品状况：品种、特点、价格、包装等；

(3) 竞争状况：主要竞争对手与基本情况；

(4) 分销状况：销售渠道等；

(5) 宏观环境状况：消费群体与需求状况。

综上总结：改善的任务与措施。

3. SWOT 分析

优势：销售、经济、技术、管理、政策等方面的优势。

劣势：销售、经济、技术、管理、政策等方面的劣势。

机遇：市场机遇与把握情况。

威胁：市场竞争上的最大威胁力与风险因素。

综上总结：扬长避短，发挥自己的优势，抓住市场机遇，规避劣势与风险。

4. 产品发展战略

重点推介产品：打造品牌；

开发新产品：拓宽新市场，形成多品种、多形式、宽领域、复合型的产品组合。

5. 市场营销目标

财务目标：未来 3 年或 5 年的销售收入预测。

营销目标：销售成本与利率。

6. 市场营销战略

目标市场：

定位：

定价：产品销售成本构成及销售价格制定依据等。

分销：分销渠道（包括代理渠道等）。

销售队伍：组建与激励机制等情况。

服务：售后客户服务。

媒体宣传：媒体形式与内容。

促销：促销方式。

市场调研：旅游信息化工作、主要市场调研手段与举措。

7. 行动方案

方式选择：旅游节庆、旅游博览会、旅游交易会、客源地促销、客源互动促销；

营销活动（时间）安排。

8. 预计损益表及其他重要财务规划表。

这是一个仅供参考的一般常见的民俗旅游市场营销方案规划的主要内容与结框构架。民俗旅游产品丰富多样，市场营销的理论与技术在不断丰富、创新与进步，民俗旅游市场营销方案规划需要与时俱进，丰富理论与内容，创新民俗旅游市场营销方案规划的技术与方法。

三、市场营销管理

管理是事业效益倍增的重要保证。民俗旅游市场营销管理是将民俗旅游推向更广阔的平台，拓深民俗旅游市场最重要的环节。

（一）我国民俗旅游市场营销问题观察

我国民俗旅游市场营销在旅游市场营销经验的带动下，迅速走进了正常的工作平台。然而，我国的民俗旅游，包括旅游产业，由于是在理论、经验与技术都不够成熟的情况下发展起来的，较多民俗旅游企业在营销方面仍然存在许多问题。

1. 盲目削价竞争

许多民俗旅游企业在民俗旅游市场营销中，不是以质量取胜，而是把降价作为主要竞争手段，盲目削价，报价远低于成本，结果势必影响民俗旅游服务的品质，影响旅游企业的产品形象，损害民俗旅游者的利益和民俗旅游企业自身利益。

2. 忽视售后服务，导致游客流失

在现代旅游市场营销中，民俗旅游产品是一个包含核心产品、有形产品和附加产品的整体概念。不仅要求要给予民俗旅游者生理上、物质上的满足，而且要给予民俗旅游者心理上、精神上的满足。这就要求民俗旅游企业把对游客的服务，延伸到民俗旅游售后，以良好的售后服务，培养民俗旅游的忠诚客户。

3. 法制意识淡薄

民俗旅游的发展需要靠法律获得保障，遵法经营，依法发展。然而，在民俗旅游发展的初期，有的民俗旅游企业为旅游者提供虚假的民俗旅游服务信息，以贿赂手段拉拢顾客，或强行拉客，或诋毁其他民俗旅游企业的声誉，有的甚至冒用其他民俗旅游企业的品牌等。在民俗旅游活动中的违法行为，严重扰乱了民俗旅游市场秩序，损坏了民俗旅游地形象，使供需双方在民俗旅游市场中将受到损害，阻碍我国民俗旅游业的健康发展。

4. 追求短期销售目标

很多民俗旅游企业在发展中，缺乏远期的战略发展思考，追求短期的销售目标，不讲长期的民俗旅游营销目标，不讲民俗旅游产品策略、民俗旅游价格策略、民俗旅游销售渠道策略、民俗旅游产品促销策略，不根据游客的心理需求选择适合的推广对策、促销载体。作为一个明智的民俗旅游业经营者，要获得产业的发展，需要进行民俗旅游市场营销计划控制、民俗旅游市场营销成本利润控制、民俗旅游市场营销信誉控制和战略控制，需要制定民俗旅游市场营销的长期规划。

5. 忽视旅游形象

打造和经营旅游形象是民俗旅游企业实现民俗旅游市场营销购买和发展的关键性工作。在民俗旅游市场营销中，需要将充分反映实际特色的民俗旅游形象提炼出来，通过有效的营销手段传播给目标受众。在实践的民俗旅游案例中，一些民俗旅游企业没有能深刻理解民俗旅游目的地的文脉与地脉，所设计的民俗旅游形象特色不鲜明，造成民俗旅游吸引力不强，民俗旅游市场营销中的市场感召力不强。①

在旅游市场营销和民俗旅游市场营销中存在的问题，是一个产业在发展初期的必然现象，需要建立科学的管理机制，引领民俗旅游市场营销的良性发展。

（二）民俗旅游市场营销发展趋势

经过三十余年发展的中国民俗旅游业，进入 21 世纪之后，随着社会经济、文化、科技的发展，随着人们生活观念的变化，逐渐从观光旅游进入休闲、度假的新时期，民俗旅游市场营销也出现新的发展趋势。

1. 从以民俗旅游产品为中心营销转向以民俗旅游者为中心营销

在以休闲、度假为主要特征的旅游时代，游客的需求本质将发生重大变化。民俗旅游者不仅选择那些独特、奇异、新颖的民俗旅游景点，而且还特别钟情那些具有综合特征的适合休闲度假的民俗旅游地和民俗旅游项目。在追求与工作和家庭不一样环境与活动的心理需求驱动下，旅游者逐渐由被动的民俗旅游观光，转变为主动的民俗旅游体验，希望在民俗旅游过程中能获得更多的参与民俗文化活动的机会，更多地趋向感受民俗文化，从对民俗文化的消费中，满足休闲度假的愿望，达到休闲、度假的目的。这就要求在民俗旅游市场营销中，更多地关心旅游者，关注旅游者的个性化和变化需求，从大众民俗旅游传播营销发展到分众民俗旅游传播营销。

2. 由价格营销转向品牌营销

多年来，我国众多民俗旅游企业把旅游价格作为主要的市场竞争手段，随着民俗旅游产业的成熟发展，一般的民俗旅游产品已经不具备市场号召力，只有品牌较大的民俗旅游产品或称“民俗旅游品牌”，才能感染游客。不具品牌价值的民俗旅游产品，生命周期短，增值空间小，市场吸引力不足。民俗旅游品牌的优势是民俗旅游业最大的优势，民俗旅游品牌的影响力，就是现代民俗旅游业的核心竞争力。民俗旅游市场营销需要以民俗旅游品牌的宣传来带动民俗旅游市场的发展。

3. 由对旅游景区营销转向对旅游目的地营销

随着旅游产业的发展，我国较多的区域，已经由以发展旅游景区带动旅

① 杨晚华. 我国旅游市场营销存在的主要问题及发展趋势研究. 中国科技信息，2005(20).

游产业发展，进入到以发展旅游目的地旅游带动旅游产业发展的阶段。旅游市场营销也相应地需要由对旅游景区的营销转向对旅游目的地整体的营销。营销旅游目的地，需要旅游目的地创造良好的旅游大环境，集聚城市环境亲和力和资源凝聚力，提高旅游产业集群的综合竞争力。

4. 由粗放式营销转向精细化营销

经过30年的发展，我国的旅游产业逐渐从追求项目投资、追求项目效益发展，发展到追求社会效益、经济效益、生态效益的“三效益”统一的发展阶段。民俗旅游的发展也是如此。在重视社会效益、经济效益、生态效益的民俗旅游发展阶段，需要在市场营销的理念、方式与技术方面，从粗放式营销向精细化营销转变。精细化营销需要搞好市场调研，明确旅游者的消费动向，细分市场，准确市场定位，有效配置旅游市场资源，使市场营销具有针对性、有效性。

5. 由传统营销转向网络营销

21世纪是一个知识文化时代，是网络发展时代，市场营销的方式与技术已在逐渐由传统旅行社组团营销的方式向利用网络预约与订购的方式发展，进行网络营销，旅游者也将逐渐由依赖旅行社的固定包价的旅游方式，转变为利用网络的自助旅游方式。同时，电子商务结算的需求也将促使旅游的营销网络化。网络营销，或称为互联网营销，是旅游景区和旅游企业建立自己的旅游网站和网页，利用全球网络(互联网)平台展开营销活动。

6. 由国内营销转向国际营销

中国加入WTO，使中国的旅游市场融入世界旅游市场竞争当中，意味着中国旅游已趋向国际化发展。随着中国旅游企业实力的增强，21世纪，中国旅游的国际化发展进程越来越快。在此趋势下，中国旅游营销，包括民俗旅游市场营销，将由国内营销转向国际营销，需要研究国际游客情趣，制定国际市场营销战略。①

我国旅游业，包括民俗旅游业，正在进入以市场营销为主导的旅游发展时代，中国民俗旅游业需要将现代先进的旅游市场营销理念，与中国民俗旅游业的实际情况紧密结合，促进中国民俗旅游业迅速、健康、有序地发展。

(三)民俗旅游市场营销对策

面对民俗旅游企业在营销过程中存在的问题和新的发展趋势，中国民俗旅游获得进一步发展需要研究具有针对性的民俗旅游市场营销对策。

---

① 张扬. 中国旅游营销未来发展七大趋势，企博网，2007-11-23.

1. 建立民俗旅游行业协会,规范行业管理

在民俗旅游发展中,旅游服务规范和旅游价格是突出的两个问题,特别是旅游价格,既是民俗旅游企业关注的根本问题,也是游客在民俗旅游活动中的敏感性问题。民俗旅游行业协会需要制定科学的价格标准,使各个旅游企业都能在规定的价格范围内进行有序竞争,对违反行业协会价格规定的旅游企业,给予相应的制裁,由此带动民俗旅游的规范发展。

2. 建立完备的民俗旅游产品售后服务体系

民俗旅游产品售后服务体系,是民俗旅游可持续发展和民俗旅游市场营销支持的重要工作和重要环节。售后服务体系主要是建立对游客售后服务满意程度的跟踪调查与服务系统,获取旅游者对民俗旅游产品的要求、意见和建议,进行及时的售后服务,同时,建立针对不同地区、不同年龄、不同层次的民俗旅游者的资料库,避免进行民俗旅游市场营销及开发新的民俗旅游产品主观性和盲目性。民俗旅游产品售后服务体系的建立可以帮助民俗旅游企业树立良好企业形象,本身就是一种口碑营销方式。

3. 加强民俗旅游从业人员旅游法律法规教育

从区域民俗旅游发展角度,可以在各级旅游从业与管理资格证考试中,加大旅游法律法规知识的考核分量,强化民俗旅游从业人员法律意识。同时,加强检查和监督旅游企业经营活动,对有问题的民俗旅游企业责令限期整改。加强民俗旅游从业人员旅游法律法规教育的目的,在于真正将旅游形象视为民俗旅游发展的生命,促使民俗旅游从业人员在工作当中注意仪表与言谈举止,恪守承诺,树立民俗旅游形象,维护民俗旅游形象。

4. 建立完整的民俗旅游市场营销信息系统

民俗旅游市场营销信息包括民俗旅游发展信息和民俗市场营销信息两个方面,通过民俗营销信息系统,了解民俗旅游发展动态,反馈民俗旅游市场营销活动效果,及时针对不同营销效果加以控制,提高民俗旅游企业的市场竞争力。

5. 制定科学的民俗旅游市场营销规划

研究民俗旅游市场营销的产品策略、定价策略、营销渠道策略、促销策略、旅游目的地营销策略、营销公共关系及营销创新等,切实针对民俗旅游市场发展变化趋势,制定适合发展的中、长期的民俗旅游市场营销规划。根据民俗旅游者消费心理,深入挖掘潜力,制定详细的行动方案,建立营销组织机构,不断推出一系列有新鲜创意、有经济效益的营销策略。运用先进的科技手段,把互联网等引入民俗旅游经营当中,做到信息通畅、快捷、方便,

促进民俗旅游工作效率的提高。①

民俗旅游市场营销对策是一种活的对策，需要根据民俗旅游产业发展的形势适时地进行调整。然而，民俗旅游市场营销对策思考的基本点，始终离不开民俗旅游产品特色和旅游服务质量。在民俗旅游发展实践中，确保了民俗旅游产品特色和旅游服务质量，就有诚信旅游服务，就有旅游品牌，就有民俗旅游的持续性发展。

第三节 民俗旅游产业管理

我国民俗旅游业的发展经历了从自我发展向产业管理发展的过程，逐渐明确民俗旅游产业管理的过程，是中国民俗旅游产业发展成熟的过程。2003 年，国家旅游局对我国民俗文化旅游建设与管理国家标准立项研究。据报道，2004 年 5 月 15 日，湖南湘西凤凰古城迎来了全国从事旅游、民族（民俗）文化研究的知名学者、专家和国家旅游局、国家民委、国家技术监督局的相关负责人。专家们在对凤凰古城进行调研后，认为古城完全可以作为《民族（民俗）文化旅游点规划建设与管理规范》的蓝本来参照进行编制，标志着我国《民族（民俗）文化旅游点规划建设与管理规范》国家标准建设正式启动。②

一、民俗旅游产业管理现状

在我国民俗旅游业从自我发展向产业管理发展的过程中，有遇到困难的苦恼，有收获成功的喜悦。困难与成功成了我国民俗旅游产业管理历史的印迹。

（一）成绩与经验

回顾我国民俗旅游业 30 年发展历程，在进入 21 世纪后，各地开始参照国家相关规定，有意识地对产业发展进行管理，取得了喜人的成绩与经验。

1. 星级管理，标准化发展

旅游服务质量是民俗旅游生存与发展的关键，甘肃省张掖市肃南裕固族自治县的做法是借鉴星级管理做法，推动标准化发展，出台《肃南县民族

---

① 杨晚华. 我国旅游市场营销存在的主要问题及发展趋势研究. 中国科技信息，2005(20).

② 石健，曹琪，邓蓉. 专家学者考察凤凰 称其为民俗旅游管理规范蓝本. 潇湘晨报. http://www.rednet.com.cn 红网，2004－05－20.

景点、牧家乐旅游服务质量等级评定实施细则及评分标准》，对全县民族景点、牧家乐以评星定级的方式进行整顿治理，进行旅游服务标准化发展。评选出三星级民10户、二星级16户、一星级民13户，大大提高了管理服务水平。同时，对旅游景区接待帐篷进行了民族特色化改造，改善接待服务设施条件，完善旅游服务功能。2008年，拥有国家4A级旅游景区1个、3A级旅游景区1个，从事旅游接待宾馆5家，旅游接待点80多处，全县年接待民俗旅游能力达到45万人次。①

2. 统一标准，规范性发展

统一标准，规范性发展，几乎成为我国乡村民俗旅游管理早期的措施。如山东日照市在各民俗旅游村和重点街道层层成立民俗旅游管理办公室，统一对民俗旅游村户实行综合管理。提倡有条件的村对游客实行统一安排住宿、统一用餐标准、统一接待价格。切实加强对民俗旅游户的规范管理，确保"六证"齐全，依法经营。在此基础上，对民俗旅游户实行星级管理，对低档次、不达标的民俗旅游户，一律不准评星，不准挂民俗旅游的牌子。对在接待游客中造成不良影响的，依法严肃查处，提高了乡村民俗旅游服务档次和水平。②

3. 统一配送，专业化服务

我国民俗旅游大多分布在乡村，如何借助城市发达先进的旅游服务设施与技术系统，提高民俗旅游水平。北京房山区的做法是依托北京，统一配送，专业化服务。2007年，房山区民俗旅游业发展的又一次创新，是推出专门为民俗旅游户提供餐具卫生消毒、农产品配送、衣物洗染等服务的专业化组织，成立专门的餐具消毒组织，把游客用过的餐具进行集中回收、清洗、消毒、包装后，配送到民俗旅游户家中供游客使用。联合丽民恒华、京之源等农产品配送中心将农产品配送到各民俗旅游景点和民俗旅游户中，并与民俗旅游户共同建立档案，将农产品的产地、配送单位等做好登记，让游客用得舒心，吃得放心。专业化服务改变了传统的服务方式，满足广大游客的食品卫生需求。③

4. 挖掘民俗文化内涵，开发民俗文化特色项目

旅游发展在于特色，民俗旅游发展也在于特色。为了避免"渔家乐"旅

① 苏秀花. 最具"民俗风情的旅游大县"—— 甘肃省张掖市肃南裕固族自治县. 张掖市旅游局，2008-08-04.

② 日照大力发展渔家乐民俗旅游. 亚心网. http://www.iyaxin.com，2008-08-23.

③ 王秀珍. 我区创新民俗旅游业服务模式. 房山区农委，2007-09-13.

游项目单一雷同，嵊泗县妇联在创“妇”字号“渔家乐”品牌基地活动中，实施创业带头人培养工程，挖掘全县各乡镇擅长画渔民画妇女的人才，组建一支“渔嫂渔民画”队伍，形成了具有独特渔家民俗风情的“嵊泗渔民画”，增加嵊泗“渔家乐”旅游文化内涵，拓宽了“渔家乐”旅游的发展空间。①

我国各地在民俗旅游业发展实践中摸索取得的成绩与创造经验为继续推进民俗旅游产业的发展打下了一个很好的基础，这个基础是民俗旅游通过管理获得发展的信心，是前进的动力。有了民俗旅游产业管理的实践基础，就可以将中国民俗旅游产业推向新的发展阶段。

(二)发展中不可忽略的问题

我国民俗旅游业的发展，虽然包括城市民俗旅游和乡村民俗旅游，但更偏重于广大的乡村民俗旅游。由于民俗旅游所处的乡村基础设施条件普遍较差，虽已有近三十年发展的历史，民俗旅游仍然存在着较多问题，集中表现为缺规划、缺设施、缺特色、缺宣传、缺人才、缺资金等“六缺”。

1. 缺乏民俗旅游规划

近年来，我国民俗旅游发展的规模和速度迅猛，然而，民俗旅游发展在资源利用、整体布局、产品开发、市场宣传、人才培养等方面的规划制定相对滞后。由于缺少规划意识，缺乏政府组织，不少乡村民俗旅游都是村民自发经营起来的，以一种家庭接待的观念来进行旅游经营与服务。作为一种产业经济，在没有旅游规划的传统状态下，不利于民俗旅游科学、合理、有序地发展。

2. 基础设施匮乏，服务功能欠缺

按照我国旅游管理评定标准和公安、消防、卫生防疫、环保、技术监督等部门相关规定的要求，目前，我国民俗旅游景区在道路、停车场、旅游接待站、公共厕所、垃圾箱、消毒防疫设施、消防设施、互联网设备、有线电视设备、无限通信设备、电力容量、环境秩序、绿化美化等基础设施和服务设施方面，仍与发展要求存在较大的差距，直接影响民俗旅游服务的水平和质量。

3. 缺乏特色

我国各地民俗旅游产品的特色不够突出、雷同化倾向比较严重。特别是在同一个民俗文化区的各旅游景点，开发民俗旅游资源的种类基本相同，民俗旅游产品内容和民俗活动形式也相差无几。民俗旅游村户的建筑种类和风格，农家饭菜的风味和特色，都没有什么太大的区别。缺乏民俗旅游特

① 林琳. 创“妇”字号“渔家乐”品牌基地 渔农村妇女大有可为. 舟山女性网，2008-01-28.

色产品，加上档次低，无法形成民俗旅游特色品牌。应该说，民俗旅游的文化内涵和地域特色亟待挖掘、深化和创新，以形成民俗旅游产品的差异，形成互有区别的特色。

4. 缺乏市场营销宣传

多年来，我国民俗旅游景区大多是等客上门，缺乏民俗旅游市场营销理念，缺乏民俗旅游市场营销宣传；只讲民俗旅游项目开发，不讲民俗旅游产品包装和市场推广。

5. 缺旅游管理人才

由于民俗旅游在乡村很火热，多数从事民俗旅游业的人员都是从农业人口转入旅游服务行业。由于没有受过旅游服务技能培训，也没有旅游从业工作经历，对旅游特殊服务行业和旅游市场需求不甚了解，造成民俗旅游的质量管理和从业人员的服务水平和意识都与旅游者的要求存在一定的差距。

6. 缺资金投入

资金问题一直是制约民俗旅游发展的根本因素。在民俗旅游发展初期，主要是靠农民自筹资金，自然滚动发展。民俗旅游县镇也缺乏资金进行公共的基础设施投入，使民俗旅游一直处在低水平发展。经过近三十年的发展，民俗旅游进入从规模发展到产业提升的阶段，无论是规划还是基础设施、人员培训、规范管理等问题日渐暴露出来，也就愈加突出资金支持的重要性。

民俗旅游的"六缺"，是社会经济发展不足和民俗旅游研究不足产生的必然现象，随着社会经济的发展和民俗旅游研究的深入，民俗旅游发展需要着力去解决这些问题。

二、民俗旅游产业管理的任务

管理出形象，管理出效益。对于民俗旅游，可以说管理水平的高低将直接决定着民俗旅游发展的得失与成败。民俗旅游管理是旅游管理的重要方面，涉及旅游管理体制、民俗旅游营销和对游客行为及旅游地居民进行引导和管理等内容。民俗旅游管理的任务，就是在民俗旅游产业的建设和发展中，使民俗旅游经营与服务等诸方面得到很好的统筹与协调，使之得以良好的运行与发展。

（一）旅游管理人才培训

民俗旅游发展的关键是人才。中国民俗旅游发展的人才应走自我培养与引进相结合的道路。自我培养与引进相结合，重在自我培养。民俗旅游人才的自我培养是民俗旅游省、市、县、社区的共同任务。民俗旅游人才的自我培养通常采用民俗旅游培训班的形式，对民俗旅游户进行政策法规、礼仪接待、食品卫生、烹饪、客房服务、礼仪、旅游景点导游、人身财产安全、消防安全、文明诚信经营等方面的知识技能等培训。在接待外国游客的民俗旅游区，还需要进行有针对性的英语口语培训。通过培训，使乡村民俗旅游户提高旅游服务的意识，遵守行业法规，掌握民俗旅游技能，规范民俗旅游户的经营行为，优化服务态度，整体提高民俗旅游的发展水平。

（二）建立与完善管理体制，制定合理可行的管理标准

发展民俗旅游是对农、林、牧、渔等传统生产民俗资源和传统民俗文化街区、古村镇民俗文化资源的旅游产业利用，由于旅游资源涉及政府的多个部门，需要统筹与协调，建立和完善民俗旅游管理体制，制定合理可行的管理标准，促进民俗旅游的规范发展。

据不完全调查，在我国民俗旅游发达的市县区旅游局或政府，都出台了民俗旅游管理办法和管理规定。如北京市旅游局制定了《北京市乡村民俗旅游村、民俗旅游户等级划分与评定》（2006 年 11 月）、密云县人民政府制定了《密云县民俗旅游经营管理规范》（2001 年 6 月 22 日）、日照市旅游局制定了《日照市民俗旅游管理办法》和《日照市民俗旅游户标准及星级评定办法》（2005 年 8 月 1 日）、互助土族自治县旅游局制定了《互助县民俗旅游管理办法》（试行）（2007 年 4 月 11 日）、新疆吐鲁番地区制定了《吐鲁番民族民俗家访点旅游服务管理办法》和《吐鲁番星级民族民俗家访点评定标准》（2008 年 11 月）等，对民俗旅游经营作了详细的管理规定。如《互助县民俗旅游管理办法》分五章十九条，规定了从事民俗旅游经营的办法，要求"旅游景区（点）建设应当保护原始风貌，突出地方特色、民族特色，提高文化品位，具有知识性、趣味性、观赏性和可参与性。""民俗旅游经营户切实保障游客人身和财产安全。经营涉及人身安全的休闲娱乐项目，必须具备防范保障措施，并报公安、质监及相关部门检验合格后方可运营。"又如《吐鲁番民族民俗家访点旅游服务管理办法》规定了民族民俗家访点开业的基本条件、经营管理方式、计分管理办法等 42 项具体内容。在《吐鲁番星级民族民俗家访点评定标准》，对家访点的经营场地、接待设施、环境保护、服务质量、服务项目等，制定了标准，并进行星级评定。

有了地方政府民俗旅游经营管理规范和标准，迅速提升了我国民俗旅游产业发展的速度和旅游服务接待质量。

（三）编制旅游规划，完善旅游服务基础设施建设

我国民俗旅游发展，亟须通过编制旅游规划，完善旅游服务基础设施，

达到有效利用和保护旅游资源的目的。在科学的旅游规划下,可以避免旅游项目匆忙上马,避免旅游给目的地社区带来经济、文化和环境方面的消极作用,保护生态环境,同时可以使交通、住宿等基础设施,满足当地人们和日益增长的旅游客流的需求。

(四)转变服务理念,加强民俗旅游管理

由于目前我国对民俗旅游发展规律的研究较少,各地普遍缺少对民俗旅游产品开发的专业化指导,经营者对民俗旅游的内涵、性质、产品开发方向不能正确把握,缺乏创新的思维和开发理念,造成很多民俗旅游项目由于缺乏对产品的深入挖掘和包装而逐渐被市场所遗弃。在经营活动中,带有小农思想意识、缺乏现代旅游业的服务理念和意识,容易造成短斤少两、欺诈等不诚信的经营行为,影响民俗旅游业的发展,需要在企业经营管理过程中,加强员工培训,贯彻现代旅游业的服务理念,提高民俗旅游服务质量。

(五)对游客行为及旅游地居民进行引导和管理

外来游客与旅游地居民的和谐关系是民俗旅游业发展的重要关系。来自四面八方的民俗旅游者,带来不同的文化与思想,与旅游地居民有差异,需要得到和谐性引导,避免产生矛盾和冲突。一方面,对旅游地居民进行正确的引导和管理,规范当地旅游市场的正当竞争,保证提供优质的旅游服务;另一方面,完善规章制度和编制游客须知,对游客行为进行管理,引导游客保护环境,文明健康地进行游览和参与休闲活动等。

管理作为一种产业发展的机制,愈来愈显出重要的产业发展作用,不仅体现在产业生产过程的组织作用,而且还贯彻了产业的发展理念与文化,由此赢得更广阔的市场效益。

三、产业标准化管理

企业管理就是一种规范管理,一种标准化管理。经营管理标准化是提高旅游服务水平的重要途径,要实现服务管理标准化需要实行行业标准管理。通过实行行业标准管理,强化旅游行业管理,按照旅游管理条例等行业管理法律法规制度,对民俗旅游的景点、旅游饭店、旅行社、旅游市场和旅游从业人员等实行科学化、规范化管理,推动管理工作迈上新台阶。通过实行行业标准管理,培养和引进一批高素质的旅游专业人才,全面提高旅游从业人员的水平,提升旅游服务质量。

民俗旅游是旅游的一种类型,行业标准管理带有旅游行业的普遍性标准和民俗旅游的特殊性标准。普遍性标准就是将民俗企业的管理纳入旅游行业的标准管理范畴，实行旅游行业的普遍性标准。民俗旅游特殊性标准是根据民俗旅游特殊性所制定的管理标准，包括从业资质标准、民俗旅游户标准、民俗旅游村标准、民俗风情园标准、民俗旅店标准等。

（一）从业人员资质标准

随着民俗旅游业的发展，对民俗旅游的从业人员资格提出了更高的要求，以适应民俗旅游业的发展。一般规定年满18周岁以上，具有一定有经营能力、良好的职业道德、身体健康者，才具备从事旅游开发和经营活动的资格。如《北京市郊区民俗旅游接待户评定标准（试行）》（京政农发［2002］44号）民俗旅游接待户标准有关“从业人员标准”规定：①必须年满18岁，具有一定的经营能力。②具备良好的职业道德。③身体健康，无传染性疾病，持有卫生部门统一颁发的健康证。④着装干净、整洁。

（二）民俗旅游户标准

民俗旅游户，或称“民俗旅游接待户”、“民族民俗家访点”①，是民俗旅游业发展中的重要从业者，对民俗旅游户经营管理的效果，将直接影响民俗旅游业发展。民俗旅游户标准，一般包括从业人员、服务设施、交通与游览、安全、卫生、服务等方面标准。

1. 从业人员标准

民俗旅游户从业人员标准与从业人员标准一致，要求必须年满18岁，具有一定的经营能力，具备良好的职业道德，身体健康无传染性疾病，持有卫生部门统一颁发的健康证，着装干净整洁。

2. 服务设施标准

处于民俗旅游产业基础的民俗旅游户，主体的服务设施主要是专门用于旅接待服务的用房。建筑布局合理，建筑物的高度、色彩、造型与环境、景观相协调。接待客人留宿的民俗旅游户，要求有专门用于营业的客房，室内宽敞、明亮，装饰富有民族特色。客房配备电视、电话、暖水瓶、茶杯等生活用品和防蚊、蝇设施；设有独立的洗浴间，配备安全的洗浴设施，提供必要的洗浴用品。客房卫生，每日定时清理，床单、被罩、枕巾必须做到一客一换，清洗消毒；地面清洁，天花板、墙壁无蛛网和印痕，整洁干净；洗浴间、卫生间做到定期消毒，确保无污水、无污迹、无异味。

3. 交通、游览标准

民俗旅游户是民俗旅游具体接待的基本单位，要求进入性较好，进出方

① 《吐鲁番民族民俗家访点旅游服务管理办法》规定，民族民俗家访点是以当地少数民族家庭为主体、农家乐为形式的民俗旅游点。

便，道路畅通；有停车场所，场地平整坚实，标志规范、醒目，容量能基本满足需求。在游览上，要求内外参观（游览）线路安排合理，引导标志清晰美观，与景观环境基本协调；讲解员（导游员）具备高中以上文化程度，持证上岗，人数及语种能满足游客需要，普通话率能达到100%，讲解（导游）词科学、准确、生动。

4. 安全标准

旅游者外出的安全，主要是人身安全和财产安全。民俗旅游户负有在旅游接待过程中保证游客安全的责任。要求认真执行公安、交通、劳动、质量监督、旅游等有关部门制定和颁布的安全法规，建立完善的安全保卫制度；防火、防盗、救护等设备齐全、完好、有效；危险地段标志明显，防护设施齐备、有效；对消防设统一警示牌，标明安全使用方法及注意事项，并设专人负责，提醒游客注意安全；建立有紧急救援机制，配备游客常用药品，开通报警直拨电话，事故处理及时、妥当，档案记录完整。

5. 卫生标准

民俗旅游是面向城市居民的旅游产品，因此，民俗旅游户的卫生十分重要。民俗旅游户的卫生包括环境卫生、厕所卫生、食品卫生、住宿卫生。环境卫生，要求环境整洁，建筑物及各种设施表层无脱落，无乱建、乱堆、乱放现象；水沟与地面无污水、污垢、异味；设置垃圾桶，布局合理，标志明显，数量满足需要；垃圾清扫及时，日产日清，保持环境空气清新。厕所卫生，要求标志醒目，使用封闭式或水冲式厕所，配备照明设备，男女分设，蹲位基本满足要求，洁具清洁，无污垢、无堵塞；旱厕须距离旅游活动场所25米以外。食品卫生，要求符合《中华人民共和国食品卫生法》规定，不使用对环境产生污染的一次性餐具；厨房布局合理，操作间符合卫生防疫标准，餐具、案板定期消毒；灶具、洗刷池干净、美观；厨具、餐具摆放有序，通风排烟良好，配备消毒设施；厨房各种盖布、盖帘齐备，专布专用；具有防蚊蝇设施，符合全国爱卫会除四害的考核规定；制作的饮食要符合卫生防疫部门标准要求；储藏、加工制作食品要做到生熟分开，禁止向游客兜售过期变质的食品；

6. 服务标准

民俗旅游户的旅游服务内容主要是餐饮服务和住宿服务，服务标准要求服务公约及管理制度要健全，住宿须知必须上墙，坚持住宿登记制度；合法经营，不得从事违法、违规活动；服务人员使用文明用语，热情礼貌待客。旅游接待户家庭成员与游客要分开居住，不得混住。

在北京，具备了以上标准条件的民户，就可以到有关部门申请参加民俗旅游户评定。北京市规定评定工作采取自愿接受评定的方式。已经开展民俗旅游接待或者正准备开展，要申报民俗旅游接待户，由所在的村委会组织填报“民俗旅游接待户的申请表”，村委会将申请表交所在政府申请盖章。政府统一报所在区县的农委和旅游局去共同评定。评定合格的农户由农委和旅游局共同颁发“民俗旅游接待户”的标志牌。

（三）民俗旅游村标准

民俗旅游村是民俗旅游最基层的旅游目的地。民俗旅游村的建设标准，主要包括从业人员、基础设施、组织机构、服务管理、安全管理等五个方面。

1. 从业人员标准

作为民俗旅游村的旅游从业人员，必须身体健康，有本市户口，持卫生部门统一颁发的健康证上岗；作为以接待经营为主要职业人员，要求具备一定的旅游接待常识和服务技能。

2. 基础设施标准

基础设施是民俗旅游村开展民俗旅游的基本条件。基础设施包括旅游服务中心、停车场、道路、供排水、垃圾处理、厕所等。旅游服务中心要求具有业务咨询、食宿安排、民俗活动安排、公共电话、投诉处理等功能；有统一的停车场，停车场的面积要与接待容量相适应，有专人管理；村内道路要硬化，便于机动车的行驶；供水系统有保障，水源清洁卫生，符合国家饮用水标准；有统一的污水和垃圾处理系统或措施，符合国家环保质量的要求；有相应数量的公共厕所，配备专职管理人员，厕所规格质量和服务符合旅游厕所一星级以上标准。

3. 组织机构标准

建立组织机构是民俗旅游村成为民俗旅游目的地的重要条件。民俗旅游村的组织机构，要求有统一的领导管理机构、旅游接待机构和专职接待人员；领导管理机构负责民俗旅游村的整体发展规划和基本设施的建设工作，负责全村民俗旅游接待户和村属旅游项目的经营管理，制定相应的管理制度，规范民俗旅游户的经营行为，负责全村旅游接待户和村属旅游项目的整体对外宣传工作，经营协调工作和旅游投诉处理工作。

4. 服务管理标准

民俗旅游村对旅游服务的管理包括环境管理、服务设施管理、从业人员管理、旅游服务管理等。环境管理标准，要求做到村内及周边环境优美、清洁卫生；服务设施管理标准，要求做到各种服务设施设备完好，功能齐全；从业人员管理标准要求做到悬挂服务标准工作制度和住宿须知，执行住宿登记制度。合法经营，不得从事违法违规活动。服务人员使用文明用语，做到对游客热情礼貌。旅游服务管理标准，要求做到从业人员经过服务意识、服务技能的培训。

5. 安全管理标准

安全管理是民俗旅游村持续发展的重要保证，要求村级领导中有专人负责安全工作，建立健全安全管理制度和安全责任制，制定特殊时段的安全管理预案和相应管理措施；严格执行国家和地方治安、消防、卫生的有关法规；从业人员具有安全、消防、卫生方面的意识，掌握有关消防、卫生的基本知识和技能。杜绝赌博、卖淫、贩毒等违法活动。设立报警电话和村级医疗救护点，建立重大事故上报制度。

北京市旅游局要求已经开展民俗旅游接待的村庄，需要申报评定民俗旅游村，由所在乡（镇）政府申请，由乡（镇）政府统一报所在区县农村工作委员会和旅游局共同组织评定。评定合格的民俗旅游村，由北京市农村工作委员会和北京市旅游局共同颁发"北京市民俗旅游村"标志牌。

（四）民俗风情园标准

民俗风情园是民俗旅游的目的景点景区。民俗风情园建建设与管理标准包括游客接待中心、交通、安全、卫生、经营管理等方面的具体标准要求。

1. 游客接待中心标准

要求位置合理、规模适度，综合画册、音像制品、导游图和导游材料等旅游宣传材料，内容丰富，文字优美，制作精美，特色突出，并适时更新；接待服务人员仪表端庄、业务熟练、服务热情；导游全景图、导览图、标志牌、景物介绍牌等各种引导标志，设置合理，造型有特色，艺术感和文化气息浓厚，能烘托总体环境；导游讲解词科学、准确、有文采，导游服务具有针对性，达到行业服务质量标准。区内游览路线布局合理、顺畅，与观赏内容联结度高。

2. 交通标准

民俗风情园交通包括道路、停车场。道路要求可进入性好，交通设施完善，进出便捷；停车场要求布局合理，场地平整坚实，绿化美观，标志规范，与景观环境相协调，管理完善，容量能充分满足车辆停放要求。

3. 安全标准

民俗风情园安全标准，要求认真执行公安、交通、劳动、质量监督、旅游等有关部门制定和颁布的安全法规，建立完善的安全保卫制度，安全防范设施满足旅游需求；消防、防盗、救护等设备齐全、完好、有效，无安全隐患；有突发事件处理预案，应急处理能力强，事故处理及时、妥当，档案记录准确、齐全；制定安全管理制度，设统一警示牌标，明确安全设施使用方法及注意事项；在易发安全事故区域，设专人负责提醒游客注意安全。

4. 卫生标准

民俗风情园的卫生主要包括环境卫生、厕所卫生、垃圾箱卫生和餐饮卫生。环境卫生标准，要求环境整洁，地面无污水、污物、乱建、乱堆、乱放现象，建筑物及各种设施设备表层无脱落，无污垢，无异味；厕所卫生标准，要求布局合理，蹲位能满足需求，标志醒目美观，建筑造型与景观环境相协调。厕所具备水冲、通风设备，并保持完好或用免水冲生态厕所。垃圾箱卫生标准，要求布局合理，标志明显，数量能满足需要，造型美观，与环境相协调。垃圾分类收集，清扫及时，日产日清；餐饮卫生标准，要求食品卫生符合国家规定，餐饮服务配备消毒设施，不使用对环境造成污染的一次性餐具；餐厅内外保持清洁、整齐，清扫时应采取湿式作业；餐厅每个就座空间平均占地面积不得低于1.85平方米。餐厅内部装饰不得对人体产生危害；要求餐厅应有防虫、防蝇、防鼠害等措施。

5. 经营管理标准

民俗风情园管理是全面的经营与服务质量管理，要求管理体制健全，经营行为合法；旅游质量、旅游安全、旅游统计等各项经营管理制度健全有效，贯彻措施得力，定期监督检查，有完整的书面记录和总结；管理人员配备合理，高级管理人员均应具备大专以上文化程度；具有独特的产品形象、良好的质量形象、鲜明的视觉形象和文明的员工形象，确立品牌标志，并全面、恰当地使用；有正式批准的旅游规划，开发建设项目符合规划要求；培训制度明确，人员、经费落实，业务培训全面，效果良好，上岗人员培训合格率达100%；投诉制度健全，人员、设备落实，投诉处理及时、妥善，档案记录完整；公开旅游服务项目、标准和价格。不提供违背民族风俗习惯、有损人格尊严以及有悖社会公德的服务项目；不作虚假广告、宣传；不欺诈、勒索旅游者，不欺骗、胁迫旅游者接受服务或者购买商品；不得采用不正当手段进行市场竞争；接受旅游行政管理部门和有关行政管理部门的指导和监督。

（五）民俗旅店标准

民俗旅店是专以接待民俗旅游住宿的旅游服务单位。民俗旅店建设与管理标准包括客房、卫生间、洗浴间、厨房、庭院环境等方面的具体要求。

1. 客房标准

有专门用于营业的客房，室内宽敞、明亮，装修、装饰富有当地民俗、民情特色；配有床、桌、椅、电视、电脑等必需的生活物品和防蚊蝇设施。定时清理房间，客房床单、被褥、枕头套等床上用品，严格执行一客一换制度。保持室内卫生，地面干净，天花板、墙壁无蛛网、印痕。

2. 卫生间标准

民俗旅店卫生间或与客房配套,或单独设立。独立卫生间按男女分设,标志醒目。民俗旅店卫生间要具备水冲条件和照明条件,提供低值易耗品。卫生间做到定期消毒,确保无污水、无污迹、无异味。

3. 洗浴间标准

民俗旅店洗浴间分公共洗浴间或客房配套洗浴间,客房配套洗浴间与卫生间合为一体。公共洗浴间要求挂钩、梳妆镜等配套齐全,墙壁、地表平整、光洁,喷淋与排水排污通畅。洗浴间要求每日清扫,定期消毒,确保无污水、无污迹、无异味。

4. 厨房标准

提供餐饮服务的民俗旅店需要配套厨房。厨房建造和管理要求,厨房内部布局合理,有足够操作空间。灶具、洗涮池干净,洗涮池不少于两个。厨具、客用餐具摆放有序;通风排烟好,有消毒设施。厨房操作间符合卫生防疫部门标准,遵守卫生管理制度。保持环境整洁,餐具、刀具、案板定期消毒;各种盖布、盖帘齐备,专布专用;有防蚊蝇设施。

5. 庭院标准

民俗旅店,民俗旅游村的民俗旅店,都有一定面积的庭院,要求庭院布局合理,物品堆放有序,花草、树木点缀得体。

在密云县旅游局在《密云县民俗旅游经营管管理规范》(2001 年 6 月 22 日)中规定,凡年满 18 周岁,具有一定经营能力,持有县级卫生部门颁发《健康证》的,均可申办民俗旅店。民俗旅店申办者须参照本规定对拟经营场所进行整改,合格后到村委会领取并填写“民俗旅店开业审批表”。经乡镇旅游主管部门初审合格后,持营业执照副本、卫生合格证、健康证、民俗旅店开业审批表到县旅游主管部门办理开业手续,然后领取民俗旅店标志,挂牌营业。

我国对民俗旅游的管理分为全面性的产业管理和分项行业管理。青海省《互助土族自治县民俗旅游管理办法》(互政[2007]96 号)提出了民俗旅游全面性的产业管理方案。我国较多的市县是民俗旅游分项行业管理方案,如北京市农委、北京市旅游局出台的《北京市乡村民俗旅游村、民俗旅游户等级划分与评定》,规定了民俗旅游村和民俗旅游户的评定标准和评定办法;山东临沂市下发的《关于在全市开展创建农家乐旅游示范村工作的通知》、《日照市民俗旅游管理办法》、《日照市民俗旅游户标准及星级评定办法》;成都市出台了《农家乐开业基本条件》、《农家乐旅游服务质量等级划分及其评定评分标准》、《农家乐旅游服务质量等级评定实施细则》、《乡村酒店旅游服务质量等级评分与评定标准》等一系列规范,都是在某一民俗旅游专项实行规范管理与服务。

四、经营过程管理

在民俗旅游活动中,游客对食、住、行、游、购、娱的旅游“六要素”,最关心和最不放心的是住与食二要素。要让游客在民俗旅游中,游得开心,游得放心,特别需要重视对民俗旅游中的旅游住宿与旅游餐饮的经营过程加强管理。

(一)旅游住宿服务管理

在旅游产业构成中,旅游住宿是重要的组成部分。在民俗旅游业中,民俗旅游度假村的旅游住宿管理是重要内容。

客房管理和客房布置要了解游客两种心理,第一种心理,在外面住宿,希望符合自己的生活习惯和生活条件,希望在住宿时像在家里面一样方便与舒服。第二种心理,从家里出来旅游,希望能欣赏和家里不一样的景色,住宿和旅游地有着鲜明的景观特色。

旅游住宿服务管理需要满足客人两部分需求,一是满足游客对客房设备设施物质和住宿环境的需求。如一张干净整洁的床、一个环境优美的院落,让客人住得舒服。二是满足游客精神享受的各种服务,如一张笑脸、一杯热茶、一顿特色晚餐,都可以让游客享受到满意的服务。

1. 客房空间布置

旅游住宿客房室内空间可以分为睡眠、存储、起居和卫生间四个区域。睡眠区域是最基本的区域。睡眠区域是睡眠空间,可以选用床和床头柜,或是农家土炕形式来布置。放置一些柜子或者柜橱作为存储空间,让客人来存放衣物和箱子。起居空间是客人休息和会客的地方,通常布置在窗前位置,放置桌椅和茶具等。民俗旅游住宿客房的卫生间,可以像酒店客房一样,卫生间和居住空间连接起来的,也可以设置在农家小院里,安装蹲坑式坐便器和淋浴器。

客房窗户在一定程度上反映舒适程度,要给客人营造一个良好的窗外环境。要求窗净景旷,让客人从窗户就可以看到远处的景致,尽量避免在窗外摆放一些让人感觉不好的物品,比如垃圾箱。窗户需要有避光功能,在客人休息时要有窗帘遮光和保护客人的隐私。

2. 客房内部色彩运用

民俗旅游住宿客房内部的陈设布置,可以通过色彩创造一种氛围,创造一种情调。在人们的视觉感知过程中,色彩比形态更让人注重,能够影响人的情绪。客房内部色彩运用分成暖色调和冷色调,暖色调是指红、橙、黄这三种颜色,能给人一种亲切温暖、热烈、活跃的心理效果。冷色调为蓝、绿、紫,能给人一种宁静、遥远、轻快的感觉。在布置客房时,朝北的房间应该尽量使用暖色调,营造温暖的感觉。朝南的房间,尤其是在夏天,尽量使用冷色调。在客房里,可以剪贴民俗剪纸,摆放一些民俗手工艺品,体现民俗文化情调。

3. 客房家具选择

民俗旅游住宿客房的家具分两种,一种是为客人休息活动用的床、桌椅家具,一种是柜子、抽屉等储存物品用的家具。客房家具选择,在考虑承受力和实际功能时,要注意实用、舒适和民俗特点,要求样式美观、质地坚硬结实、容易清扫清洁。家具的布置应该和房间的格调统一,遵循有疏有密的原则。疏是指提供客人能够进出的空间,密是指用家具组成人休息和使用的空间。遵循有主有次原则,突出主要家具陈设。床是客人休息的地方应该放在宁静区,桌椅是让客人玩耍、谈天的地方应放在明亮区。

4. 客房用品配置

民俗旅游客房配置,主要是指客房的供应品和备用品配置。备用品是指可以供多批客人使用但不能带走的东西。客房备用品配置,首先是床上的被褥、床单和被罩。此外,在柜子里应该有一些衣架,方便客人晾衣服。桌上放置水杯、茶叶、热水瓶、烟灰缸、火柴、纸、笔、塑料袋等小的物品。在桌前设置一个镜子,桌旁摆放废纸篓。在明显的地方摆放印有旅游度假村名称、地址、电话的卡片,方便客人随时取阅。客房的供应品一般是一次性消费品,也称为客房消费品。客房可为客人供应卫生纸、面巾纸等这种纸制用品和一次性消费的梳子、牙刷、毛巾等。

5. 旅游住宿服务过程管理

旅游住宿服务过程,就是对客房和公共区域清洁卫生以及设施维修保养的过程。服务过程管理主要有三方面,一是客房服务过程管理,二是农家小院的清洁卫生过程管理,三是安全保卫服务过程管理。

客房服务过程管理,包括客房整理、设备设施卫生的维护保养。第一,客房整理就是整理客人使用过的床铺,或者整理客人使用后乱放的东西。整理客人乱放的衣物或用品,是为了让客人到客房,永远是一个比较整洁的环境。第二,打扫除尘、扫地、掸去桌面或窗台上的浮土、擦桌子、倒掉烟灰缸或者纸篓里的废物、擦亮玻璃镜子,永远给客人窗明几净的感觉。第三,更换清洗。按要求更换床单等棉织品,统一清洗。同时,如发现客人房间里少了茶叶和开水需要进行补充。最后是检查,在客房整理过程中要注意检查房间设备与家具有没有损坏,如发现灯具坏了要及时更换,如发现有其他损坏,在客人离店时按规定处理。整理工作完成后,要站在客房门口环视整个房间,再检查是否有不满意的地方,进行补充整理、清洁。旅游住宿整个服务过程,要求达到清洁、美观、舒适、安全四项基本指标要求。

6. 农家小院的清洁卫生过程管理

民俗旅游住宿的院落为公共区域,需要绿化和保证清洁卫生,适当地调换花草、浇水剪枝、打扫庭院,使庭院整洁空气清新。在清扫院落时,要避开客人。遇到雨雪天气,应在院落上放置一些脚垫以防游客滑倒。院落里可设小卖部,为客人准备瓶装矿泉水、防蚊虫叮咬的药水和一些小零食、特产,以备客人购买。

旅游住宿服务应实行微笑管理,所有的服务员和经理见了客人都应该微笑,应该主动打招呼、主动问好。微笑式服务是旅游住宿服务管理最基本的原则,把客人放在最优先的位置,把最好的东西展现给客人。旅游住宿服务主要销售的是一段美好的记忆,一次旅游所受到的尊重,就是一种美好的记忆。在管理实践中,客人通常对客房的地面、窗、床、厕所的清洁和舒适度最为看重。对厕所要求闻不到异味,看不到污迹,在房间内摸不到灰尘,窗户要明净。房间布置干净,安静安全,无惊扰,无偷盗,睡得好,吃得香。客人满意,就是旅游住宿服务管理的最高标准。

(二)餐饮卫生与食品安全管理

民俗旅游活动中的饮食,既是民俗旅游的重要内容,可以开发饮食民俗旅游,又是民俗旅游的重要环节,旅游活动在三小时以后必须要吃饭。在保证餐饮卫生与食品安全的前提下,才能谈民俗饮食特色。

餐饮卫生与食品安全管理主要是对用餐环境卫生、餐饮具卫生、食品加工卫生和食物质量的管理。在对民俗旅游餐饮卫生的检查中,普遍发现民俗旅游餐饮卫生主要食品加工卫生,存在四大卫生隐患:一是没有卫生许可证,擅自经营;二是生熟不分,一个菜板切了熟肉又切生肉;三是贪图便宜,专买过期食品做原料;四是超范围经营,没有冷荤凉菜经营许可证的仍然出售凉菜。对民俗旅游餐饮卫生管理,除了日常和重要节假日的餐饮卫生检查之外,重要的是制定民俗旅游户的食品安全规定,使民俗旅游餐饮经营与管理有章可循。

北京市郊区是我国民俗旅游发展最好的区域之一。为了确保民俗旅游餐饮卫生与食品安全,2006 年 12 月 5 日,北京市食品安全委员会颁布《北京市乡村民俗旅游户食品安全管理规定(试行)》(京食安发[2006]14 号),对政府管理职责、乡村民俗旅游户从业许可、厨房卫生要求、餐厅卫生要求、加工食品卫生要求、销售食品安全要求、食品安全事件报告等方面作了如下具体规定。

1. 政府管理职责

区县人民政府对乡村民俗旅游户食品安全负有属地管理职责；乡镇政府负责本辖区乡村民俗旅游户食品安全的日常管理；食品安全综合监督管理部门负责统一协调乡村民俗旅游活动的食品安全工作；农业、旅游、卫生、工商、环保、公安等行政管理部门应当按照各自法定职责，做好食品安全的监督管理、服务及宣传教育工作。各有关村委会应当建立民俗旅游接待户食品安全管理机制，设有专(兼)职的食品安全管理人员，制定乡村民俗旅游管理制度，协助有关部门处理本村民俗旅游接待中的食品安全工作。

2. 民俗旅游户规定

依法取得相关行政许可后方可开展经营活动，从业人员应当持有效健康证明以及接受食品卫生法规和食品卫生知识的培训合格证；患有痢疾、伤寒、病毒性肝炎等消化道传染病(包括病原携带者)，活动性肺结核，化脓性或者渗出性皮肤病以及其他有碍食品卫生的疾病的，不得从事食品加工和销售工作。民俗旅游接待户应当在店堂内醒目位置悬挂营业执照、卫生许可证及相关规章制度，并公布投诉举报电话。

3. 厨房卫生规定

有符合卫生要求的上下水道，并远离垃圾堆(场)、坑式厕所、粪池等有毒有害场所；有足够的操作空间，面积不小于8平方米，墙壁镶嵌瓷砖到顶或者由其他防水、防潮、可清洗等材料制成墙裙。制作间灶台及其周边贴瓷砖，所贴瓷砖高度不小于1.5米；厨房配备必要的排风、冷藏及消毒保洁设施，配备有效的防蝇、防鼠、防尘设施和符合卫生要求的废弃物处理设施；厨房符合卫生要求，切配凉拌菜使用专用刀、墩、板、容器并保持清洁，定位存放，有明显标志，使用前应当进行清洗消毒；洗菜区具备两个以上禽肉、蔬菜分开的长方形清洗池；食物贮存间内粮食存放台距离墙和地面大于0.2米。食物贮存间不得存放有毒有害物品和不洁物。

4. 餐厅卫生规定

保持清洁卫生，有消灭苍蝇、蟑螂等有害昆虫的措施；餐具、茶具应当清洁、无油渍，使用后清洗消毒；每日定时清理，保持室内卫生，天花板、墙壁无蜘蛛网，地面干净无尘土。

5. 加工食品卫生安全规定

采购食品原料遵守进货验收制度和索证索票制度并留存备查；自种蔬菜、水果等食品保证无毒无害，符合相关食品安全要求；加工食品生熟分开，防止交叉污染；易腐食品冷藏；制售凉菜做到有专人、专用工具、专用消毒设备、专用冷藏设备；贮存、运输和装卸食品的容器、包装等安全、无害，不得使用非食品容器盛装食品及其原料；接触直接入口食品的容器和用具使用前洗净、消毒；农药等有毒、有害物品远离厨房，妥善保管，防止游客误用。向消费者提供现场宰杀的畜禽，应当经过检疫并取得检疫合格证明。

6. 加工和销售食品禁止行为

加工和销售腐败变质、有毒有害、病死、毒死或死因不明的畜禽产品；销售未加工熟透的扁豆；销售无有效保质措施的熟肉制品；购买、使用、存放亚硝酸盐；加工游客自行采摘的野菜等食品；销售假冒及过期食品。同时规定，民俗旅游宰畜禽需有合格证。①

7. 食品安全事件隐患报告规定

发现突发食品安全事件隐患及时向乡镇政府和区县食品安全办公室报告；出现食物中毒等突发食品安全事件，应当立即向区县卫生局报告；区县卫生局应当在1小时内将初步核查的结果向区县食品安全办公室通报；区县食品安全办公室自接到通报的1小时内向本级人民政府与市食品安全办公室报告；对于可能或者已经引发突发食品安全事件的食品及相关产品，市食品安全办公室和有关行政管理部门可以采取措施限制和禁止该类食品及相关产品进入市场销售。

2007年，北京市旅游局又将旅游行业餐具由消毒公司统一消毒的使用标准，在民俗旅游企业推行。据报道，从2007年1月初起，怀柔区开始对不夜谷和夜渤海的民俗旅游接待户推行餐具集中消毒模式，由维康餐饮具消毒中心等四家企业负责餐饮具的统一清洗、消毒、包装、张贴标志和配送，整个卫生和储运过程的各个环节均在卫生部门的监督指导下进行。截至该年9月，已有700余家民俗旅游接待户和部分中小餐饮企业使用集中配送消毒餐具，日均配送餐具1.9万套。②

北京旅游局加强民俗旅游餐饮卫生与食品安全管理的做法和经验，对全国民俗旅游餐饮卫生与食品安全的管理具有示范带动作用，在整个中国

① 杨滨. 北京民俗旅游户禁止加工游客自摘野菜北京晚报. http://www.jrj.com,2006-12-08.

② 从簋街到民俗旅游 北京中小餐馆餐具将统一消毒. http://2008.sohu.com,2007-09-25.

民俗旅游产业发展史上具有里程碑意义。

五、行业自律管理

我国民俗旅游业在经过初步的发展阶段后，形成了一定的产业规模。一种产业在形成一定的规模后，会加剧产业内部的不良竞争，如低价竞争，导致企业负债经营和降低服务标准。为了避免产业市场的不良竞争，需要启动行业自律管理机制。

我国民俗旅游业行业自律管理以北京的民俗旅游商会和行业协会具有代表性。进入21世纪以后，我国民俗旅游产业成熟的北京和四川等地都成立了民俗旅游业商会或民俗旅游行业协会。北京市工商业联合会民俗旅游业商会于2007年5月19日成立，以"团结协作，共创和谐，坦诚自律，追求卓越，服务会员，回报社会"为宗旨，意在通过行业的自律来规范经营行为，推动民俗旅游的标准化、规范化和特色化的发展进程。

北京市工商业联合会民俗旅游业商会成立之始，就广泛吸纳了热心民俗旅游事业发展的公民及本行业的经营者、投资者、技术人才，经济、理论、法律工作者和其他相关人士；中国香港、澳门特别行政区、台湾地区及海内外侨胞从事本行业的人士，中小型民营股份制旅游企业和相关产业的民俗旅游观光园、休闲度假村及景区内的宾馆、饭店等近百家企业成为商会会员。民俗旅游业商会还建设了民俗旅游网，如北京民俗旅游网，已发展企业会员近100家，个人会员达到500多人。①

进入21世纪，北京诸多民俗旅游乡镇也成立民俗旅游协会，如昌平流村农业民俗旅游协会和延庆县四海镇大胜岭村民俗旅游姐妹协会。昌平流村农业民俗旅游协会由民俗村、自然风景区及百余家民俗旅游接待户组成，对外负责接待旅游观光、餐饮、采摘、住宿服务。对内进行会员的法律、法规培训，专业技能培训，提高会员的职业素质；加强协调和信息沟通，广泛开展与各旅游组织间的交流合作，促进旅游业的发展，提高流村地区的知名度，扩大旅游业的影响。② 大胜岭村民俗旅游姐妹协会成立后，成功组织了村庄姐妹发展民俗餐饮，解决了剩余妇女劳动力问题，使大胜岭村特殊的"柴锅欲"、"猪扒脸"、"蘑菇宴"民俗菜系誉满京城。

① 北京工商联民俗旅游业商会成立. 中华工商时报，2007－05－23. http://www.jrj.com.

② 北京市昌平流村农业民俗旅游协会. 北京昌平流村农业民俗旅游协会简介. 2007－11－13.

民俗旅游业商会和民俗旅游协会是民俗旅游业行业自律管理的重要方式,是民俗旅游业发展的需要,可以促进民营民俗旅游企业之间的协调发展,可以加强与国际民间民俗旅游友好商会的交流与合作,加快中国民俗旅游国际发展的步伐,将中国民俗旅游产业推向新的发展阶段。

第十章

民俗旅游业发展研究

民俗旅游作为一种旅游类型，区别于一般的旅游，如区别于自然观光旅游，区别于历史文化旅游，甚至区别于民族旅游，这种区别不仅仅在于民俗旅游是一种涉及经济生产、文化生活、信仰崇拜、歌舞娱乐的综合类型的旅游，还在于它的民俗民间性质，民俗旅游活动因为更贴近民间，更深入民间，也就触动了民俗民间社会的变动和发展。因此，研究民俗旅游产业的发展，需要研究民俗旅游产业的发展与所相关的民俗旅游与区域经济发展的关系，研究民俗旅游与民俗文化传承的关系、民俗旅游与民俗文化环境的关系、民俗旅游与民俗旅游资源的关系，研究民俗旅游的持续性发展等问题。

第一节　民俗旅游与民俗文化传承

从民俗旅游业发展的实践中，人们认识了民俗文化的价值。民俗文化之所以能引发出一个民俗旅游产业，价值就体现在民俗文化具有旅游吸引力。民俗文化所具有的旅游吸引力的本质，根本决定于民俗文化的独特内涵。民俗文化独特内涵得以传承，民俗旅游就得到发展。

一、民俗文化内涵传承与民俗旅游吸引力

民俗文化传承是一种人类生存文化的传承和生活文化的传承，因而，民俗文化传承是多元传承，可以分为生活传承、意识传承、技术传承、言语传承、行为传承、形式传承等多种类型。每一种类型的传承，都有不同的内容。民俗文化传承是民俗文化内涵传承。生活传承，包括起居、饮食、服饰、习惯、交往等文化内涵；意识传承，包括认同、观念、道德、历史等文化内涵；技术传承，包括制作技艺、种植技术等文化内涵；言语传承，包括语言文字、曲调等文化内涵；行为传承，包括劳作方式、日常举止、歌舞动作等文化内涵；

形式传承，包括仪式、程序等文化内涵。

民俗文化传承是内涵的传承，要保持民俗文化所具有的独特内涵，需要理解民俗文化。民俗文化传承的首要任务是理解民俗文化，理解民俗文化的深刻含义，理解民俗文化的价值。有了对民俗文化的理解，就理解了传承民俗文化的重要性，传承民俗文化才有自觉性、紧迫性和使命感。民俗文化内涵是民俗文化的内核与本质，也是民俗旅游发展的根本。保持民俗文化所具有的独特内涵，就保持了民俗文化所具有的旅游吸引力。

在民俗文化传承中，民俗文化的内涵，面临着当代强势文化的挑战。不能对强势文化视而不见，拒之门外，也不能用现当代的强势文化替换民俗文化。正确的态度是坦然对待强势文化，从丰富民俗文化内涵的需要出发，将当代强势文化作为民俗文化的要素加以吸收，变为民俗文化的有机组成部分。

民俗旅游发展的最终目的是促进民俗文化内涵的发展，要实现这一目的，需要正确处理传承民俗文化与旅游经济发展的关系，不能被旅游经济的物质利益所驱使，为了眼前利益而涂改民俗文化，丢弃民俗文化内涵。丧失对民俗旅游发展目的把握，最后就会丧失民俗文化，丧失民俗旅游吸引力，丧失经济的发展。

二、民俗文化传承与创新

创新是社会发展的必然，也是社会发展的需要。民俗文化传承也需要通过创新加以实现。民俗文化是一种特质文化，就决定了创新不能改变民俗文化特质。创新是民俗文化发展的动力和源泉，民俗文化通过创新，更具有活力，更具有时代感。创新是在民俗文化性质规定范围内的创新，民俗文化通过创新而获得更具发展潜质的旅游价值。创新是发展民俗文化，而不是毁灭民俗文化；创新的目的是发展民俗文化，创新的作用是使民俗文化更具活力。

发展民俗文化旅游中的民俗文化传承与创新，需要文化自信。我们注意到，在"文化大革命"以及后来的一段时期，民俗文化曾被视为封建迷信，贬损为"落后"、"原始"、"蒙昧"，受到社会的打击和鄙视，一度自我毁坏、失落和自卑。而在将民俗文化作为旅游资源开发民俗旅游的初期，失落与自卑仍没有被医治，面对涌入的外来旅游者，面对涌入的异族异地文化、思想意识、生活习俗时，往往缺乏民俗文化的自信，以致民俗文化的毁坏仍在继续，传统的民族文化、民俗风情逐渐在被同化、冲淡以至消失，造成在民俗旅游经济发展中，我国的民俗文化传承较长时间处在被动状态。一是在我国的民俗旅游区,不论是少数民族,还是汉族,在民俗文化传承中,都出现民俗文化自我认同度减弱现象。在少数民族地区出现了汉化现象,逐渐失去原汁原味的异族风情韵味。在汉族民俗文化区出现"洋"化现象,在民居建筑、服饰、饮食、歌舞等方面仿国外情调。二是不少民俗文化古城镇,将现代建筑材料渗入古街民宅中,降低了民俗风情的古典纯度,也就降低了民俗旅游价值。三是在民俗旅游活动中,民俗文化只是一种表演,而不是实际生活。

其实,经过发展民俗旅游,民俗文化已在征服来访的旅游者,民俗文化已不再被一味地贬损为"落后"、"原始"、"蒙昧",只是民俗文化区域和民俗文化传承人,还没有真正认识到民俗文化所具有的旅游价值。因此,民俗文化在民俗旅游经济发展中,应以一种主动创新的姿态,在民俗旅游业发展中,找回自信心,找回自身的价值。只有对民俗文化有信心,认识了民俗文化的旅游价值,才能在现代文明发展进程中免受冲击,免受破坏。只有对民俗文化有信心,才能激发民俗文化传承与创新的热情。

世界民俗文化是由各国民俗文化组成的多元文化,中国民俗文化是世界民俗文化中的一员。在世界民俗文化中,各国民俗文化都以不断地创新来铸造不可替代的独特性。世界各国民俗文化的独特性就是发展民俗旅游的价值前提,多元的民俗文化才能形成世界文化的交流,才能发展多元的民俗旅游产业。

在发展民俗旅游的过程中,世界各国民俗文化的交流学习是创新的交流,通过民俗文化的传承与创新,推动着世界各国民俗旅游的发展。中国应努力学习世界各国民俗文化在当今现代文明中得以创新传承的经验,在学习中创新,在创新中传承。

民俗文化的传承与发展民俗旅游并不矛盾,民俗文化完全可以在民俗文化旅游活动中得到继承、发扬和创新。

三、民俗文化传承与民俗旅游发展机遇

民俗文化传承与发展是一个鉴别与扬弃的过程。要做到保留并继承和发展民俗文化中的优势成分与精华,摒弃和克服民俗文化中的落后成分、糟粕。民俗文化传承就是传承民俗文化的纯真与精华,保证民俗文化原汁原味的原真性,防止随意编造、拼凑、添加的伪民俗和低格调、生搬硬套的庸俗化民俗。民俗旅游发展的机遇正是在于民俗文化所具有的纯真性,发展民俗旅游业为民俗文化纯真性传承与发展提供了一个全新的平台。开发民俗旅游就是要把纯真、文明、表现民族气节的民俗风情展示给旅客,将最有特

色、最精华的民俗文化包装成旅游产品供应给广大旅游者。

在民俗文化传承与发展中,需要将各地、各民族的各种民俗风情通过文字、音像、实物等手段进行分类整理保存,对即将消失的民俗文化进行挖掘、抢救和保护,同时通过多种形式把民俗文化转变成旅游资源加以开发利用。

在民俗文化传承与发展中,需要让民俗旅游社区居民不失时机地参与民俗旅游的开发与经营,使他们在民俗旅游发展的实践中认识到传统民俗文化的价值,促使他们自觉地并有责任地去保留、传承和弘扬属于自己的民俗文化,把传承民俗文化看做是一种求取发展的机遇,变成一种生产性的力量,渗透到整个民众的社会生活领域之中,把每一个民俗文化传承个体塑造成为符合民俗文化的整体,使其服从并整合到民族的或区域的或国家的民俗文化社会的秩序之中。

传承是一种发展,是一种机遇,是在继承先辈优秀民俗文化遗产的基础上的发展机遇。继承和发展先辈优秀民俗文化遗产,负有两大责任,一是防止民俗文化在当前强势的现代文化观念和和经济浪潮下,被弱化、庸俗化或商品化;二是要吸纳当代先进的科学技术文化,使传统民俗文化具有新的活力,保持旺盛的文化生命力。当代的新科学、新技术、新文化、新观念,不应是民俗文化在当代传承与发展的障碍,而应是民俗文化在当代传承与发展的推动器。一个开明的国家和民族,不是拒绝新科学、新技术、新文化、新观念,而是主动认识和学习新科学、新技术、新文化、新观念,将之作为新时代民俗文化发展的营养要素。

在全球化时代,民俗文化传承与民俗旅游发展同等重要。在全球化时代,人们对于文化的认识趋于多元性,也就认同了民俗文化传承的差异性。因此,具有差异性特点的民俗文化就会受到旅游经济资本与人们旅游生活的青睐。全球性的文化交流与旅游发展,为中国独具特点的民俗旅游提供了新的发展机遇。作为民俗旅游资源的民俗文化,在民俗文化旅游项目的开发过程中,必须对内容进行精选。精选原则是旅游吸引力。旅游吸引力的强弱主要决定于旅游目的地与客游地之间的民俗文化差异。民俗文化的特色来源于其所具有的少数性、边缘性和民间性。旅游目的地民俗文化越有特色,差异越大,旅游吸引力就越大。两种不同的民俗文化互相碰撞时会产生文化震撼,民俗文化之间的差异越大,文化震撼就越强烈,这就是民俗旅游发展所追求的民俗文化的特色与差异性效果。

继承和发展民俗文化的目的,就是使民俗文化的进步符合现代社会发展的需要,符合当代人的文化与生活要求。发展民俗旅游,就是用发展的意识推动民俗文化发展进入到一个新的阶段。一种理想的民俗旅游发展模式,就是在民俗旅游产业的发展中,既使游客在民俗旅游中获得极具民族味、乡土性和朴实感的民俗风情体验,获得市场经济效益,又使民俗文化得到继承和发展,获得民俗文化发展效益与社会效益,实现民俗旅游地区民俗文化与民俗旅游业的可持续发展。

第二节 民俗旅游与民俗文化环境

环境,就其定义,是指围绕某一中心事物的外部空间、条件和状况。换句话说,围绕中心事物的外部空间、条件和状况,构成中心事物的环境。环境总是相对于某一中心事物而言,环境造就中心事物,环境又影响中心事物的变化,影响中心事物的发展,甚至制约中心事物的发展。环境是相对的,相对人而言,人以外的一切就是环境。对文学、历史和社会科学来说,环境指具体的人生活周围的情况和条件。对生物学来说,环境是指生物生活周围的气候、生态系统、周围群体和其他种群。对建筑学来说,是指室内条件和建筑物周围的景观条件。对企业和管理学来说,环境指社会和心理的条件,如工作环境等。

环境分类一般以空间范围的大小、环境要素的差异、环境的性质等为依据。通常将人类环境分为自然环境和社会环境。自然环境,亦称地理环境,是指环绕于人类周围的自然界,包括大气、水、土壤、生物和各种矿物资源等。社会环境是指人类在自然环境的基础上,为不断提高物质和精神生活水平,通过长期有计划、有目的的发展,逐步创造和建立起来的人工环境,如城市、农村、社区等。围绕民俗文化而形成的民俗文化环境,与自然环境和社会环境有着复杂的关系,研究民俗旅游的发展,就必须研究与民俗旅游紧密联系的民俗文化环境。

一、民俗文化环境的理论思考

"民俗文化环境"是一种多元的、综合的、复杂的环境类型。"民俗文化环境"的多元性、综合性、复杂性,来源于民俗文化形成的多元性、综合性、复杂性。民俗文化形成既受制于自然环境,也受制于社会环境。民俗文化受制于自然空间、条件和状况的环境因素,就具有民俗文化自然环境属性;受制于社会空间、条件和状况因素,就具有民俗文化社会环境属性。影响民俗文化的聚落与区域的空间、条件和状况的制约,就形成为民俗文化聚落环境和民俗文化区域环境。民俗文化形成还受制于所处的物质条件与人文条件,又可分出物质环境与人文环境。民俗文化环境中的各种因素在民俗文化的形成与发展中,互相渗透,互相作用,互相推动,就造就了民俗文化的独特性或特色。

在所有多元的、综合的、复杂的环境类型中,最基本的都是自然环境因素和社会环境因素,由两大基本环境因素在不同的空间、条件和状况下的组合,就形成民俗文化的自然环境、社会环境、聚落环境、区域环境、物质环境与人文环境。

民俗文化的兴起与创造,首先是人们在适应和利用环绕于人类周围的自然界所提供的大气、水、土壤、生物和矿物资源环境的过程中,创造了生产民俗、生活民俗和文化民俗。又在人类所营造的社会形态、社会制度、社会关系的社会环境中,不断地丰富和推动民俗文化的发展。自然环境是人们创造民俗文化的基本环境,社会环境是人类在自然环境因素基础上所创造的衍生环境。人类的民俗文化首先是人类适应自然环境和利用自然环境资源的产物,然后才是人类为不断提高物质和精神生活水平而推动民俗文化在社会环境下的发展。

人类选择聚居的中心,选择活动的自然区域,包括建造城市与乡村的社会区域,是人类社会的一种进步。人类对聚落自然环境和区域社会环境的选择是有目的性的选择,人类在有计划地利用和改造自然环境的情况下逐步创造出来的生存环境,是人类生产和生活关系最密切、最直接的劳作和生活环境。民俗文化的内涵与形式,直接受聚落自然环境和区域社会环境的影响和制约。研究民俗文化环境,需要研究人们聚落自然环境内涵和社会环境内涵。

民俗文化的人文环境是一个以社会环境与人际交流环境为重要依据组成的综合性文化生态环境。民俗文化环境是人们在特定的物质环境与人文环境中,传承传统民族文化中自然形成的,带有"自然生态"性质。正如民俗的形成一样,民俗文化环境的形成不受制于任何国家权力和法律,也是"约定俗成"的。人们约定选择民俗文化环境是人们日常生活的现实环境,存在于民间,是民间的"活"环境。

民俗文化环境中的物质环境,由人们在创造文化过程中所凭借的生产资源、生产工具等物质所组成。我国流传至今的民俗文化是在长期的物质环境下形成的,凭借土地和耕牛,形成农耕民俗文化;凭借草原与牧马,形成放牧民俗文化;凭借江河湖海与船网,形成捕渔民俗文化,如此等等。民俗文化的人文环境是由人们在创造物质与文化生活过程中的各种程序与形式所组成。民俗文化人文环境包括物质生产民俗的程序与形式、生活民俗的程序与形式、文化民俗的程序与形式。民俗文化物质环境是民俗文化存在的外在表现形式。

民俗文化环境中的人文环境主要以意识为基础,人们在心理和观念上形成的对生产民俗、生活民俗、文化民俗各方面的认同、参与和维系,就是人文环境,或者称为"意识环境"。民俗文化意识环境中的"认同",包括民俗人自身认同和社会公共认同。自身认同,是指同一民俗文化群体人的认同,对本群体历史传承而来的民俗文化在观念上的认同和行为上的认同。观念上的认同,承认所传承的民俗文化是本群体值得骄傲的优秀文化。行为上的认同,就是在实际的生产、生活与文化的活动中,实质性地参与其中,成为其中的组织者和演绎者。在民俗文化区域中出现的民族自卑心理,是民俗文化意识环境中的"非自身认同"意识。民俗文化意识环境中的自卑心理,显然不利于民俗文化及其传统的保留和发展,不利于维护民族民俗文化环境和发展民俗旅游业。

民俗文化意识环境中的"社会公共认同",是民俗文化群体人之外的"社会"对民俗文化群体人的意识、行为和文化表示认同。"自我认同"以良好的"社会公共认同"为基础,"社会公共认同"就给了民俗群体人的"自我认同"一个良好的生存与发展空间。

民俗文化环境中的物质环境与人文环境是互为联动发展的关系,意识环境是基础,物质环境是创造,只有意识环境的存在,才有物质环境的创造和发展;有了物质环境的创造和发展,就从实际的意义上巩固了意识环境,扩展了意识环境的领域。

民俗文化环境的变化和发展,受自然规律、经济规律和社会规律的影响和制约。由独特的自然要素和人文要素所形成的民俗文化环境是民俗旅游资源存在和民俗旅游开发与发展的前提。同时,民俗文化环境又是民俗旅游发展中不可缺少的资源,对提高民俗旅游产品质量和完善民俗旅游服务,具有重要意义,因此,改善当前不利于民俗旅游发展的各种条件,使民俗文化环境与民俗旅游的发展相适应至关重要。

二、民俗文化环境与民俗旅游

民俗文化环境与民俗是互为依存的关系。一方面,民俗文化环境是民俗存在的客观基础。从古至今,任何民俗文化的生存与发展都依赖于民俗文化环境和受制于民俗文化环境,民俗文化环境的改变,民俗文化也相应发生变化,从而体现出民俗文化发展的历史性和阶段性。另一方面,民俗文化环境依民俗的存在而存在，失掉民俗内容的民俗文化环境就只能是一个民俗文化遗址。

民俗旅游的发生依据于民俗文化环境，依据于民俗文化环境中所生存的民俗文化事象。民俗文化事象依民俗文化环境而存在，民俗旅游也依据民俗文化环境而存在。民俗旅游所以有价值、有意义、有吸引力，就来源于民俗事象的价值、意义和吸引力，来源于民俗事象所存在的民俗文化环境的价值、意义和吸引力。

如同任何事物的发生与发展都在一定的环境中进行一样，民俗旅游的发生发展也是在一定的民俗文化环境中进行的。民俗文化旅游资源依据特定的民俗文化环境形成民俗旅游的吸引力，形成民俗旅游的独特韵味，形成民俗旅游的产业意义。失掉民俗文化环境的民俗旅游，也将最终失掉民俗旅游的价值、意义和吸引力；脱离或丧失民俗文化环境的民俗旅游，也将最终蜕变成"伪民俗旅游"。

民俗文化环境的改变，主要来自社会经济、科学与文化的发展，一旦作为民俗文化环境中的民俗集团成员认同了新的社会经济、文化与意识，就相应在民俗的观念和行动上作出反应，就会依据认同的社会经济、文化与意识对民俗文化环境进行某种程度上的改变，形成新的民俗文化环境。作为依赖于民俗与民俗文化环境的民俗旅游，也只有依据改变后形成的新民俗文化环境作出民俗旅游的变更。

随着社会经济与文化的进步，民俗文化环境的变化是必然的。一种民俗文化环境都是一定社会经济与文化的产物，不同的社会历史发展阶段都会形成不同历史特征的民俗文化环境。历史上的民俗旅游环境与不同民族的民俗文化环境的变化，都根据民俗集团成员对所接触的社会经济与文化的认同程度，认同和接受的社会经济与文化，最后都会直接地反映在民俗文化环境之中。在实际的社会发展中，并不是社会涌现出的所有新经济、新文化，都会立即得到民俗集团成员的认同和接受，甚至会遭受民俗集团成员的拒绝。民俗集团成员对新经济、新文化反映不迅速，或者拒绝新经济、新文化，有时间和空间的原因，同时也反映出民俗文化环境与社会发展所存在的相对惰性或滞后性。民俗文化环境相对新经济、新文化的惰性或滞后性，就为民俗文化的传承提供了一个相对稳定的民俗文化环境。这个相对稳定的民俗文化环境所封存的相对滞后于社会发展的民俗文化，就凸显出文化发展进程中的差异，就在一定程度上成为人们追忆文化源头的凭借，作为吸引民俗旅游者的资源。

每一个民俗集团成员都有权力享受世界发展与进步的文明成果，不可能设想将民俗集团成员禁锢在相对滞后的民俗文化环境里，完全与新经济、新文化、新科技与新观念隔绝；不可能设想以民俗旅游为由，阻止民俗集团成员按照所理解的新科学、新文化，对民俗文化环境中相对滞后的物质环境进行修正和改造。

我们承认民俗文化是发展的，就承认了民俗文化环境存在的阶段性，不能因为需要一个历史阶段的民俗文化环境中传承的民俗文化对现代人所具有的旅游吸引力，就拒绝民俗文化环境的更新与发展。社会在进步发展，民俗文化环境也在进步发展。科学对待民俗文化环境与民俗旅游发展，就是选用适当的方式和技术，使民俗文化环境在适应民俗文化创新与发展的前提下获得发展，既收藏和保护一个历史阶段的民俗文化环境，又发展了一个新阶段的民俗文化环境，获得一个民俗旅游的发展。

民俗文化环境与民俗旅游有互为依存，又互为推进的关系。二者良好的关系是发展民俗旅游中的"容量"把握。民俗文化环境对民俗旅游的"容量"把握，主要体现在两个方面，一是民俗文化社区居民对来访游客量与游客态度的最大忍受程度，二是民俗文化社区的民俗文化及其民俗文化环境对民俗旅游经营者、管理者、游客所带来的文化的最大承受力。保持在"最大忍受程度"和"最大承受力"之内，民俗文化环境与民俗旅游的关系是和谐的，否则，民俗旅游就会打破和谐，对民俗文化环境带来破坏。因此，发展民俗旅游需要尊重民俗文化环境的游客容量限定，使民俗旅游与民俗文化环境的关系得到合理与科学地协调。

民俗文化环境与民俗旅游是互为依存的关系。有良好的民俗文化环境，就可以发展出良好的民俗旅游业，有了良好的民俗旅游业，就可以获得旅游经济的支持，推动民俗文化环境的建设和发展。一个最佳的关系状态，就是民俗文化环境与民俗旅游同步兴盛，同步发展。

三、民俗文化环境保护

民俗旅游不仅仅成为政府发展经济、吸引外资的重要文化经济，也已经成为满足西方人想象和了解中国人生活方式，以及各民族各区域人民相互了解的一种途径。然而，当我们审视目前中国民俗旅游发展状况的时候，民俗旅游越来越抛离了原生态的文化生存环境，真实的民俗生活生态环境被物化为一堆了无生气的建筑，形象生动的民俗文化变成了一种被抽象的生硬的程序化仪式。民间民俗生活被抽离生存土壤，抛置于戏剧化的舞台和仪式化的场景之中，成为被观赏的一种符号，而不是给予游客一种自然的、原生态的民间生活的体验。在民俗旅游发展中，进行民俗文化环境保护已需要提到议事日程。

(一)保护的重要性

环境是人类生存和发展的基础,民俗文化环境是民俗文化传承的生态条件,民俗旅游发展的基础。一个民俗旅游赖以存在和发展的民俗文化环境被破坏,一个地方的风俗习惯、风土人情、禁忌信仰、歌舞曲艺、饮食起居等特色民俗文化也将受到破坏。失去了作为民俗旅游资源的民俗文化,就会失去民俗旅游的基础,失去民俗旅游的特殊魅力。我国处在火热发展阶段的少数民族民俗村寨,一旦在饮食、建筑、服饰、信仰、歌舞等方面失去与汉族和其他民族的区别,就失去了旅游业意义。

民俗旅游与民俗文化环境是相互促进、相互共生的。一方面,良好的民俗文化环境可以促进民俗旅游的发展,丰富民俗旅游文化的内容,提高民俗旅游文化品位,使民俗旅游健康稳定地发展。另一方面,民俗旅游的发展,可以带动民俗文化环境的改善,促进旅游地民俗文化的建设,加大民俗文化遗产的保护和抢救力度。在广西,融水苗族自治县和龙胜各族自治县对苗、瑶等民族民俗风情的保护和利用,就是在民俗旅游业的发展推动下得以实现的。反之,不良的或低劣的民俗文化环境,则可能影响或阻碍民俗旅游的发展,甚至把民俗旅游带入死胡同。

保护民俗文化环境对发展民俗旅游的意义主要有以下几方面。

其一,利用现有民俗文化环境开展相关民俗旅游活动,可以获取旅游经济收入。最常见的例子就是利用民俗村寨的民俗文化环境开发,如民族民居、苗家乐、民俗歌舞、民俗工艺品等旅游活动。据调查统计,广西龙胜金竹壮寨,每年出售绣球,收入就达20万元,36户人家的白面瑶寨每年向游人销售织锦、花带收入也有5万多元。①

其二,保护民俗文化环境,就保护了民俗旅游的意境,可以获得长远的社会效益和经济效益。在民俗旅游的发展实践中,人们往往急功近利,不注意环境容量,造成过度地使用民俗文化环境。民俗旅游的发展应着眼于长远效益,不能为了眼前经济效益而忽视民俗文化环境的保护,过度使用民俗旅游环境,会使民俗文化环境遭到毁灭性的破坏,造成民俗资源的枯竭,最终造成民俗旅游业的凋敝。

其三,保护民俗文化环境,能有效地对区域民族文化进行挖掘、抢救和利用。民俗文化依赖于民俗文化环境而存在,民俗文化环境的破坏会造成

① 吴忠军.论旅游扶贫.广西师范大学学报,1996(4):21.

民俗文化的丢失。保护民俗文化环境的重要性,还在于有利于更准确和有效地认识民俗文化、还原和恢复已破损的民俗文化、调查分析整理已失传的民俗文化。所以,保护民俗文化环境就是保护民俗文化资源,保护民俗文化传承和发展的基础条件。

其四,从国家或地区的全局利益或整体利益出发,保护了民俗文化环境就是保护了国家或地区的人文社会资源。民俗文化之所以能够存在和发展,不但与该地域的人口、种族、信仰、饮食、服饰、歌舞、曲艺等有关,还与这一地域的自然生存环境、交通、教育、经济等直接关联。所以,某种意义上说,民俗文化环境就是国家或区域的综合性环境,这种环境本身也是人文社会资源,民俗文化环境与综合性环境保护不仅具有民俗文化上的意义,还会造成对社会的影响,在某种程度上具有全局性和整体性的意义。

此外,在更大的方面看,保护民俗文化环境还能带来明显的社会效益,促进社会良好道德的教育和培养。良好的民俗文化环境能造就良好的民俗文化,激发人们的向上精神;追求良好的民俗文化环境效益,就可以获得良好的社会效益,提高和改善人们的文化生活质量,促进人类、自然与社会的协调与全面发展。

民俗文化环境保护的重要性显而易见。随着社会发展,这种重要性愈显突出,甚至涉及国家文化与国家形象在世界的地位,需要未雨绸缪。

(二)保护民俗文化环境,并非危言耸听

随着国家经济、科学和文化的发展,人民生活、教育、交通、经济状况的变化,民俗文化环境受到了严峻的挑战,各种不利的因素不断冲击着民俗文化环境,保护民俗文化环境已经成为民俗学家、人类学家、民族学家、旅游专家乃至政府官员必须重视和研究的问题。

1. 孕育民俗文化环境的地理物质环境在逐渐缩小,不少民俗文化环境在逐渐消亡

一定的民俗文化环境的形成总是与一定的地理因素、气候条件相联系。但是,随着社会政治、经济、文化、教育、科技、交通的发展和人们交往的增多,特别是跨地区、跨国界交往的扩大,人们逐渐走出原有民俗文化所生存的地理物候区域,并且在新的地缘区内逐渐接受新的生产、经济、生活方式。即使仍处在原民俗文化环境下的民俗文化,也在新的生产、经济、生活方式的渗透下日渐与大区域文化趋同。如广西壮族民俗文化,在地域上,主要集中于桂南、桂西、桂中和桂北地区,但是由于社会经济、社会文化等诸因素,在桂南、桂中和桂北交通便利地区的壮族文化已明显地表现出与其他民族融合的趋势。人口迁移频繁,交错杂居,民族互通婚姻,特别是与汉族的共

同生产与生活,使固有的壮族民俗文化生存空间缩小,甚至消失。只有在交通相对落后、信息相对闭塞的桂西、桂西南山区,才较为完整地保存着壮族民俗文化。

还可以看到,在一些有明显特色和浓郁地方民俗风俗的民族地区,在现代的新文化、新观念的影响下,民族村寨里体现的地方民俗文化或民族民俗文化特色的民居与建筑被逐渐放弃,原有民俗文化氛围的村容村貌也在逐渐被淡化。当前,要特别注意避免随着国家现代经济的发展、城市发展和社会主义新农村建设对民俗文化环境的破坏。

2. 民俗习惯的同化和变异,也将使民俗文化环境失去特色和吸引力

民俗习惯的同化和变异是由现代经济、政治、文化、科技、教育乃至大众传媒的交互作用所致。社会经济的发展,特别是全球经济的一体化,使不同国家、不同地区、不同民族的人的各种交流和相互认同成为必然,将打破民族民俗文化发展的环境平衡。民俗旅游业的发展,外来游客的进入,必然带来异族、异地文化、思想、观念、生活、娱乐习俗,也将影响区域民俗文化环境,使民俗文化环境内涵发生变化。广西龙胜和平乡平安壮寨,以其少有的龙脊梯田和浓郁的壮族风情享誉中外。然而,随着近年平安壮寨龙脊旅游业的迅速发展,原有的壮族民俗风情、除了干栏式吊脚楼和民间节日还保存有明显的壮族特色外,村民的日常服饰、饮食、信仰、歌舞艺术、生活方式已逐渐发生了变化,使原本充满浓郁风情的龙脊壮寨逐渐失去特色和吸引力。

3. 道德观念上金钱化、庸俗化,冲击着淳朴的民俗文化环境

在市场经济下,民俗旅游的项目设计、产品策划、产业规划、投资建设、市场营销等步骤都表明,旅游企业向大众推出的是一种可供消费的民俗文化产品。在民俗文化产品的再生产过程中,无论是民俗景点观光,还是民俗住宿餐饮,都首先强调民俗文化产品的再生产与市场经济的效益,民俗文化的市场交换价值主宰着旅游者对民俗文化的接受。过去村民不计价格的拿出好酒好菜,空出房间热情招待远来的客人,现在已逐步被定价的私人旅馆、小吃店、舞厅取代。以往人们重义轻利、热情好客、诚实守信的民风已在市场交易中被淡化,原被人们所耻为的见利忘义、坑蒙拐骗、敲诈勒索游客的现象已时有发生。淳朴民俗风情开始出现道德观念上的金钱化、庸俗化。

4. 民俗文物受到破坏,民俗文化环境失去依托

在现代文化观念的影响下,加上我国尚无完善的民族民俗文物与物品保护法规,一些极富民俗风情的特色建筑逐渐被现代化的高楼大厦取

代，具有民族特色的生产工具、生活用具、歌舞乐器、装饰等民俗器物被毁坏或卖掉，民族舞蹈、民间绝技也正在濒临失传。民俗文物或民俗器物蕴涵着民俗文化的信息，是民俗文化的重要组成部分，也是民俗文化环境的构成要素。损失民俗文物或民俗器物，民俗文化环境的维护将难以想象。

5. 伪民俗以假乱真，破坏了民俗文化环境氛围

随着民俗旅游的兴起和发展，在一些地方，民俗文化已被作为一种文化工业进行再生产。为了获得民俗文化商品的交换价值，市场反响好的民俗文化旅游项目被拙劣地复制，甚至任意编造、添加、拼凑、虚构，混淆了民俗文化的个性、民族特性与地域界限，民俗文化实际上已经沦为一种伪民俗。伪民俗是强加在民俗旅游区的虚假文化，淡化了民俗文化的个性和特色，威胁着民俗文化的丰富性与创造性，也威胁着民俗旅游的特色与品牌发展，终将破坏民俗文化环境。

如此种种的民俗文化环境问题，足以使我们对民俗文化传承与民俗旅游的发展感到忧虑。保护民俗文化环境，或者说"保卫民俗文化环境"并非危言耸听，已迫在眉睫。

(三)唤起人们保护民俗文化财富的意识

民俗文化环境是民俗文化生存的人文生态条件，发展民俗旅游需要有赖以存在的民俗文化环境空间，保护了民俗文化环境，就保护了民俗文化，保护了民俗旅游经济，保护了民俗文化财富。

1. 科学、合理地制定民俗文化环境保护规划

民俗文化环境是开发、利用民俗资源的前提和基础。保护好民俗文化环境是保护好民俗文化内涵的关键。目前，民俗文化环境遭受或多或少的破坏，其中一个主要原因，就是各地在利用民俗文化开发旅游的过程中，缺乏科学规划，或无旅游规划意识，仅从"做生意"出发，或简单地从"旅游脱贫致富"考虑，追求单纯的经济利益，经营活动中，没有认识到民俗文化环境与旅游经济利益的内在关系，随意改变居住生活环境，导致民俗文化环境的破坏。因此，拥有民俗旅游资源的各级政府，应组织有关民俗、民族、旅游、文化等方面的专家、学者进行民俗旅游资源调查，正确评估民俗文化环境现状，确定民俗文化环境保护范围，规划旅游接待量，确定民俗旅游业发展的最终目标和阶段性目标，制订民俗文化环境保护实施方案，把民俗文化环境保护与发展民俗旅游经济、民俗文化建设协调起来，使民俗旅游经济发展符合人文生态发展规律，做到民俗文化的旅游开发、利用与民俗旅游环境保护有法可依，切实使民俗文化环境得到保护。

2. 加强民俗文化宣传，进行民俗文化环境保护教育

特别要通过广播、电视、报纸、书籍、图片、音像与网络等大众传媒，向公众进行有关民俗文化和民族道德传统的教育，一方面加强民族民俗意识，宣传优秀的民俗文化；另一方面提高人们对发展和保护本地本民族特色民俗文化重要性的认识，增强人们的民俗文化环境保护意识，使社会公众全面、正确地理解和认识发展民俗旅游与保护民俗文化环境的关系，激发人们关心和保护民俗文化环境的自觉性，增强责任感、使命感。

3. 利用经济手段保护民俗文化环境

在市场经济条件下，政府对民俗文化环境的保护，除了通过行政管理手段干预之外，还可以采用多种经济手段直接对利用民俗文化环境开展旅游活动的行为进行控制与调节。民俗旅游经济活动与环境保护之间存在的矛盾，既有认识上的原因，也有经济利益上的问题。政府可采用经济杠杆进行控制，制订征收民俗文化资源使用税方案，建立民俗文化环境保护基金，对旅游企业的民俗文化环境保护提供补贴信贷、保险和奖励。对从事民俗文化旅游活动的企业或个人造成的民俗文化环境污染；为了自己局部经济利益，不适当地开发的民俗旅游项目；破坏了民俗文化环境的平衡性和整体性的破坏行为等要处以高额罚款或赔款。

4. 健全法律，制定政策，依法保护民俗文化环境

运用法律手段保护民俗文化环境，主要在于运用法律手段确保民俗旅游开发、建设、利用过程的合理性和科学性，对破坏和毁灭民俗文化环境的行为进行法律制裁，用规范的法律监督，保证民俗旅游经营者为旅游者提供真实、原汁原味的民俗文化旅游产品。民俗文化环境管理的法律化、规范化、制度化，保证了管理工作的权威性，使民俗文化环境保护有法可依，有法必依。

5. 利用现代科学技术，保护民俗文化环境

在现代科学技术发达的今天，完全可以运用工程、物理、化学、生物、博物馆和计算机等现代科学技术保护民俗文化环境。利用工程、物理、化学、生物技术，进行民俗文化区域的植被和动物保护，优化民俗文化自然生态环境；利用计算机技术建立民俗文化环境安全救护系统；利用博物馆技术对民俗文物、民间文化艺术、风土人情进行拍照摄像收藏，进行实物、图片征集、收藏和展览，划出特色民俗文化保护区域，建立民俗博物馆。

民俗旅游与民俗旅游环境的关系，随着民俗旅游的发展，其重要性愈来愈显露出来。无论是民俗旅游业发展，还是未来民俗旅游的可持续提升，民俗旅游环境都有重要的基础性作用。

民俗旅游环境是民俗旅游发展的基础条件，民俗旅游依存于民俗旅游环境。没有民俗旅游环境的保护，就没有民俗旅游的发展，民俗旅游环境保护是民俗旅游业的永久性工作。

第三节 民俗旅游与民俗旅游资源保护

在全球化的时代背景下，民俗文化是世界各国旅游业发展中最具有特色的旅游资源，民俗旅游已经成为世界各国文化与经济互动的一种表征。民俗文化旅游的意义与价值在于为旅游者提供异文化情调体验。充满异域风情的原汁原味的民俗文化，能激起旅游者的无限兴趣。

民俗旅游资源是旅游产业经济发展的重要战略性资源，开发民俗旅游资源，可以促进旅游业的多元发展。在我国，民俗旅游资源已被视为自然山水和历史文化之后的第三大旅游资源。

一、民俗旅游资源开发之状况

作为现代旅游可利用的资源，传统民俗文化日益体现出在现代旅游业发展中的价值。在旅游最终是文化旅游的发展趋势下，民俗文化在民俗旅游业发展中愈来愈受到重视和开发利用。然而，在市场经济的价值观下，现今的民俗旅游资源开发喜忧参半。

（一）发展与丢失

在我国民俗旅游 30 年的发展与建设中，可以看到民俗旅游资源开发的三种状况。一种是通过进行科学的旅游规划，民俗旅游资源得到了保护，传统的民族工艺得到了恢复，传统的民居得到了修缮，民俗文化与民俗旅游得到了同步发展。云南的丽江古城、广西阳朔西街就是典型例子。另一种是缺乏民俗旅游准备，对民俗旅游资源进行不适当开发、无准备开发和无规划开发，结果带来的是对民俗旅游资源的破坏，所开发的民俗旅游项目，有的使民俗的风格丧失，有的使民俗内容错乱，有的使民俗形式走样，结果是“民俗村落‘四不像’，村村寨寨背新娘”。三是过度开发使民俗旅游资源破坏严重。一些民俗文化地为了获取更多的经济利益，实行掠夺式开发，造成许多民俗文化资源遭受严重破坏，如使一些少数民族传统民俗文化的社会价值迅速消失、解体，特色民居与建筑随着被改动；民间艺术品和手工艺品为了迎合市场而大批量生产，成为机器制作的“手工艺品”，完全丧失了所蕴涵的民俗文化价值。

民俗旅游是在丰厚的民俗文化土壤上发展起来的旅游形式，本应有利于民俗文化的传承，但在一些地方，旅游开发却使民俗文化受到了破坏，导致民俗风情徒有其形。造成此类民俗旅游发展中的丢失，还有另外两种现象，第一种是对民俗地的民俗文化认识不准确，主题旅游形象认识不明确，在进行旅游开发中，民俗文化的特色不突出，达不到应有的旅游发展效果，不能获得良好的经济效益，最终糟蹋了民俗旅游资源。第二种是错误理解了客源市场，从假定的客源市场出发，按市场客源的喜好来开发民俗旅游资源，而不是依据民俗资源的特色来进行旅游规划设计，开发形式融进了异国情调，原有民俗文化韵味被隐藏起来，或者只是运用民俗文化的形式作为一种点缀或装饰，使人有“误入他乡”之感。

（二）舞台化与扭曲化

民俗旅游资源中的歌舞是一种乡土歌舞，是一种真实生活性的歌舞。而在一些民俗旅游资源开发中，为了追求热闹好看，将乡土歌舞舞台化，刻意追求戏剧效果，漠视民俗固有的形式和基本特征，扭曲民俗的历史文化内涵，破坏了民俗的质朴本色和文化内涵。[①] 当然，民俗旅游项目将乡土歌舞舞台化不能与歌舞艺术创作相提并论。

（三）淡化和同化

在社会发展中，处在弱势的文化常常自趋淡化，或被强势的文化所同化。在民俗旅游资源开发中，也在不断发生民俗文化被淡化和同化的现象。

民俗旅游资源所蕴涵的民俗文化的被淡化与同化几乎成了现代社会发展的一个趋势。这个趋势的产生主要来源于两个方面的原因，一是现代文明的影响，作为旅游资源开发的民俗文化，实际上是指传统民俗文化。在现代文明面前，在传统经济条件下所形成的居住了几代人的民居、从祖辈传袭下来的服饰、石块小巷的村落，显然不适应现代文明的生活需求。在所获得的调查材料中，人们都在不断地拆除雕刻精细的旧宅来建造高大舒适的水泥楼房，年轻的后生和姑娘正在用时装替换民族服饰，传统石块路的村落正在变成水泥路的新村。这是在用放弃和丢弃传统民俗文化的做法，来换取现代文化理念下生活的“新生”。二是来自民俗文化主体。在民俗文化主体的观念中，总觉得与外来文化有差距，愈是与外界交往，愈感差距大，甚至产生自卑心理，愈来愈减少对于本体文化与生产、生活方式的认同，最后就造成了对民俗文化的主动放弃。

① 王书会，邱扶东. 反思民俗旅游资源的开发. 探索与争鸣，2006(11).

（四）金钱化与庸俗化

在民俗旅游开发中，有的经营者背离了诚信经营的原则，借机诈取钱财，使民俗旅游被金钱化与庸俗化。如调查披露，在某民俗旅游村的一场傣族公主婚礼习俗的表演中，以丢香包的方式选择游客上台与“公主”举行结婚仪式。仪式过后，“公主”向“驸马”赠送 88 元的纪念品，“驸马”则要回赠 200 元的手镯和 300 元的项链。虽然，“驸马”们暗呼上当，也只好慷慨解囊。在其他的一些民族婚俗表演中，扮演新郎的旅游者要给扮演新娘父母的经营老板 49 元见面礼，还得给新娘说甜言蜜语的小费和被判定手脚不规矩时的翻脸钱等。① 婚礼是人生的美好时光，如此把美好的婚礼民俗和商业勒索恶俗结合在一起，颠覆了民族婚俗的美好内涵。

（五）妖魔化与低俗化

在传承的民俗文化中，文化内容是多元的，有良俗与陋习之分。民俗旅游资源开发应是优良民俗文化的旅游产业应用与展示，以达到弘扬民俗文化与推动民俗旅游发展的目的。然而，在调查中却发现有利用游客猎奇的心理，以封建迷信误导旅游者的现象。如中国大地上，曾一时大建地狱、神宫、洞府等，不仅设计低劣，工艺粗糙，还大讲所谓“风水”、“星象”、“巫术”、“轮回”、“牛鬼蛇神”、“花妖树怪”、“神水”、“神药”、“护身符”、“照妖镜”等，甚至有以巫蛊用具——针刺偶人，以惊吓旅游者为乐事。地狱、神宫、洞府、风水、星象、巫术、轮回、牛鬼蛇神、花妖树怪、神水、神药、护身符、照妖镜、偶人属民间的信仰崇拜民俗，是旧时代的陋俗，在当今文明社会里，需要正确认识和批判。在大众旅游者不具备正确认识和批判民间信仰崇拜民俗中的鬼神文化的理论与能力时，不宜在民俗旅游中开发。

民俗旅游资源的开发与民俗旅游业的发展是紧密联系的，随着民俗旅游资源的开发利用，民俗旅游已发展成中国旅游的重要类型。民俗旅游在区域间经济文化发展中日益凸显，已经成为区域间文化表征的文化符号。科学的民俗旅游资源开发，一要在充分地旅游资源调查和认识民俗旅游资源价值的基础上，按照旅游市场消费的趋势，选择民俗旅游资源；二要根据旅游体验功能的要求，将民俗旅游资源转化成旅游项目，进行民俗旅游发展规划。旅游项目的形式一定是民俗旅游资源文化内涵展示的最恰当形式。科学的民俗旅游资源开发，需要尊重民俗文化自身演化的规律，尊重民俗文化原有的形式、内容和特征，充分利用民俗旅游资源的价值去获得市场，去

① 王书会，邱扶东，反思民俗旅游资源的开发. 探索与争鸣，2006(11)

拓展市场，而不是为了迎合市场的某种倾向，去扭曲民俗文化，去伪造民俗文化。健康的民俗旅游业发展，需要用创新的民俗旅游项目去引领民俗旅游消费市场，引领民俗旅游生活。

二、善待民俗文化

民俗旅游资源属人文旅游资源，区别于自然旅游资源的重要一点，就是民俗旅游资源中的民俗文化是一种传承文化，是一种历史文化，不像自然资源可以封存，需要随着人类社会的发展而发展，随着人类社会的变化而变化。民俗旅游的发展，已提示我们要注意民俗旅游发展与民俗旅游资源的关系，关注民俗旅游资源保护。

(1)作为民俗旅游资源的民俗文化，一般都是人们世代继承而流传至今的传统文化，保存于各民族的文化之中。民俗文化作为传统文化，既体现民族智慧，同时也带有不适应当代社会生活进步的部分。在民俗旅游资源开发中，善待民俗文化的第一原则，就是首先要继承民俗文化中体现民族智慧的优秀文化，使传统的民俗文化在当代社会中获得发展。同时，大胆地革除属于旧时代落后意识与落后文化的部分，使民俗文化发展进入新的时代。

(2)并非整个社会都已认识到传统的民俗文化的文化价值与旅游价值，特别是传承民俗文化的民俗主体，有时甚至感到传统的民俗文化是一种束缚，时刻都想摆脱这种束缚。在这种形势下，善待民俗文化，就是要充分认识和宣传民俗文化的社会价值和旅游价值，以传承民俗文化为光荣，以弘扬民俗文化为责任，以此巩固民俗旅游资源的旅游产业地位。

(3)从某种意义上，民俗文化属于国家的资财，属于中华文化的组成部分，任何人都不能擅自拆除和丢弃。但民俗文化传承于民间，民俗文化主体的发展有很大的自由性、松散性和不稳定性。民俗文化发展的民间性，造成地方政府对民俗文化注意不够，因此使民俗文化逐渐消失。有鉴于此，善待民俗文化，政府必须负起民俗旅游资源保护的引导重任。民俗文化的载体是民众，广大民众都有保护民俗文化资源的责任。

(4)民俗旅游资源在生存形态上属不可再生的资源，与不可再生的自然资源一样，一旦过度开发，不注意保护，就会枯竭乃至消失。当然，在性质与方式上，民俗旅游资源的过度开发，不同于自然资源的过度开采。民俗旅游资源的过度开发，表现为陋俗充斥、伪俗泛滥、过度的商业化、超容量接待等。凡事有度，过度即毁。善待民俗文化，需要进行科学合理的民俗旅游资源开发，强调对民俗旅游资源的适度使用，确保民俗旅游资源在民俗旅游的持续发展中"既满足当代人的需要,又不损害后代人满足其需要能力的发展"。

民俗文化是发展的人类文化,由民俗文化构成的民俗旅游资源也是旅游产业发展的资源。发展是硬道理,有了发展的民俗文化,就有凭借发展民俗旅游业的民俗旅游资源,就有发展的民俗旅游产业。

三、民俗旅游资源的动态与静态保护

民俗旅游资源保护,是一种动态性保护,需要加以社会产业和继承发展利用;也是一种静态性保护,需要立档保存。民俗旅游资源的动态与静态保护,是民俗旅游资源保护的特点。

(一)自觉认识,自觉传承

只有在民俗主体认识到了民俗文化对于发展旅游的意义,保护才成为自觉行动。民俗主体对于民俗文化的保护,应是一种能动性保护,是对传承的民俗文化进行工艺、技艺的恢复和创新,是一种发展性的保护,是一种推陈出新的保护。通过民俗主体的自觉传承,达到民俗文化的保护。只有这种保护才是民俗旅游资源的永恒性保护。

(二)科学规划,体现价值

民俗往往是一个地方社会生活的缩影和历史的折射,带有极强的个性,民俗文化以其最具个性化、最具平民性的特色而显示出强大的生命力。民俗文化是一种活性文化,需要进行科学规划开发利用。通过科学规划开发利用,才能体现民俗文化的价值,才能体现保护的意义,才能使保护更具有动力。

民俗文化具有实用性和审美性,对民俗文化的科学规划开发,就是对民俗文化实用性和审美性的开发。在民俗旅游中,戏曲、泥陶、剪纸、竹木雕、美瓷、刺绣、编织等各种民间艺术以及各种民间家传配方秘方得到再度复兴和发展,都是对民俗文化实用性和审美性的开发,各种民间工艺品走俏旅游工艺品市场,体现了民俗文化的旅游价值。

(三)避免过度商品化,保护民俗特色

民俗旅游就是把民俗文化作为旅游资源,出售给旅游者。民俗节日、民俗服饰、民俗礼仪、民俗歌舞等都是民俗旅游资源的组成部分,都是在某种特殊的时间和空间内才体现价值,在旅游资源开发时,要避免被批量生产而失去原有的内涵。如云南傣族的泼水节本来是一年一度的节日,却开发成游客每天都可以参加泼水节,将民俗文化过度商品化,就失掉了民俗特色。

（四）建立保护单位，立法保护

在民俗旅游资源中，所传承的诸多民俗村落、民俗街区、民居、用具、服饰、民间戏剧、人生礼俗的仪式、某些宗教民俗的经书、神偶、工具，包括工艺流程，都具有历史价值与文物价值，一旦破坏就很难恢复所具有的价值。国家需要对具有历史、文物与科学价值的民俗文化，建立独立的文化保护单体档案，进行重点保护抢救，对濒临消失的民俗文化，通过立法加以保护。

（五）设立研究机构，研究性保护

民俗文化保护是一项意义深远的科学事业。民俗旅游开发需要首先对要开发的民俗事象进行考察，通过对民俗开发地的考察，收集有关的民俗资料，对要开发的对象进行保护现状分析，对濒危的民俗文化进行抢救保护，对开发后的民俗旅游资源进行跟踪性保护调查，发现危害现象和潜在危害因素，及时提出预防和补救措施。

（六）建立资料馆、博物馆，收藏性保护

民俗旅游资源属于人类文化传承性资源，带有历史性、地域性和民族性。对于民俗文化在传承中的变化和特点，必须进行记录和保存。有两种主要保存方式，一种是通过用文字、图片、录像、录音、照相、录像、摄像等现代科技手段进行实地记录，形成资料保存下来，建立民俗文化资料馆，制作成影像资料。另一种是实物保存，通过广泛征集民俗物品，建立民俗博物馆。资料馆和博物馆都属专业性保管，可使民俗旅游资源得到长期的保护，同时，民俗资料馆和民俗博物馆也是一个旅游项目。

（七）选择开发模式，产业性保护

民俗旅游发展与开发模式有紧密关系。选择民俗旅游资源开发模式，主要是选择有效利用和保护民俗旅游资源的开发形式。实践证明，选择有利于民俗旅游资源保护的开发模式是保证民俗文化与民俗旅游持续性发展的有效形式。我国民俗旅游中的原生型民俗村寨、民俗旅游节庆、民俗文化街、民俗博物馆、民俗主题文化公园、民俗文化城等，都是有利于民俗旅游资源保护的民俗旅游开发模式，也是最富有旅游生命力的民俗旅游开发模式。民俗文化的继承和发扬同旅游活动的展开并不矛盾，民俗文化完全可以在民俗旅游活动中得到继承、发扬和创新。

民俗旅游资源保护是发展民俗旅游的重要工作，要在充分认真民俗文化价值的基础上，有针对性地采用措施，使民俗文化在有效利用于民俗旅游产业的同时，得到保存、保护和发展。

第四节 民俗旅游可持续发展

变化与发展是社会的必然趋势,自我国改革开放以来,民俗旅游就一直在变化与发展中。进入21世纪,民俗旅游的发展备受关注。在21世纪,研究民俗旅游的可持续发展,已经不仅仅是关注民俗旅游资源的利用与保护,需要从更高的角度,对民俗旅游发展战略、民俗旅游发展模式,以及相关的民俗旅游发展措施进行研究。

一、民俗旅游发展战略

民俗旅游产业,与一般意义上的旅游产业相同,又有区别。相同的是,民俗旅游产业需要按照"旅游六要素"去建设产业结构。有区别的是,民俗旅游开发的资源体不同,民俗旅游服务的主要对象不同,民俗旅游活动与民俗旅游地居民的生活连在一起。因此,在建立可持续发展的民俗旅游发展战略时,除了常提到的战略定位、战略目标、战略重点、战略方针、战略计划、战略布局、战略方向等之外,还需要有民俗旅游社区战略、民俗文化与民俗旅游协调战略、旅游品牌战略、区域合作战略。

(一)民俗旅游社区战略

重视民俗旅游社区战略,是因为民俗旅游的发生与组织是在具体的民俗旅游资源社区里进行的,与民俗旅游资源社区居民的生产与生活紧紧地联系在一起。发展民俗旅游,并使之不间断地推进,需要制定民俗旅游社区战略。目前我国对待民俗旅游社区有两种方式,一是民俗旅游与社区居民的生产与生活融为一体,社区居民参与民俗旅游活动的组织、经营与管理;二是将民俗旅游社区居民从民俗旅游社区中迁出,民俗旅游活动的组织、经营与管理与民俗旅游社区居民无关。无论哪一种方式,都要回答民俗文化传承与保护、社区居民经济发展两大问题。这两大问题不解决,民俗旅游将不能持续。

(二)民俗文化与民俗旅游协调战略

民俗旅游以其独特的文化魅力吸引旅游者,民俗文化与民俗旅游紧密相连,需要制定民俗文化与民俗旅游的协调发展战略。民俗文化与民俗旅游协调战略的内容包括,民俗旅游者文化求异与文化认同协调、民俗旅游的本质与民俗旅游产品形式协调、民俗文化传承与民俗旅游发展协调、民俗旅游地居民文化心态与民俗旅游开发商经济利益协调、民俗旅游的开放性与限制性协调、民俗旅游文化与民俗文化生态经济调协、民俗旅游本真性与民俗文化商品性的协调等，其中，核心问题是民俗旅游本真性与民俗文化商品性的协调。

其实，民俗旅游的本真性与民俗文化商品化并非绝对对立，民俗旅游开发以旅游业为驱动力，商品化则无法避免，应该寻求民俗旅游本真性与民俗文化商品化的内在联系，以获得民俗旅游发展的可持续。在民俗旅游产业发展实践中，存在不协调的因素，实质不在于民俗旅游商品化本身，而在于对商品化的肤浅理解和低级运用。民俗旅游中的“本真性”侧重于旅游者所经历的“真实”，通过市场运作来为旅游者提供一个体验民俗文化的机会。因此，民俗旅游是一种高层次的文化旅游。民俗旅游的发展既要遵循经济规律，又要遵照文化法则。置民俗文化内涵不顾的随心所欲、粗制滥造的民俗旅游产品，实际上违反了民俗旅游商品的本真性原则，造成旅游不可能持续发展，也就不可能获得长远的经济效益。同时，在旅游发展中一定要把握商品化的“度”，把民俗旅游的经济效益置于适当的位置，民俗旅游应传播和推广民俗文化，促进生态效益、经济效益和社会效益的统一。

(三)旅游品牌战略

以品牌获得更广泛的市场响应和市场空间的品牌战略，已被证明是产业发展成功的战略。制定民俗旅游品牌战略，需要避免因为民俗的民间性而带来的平庸发展观念，需要整合民俗旅游资源，营造大民俗旅游发展环境，开拓大民俗旅游发展空间；整合民俗旅游相关领域资源，使民俗旅游成为旅游产业龙头，培育大型民俗旅游集团，创建民俗旅游品牌企业，打造国家级和世界级的民俗文化精品。

(四)区域合作战略

民俗旅游的发展越来越突破区域的界线，走向更广阔的市场空间。每一个民俗旅游地都需要充分利用区位条件开展横向联合，形成民俗旅游区域发展合作，实现旅游客流与旅游经济的交汇循环。制定区域合作战略，需要树立新的“利益”观念，从注重眼前利益、局部利益的发展转向长期利益、整体利益的发展；需要本着共同发展、相互促进、利益共享的原则，采取灵活的机制和模式，形成在新产品、新项目、新线路上的新发展；需要拉长民俗旅游文化产业链，促进民俗旅游产品向文化、体育、群众生活的各个方面渗透，形成大旅游产品。

民俗旅游发展战略是一个宏观控制性发展战略，也是一个微观控制性发展战略，为民俗旅游发展明确方向，同时又控制民俗旅游的发展质量，宏观规避风险，微观化解危机，为民俗旅游产业的科学与良好发展提供战略保证。

二、民俗旅游发展运筹

运筹是一种方法，也是一种思想；运筹是一种决策思想，也是一种管理思想和发展思想。在现代的产业经济发展中，运筹是对资源进行统筹安排，为决策者进行决策提供最优解决方案，以达到最有效的产业经济发展管理。要推动一个区域民俗旅游产业的发展，需要遵循旅游产业的发展规律与运行规律，需要为民俗旅游发展提供智慧与方案。

（一）摸清家底，统筹兼顾

我国幅员辽阔，民族众多，形成了丰富多彩的民俗文化。对于区域民俗旅游业，依据民俗文化发展民俗旅游，需要摸清民俗旅游资源家底，进行民俗旅游资源分类评价和统一的旅游规划、统一的安排与部署。既突出各局部的特色，又避免不必要的重复，使旅游项目与旅游产品更具地区个性，更具鲜明的地方特色。在民俗旅游资源调查和民俗旅游市场研究的基础上，统筹兼顾要突出重点，形成区域特色，既要有面的连片开发，又要有点的拳头产品开发，与其他旅游项目一起，形成旅游产品优势。

（二）整体平衡，永续利用

在民俗旅游产业的建设与发展中，要将旅游开发与民俗文化传承、民俗文化环境和人类生存环境看做一个整体。旅游开发不能打破民俗文化传承、民俗文化环境和人类生存环境之间的平衡关系。旅游开发与民俗文化传承的平衡、民俗文化环境和人类生存环境的平衡，就是民俗旅游发展与民俗旅游资源的平衡，就可以使区域民俗文化与民俗旅游资源不枯竭、不退化，作为民俗旅游产业发展永续利用的基础。

（三）突破亮点，综合带动

发展总是不均衡的，从不均衡发展到均衡。在不均衡发展中，选准“亮点”，带动整体发展到均衡。这是事物发展的规律，也是发展旅游业的重要经验。在民俗旅游发展实践中，一些区域的民俗旅游业长期处于发展滞缓的“温冷状态”和边缘地带，除了共性的困难之外，一个重要原因就是没有“亮点”，或是选择发展突破的“亮点”不准，集中突破力不够。缺少区域民俗旅游的“亮点”，就缺乏对整体发展的综合带动力。区域民俗旅游的“亮点”选择要综合考虑各方面条件，既要考虑交通到达条件，又要考虑城市的依托性；既要考虑民俗旅游资源的品位和特色，也要注意开发的难度与对周边区域的带动；既要考虑民族文化的积淀和民俗民风的浓郁，也要考虑自然景观和其他优势资源的依托；既要考虑资源开发最初的引爆点，也要考虑持续发展的效应与后劲。通过“亮点”的突破，实现对区域民俗旅游的综合带动，使区域民俗旅游尽快成为旅游热线中的一个点、一个段、一条线。

（四）以人为本，按需供货

在民俗旅游中，以人为本的发展理念，就是以游客为本，按游客需要提供旅游产品和旅游服务。在初期发展阶段，为游客提供民俗观光旅游产品；在中期发展阶段，为游客提供民俗观光旅游与休闲度假兼备的旅游产品；在成熟期发展阶段，为游客提供民俗休闲度假游产品。

（五）主题创新，专业发展

在民俗旅游的发展中，需要借助主题创新的思维，获得民俗旅游的专业性发展。如借助主题创新的思维，可以规划以“教授”、“画家”为主题的教授村、画家村，将民俗旅游村引向主题专业民俗村的方向发展。有专家研究认为，民俗旅游专业村可与新型的房地产结合，吸纳城市资金进入。民俗旅游村是乡村发展的一种前景。民俗旅游应该是一种多样化的模式，而不是现今常见的民俗户的简单接待模式。多样化民俗旅游发展模式的形成，就会真正构成民俗旅游体系化的局面，正是民俗旅游未来发展前景所在。①

21 世纪的民俗旅游的发展运筹，需要建立在充分调查研究民俗旅游资源与民俗旅游市场情况的基础上，以创新的思维，选择最优的发展方法，做出最优的发展方案。

三、民俗旅游发展的推动

从民俗旅游发展的实践出发，民俗旅游发展战略和民俗旅游发展运筹的优秀方案需要切实可行的推动措施加以实现。

（一）建设良好的政策环境

民俗旅游业要得到持续性发展，需要在政策层面获得一个良好的环境，即“政策环境”。“政策环境”就是民俗旅游发展的政策支持。一个地方所建设的民俗旅游发展的政策环境的优劣，关系民俗旅游业的发展前景。“政策环境”是一个根据民俗旅游不同发展阶段的政策支持系统环境。在民俗旅游发展的初期，需要给予民俗资源开发政策，给予旅游企业、服务业、旅游景点建设投入的优惠政策，帮助民俗旅游业迅速启动。在发展的成长期，需要给予旅游企业、服务业、旅游景点发展的奖励政策，鼓励民俗旅游业做强做大，创造民俗旅游品牌。良好的政策环境，在内部可以为民俗旅游业的发展

① 魏小安. 民俗旅游的发展分析，中国旅游报，2006－09－12.

扎稳根基，在外部可以为民俗旅游业的发展拓展市场空间。

(二)培养人才，聚集人才

民俗旅游是一个综合性产业，需要旅游规划、管理、导游、节会展览、规划设计、宣传策划、专业表演、产业研究等多方面的基础性人才和管理人才。目前，我国的民俗旅游业普遍缺乏专业人才，不能适应发展需要，制约了民俗旅游的发展，造成了景点、项目重复建设，特色不突出，市场竞争力差，不能保证民俗旅游经济效益。推动民俗旅游业持续性发展，需要建立民俗旅游人才队伍，出台相关的人才培养、引进、使用机制与政策。民俗旅游区的旅游人才培养，必须自身培养与引进人才相结合。利用高校、大专、中专、职校、旅游培训中心构建旅游业可持续发展的人才基地，通过岗位培训提高旅游从业人员的综合素质，对急需的专业人才和高级管理人才，可采取从发达地区引进的办法，以保证发展民俗旅游业对人才的多种要求。

(三)社区参与，社区经营

民俗旅游主要在民俗文化社区里展开，不可回避要与民俗文化社区发生关系。成功的民俗旅游发展经验，需要社区积极参与民俗旅游的开发和管理。民俗文化社区参与民俗旅游的开发和管理，是民俗旅游持续性发展的基本要求。

社区参与民俗旅游的开发和管理的必要性在于，其一，要实现民俗旅游的经济、社会、文化和环境的“四效益统一”，就必须考虑社区居民的切身利益，在发展经济、保护环境的基础上，促进民俗文化的继承和发扬；其二，地方政府和旅游规划管理部门，在制定旅游规划和评估旅游开发产生的各种影响时，应当充分尊重社区居民的态度，听取他们的意见，考虑他们的愿望，发展适合社区居民利益的旅游类型；其三，在民俗旅游经济利益分配中，需要考虑社区居民的贡献，以适当的方式保证社区居民享受到民俗旅游发展的成果，进一步促进民俗旅游的发展。

同时，社区居民参与民俗旅游发展活动，得到有关知识的教育培训，可以提高社区居民的民俗旅游意识，正确对待异质文化，接纳和吸收异地文化中优秀的东西，以充实和丰富自己的文化内涵，传承民俗文化，弘扬民俗文化。

(四)加强基础设施建设，加强环境卫生建设

民俗旅游是一个对基本设施、配套要求高，启动慢，投入大，产出大的产业。特别是当今我国民俗旅游多发展在乡村，乡村交通道路窄，乡村环境脏、乱、差，严重制约着民俗旅游产业的发展。发展民俗旅游，就需要极大地加强民俗旅游区基础设施和配套设施建设，进行道路绿化、电路改造、水暖

基础、给排水设施的建设,整顿村容村貌,完善民俗旅游综合服务功能,将城市民俗旅游街区和乡村民俗旅游景点连接起来,形成城乡民俗旅游的一体结构。

(五)整体联动营销,走向国际市场

我国民俗旅游市场营销历来不足,需要在新的市场条件与形势下,创新民俗旅游市场营销机制,充分调动各方的积极性,推行整体联动营销,构建统一的旅游目的地营销系统。我国民俗文化具有巨大的国际民俗旅游市场的吸引力和竞争力,需要从国际旅游市场的高度规划发展战略。作为区域民俗旅游,可以首先做强周边与省内市场,然后向全国市场发展,最后走向国际市场。

民族的,才是世界的。民俗旅游业的发展代表着中国未来的旅游产业发展的方向,拓展国际旅游市场,赢得国际旅游市场份额,是民俗旅游业肩负的重任。

参考文献

[1]国际古迹遗址委员会(ICOMOS)咨询和执行委员会. 国际文化旅游宪章. 1998-08-08.

[2]第十届全国人民代表大会常务委员会. 中华人民共和国城乡规划法. 2007-10-28.

[3]国家质量监督检验检疫总局. 旅游资源分类、调查与评价(GB/T 18972—2003). 2003-02-24.

[4]国家质量监督检验检疫总局. 旅游规划通则(GB/T 18971—2003). 2003-02-24.

[5]中华人民共和国建设部. 风景名胜区规划规范(GB 50298—1999). 2000-01-01.

[6]建设部建筑设计院. 旅馆建筑设计规范(JGJ 62—1990). 1990-12-01.

[7]中国建筑东北设计院,辽宁省食品卫生监督检验所. 饮食建筑设计规范(JGJ 64—1989). 1990-01-01.

[8]国务院. 关于促进休闲农业和乡村旅游发展的意见. 2008-04-15.

[9]国务院. 国发〔2009〕41 号. 关于加快发展旅游业的意见. 2009-12-01.

[10]北京市农村工作委员会. 北京市郊区民俗旅游村评定暂行办法. 2003-07-01.

[11]张广瑞,刘德谦,宋瑞. 2010 年中国旅游发展分析与预测. 北京:社会科学文献出版社,2010.

[12]刘德谦,高舜礼,宋瑞. 2010 年中国休闲发展报告. 北京:社会科学文献出版社,2010.

[13]张晓明,胡惠林,章建刚. 2010 年中国文化产业发展报告. 北京:社会科学文献出版社,2010.

[14]中国市长协会. 中国城市发展报告 2007. 北京:中国城市出版社,2008.

[15]十三经注疏.北京:中华书局影印出版,1980.

[16]河南风物志.河南人民出版社,1985:268-273.

[17]钟敬文.民俗学概论.上海:上海文艺出版社,1998.

[18]陶立璠.民俗学概论.北京:中央民族学院出版社,1987.

[19]周作明.民俗通书.桂林:漓江出版社,1991.

[20]周作明.中国起居.桂林:漓江出版社,1999.

[21]周作明.永远的朝阳——广西民族民俗旅游研究.广州:广东旅游出版社,2002.

[22]周作明.中国民俗学新论.台湾:东亚文化出版社,2006.

[23]周作明.中国旅游规划学新论.香港:东亚文化出版社,2007.

[24]周作明,卢玉平.旅游规划学.北京:旅游教育出版社,2008.

[25]马勇,李玺.旅游规划与开发.北京:高等教育出版社,2006.

[26]郑耀星,储德平.区域旅游规划、开发与管理.北京:高等教育出版社,2004.

[27]邹统钎.旅游景区开发与管理.北京:清华大学出版社,2008.

[28]赵黎明,黄安民.旅游规划教程.北京:科学出版社,2005.

[29]吴忠军,唐晓云.旅游景区规划与开发.北京:高等教育出版社,2008.

[30]李明辉,郭建兴.观光游憩资源规划.台湾:杨智文化事业股份有限公司,2004.

[31]杨正泰,张帆.旅游景点景区开发与管理.福州:福建人民出版社,2000.

[32]巴兆祥.中国民俗旅游.福州:福建人民出版社,2008.

[33]马勇.旅游学概论.北京:高等教育出版社,1998.

[34]吴必虎,宋子秋.旅游学概论.北京:中国人民大学出版社,2009.

[35]李天元.旅游学概论.天津:南开大学出版社,2000.

[36]苏文才.旅游资源学.北京:高等教育出版社,1998.

[37]毛明海.自然地理学.杭州:浙江大学出版社,2009.

[38]伍光和,等.自然地理学.4版.北京:高等教育出版社,2008.

[39]吴成基.自然地理学.北京:科学出版社,2008.

[40]李润田.现代人文地理学.河南大学出版社,1992.

[41]周作明.追逐朝阳——桂林历史文化旅游30年回眸.南平师专学报,2006(2).

[42]周作明.稳步走向辉煌——广西旅游资源开发现状研究//邹德正.

广西旅游资源研究、开发及环境保护. 南宁:广西科技出版社,1999.

[43]周作明. 走向广阔的乡村——广西旅游资源开发系列研究·乡村篇. 广西民族研究,1999(7).

[44]周作明. 桂林旅游资源开发30年回顾与思考. 广西师范大学学报,2000(1).

[45]周作明. 红水河流域民俗文化初考与旅游价值评估. 红水河文化研究,2001(2).

[46]2008年中国民俗民间文化遗产发展现状分析报告. 中国民俗网,2008-08.

[47]徐艺乙. 民俗文物的认定与鉴定. 中国文物信息网,2007-10-23.

[48]邱国珍. 瓯江大讲坛:"中国民俗文化圈及其特点". 瓯江大学网,2008-10-24.

[49]周作明. 中国传统住宅文化的总体审视. 广西民院学报,1998(2).

[50]周作明. 广西旅游开发的科学原则. 广西党史,2001(1).

[51]周作明. 桂林王城旅游开发建设构想. 社会科学家,2001(1).

[52]周作明. 历史文化资源的旅游认识与开发实践. 桂林旅游高等专科学校学报,2001(1).

[53]周作明. 明靖江王城与桂林历史文化旅游建设. 桂林旅游高等专科学校学报,2001(3).

[54]周作明. 自然与人文的互动交融与多元发展. 桂林旅游高等专科学校学报,2001(4).

[55]周作明. 中国内地现代旅游业50年回眸. 福建旅游论丛(第七辑),2006.

[56]西敬亭,叶涛. 民俗旅游,一个尚待开拓的领域. 民间文艺季刊,1990(3).

[57]肖建春. 四川民俗旅游产业的整合营销构想. 西南民族大学学报,2008(3).

[58]魏小安. 民俗旅游的发展分析. 中国旅游报,2006,9(12).

[59]刘印其. 让游客到民俗气氛中去感受异域风情. 民俗研究,1995(1).

[60]温锦英. 文化,民俗旅游开发的灵魂. 广东民族学院学报,1997(3).

[61]沈祖祥. 中国民俗旅游. 福州:福建人民出版社,1999:14.

[62]李万佰. 加快民俗旅游业发展. 昌平区网,2008-07-21.

[63]郭玉坤. 民俗旅游与民族地区经济发展. 西南民族大学学报,

2007,12.

[64]黄宗祥.借鉴经验发展民俗休闲旅游.云南旅游业协会网,2008－09－08.

[65]吴忠军.民俗旅游学的几个问题.桂林旅游高等专科学校学报,1999(1).

[66]王子阳.民俗旅游呼唤文化创意.吉林日报,2007,12(4).

[67]邹统钎.中国乡村旅游发展模式研究——成都的"农家乐"与北京的"民俗村"的比较与趋势分析.旅游学刊,2005,20(3).

[68]叶昊.中国休闲农业型景区发展模式.商务旅游,2006(2).

[69]戴斌,周晓歌,梁壮平.中国与国外乡村旅游发展模式比较研究.江西科技师范学院学报,2006(1).

[70]周玮,沙润.遗产经济学原理在中国民俗博物馆旅游开发策略中的应用.安徽农业科学,2007(3).

[71]杨建.集成—创新营销理念.北方经济,2006(15).

[72]王瑞花,等.国外乡村旅游开发模式初探.云南地理环境研究,2005(3).

[73]霍晓蕙.山东民俗文化大街真热闹.齐鲁晚报,2006,6(5).

[74]王书会,邱扶东.反思民俗旅游资源的开发.探索与争鸣,2006(11).

[75]刁云英."2008极地藏历年终极盛宴民俗节"活动启动.西藏商报,2007,11(29).

[76]牡丹江:民俗旅游传承朝鲜族流头文化.中国旅游报,2007,8(18).

[77]以树立品牌为目的　龙胜着力打造中国文化旅游大县.桂林日报,2006,12(31).

[78]吴洪斌,王丽霞.潍坊打造"中国民俗旅游标志区".大众日报,2004,11(16).

[79]刘昕,邹智威.站前人民大街 将重现老长春.新文化报,2008,7(7).

[80]伍振,李刘,肖林,守勇,立武.正月里去天津闹民俗.新民晚报,2008,2(19).

[81]北京工商联民俗旅游业商会成立.中华工商时报,2007,5(23).

[82]杨滨.北京民俗旅游户禁止加工游客自摘野菜.北京晚报,2006,12(8).

[83]从簋街到民俗旅游 北京中小餐馆餐具将统一消毒.竞报,2007,9

(25).

[84]石健,曹琪,邓蓉.专家学者考察凤凰 称其为民俗旅游管理规范蓝本.潇湘晨报,2004,5(20).

[85]王海鹰."伪民俗"遮蔽民俗旅游文化本色.旅游报,2007,10(16).

[86]阳光雨露.乡村旅游规划的三大技术流派.中国乡村休闲网,2009-03-11.

[87]山东省旅游行业协会.四川农家乐旅游的调研报告.山东旅游网,2007-10-11.

[88]绵竹以精品意识打造文化民俗旅游城市.四川在线,2003-05-21.

[89]郭成德,李荣华.关于对密云县民俗旅游经营发展情况的调研报告.密云县旅游局,2008-02-01.

[90]李晓玲.乌鲁木齐创建"中国最佳民俗风情旅游城市".新华网,2008-01-23.

[91]刘铁梁.如何提高乡村民俗旅游项目的品位.南京乡村旅游网,2008-10-06.

[92]师宗民俗旅游节主打体验牌.人民网,2005-04-07.

[93]县级博物馆的发展前景.历史千年网,2007-02-09.

[94]钱弘芸.2009中台湾灯会 和铃铃同游台中十大经典美景.大台湾旅游网,2009-02-04.

[95]日照市旅游局.关于加强民俗旅游管理的指导意见.日照市旅游局网,2008-08-25.

[96]日照市民俗旅游村公司+农户管理初见成效.国家旅游局网站,2007-07-26.

[97]日照大力发展渔家乐民俗旅游.亚心网,2008-08-23.

[98]王世敏.日照成为中国民俗旅游最大接待基地.日照网,2008-07-29.

[99]人才需求:京郊民俗旅游服务业就业前景广阔.北京劳动保障网,2006-05-16.

[100]苏秀花.最具"民俗风情的旅游大县"——甘肃省张掖市肃南裕固族自治县.张掖市旅游局网,2008-08-04.

[101]王秀珍.我区创新民俗旅游业服务模式.房山区农委网,2007-09-13.

[102]林琳.创"妇"字号"渔家乐"品牌基地 渔农村妇女大有可为.舟山

女性网,2008 - 01 - 28.

[103]朝鲜族民俗旅游博览会隆重召开. 延边旅游网,2007 - 06 - 10.

[104]邱洪斌. 打造酉阳“全国土家生态民俗旅游大县”思考. 华龙网,2008 - 02 - 20.

[105]刘志伟. 年画喜迎五洲客 风筝连起四海情 寒亭唱活民俗旅游戏. 潍坊日报,2004,4(26).

[106]中国农家乐旅游发源地花落成都. 中国网,2006 - 04 - 18.

[107]成都农家乐. 中国旅游互动网.

[108]龙湾屯镇焦庄户民俗旅游村. 顺义区旅游局网,2008 - 05 - 02.

[109]“农家乐”旅游发源地举办第一届中国乡村旅游节. 中国新闻网,2006 - 04 - 13.

[110]通辽市“牧家乐”民俗旅游“十一·五”规划. 通辽市政府网,2007 - 10 - 27.

[111]翟永桢. “开庄”仪式启动周庄民俗旅游年. 昆山报讯,2008,01(3).

[112]王旭科. 特色乡村民俗旅游村 建设的“八化”准则 . 中国旅游报,2007 - 11 - 21.

[113]延边州:构建东部边境民俗旅游协作区. http://www. jlsina. com,2007 - 08 - 24.

[114]开封春节民俗旅游活动异彩纷呈. 河南省旅游信息中心网,2005 - 01 - 26.

[115]“民俗旅游”成为春节一大亮点 游客大增. 新华网,2006 - 02 - 10.

[116]山东各地“民俗游”拉开大幕 游客多于去年. 青岛新闻网,2008 - 02 - 09.

[117]福州“三坊七巷”举办首届元宵灯会. 新华网,2007 - 03 - 03.

[118]泰山东岳庙会民俗旅游盛宴开席. 新华网,2006 - 04 - 14.

[119]北京前门大街修缮完工再现清末民初风貌. 新华网,2008 - 05 - 11.

[120]第九届哈尔滨民间民俗艺术博览会新闻发布会实录. 哈尔滨市政府网,2008 - 06 - 26.

[121]北京市郊区民俗旅游村评定标准(试行). 长兴县政府网,2005 - 11 - 09.

[122]曹家路民俗村全攻略. 乐途旅游,2007 - 06 - 28.

后　记

中国民间民俗一直到20世纪80至90年代,才开始变成旅游资源,发展成为一种旅游经济产业,称为“民俗旅游”。

中国民俗旅游学是一个新兴的交叉性学科,既基于中国民俗学,又基于旅游学,可以说,中国民俗学与旅游学的交融,形成了中国民俗旅游学的基本架构。中国民俗学的民俗文化部分就是民俗旅游发展的资源基础,旅游学将旅游产业的构成要素与民俗旅游资源对接,就可以在一个区域构建民俗旅游业。

大致算来,我从事中国民俗学的教学和研究有二十余载,从事中国民俗旅游学的教学和研究也近二十年,由中国民俗学的教学和研究转入中国民俗旅游学的教学和研究,基本与中国民俗旅游业的走向发展的时间相近。可以说,我后来对旅游规划的兴趣和研究是从对中国民俗旅游的兴趣和研究开始的,旅游规划的研究又促进了我对民俗旅游的思考。

拙作的初稿约成于2001年,2007年至2008年对书稿作了较大的补充和修改,增添了乡村民俗旅游、城市民俗旅游、民俗旅游经营管理等章节内容,2009年至2010年,又对书稿进行修改,力争将学术界的研究成果和产业界的实践经验吸纳融为一体,努力使理论的思考和实践的技术两者兼具。

拙作名曰《中国民俗旅游学新论》,其用意是与已出版的《中国民俗学新论》(2006)、《中国旅游规划学新论》(2007)两书形成一个系列。我后续还计划进行《中国旅游资源学新论》、《旅游策划学新论》的写作,以图围绕着“旅游规划”所涉及的理论知识范畴,梳理出一个理论与知识的体系。

21世纪是知识经济的世纪,所有的学术与学问的研究都在将一种知识变成一种产业实践,使学术研究变成对社会发展有价值的指导。描述民俗文化如何转化为民俗旅游,揭示民俗旅游发生、发展的变化过程和规律,形成一门学科的构架,是一项十分繁难和浩大的工程。因而,在本书中我吸纳了诸多学术大家的有见地的研究成果,以补充我研究的不足,使之成为一个完整的体系结构。学术大家的研究自然是拙作中最光亮的部分,在此表示深深谢意。

拙作的完成与出版得到了我所工作的武夷学院领导的支持,特别是科研处杨升处长的关心,谨以致谢。古来有云"学然后知不足",拙作虽在成稿后又历近一年有余的斟酌修改,今杀青付梓仍心存惶恐,唯望贤达不吝赐教,以匡不逮。

周作明
武夷山笔耕斋
2010 年 6 月 19 日星期六

策划编辑：孙延旭

责任编辑：张瑞芳

图书在版编目(CIP)数据

中国民俗旅游学新论/周作明著. —北京：旅游教育出版社，2011.7(2020.9重印)

ISBN 978-7-5637-2181-8

Ⅰ.①中… Ⅱ.①周… Ⅲ.①民俗学—旅游—研究—中国 Ⅳ.①F590.7

中国版本图书馆 CIP 数据核字(2011)第 118363 号

中国民俗旅游学新论

周作明 著

出版单位	旅游教育出版社
地　　址	北京市朝阳区定福庄南里1号
邮　　编	100024
发行电话	(010)65778403 65728372 65767462(传真)
本社网址	www. tepcb. com
E-mail	tepfx@163. com
排版单位	北京旅教文化传播有限公司
印刷单位	北京虎彩文化传播有限公司
经销单位	新华书店
开　　本	787毫米×960毫米 1/16
印　　张	20.5
字　　数	293千字
版　　次	2011年7月第1版
印　　次	2020年9月第2次印刷
定　　价	32.00元

(图书如有装订差错请与发行部联系)